经济学原理通论

姚桂军 著

经济科学出版社

图书在版编目（CIP）数据

经济学原理通论 / 姚桂军著. —北京：经济科学出版社，2015.12

ISBN 978 – 7 – 5141 – 6557 – 9

Ⅰ.①经… Ⅱ.①姚… Ⅲ.①经济学 Ⅳ.①F0

中国版本图书馆 CIP 数据核字（2016）第 016060 号

责任编辑：王东岗
责任校对：刘欣欣
版式设计：齐　杰
责任印制：邱　天

经济学原理通论

姚桂军　著

经济科学出版社出版、发行　新华书店经销
社址：北京市海淀区阜成路甲 28 号　邮编：100142
总编部电话：010 – 88191217　发行部电话：010 – 88191522
网址：www.esp.com.cn
电子邮件：esp@esp.com.cn
天猫网店：经济科学出版社旗舰店
网址：http://jjkxcbs.tmall.com
固安华明印业有限公司印装
710 × 1000　16 开　24 印张　450000 字
2015 年 12 月第 1 版　2015 年 12 月第 1 次印刷
ISBN 978 – 7 – 5141 – 6557 – 9　定价：50.00 元
（图书出现印装问题，本社负责调换。电话：010 – 88191502）
（版权所有　侵权必究　举报电话：010 – 88191586
电子邮箱：dbts@esp.com.cn）

前言

　　经济学理论是反映经济运行与发展规律的理论科学，经济学理论的正确与否，决定和影响着经济理论体系与市场经济体系的建设，它直接关系着一个国家的生产、投资与决策的科学性、精确性和发展方向，也直接影响着一国经济发展的速度和质量。而检验经济学理论正确与否的根本标准，就是生产实践。经济理论作为指导生产实践活动的理论依据，它不能是纸上谈兵。任何不能用以实践的理论，只能是误人误国，而只有符合实践的正确的经济理论才能够治国兴邦。

　　目前，经济学理论，在一定程度上还只是处于现象层面上的经济学，并没有把商品经济的本质内涵完全揭示出来，因此，这些经济学理论只能是存在于书本之上，并不能用来解决实践中存在的疑难问题，甚至对于一些基本理论、概念、原理都没能给出正确或合理的解释，如生产理论、货币结构、汇率、贸易与汇率、价值向价格转型、GDP 的本质、金融产品结构等本质性的认识，正是由于对这些基本概念和内在结构没有分辨清楚的原因，也就使得人们对于市场上进行的各种经济活动不能做出正确的判断，从而增加了决策过程的盲目性和风险性。

　　本书在古典经济学和马克思价值理论与生产实践的基础上，通过对商品生产与交换过程进行科学归纳与分析，揭示出了反映市场经济运行的基本原理，建立了反映经济变量之间相互关系的函数等式，同时以此为依据，论述了经济运行与变化的一般规律，也为商品（包含金融产品）的生产与交换提供了全方位、系统的、可操作的理论模型。

　　作者在对生产与交换过程进行深入剖析的基础上，结合构建的经济学原理和系统性的函数等式，对历史上关于商品、货币与价格的本质和它们之间存在的关系问题和市场供求理论存在的争议问题，如商品价值、货币结构、汇率兑换、价值转型、价值规律、供求关系、物价指数、价值尺度、GDP 本质、商品贸易、金融产品投资等一系列问题给出了具体解答。

　　本书构建的函数公式和理论模型，是指导人们从事生产与投资的操作工具或理论软件，它们不但可以帮助我们解决生产与经营中遇到的疑难问题，也为生产厂商从事经济活动以及国家经济发展与调控提供了理论依据。也是每个经理人或决策者需要掌握的。因为，在当今的市场上，人们从事的一些经济或投资活动，早已脱离了实物产品或有形要素的表现形式，而是以一些具体的经济学原理或参数公式作为主要生产或投资工具了，这也是未来经济发展的必不可少的组成形式。

人们利用这些函数公式则可以对各种生产、贸易、金融投资活动进行有效的指导、管理、调整和预测，它们为一国经济运行提供着全方位的生产与决策的理论上的指导依据，也为世界各国之间的经济联系与沟通提供了公共的尺度标准，是我们用来分析和研究市场经济的理论基础。

本书阐述的经济学原理，为生产要素的投入、结构调整、收入分配和商品的交换（贸易）、经济政策制定、宏观调控等提供了理论依据。其中，对于价值尺度，它揭示了货币作为价值尺度在生产函数中及与构成变量之间存在的相互关系，使人们可以具体了解价值尺度在维护市场等价交换秩序方面的功能作用。对于历史上出现的各种形式货币和相互之间存在着的价值与价格的共同结构特征和本质内涵，本书也都作了具体的论述，这些论述为一国的完整货币体系的建立、调控和管理提供了理论依据，也为一国货币与别国货币的接轨或兑换以及统一货币区的建立给出了具体实践的理论依据，这对于维护一国在商品贸易中的实际利益具有十分重要的意义。

通过书中各种函数公式的建立，也证明了，正确的经济理论没有地域界限和门派之说，它们是世界性的语言，就像物理学、化学和其他自然科学一样，它是可以反映任何时期人类经济活动的综合性的自然科学，同样也是放之四海皆准的科学规律总结。

本书阐述的经济学原理与西方经济学理论的区别在于：

西方经济学由于脱离了古典经济学价值理论的客观基础，设立了假设条件，虽然利用数学方法对市场运行的表征性与变化关系进行着描述，但由于没有与经济运行的内在本质相联系，从而使得在许多方面，形成的却是与实际情况并不一致的似是而非的结论。西方经济学没能说明一国生产过程中几个主要经济变量之间的因果关系，也没能揭示作为市场经济主要内容的商品与货币的本质结构与相互关系，这也是西方经济学在内容构成上存在的重大缺陷。

因此说，西方经济学反映的更多的是经济现象，而不是经济规律，它对现实中存在的许多经济问题并不能给出合理的解释，它没能给人们提供一个全面的和正确的市场理论。尤其是没能把市场经济中 GDP、汇率、物价指数、货币、供求关系、商品贸易与汇率的关系等一系列基本变量和形成原理发掘出来并联系在一起，这使得西方经济学更像是一种悬在半空中的无法联系和解释生产实践的理论猜想，当不同的国家不加区分地把它们作为经济发展的理论依据时，就会产生不同的市场结果，如同目前各国经常出现的经济波动和社会两极分化现象一样，在此理论基础上，也不会实现人们预想的社会发展目标。因此，我们在学习西方经济学时，就需要取其精华，去其糟粕，并结合一国的实际情况加以应用，切不可不分是非的照搬照抄。

即便如此，西方经济学还是为我们提供了使用数学工具分析和解释经济事物的方法，它把人类分析与研究经济的方法推向了新的高度，为人们能够定量分析经济现象提供了一定示范作用，从这一角度讲它是功不可没的。

本书以古典经济学价值理论和经济实践为基础，以实际经济变量为依据，通过生产函数的建立和对生产与交换过程的客观描述，深入阐述了经济学的基本原理，揭示出了经济本质和现象之间的因果关系，以及实体经济与金融经济之间的内在联系和相互关系，本书构建的反映着经济运行规律的经济理论体系。不但是解释微观经济与宏观经济的理论依据，也是构建其他经济学不同分支理论的理论模型。

作为书中生产函数的建立，既是对商品价值向价格转型这一历史命题的科学解答，也证明了亚当斯密与马克思的劳动价值理论的客观性和科学性，由此把劳动价值理论与现代经济理论统一了起来，从而形成了能够客观反映经济规律的经济学理论。本书揭示的经济学原理，将会成为推动经济发展的基础理论，并指引着经济发展的方向，也因此具有着深远的历史影响作用。

本书将会为在校学习的高中学生以及各专业的专科、大学生、研究生、博士生、教师、从事不同职业和岗位的劳动者、厂长、经理人员、财务人员、企事业员工、金融机构、政府公务人员等在从事商品生产、经营活动、金融证券、资本投资、对外贸易、货币政策、经济智库、政府部门的行为决策提供有力的帮助和正确的理论依据。它将是一国高等教育学校的经济、管理、金融、贸易、财经、工科等专业学生的必读教材，同时，也为目前各大学经济专业课程设置的统一，以及经济学教育资源的效率整合，提供了客观条件。

实践将会证明，一种能够反映经济规律并与实践相统一的经济学理论，它必然能够指导经济实践活动，提高经济运行质量，在推动经济向着预期目标发展的同时，也会起到引领社会发展方向的作用。

姚桂军

2015 年 11 月 16 日

目 录

第一章	资源禀赋与经济价值 / 1
	一 自然资源是价值形成的必要条件 / 1
	二 劳动是经济价值形成的一般形式 / 3
	三 生产要素的经济价值与表现特征 / 5
第二章	物质与精神财富的生产 / 10
	一 实物型投入产出模型 / 10
	二 时间量值的生产函数的一般表达式 / 12
	三 时间量值的生产函数的参数表达式 / 15
	四 时间量值的生产函数的性质和含义 / 29
第三章	商品的生产与交换价格 / 33
	一 价值型投入产出模型 / 33
	二 货币量值的生产函数 / 34
	三 生产函数的性质与表现特征 / 48
	四 生产函数对一国微观生产与宏观调控的指导作用 / 54
第四章	供给与需求 / 66
	一 供给与需求关系 / 66
	二 传统供求曲线存在的失真与矛盾问题 / 67
	三 供给函数与曲线的含义与表现特征 / 73

四　需求函数与曲线的含义与表现特征 / 87
五　供求均衡的现实意义与均衡曲线特征 / 93
六　供求交换与均衡曲线的不同表现特征 / 96
七　供求曲线对生产实践的理论指导作用 / 101
八　修正后的传统供求曲线的理论指导作用 / 111
九　厂商如何调节自己商品的供求关系 / 115
十　供求关系决定价格一般不能完全适用一国市场价格形成机制的原因 / 117

第五章　货币与金融 / 124

一　商品等价物及货币的形成 / 124
二　货币的本质和货币方程式 / 125
三　货币职能的市场表现特征 / 140
四　金融产品的本质与价值结构 / 150
五　金融产品的生产与交换 / 153
六　货币产品的投资价值指数 / 154
七　债券产品的投资价值指数 / 162
八　股票产品的投资价值指数 / 166
九　美元指数的本质与表现特征 / 169
十　银行与货币的关系 / 172

第六章　商品价格方程式 / 174

一　商品价格方程式及其含义 / 174
二　商品一价定律成立的条件 / 179
三　商品价格方程式对生产实践的指导作用 / 182
四　商品价格方程式对于黄金及大宗商品投资的指导作用 / 186

第七章　货币汇率 / 193

一　汇率的形成与货币的汇率公式 / 193
二　贸易汇率与金融汇率之间的关系 / 203

三　一国生产力结构与汇率的关系 / 207
四　贸易汇率公式对商品贸易的指导作用 / 210
五　金融汇率公式对外汇投资的指导作用 / 215

第八章　物价指数形成机理和物价指数方程式 / 223

一　物价指数的形成与物价指数方程式 / 223
二　通货膨胀率和货币贬值率的区别与关系 / 226
三　如何应用物价指数方程式指导生产与调控市场物价 / 229

第九章　名义 GDP 与实际 GDP 的本质 / 232

一　一个世界通用变量：GDP 的函数表达式 / 232
二　GDP 价格平减指数的本质 / 239
三　GDP 流量与存量之间存在的相互关系 / 240
四　认清 GDP 本质，提升一国经济运行质量 / 241

第十章　经济秩序与价值尺度 / 246

一　经济秩序与价值尺度是保障经济运行的必要条件 / 246
二　价值尺度职能履行方式和生产要素投入与公平分配
　　的条件 / 250
三　价值尺度基准的测算 / 261
四　建立一国市场价值交换监督体系的现实意义 / 263

第十一章　商品贸易与贸易收益 / 267

一　贸易与汇率 / 267
二　贸易理论模型——商品贸易方程式 / 278
三　汇率变化对贸易收益的影响与量化分析 / 282
四　如何提升贸易商品与汇率竞争力 / 292
五　一些历史上的汇率事件产生的影响与启示 / 303

第十二章	如何实现一国经济的平衡发展 / 315
	一 实现一国经济平衡发展的条件和意义 / 315
	二 欧元区的经济平衡分析 / 320
	三 关于我国自贸经济区发展的分析 / 328
第十三章	如何实现经济调整目标和国民收入倍增计划 / 330
	一 经济调整目标与内容 / 330
	二 生产要素投入与配置的调整 / 333
	三 宏观经济各产业之间的平衡调整 / 341
	四 一国经济数量与质量的增长方式 / 351
	五 经济质量增长对一国经济与贸易增长的推动作用 / 358
	六 如何实现国民收入倍增计划 / 360
第十四章	关于构建一国经济发展全面质量评价指标与调控体系的方法和意义 / 363
	一 一国的经济指标 / 363
	二 现期经济指标的生成与数据统计条件 / 365
	三 预期经济指标的调控方法 / 367
附 录	关于反映商品生产与交换的经济学原理与函数公式，以及经济变量一览表和一国国内生产总值与三大产业产值之间和经济变量构成关系表 / 369
	主要参考文献 / 371
	后记 / 372

第一章

资源禀赋与经济价值

一

自然资源是价值形成的必要条件

商品经济开始于人类第二次社会分工即手工业从农业生产中逐渐分离时期。人类为了自己的生存与发展，为了满足日益增加的生产与生活用品的需要，人们通过劳动来制造各种生产工具和生活用品，这在不断丰富社会物质财富的同时，也在推动着社会生产与生活水平的提高。

在任何时期，几乎所有产品或劳务和绝大部分的农业产品都会表现为商品的属性，在市场上，它们也会呈现不同价值形式，所以，鉴于过去关于商品及相关价值特征存在着的许多不同的表述，在下面的叙述中，我们则作一些规定说明，以便大家方便阅读。例如，对于具有一定效用价值或使用价值的某一产品或商品，我们也用产品价值或商品价值的概念来表述，这些产品或商品价值的数量则以产品价值量或商品价值量来表示，总之，这些价值概念反映的都是产品或商品的物质属性或形态。

在市场上，由这些产品或商品表现出的交换价值，本书叙述时，我们则以它们的"货币价值"或"商品价格"这种语句来表示，以此区分商品（产品）的效用价值和交换价值以及它们表现的商品（产品）的质（价值）与量（价格）之间的区别。

作者注

作者从现实并尊重人们称呼习惯的角度出发，对于市场上用于交换的商品或产品不做刻意上的概念划分，在书中无论称它们为商品或产品，都是指用以市场交换的物品或服务，而没有本质上的差别和不同。另外，在商品价值、商品的效用价值、商品的使用价值这三个几乎相同的价值概念中，本书主要选择使用"商品价值"和"效用价值"这两个概念名称，因为这两个价值概念包含的价值内容要比"使用价值"更为全面一些，例如，它们可以容纳或反映人的行为价值、道德价值、品行价值、时间价值、空间价值等要素价值的内容

人类的生产活动是建立在自然界提供的物质资料基础上的，商品生产是人们利用生产要素进行价值生产的过程，生产过程作为表现人与自然和人与人关系之间的价值转换与运动过程，厂商利用劳动力和物质资本及其他自然资源要素并通过生产过程把生产要素转换为商品价值形态，由此构成了生产与交换的基本内容。

一国的自然资源是自然界恩赐的珍贵宝藏，自然资源和劳动资源一起构成着一国国民财富的源泉。自然资源是生产力的组成部分，是人类无法生产的稀缺资源，它是一国赖以生存的基础，也是商品价值形成的必要条件。

许多情况下，自然资源为人类提供的生存服务能力远远大于人类由生产劳动而产生的服务能力。例如，自然界提供的土地、水、空气、能源、阳光、矿产、石油、植物与生态环境等方面的资源价值，这些是由人类劳动无法生产出来的。

劳动要素在产品中所起到的价值作用只是人类消费全部效用价值的一部分，而不是全部。在资源稀缺的现实市场上，如果资源要素所起的价值作用比较大，那么它在价格中也会占有较多的比例，相反，则会占有较少的比例。例如，市场上一款钻石、翡翠、黄金、象牙等饰品的价格中，主要是以饰品材料的稀缺性、珍贵性、功能性价值而表现出的资源特征的价格，在这些商品的价格中，所包含的劳动价值的比例相对是少的，所以这些珍贵饰品价格会随着珍贵原料相对价值的增加而增长。同样，在石油、矿产品、稀有金属的价格增长变化中，也体现着产品原料价值对价格的影响作用，而不只是劳动价值的变化引起的。

在早期社会自然资源相对充裕的阶段，商品中所包含的资源要素的价值虽然不能以价格形式表现出来，但每一商品中都包含着资源要素的价值作用，这时的商品给人们提供的是没有资源使用成本的产品价值，这使资源价值成为存在于货币中的福利，因而增加了一国货币购买力。这时的商品价格则只表现着劳动的投入数量，但这并不表示资源要素不具有经济价值，或者说资源要素是不重要的，

客观地讲，如果没有资源要素是无法生产出一般市场商品的。

随着自然资源数量的逐渐减少并使资源价值形成市场价格以后，同时也就增加了自然资源的使用成本或代价，但这并不说明资源要素在产品中的功能作用或价值构成发生了改变，这只是表明自然资源的经济价值发生了改变。这时自然资源表现出的价格变化，虽然不会改变劳动价值作为"原始货币"的价格本质，但它却会改变商品价格的构成。在社会发展过程中，随着一些自然资源的减少，还会使得这些隐藏于商品中的自然资源要素以经济价值特征的变化不断表现出来。

一般情况下，商品价值的形成并不全是由劳动要素独立完成的，市场上的商品也不全是纯劳动产品。许多作为劳动对象或生产要素的原料，人类是不能生产出来的，劳动只能够转移物质而不能创造出物质。同样，人类只能发现事物运行规律并按照规律去行动，而不能创造事物运行规律并随意去行事。这些都反映了客观事物对人类生产劳动活动的约束作用。作为自然资源如土地、矿石、能源产品、稀有金属等，当它们作为生产要素的时候，就会起到决定商品属性的作用，每一物质原料要素在各自领域都会对商品构成着一定性质上的规定，它们在不同生产中所起的作用、地位、权重也是不相同的。它们作为生产原料与劳动要素一起共同决定了商品的属性特征，在一定条件下，它们也由此构成了商品的经济价值的决定因素。

再者，对于一般厂商生产或制造的生产设备、厂房等资本要素价值的投入，它们实际为劳动要素价值投入转化的不同表现形式，因此，在后面的叙述中，对于资本要素价值投入的性质不再作单独叙述。

二

劳动是经济价值形成的一般形式

人类经过漫长的生产劳动过程，逐渐形成了三大产业的社会大分工，从而促进了社会生产与交换的不断扩大，劳动由此也成为人们从市场产品或服务交换中获取经济价值的一般形式。

伴随着社会分工和价值链关系的形成，也形成了商品的基本价值结构并体现着由物质性的人与自然和服务性的人与人之间的生产关系构成的劳动价值内容和表现特征，也就是由物质性劳动与服务劳动构成的一般商品的价值结构与内容。这种社会分工，决定了生产者与消费者之间的生产与交换关系的价值结构和价格边界。实践表明,商品价格的形成与实现,它是商品生产的生产关系向消费关系和投入成本向货币收入流量转化的表现形式,它不但是劳动要素与资源要素耗费的货币计量过程,也是经济价值的市场表现。

劳动是具有一定生产经验和劳动技能的劳动者使用劳动工具所进行的有目的的生产活动,劳动的形式虽然多种多样,但它们都是劳动力、生产工具、劳动对象这三种基本要素共同作用的过程。

商品中包含的劳动,如果以英国经济学家李嘉图描述生产所需的劳动量来简单叙述的话,那么,它表现为生产商品的劳动、把商品运往市场的劳动和销售商品的劳动内容。其中,还包含着有形的和无形的劳动要素投入与表现形式,这是劳动的价值特征,也是和其他资源要素投入相区别的地方。整个过程还包含着生产与交换的人与自然和人与人的生产关系。

在市场上,一些商品表现着相同的物质属性与不同的劳动价值特征,还有些商品则表现着不同的物质属性和相同的劳动价值特征,另外,还有的表现着物质属性与劳动价值都不相同的商品特征。例如,市场上成色相同的黄金饰品,它们有着相同的物质属性,而它们由于加工工艺不同则表现为不同的劳动价值;使用同样面料制作成的不同式样的衣服也是如此。对于使用白银制作的和黄金饰品样式相同的银饰品,与金饰品相比来讲,它们就是表现着不同物质属性和有着相同加工的劳动价值特征,还有像使用不同材料制作的相同或同类商品也是如此,例如,由不同材质制作的相同式样的印章、雕刻艺术品,一件羊绒制作的大衣与一件羊毛制作的相同式样的大衣等。而市场上由不同材质制作的不同式样的商品,则就表现着商品的不同物质属性和劳动价值的特征。

在市场上,自然资源要素在稀缺情况下,会在市场上表现出不同的价格,并随着稀缺性而上升,这种价格的变化,也反映着资源要素相对于消费者的服务效用的相对变化,它与产品或要素的来源与出处无关。由此也表明,自然资源要素和劳动要素相对于人类不存在任何等级的服务效用差别,它们具有相同的为人们提供服务的价值能力,它们在市场需求面前有着同样的享受价格的机会和能力。自然资源与一般商品一样,也都会在不同需求的情况下,表现出不同的市场价格,它们有时很高,有时会很低,有时甚至不能表现出价格。

在一些以资源性商品为主要贸易的国家中,如石油、煤炭、矿产品、天然气等,这些出口商品的价格中更多的是包含着自然资源的价值,由劳动价值投入表现的价格相对较少一些。在市场条件下,一国商品中资源要素价值与劳动价值比例结构的改变,不但改变着商品的价值与价格结构,也会使一国对外币值发生变化,从而使汇率发生变化。

资源丰富的国家以资源出口节省的是劳动资源，获得的是较多的休闲时间，它可使一国在一定时期生活的更为轻松或富有。而以劳动资源投入为主的国家，它们的出口商品价格和货币中则更多的包含着劳动资源价值，它们以人力资本投入通过贸易换回它国的物质资源，来弥补本国天然资源的不足，同时还能够积累和提升人力资本并使竞争力不断增长。

市场商品的价格变化，有的可能是由于劳动供求因素引起的，或者是由于资源稀缺因素引起的，无论如何，相对于市场需求，有些时候，这两种因素都是互补的。自然资源是以资源的功能价值来满足人类的需要，许多情况下，自然资源又是由劳动过程对其不完美性给予了价值补充以后，才成为了市场需要的完美的商品，在资源稀缺的环境下，它们共同影响和决定着市场商品的价格。

随着自然资源稀缺程度的增加，它们相对于人类的价值需求也更加珍贵，在这种条件下，我们应当更加合理地使用和利用它们。在商品生产与交换中，不但要维护劳动价值交换的利益，同时也要维护自然资源价值交换的利益。尤其是在国际贸易中，自然资源既包含于贸易商品中，也体现于商品价格和汇率之中。自然资源是人类生存必不可少的物质财富，是每一个从事商品生产与交换的人所追逐的本质内容，也是一国开展国际贸易的最终目标。

商品价值的形成是通过劳动使劳动对象的价值效用不断增加或改善而实现的，它也是经济价值不断增长的过程。任何一种生产要素都可能会因为其效用的改变而使经济价值发生改变，同时也会使它们的市场价格发生变化。市场规律表明，劳动是决定着商品经济价值的一般形式，在一定条件下，也是形成商品交换价值的前提。

三

生产要素的经济价值与表现特征

劳动产品具有的效用价值是形成货币价格的基础。商品价值的物质属性和内涵，它是承载劳动耗费的载体形式，劳动力与其他资源要素的投入是形成商品价值的原因因素。

无论采取什么样的生产方式，每一个商品价值的构成都会包含着人与自然和人与人关系的基本价值结构。如同一个理发师的劳动和一辆汽车的生产一样，它们都是由物质为对象的劳动和与消费者为对象的服务劳动共同构成的，不同的是理发师是在两种劳动合并在一起和在较短时间内完成的，而汽车生产则是通过生产与销售的较长过程实现的。商品的生产与交换过程，它是在劳动对象的效用基础上实现的效用价值不断增加的过程，商品的生产与流通的时间构成了商品的生产与交换的生产周期，生产周期的长短会使生产成本发生不同的变化，也会以生产效率和流通速度的快慢为表现特征。

随着社会的发展，社会分工越来越细，新的职业和劳动岗位层出不穷，这些劳动岗位虽然都反映着不同的职业特点，但在它们提供的产品和服务中，所包含的生产关系和价值结构以及要素内容都是一致的，其差别只是生产要素投入的质与量上的差异，这种要素之间质与量的差异，也会直接从商品的经济价值即市场价格中表现出来。

商品价值的构成要素，是商品自身的规定性所决定的。参与社会生产与交换的每一商品中，都包含着物质的与精神的要素内容，作为生产最关键的劳动要素，它是提供实物产品与精神产品的决定性要素。劳动要素质量也是决定劳动质量的前提，劳动要素质量是由劳动者人力资本决定并表现着的，一国人力资本在任何一个国家的财富与创造中都已经成为一个重要的要素组成部分，它包括从教育、技术经验、工作培训等各类活动中积累下来的生产力储备。

在任何时候，一国的人力资本、物质资本与自然资源水平决定着一国的生产力水平，尤以人力资本蕴藏着的科学知识、生产技能并产生的创造能力，才是实现一国经济发展与财富增长的决定因素。人力资本水平是一国社会教育、文化发展的标志。它从一个国家的文化活动、生产活动、生活方式、宗教信仰、物质文明、社会组织、生活方式、社会分工、产业结构等方面体现出来。

在现代经济发展中，人力资本的生产力与决定作用得到了充分体现，尤其在知识、技术密集型的新兴产业和部门，如金融、教育、科技、文化、医疗、会计、信息、通信、培训等方面，人力资本则构成了推动这些产业发展的主要因素，它也是促进经济质量有效增长的主要力量。

实践证明，任何经济成果的取得，都离不开由人力资本储备的知识、技术、文化、道德等智力和精神要素内容，这些要素是人力资本驾驭现代经济并使之不断发展的内容和动力，它们表现为：知识、技术、文化、经验、正义、公正、诚实、爱心、和蔼、宽容、慷慨、谦逊、勤劳、修养、自信、健康、力量等不同要素形式。

这些代表人力资本的价值要素在商品生产、商业服务、教育服务、公共服务等领域，以它的知识、技术、经验、文化、智力、勤奋、健康等要素形式转化为实物产品的效用价值并同时以公正、诚实、爱心、和蔼、适度、谦逊、修养、自信等要素内容生产着产品服务效用，使消费者直接感受到使用物质资本和人力资本共同提供的产品形态价值和由行为服务带来的美好感受。而由此形成的商品的效用价值，是以商品的物理价值、服务行为价值、知识价值、艺术价值、品性价值、道德价值、精神价值、语言价值等构成的商品有形价值与无形价值的服务效用为表现特征的。也由此形成了具有可靠的质量、精湛的技术、诚信的服务、一流的品牌、优秀的品质并拥有良好口碑的消费产品，它产生的是产品在市场销量的倍增效果，带给社会的是整体的、福利的、和谐的、美好的文明价值，并使每一个产品都散发着迷人的光辉。不但会使接受服务的每个人受益，也会使自己受益。

以上这些要素内容，在市场上，它们通过人力资本投入产生的有形和无形的效用价值，都会直接或间接地以商品形态转换为它们的市场价格。

人力资本的要素投入是构成商品生产与交换的关键要素，其中包含的公正、诚实、爱心、谦逊的美德是在人类社会交往中的普世价值要素，更是构成服务价值和商品经济价值的珍贵要素。这些无形的资本要素构成着一个人、一个企业、一个国家无价的信用资产，也是财富创造所需要的价值要素，它们时刻影响着一个人、一个企业发展的进程。

自然界事物不仅是在质上得到界定，同时也在量上得到界定。事物都是一定的质和一定的量的统一，它们都表现为一定条件下的质与量规定性的客观特征，质是指事物区别于他事物的内在规定性。量是指事物存在和发展的规模、程度、速度等数量规定性。自然界不存在没有质的量，也不存在没有量的质的事物。

一个生产劳动过程和一件商品的形成过程，也都是如此，它们同样都有相应的劳动要素投入和商品的质与量的价值与价格标准，也会表现着一定条件下的质与量规定性的客观特征，如生产程序标准、工艺标准、效率标准、操作标准、服务标准、设计标准、质量标准、技术标准、时间标准、商品标准、货币标准、要素市场化标准等。这些生产标准，它们是生产要素不同形式的投入内容，这些约束要素质与量投入的标准规定决定着未来商品的质与量的特征。

一个规定性的商品，无论生产方式怎样变化，生产它所需要的劳动量和资源要素是一定的。在生产过程中，一定数量的生产要素在一定生产效率和时间内转化为商品形式，这时，商品的效用价值恰好等于商品质与量规定性的内容，这是由事物的内在规定性决定的。

在每一生产过程中，都会同时存在着简单劳动与复杂劳动的不同表现特征，客观上，简单劳动与复杂劳动只是相对而言的，它们之间不存在明确的界限之分（繁重体力劳动也可归为复杂劳动），都是劳动力的使用过程，没有简单劳动也就不存在复杂劳动，它们在一般劳动过程中表现着相互之间的差异性。

对于简单劳动来讲，一般是指不需要经过系统学习和专业训练，每个身体健全的人都能够从事的劳动，简单劳动作为人类的本能性劳动，也是一种劳动的起点。而复杂劳动，它是在简单劳动基础上由于新的劳动要素叠加而产生的价值增值的劳动过程，并通过不同的劳动形式来表现。在简单劳动与复杂劳动之间，反映的是人力资本由低级向高级发展的质的变化，人力资本的这种变化不只是从生产率的量的提高表现出来的，它主要是从生产率的质的提高为表现特征的。

客观上，无论任何职业的劳动，它们都是由简单劳动与复杂劳动的要素内容共同构成的，并不是相互独立的。在不同劳动投入中，虽然都包含着简单与复杂的劳动要素内容，但这两种要素内容之间的组成结构或比例却是不同的。在复杂劳动中，只是包含着较少的简单劳动而包含着较多的复杂劳动，在简单劳动中，则是包含了较少的复杂劳动而包含了较多的简单劳动，并由此产生了不同劳动在要素投入质与量上的差别，进而形成了不同劳动产品之间或劳动价值上的差别，也由此形成了不同劳动要素在投入与产出之间的经济价值的差别。

正如亚当·斯密早就描述的："一个钟头的困难工作，比一个钟头的容易工作，需要付出更多的劳动量。需要十年学习的工作做一小时，比普通工作做一个月，所含劳动量也可能较多。"可以看出，亚当·斯密在这里所说的，就是重申不同的劳动要素投入在经济价值上可能产生的差别。

历史上，经济学所界定的复杂劳动与简单劳动的概念，是从两种劳动表现出的现象特征和外在差别上做出的描述。并没有从劳动要素投入质与量的内在结构上来进行分析。客观上，任何工作岗位上的劳动特征，都会表现为速度的快与慢和质量的高与低（或质量的重与轻）的质与量的结构特征，这一结构特征，它反映着一般事物所具有的质与量的基本构成，劳动投入过程也是如此。例如，劳动者搬运物品速度的快与慢和一次搬运数量的多与少，或如修建房屋速度的快与慢和质量的高与低等。也就是说，劳动要素投入的质与量是通过劳动投入的质量和速度表现的，在生产中，劳动投入表现出的不同速度和质量上的差别，实际反映的是简单劳动与复杂劳动之间存在的质与量上的构成上的差异。

无论这种差异大与小，复杂劳动与简单劳动都是从生产的商品数量和质量方面来表现和进行比较的。也就是说，投入不同数量与质量的劳动要素它会产生不同的劳动效果，并最终转换为不同数量与质量的商品和不同的经济价值。

客观上，表现体力的繁重劳动和表现技能的复杂劳动之间形成的产出效果，虽然可以实现异曲同工之目的，它们却有着不同的产生过程。繁重劳动以劳动体能投入和形成产品的数量多少为表现特征，复杂劳动以劳动技能与知识投入和形成的产品质量与技术水平为表现特征。在现实生产过程中，以繁重体力劳动进行的生产活动更多地被先进的生产工具替代了，体力劳动之间的差距逐渐在缩小，而知识与技术性的复杂劳动程度相比过去极大地增加了，反映在某些生产岗位和新兴产业上，甚至是成数倍的增加了，这也代表着劳动投入与财富增值的未来方向。

在生产中，每个劳动者经常会根据需要并利用效率方法增加工作量，也会利用提高效率的方式争取更多的剩余时间和空间。每一个人的劳动都是从简单劳动开始向着复杂劳动发展的，这是事物客观因素与发展的规定性与人类的主观能动性共同决定的。

商品生产从人类原始的采猎经济、畜牧经济、农业经济、简单手工业、商品经济发展到以现代农业、制造业、服务业、信息产业为代表的知识经济社会，每一步发展进程无不体现着人类智慧的结晶，也深刻印证着生产劳动的知识要素、科学技术、物质资本对经济发展的巨大推动作用，同时，也反映了人类劳动的价值密度始终是朝着价值增大的方向，它通过市场时刻向人们传递着不同形式的劳动投入和经济价值增长之间存在的生产函数关系。这种发展趋势给人类的经济活动、组织方式、生产方式、经营理念带来不断提升和推动作用的同时，也给每个普通劳动者、企业、地区与国家带来新的发展机遇和挑战。

市场实践表明，在以知识、科学理论和技术创新为代表的复杂劳动的当今市场条件下，一国劳动投入的知识、技术、标准、道德、友善等价值要素既是实现经济高质量发展的基本要素，也是实现经济价值增长的主要方式。

第二章

物质与精神财富的生产

一

实物型投入产出模型

每一个商品,都是构成社会生产活动的价值"细胞",在市场上,它以物质与精神产品为表现形式,它承载并包含着人与自然和人与人之间的生产与交换关系。每一商品,同时也是一个厂商、一个部门、一个国家进行经济价值统计与核算的基本单位和价值载体,它们也是经济理论描述的具体对象与内容。因此,为了揭示和掌握商品生产规律,使人们能够利用有限的社会资源实现合理的财富产出,现实需要我们,深入发掘能够反映商品生产的内在规律和原理,以此作为指导人们从事生产实践活动的理论依据。本章节内容,我们主要就是构建反映物质与精神财富生产的实物型投入产出模型。

在现代社会,一国社会财富的生产,主要表现为商品形式,也就是商品价值的表现形式。商品价值是指市场上由有形价值(实物产品)和无形价值(包括服务形式)构成的各种商品形式。

在商品生命周期内,一个商品的价值,它等于由每一生产要素投入形成的效用价值的总和,也就是由劳动投入并使用物质资本和资源要素生产的物质与精神的全部价值内容和形式。

商品生产是社会分工的表现形式,劳动是商品价值形成与价值转换的客观前提。商品价值源于在商品生产价值链上每一项价值增值活动的连续投入,它是劳动和资源要素生产投入的有效转化形式,也是商品生产与交换的最终表现形式。

人们每天从事的商品生产过程,不仅表现为各种各样的实物产品的生产,还包括提供的各种各样的服务，如商场的经营活动、文艺演出、为病人服务、老师授课等。这些活动都涉及为某些消费者或特定人群提供不同形式的服务产品。在市场上，我们无论走到哪里，是商场、饭店、工厂、快递公司，还是随意走进一家店铺、一辆出租车、一辆公共汽车，都会有服务人员为我们提供相应的服务。市场现象表明，在市场上，每一商品的交换都是在产品并伴随着服务的过程中完成的。

商品价值的形成与转换过程，就是生产这个商品并将它送往市场和销售的不同价值形式的连续创造过程，它既是劳动和资源要素的不同耗费形式，也是生产要素连续的投入过程，这一投入过程具体表现为：生产实物商品阶段的劳动和资源要素投入，把商品运往市场的劳动和资源要素投入，以及销售商品的劳动和资源要素投入，这种价值链上的三个阶段的生产要素的有效投入则构成了市场上商品价值的全部内容和表现形式。

由此可见，商品价值的存在形式与内容，主要表现为：商品的实物价值形式与内容，商品的营销或服务价值形式与内容。这种商品的不同价值形式与内容的增值与转化，最终构成了市场上实物产品与服务商品的效用价值，由此形成了商品的交换基础和价格条件，它们也是实现商品交换的前提和必要条件。

因此说，在市场上，单纯的实物产品并不能完全反映和代表生产要素投入转化的整个商品的价值。同样，以实物产品表现的价格中，它包含的也不只是实物产品的效用价值，其中还包含着运送它的空间与时间价值和销售它的服务价值内容。实际中，在一定市场范围内，无论同一商品提供给不同消费者在地点、时间上的价值有何差异，一般商品出售的价格都是这一市场范围内的平均价格，并不是与每一商品的地点或时间价值严格相对应的价格。每一市场范围的商品价格中，它一般包含的实际是商品提供的在地点、时间上的平均效用价值。

在一般服务产品中，也同样包含着空间与时间价值，如来自市场上不同经营者给我们提供的各种维修、电脑安装、水表检修等方面的上门服务，其中都包含着服务者提供的空间与时间的价值内容，这些价值内容也是构成服务价格中的内容。如一般航空、铁路、轮船等运输部门提供服务产品时收取的价格，也都是和它们提供的空间与时间价值相一致的价格（这是与实物产品不同的地方），当与到达的目的地和规定的时间不同时（如延长时），就会使这些服务产品的价值减少，这时就会引起旅客的不满，这样的情况，我们每个经常旅行的人都会碰到。同样，一般商品的服务效率较低时，也会引起顾客的不满，以上这些现象，体现的都是商品具有的空间与时间价值的基本特征。

市场上的商品，一般在人们购买以前就已经送到了市场上，以致使得人们忽略了这些商品所提供的空间与时间上的价值效用。在市场上，这些效用价值，有些我们是可以直接体验到的，比如：当我们住地距离公园、地铁、学校、车站、大型商场等公共设施或消费场所较近时，就会直接体会到，由于距离这些地方较近而给我们的工作和生活带来的便捷，它会节省我们去其他同样地方消费的时间，从而增加人们就近享有的快乐。客观上，这些公共设施提供的效用价值，它们无不包含在了这些商品的价值之中，同样，它们也都会包含在这些商品的价格或消费这些商品的成本之中。

二

时间量值的生产函数的一般表达式

与实践相统一的商品生产函数的构建，历来是经济学寻求的目标。生产函数作为描述投入与产出的关系等式，它既需要揭示商品生产与交换的基本原理，也需要反映商品生产与交换的变化规律。客观地说，生产函数所反映生产与变化的规律性、科学性及具有的实践性，不但会为经济学理论提供逻辑上的科学依据，也会为经济理论体系建设提供依据，它也是进行市场经济分析与研究的理论模型，它也会为一国的经济实践提供生产、决策和调控的理论依据。

自本节开始，我们就来构建反映商品生产的生产函数模型。这里，我们以时间为计量工具，从构建反映实物商品价值生产的一般表达式开始。

我们人类很早就用时间来计量各种生产劳动活动，如用时间记录生产的时间投入和产出效率并以此核算生产劳动的总效果，用时间计量物与物之间的交换比例，把时间作为工耗和计算工分的依据，也用时间计量劳动产品的分配等。这些表现的都是时间作为工具的属性。在现在生产活动中，时间同样是计量社会生产和劳动活动的主要工具。这是因为，由于时间运行的独立性、客观性与稳定性和商品生产与交换的过程之间在每一时点上都存在着对应关系，因此，这使得时间成为计量社会生产、交换与收入分配的必不可少的有效工具。

当用时间计量商品生产与交换的时候，只有把商品在生产时间、效率、质量、空间、数量上等方面表现出的不同价值形式与变量或厂商生产要素投入的全部内容反映出来，才有可能全面反映商品价值产生的具体途径与表现特征。

我们已知，市场商品的价值，不但包含着实物产品价值的内容，也包含着生产它的后勤服务、生产管理、运输作业、市场销售、跟踪服务等一系列价值链上的生产要素投入价值内容，对于这些实物产品以外的价值投入，我们一般称其为服务产品价值，它体现的是一个厂商的价值链的连续投入过程。一般情况下，一个厂商在整个价值链上的生产经营水平，主要取决于生产要素投入的效率、管理、质量、技术、销售、服务等方面形成的综合生产能力，我们把厂商的这种综合生产能力称为全要素价值生产力，由这种生产力在单位时间提供的可供市场交换的一定质量与数量的商品，我们之称为全要素价值生产率。

市场上一种产品的最佳生产效率，是在正常条件下，始终以一定供给速度向购买方运动并处于连续销售的状态，同时也表现为市场货币以相同速度流量连续和商品交换的状态。客观上不是所有厂商的生产效率都处于这样的状态，只是厂商的生产活动都是时刻向着这个目标努力着，就像市场上的商品都是以产品形态并伴随着服务的交换状态存在着一样，生产者都在努力提供最好的价值生产效率希望能够带来最大的货币流量，这也是全要素价值生产率在一般速度生产率基础上延伸至商品交换状态的生产效率概念。

由此可知，这里的全要素价值生产率，是反映商品从生产到市场销售的效率指标，也是反映着生产和交换的一种流量指标。它和以往只包含着人与物的生产关系的生产率是存在区别的，它是在过去生产率的基础上延伸至交换状态的生产率。它还表现为：当实物产品的生产完成以后，它会转向下一工序交接或市场上的商品交换过程，这时，商品的价值同时会在空间、时间、服务上发生不同增值变化，它们是全要素价值生产率所包含的内容，这些价值增值内容，也是生产率向货币流量转化的条件。

可以看出，全要素价值生产率作为反映生产与交换效率的变量，它与以往的全要素生产率和劳动生产率存在着价值内容上和关系结构上的差异。

在市场上，商品从生产到市场上的销售，它都会经过不同的价值输入或增值的运行过程，这时的全要素价值生产率，它既包含着每一阶段的生产率，也是反映着全部生产过程的平均生产率。这一过程无论由谁来完成，也无论时间长短，它反映的都是包含着生产与交换关系的价值链上的商品向着市场需求的运动过程，它表现着商品生产的目的性，同样也包含着劳动分工与协作的交换关系。

这一效率变量，它具体地反映着实物产品与服务价值及其在时间、地点上的运动变化，每一个在一定时间、地点的产品与服务形成的市场上的单位商品价值，都是构成全要素价值生产率这一产出变量中的基本价值单位，同时，作为生产效率变量与实际生产过程和与它的货币表现形式都会存在着对应关系。这里，我们把以上的全要素价值生产率，用量纲单位简单表示为：

全要素价值生产率＝一定质量与数量的商品或劳务(台、件)/单位时间
　　　　　　　＝商品价值数量/单位时间

这一效率变量,它表示一个劳动者、厂商在一定时间内,向市场消费者提供的商品价值数量(或以价值指数来表示),其中,它在反映着商品质量、数量与服务价值内容的同时,它还伴随着商品的距离、时间变化的价值特征。这一效率变量是有方向性的,它反映着价值生产与供给时刻向着消费者需求的方向,代表着厂商在一定时间内向市场上输送的商品数量。在实际中,作为商品提供的距离、时间价值效用则经常被人们忽略。

商品在距离与时间上的效用价值变化,是由相关要素的投入产生的,如果没有这些要素的投入,也就不会形成市场上商品可交换的价值。

例如,一家生产厂商通过快递公司给消费者寄出的邮件,这一邮件包含着厂商提供的产品形态价值和快递公司提供的空间价值、时间价值、服务价值内容。这一邮件产品,在这一期间给消费者提供的产品价值或效率大小,既会从全要素价值生产率指标的大小中反映出来,也会从客户的体验中反映出来,这就是这一效率变量所表达的含义。作为生产厂商和快递公司,它们邮件提供的价值内容,构成着产品价格或货币收入形成的前提(对于消费者来讲,它可认为是由生产厂商或快递公司某一单位独立提供的,也可认为是由它们共同提供的)。

由一般计量关系可知,当以时间为工具并计量商品价值的生产时,从理论上讲,当我们测得了单位时间内商品从生产到市场销售实现的价值数量,即全要素价值生产率,之后,我们就可以依据生产过程投入的总时间得出生产的商品价值总量。因为,由全部生产过程投入的时间量和全要素价值生产率就共同形成了反映商品价值产出的计量变量,即时间变量和效率变量,这两个变量,也就是构成反映商品产出总量的数量结构关系的变量,这时,我们如果用 V 表示某一时间过程中生产的商品价值的总数量,那么,在这一过程中,生产的商品价值总量,就可表示为:

$$V = 生产时间 \times 商品价值数量/单位时间$$
$$= 生产时间 \times 全要素价值生产率$$
$$= 商品价值 \times Q$$

--- 作者注 ---

商品价值=产品+服务,并伴随着空间与时间的变化。商品价值,它既代表着产品形态的一个单位的商品,也是构成商品总数量的原始单位,并可用单位"1"来表示。同时,商品价值也代表着这一商品具有的价值量,为了区分同类商品或不同质量商品之间的价值差别,某一商品的价值量,也可用价值指数来代表,与其对应的则是商品价格,以下类同。Q——为商品数量,生产时间——为生产所用时间

这一等式，就是我们使用时间计量商品价值生产的一般表达式，也是以时间和效率的语句变量来表现的数量关系表达式，我们称为时间量值的生产函数的一般表达式。它是反映实物生产的投入产出模型，也是实物生产函数的一般表达式。

这一表达式，也是人们在工作与学习中常见的基本数量关系表达式（如一般计量关系表达式为：$1 = 1/X \times X$，1代表计量对象，X代表计量工具及单位的数量，$1/X$代表导出计量单位。反映在生产实践中，如：时间对路程计量的关系表达式，用米尺对一定长度物体计量的表达式，浓度与溶质的计量关系表达式，功率与功的计量关系表达式等）。

三

时间量值的生产函数的参数表达式

在上一节，我们得出了时间量值的生产函数的一般表达式，它是以时间来计量商品生产的关系等式，也是人们在生产中计量事物与变化过程的一般方法。从等式中可以看出，它没有反映出商品价值生产的价值变量之间的关系与结构特征，所以，它对于实际生产的指导作用并不是很具体和深入的。

为此，在这一节，我们是在以上时间计量的一般表达式的基础上，从微观角度分析生产要素的投入与产出过程，建立反映生产要素投入与产出的以参数变量表示的生产函数，它将是对时间量值的生产函数的一般表达式的微观解释，也是一般表达式的参数表达形式。

建立生产函数的参数表达式，是揭示商品生产与交换基本原理的必要过程，它也是全方位反映生产要素投入与产出的过程，它对我们深入揭示商品价值结构，构建商品价值与价格结构关系，具有重要的实践意义。因此，它也会为商品的生产与交换提供更为深入和更具价值的理论依据。

在下一章，我们还将在时间计量的一般表达式和参数表达式的基础上，继续建立货币计量的生产函数，以此构建全面反映生产关系与生产变量和生产要素投入与产出的函数表达式，使生产理论与生产实践实现最终的统一，从而为解决和回答经济领域存在的疑难问题提供理论上的依据。

下面，我们从生产要素的投入计量开始，来对商品价值的形成作具体的微观分析（本小节内容，虽然可以作为选择性和深入性阅读。但是，如果深入阅读之后，它会使我们对商品生产过程和商品价值构成与表现特征，认识得更为全面和透彻)。

(一) 一个商品的价值及结构与生产过程

我们把商品从生产到运输至市场的销售过程作为商品价值的计量过程。我们知道,一个商品,从生产到市场上的交换,它需要经过不同生产要素的连续投入,才可以形成一个具有时间、地点、环境和一定效用价值的可供交换的商品。市场上每一商品交换都源于这一过程,每一阶段的商品,都包含并反映着这一过程所投入的劳动量,也反映其他要素的投入量。同样,这些不同的生产要素的投入特点,不但会从商品的价值结构中表现出来,它也会从商品的价格中表现出来。

下面,我们按照生产要素投入与产出的因果关系来分析商品的价值结构和计量过程,对于生产要素的投入、变量关系、增值方式、价值产出、价值形式,我们分别用不同参数与结构关系来表示。

这里,我们用时间作为商品价值生产的计量单位,它既是价值计量的数量单位,也是价值计量的效率构成单位。同样,时间作为一种变量,它也存在着流量和存量之分。

我们把一个商品作为一个价值计量的起始单位,把处于交换时点上或市场出售时的"商品"视为一个完整的价值商品(因为只有在这时,它才会形成货币与商品的交换或货币流量,它也是货币计量的分界点),同时,把商品从生产至出售或交换时的全部投入过程作为商品价值的计量周期,并以商品的生产时间来表示。按一般习惯,生产时间用 t(小写)表示,其量纲单位可用:分、小时、日、星期、月等表示。

生产时间作为以时间计量生产过程的时间变量,反映着生产要素投入过程的时间长短,它与一定地理范围内的生产活动和运动状态相对应。生产效率是用基本单位时间来计量生产时点上商品产出时的效率变量,反映着单位时间内由生产要素投入形成的产品产出量。

如此分析则有,作为时间、效率、质量、服务这些反映要素投入的变量和内容,它们就是构成商品价值结构的参数变量,同样也是商品生产一般意义表达式的构成变量。这些生产要素投入的总价值,决定着市场上由时间、地点、产品质量与服务等价值内容构成的商品的最终价值,它们也反映着厂商在生产到市场销售过程中投入劳动力与其他要素的耗费量。

由时间量值的生产函数的一般表达式,即:

$$V = 生产时间 \times 全要素价值生产率$$
$$= 商品价值 \times Q（商品价值：产品形态，Q 为产品数量）$$

可以看出，当这一表达式的产出量：Q = 1 时，它就是一个商品的价值生产表达式与价值结构表达式，它反映着价值形成与结构特征。

一个商品从生产到市场上的销售，这一商品的价值形成过程，如按生产要素投入顺序来叙述的话，它可描述为："一个生产者，以一定速度（速度生产率）投入一定数量生产要素，生产某一价值物品，然后，再把这一价值物品以某一速度（速度生产率）向市场输送，在前后经过了时间（t）的生产要素的投入耗费过程以后，最终形成了市场上具备了交换条件的商品与特征。"

从价值特征上讲，市场上商品价值的形成过程，是一个物理属性的价值运动过程。这一过程，吸纳着不同形式的劳动与资源要素的连续投入，这使得商品价值的内涵也不断地在发生变化。具体可描述为：生产阶段—产品形态的变化→输送阶段—产品空间（与时间）的变化→销售阶段—产品形态 + 服务价值→商品价值。这些不同阶段的生产要素投入构成了商品价值的不同表现形式，也构成了商品交换的价值基础。

自然界事物的变化，虽然表现的形式不同，但基本规律是相同的，而不是相悖的。由劳动力与其他生产要素投入生产的过程也是如此，商品价值的形成过程与自然规律的表现特征也是一致的。

这里，我们也结合物理概念的表述方式，叙述了商品价值的生产过程，其作为一般道理也是显而易见的。

生产与流通中的每一商品，都包含着生产投入的定量要素和定性要素，每一劳动者提供的速度（定量）与质量及技术（定性）要素的价值，也都反映着劳动要素投入的价值特征，同时也决定着其他要素的使用或投入。

在生产中，作为劳动者投入的定量要素，是指人们从事生产活动所需要的基本动力要素，它表现为一个人具有的力量、耐力等体能特征。在生产中，它们决定着劳动的速度和持续时间的长短。

在不同生产阶段，生产速度提供着许多的价值功能，如：商品的空间价值，商品的时间价值，商品数量的价值，它以商品的数量和空间与时间上的变化为表现特征。在生产过程中，速度变量是构成商品数量价值、时间与空间价值的商品价值结构变量。

同样，作为劳动者投入的定性要素，它反映着劳动者具有的知识与技能水平，在生产过程中，它们决定着商品的本质特性，表现为商品的技术与质量特征。速度与质量价值之间是相互联系、相互依赖的不可分割的结构内容，它们包含在每一生产过程中，它们不但会从劳动产品的质与量中反映出来，也就是会从市场上商品质与量的特征上表现出来。客观上，劳动要素的质与量是构成劳动价值的基本内容，它与劳动价值成正比例关系，商品价值是由劳动价值与资源价值构成的并与它们保持等量关系（劳动要素投入同时会伴有其他资源要素转移）。

我们已经设定，一个商品，从生产到销售过程所用时间，用 t 表示。这里，如果商品生产（或运送）的速度效率，我们用 E 表示，实物产品的质量（或重量）以 M 表示，服务（产品）增值率以 S 表示的话：

那么，根据前面分析可知，在市场上，一个商品价值的结构和价值量，如用时间量值的生产函数的一般表达式来表示，则有：

V ＝生产时间×全要素价值生产率
　＝t(生产与运送时间)×E(速度效率)×M(实物产品质量)×S(服务增值率)
　＝tEMS＝商品价值

这一等式，反映着商品从生产到销售的生产要素投入和商品价值的形成过程，它也是这一商品价值结构的参数表达式。可以看出，tEMS 直接反映着商品价值的结构，商品价值量的大小，可由 tEMS 各参数变量形成的数量指数大小来表示，反映着一个商品的价值量大小的指数，反映的是厂商为生产这一商品所耗费的要素资源量。这些参数变量向我们说明着：

我们所面对的市场上的每一商品的价值，都是由它们提供的空间价值、时间价值、产品使用价值和服务价值构成的，这些价值内容是我们支付价格的基础，它们也等于我们自己去生产它的劳动与资源耗费。

这样，商品价值与结构则表示为：

V ＝t(生产时间)×E(速度效率)×M(实物产品质量)×S(服务增值率)
　＝tEMS＝商品价值形态

其中，S(服务增值率)——它表示实物产品（M）在流通过程中增加的服务增值率（表示由服务或营销使产品增加的价值，对于这种增加的价值，我们没有采用在实物产品上进行加和的表达方式，而是对实物产品采取乘以增值率的表现形式，以此表示由于提供服务使消费者获得了产品增加了的价值，同时，它也表示着服务要素增加的投入量。如此表示方式，只是为了使参数的整体性更为紧密）。

而由 E(速度效率)×M(实物产品质量)×S(服务增值率) 构成的相互关系，可以看出，它表现的是生产者的价值生产效率，表示生产过程某一阶段的单位时间内的产出价值，即生产一个商品时的平均全要素价值生产率＝EMS（其中，t、E、M、S各参数，它们在不同阶段的表现特征各不相同，t 表示着全部过程所用时间，E 则为全部过程的平均速度效率。）

下面，我们具体分析这一商品价值结构与参数变量的内涵。

1. 实物产品的价值生产

商品的生产与流通是在运动过程中实现的，生产速度是商品价值形成的基础变量。对于生产中的速度效率或速度生产率和相应劳动者的速度生产能力，在以上商品价值结构的表达式中，我们使用 E 来表示（它反映的是由速度产生的效用价值）。其量纲单位，是以时间为计量单位的导出量纲单位，由时间单位与长度单位组成。在实物产品生产阶段，由于速度效率的效用会转换成产品结构形态与数量形式，因此，我们以产品的数量单位代替了距离或长度的量纲单位，并表示为：产品数量/单位时间。那么，当 E 在表示运输产品的速度生产率时，其量纲则还原为时间与长度单位的组合形式（千米/单位时间）。

速度效率反映的是单位时间内产品数量或空间距离发生的变化，它表现为产品的数量或空间价值的变化特征。劳动者表现的速度效率或速度价值，在实际中，一般是反映着劳动者和资本要素组合投入的效率和有效的数量产出。且设 $1 \leq E$（$E=1$ 时，代表某一基期生产一种产品的速度效率，$1 < E$ 时，代表速度效率或劳动能力提高后的速度增值率幅度）。当 E 的量值较小时也代表不熟练劳动的特征，相反 E 值较高时则表示为熟练劳动或生产率提高特征。它以单位时间内生产要素投入速度和商品的产出流量或销售流量或商品的运动快慢为表现形式，同时，速度效率与数量生产率是统一的，生产率提高带来的价值增长则以产品数量的增加表现出来。

在生产中，无论生产者投入生产要素的速度效率高低与否，生产一个商品需要投入的要素价值数量是一定的，也是稳定的，这是商品的规定属性决定的。在商品生产的一定空间范围内，时间 t 与速度效率（速度生产率）E 相互之间存在着一定条件下的反比关系，它反映的是商品价值的量的约束性。如果商品的数量价值，用 V 表示，那么，这时的商品价值可表示为：

$$V = 生产时间 \times 劳动生产率 = t \times E$$

日常中，对于搬运或运输商品一定距离时形成的价值就是如此，可以看出：在商品的价值一定的条件下，当速度效率 E 提高时，生产时间 t 则会缩短；当效率 E 降低时，生产时间 t 则会延长。

但在现实中，每一个生产者，都是以一定的速度效率或速度生产率，在一定技术与质量水平上进行商品生产，在前面，我们把生产的商品具有的技术与质量水平，用 M 表示，且 1≤M，它也代表着生产者相应的生产能力（复杂程度或劳动强度或不同质量），即反映了生产者人力资本或使用机械设备生产的产品的技术与质量水平或难度系数（M = 单位 1 时，表示基期的技术与质量或复杂或强度或重量的大小，1 < M 时，它代表着相对于基期产品技术与质量或重量的增值率，也反映着生产技术与产品质量随着时间的推移而不断变化的情况）。M 值的大小，以生产的商品或中间产品的技术与质量水平（或某一工作或任务的强度与复杂程度）为表现特征。M 值的提高代表着产品的效用价值或质量的增值，相反，M 值的降低则代表着产品的效用价值或质量的减值。这种变化，也会从产品价格的变动中反映出来。

实物产品的生产反映着人与自然之间的生产关系，是人类生产劳动活动的基本形式。如果从价值顺序上讲，生产要素的投入至产品的完成过程，它反映的是商品第一时间顺序的物质性的劳动特征，也是实物产品的价值生产过程，是商品价值形成的基本过程。而不同质量的商品，它们具有的价值量是不同的，一个商品质量的提高或降低的变化，它反映的是生产要素投入质量的变化。

在实物产品生产阶段，不同质量产品的价值，我们已表示为：$V = tEM$，它反映着实物产品生产完成或送至某交易地点或送至市场上交换以前时的价值（是进入交换或提供销售服务之前的价值状态，还没有达到价值交换的状态），这时，产品的物质属性及有用性构成着产品的价值基础。

这里，我们把这一阶段的实物产品的生产称为第一时间顺序的价值生产或生产要素投入阶段，这期间的实物产品价值，用 V_1 表示，且有：

$$V_1 = t_1 E_1 M_1$$

这里，E 与 M 之间的乘数关系，反映着在一定生产速度效率基础上并以一定的技术与质量水平或劳动强度投入生产要素时，在单位时间生产的一定数量与质量的产品（或中间产品），同时，也反映着单位时间生产要素投入的有效价值量。由 EM 的结构显示出，E 与 M 两参数则分别代表着产品质与量规定性需要的与之相对应的两种劳动要素的质与量的价值成分，即由劳动要素投入数量和质量生产的两种价值效果，两个参数量的乘积 EM 则代表了劳动价值的两种因素在单位时间生产的产品的质与量的结构内容。由此说明着，每一个商品的生产都是在包含着速度与质量的生产要素相互协同作用下完成的，这是由商品的质与量要素的规定性所决定的。

其中，当 E（速度效率）M（质量）都增加时，它表示一个劳动者单位时间生产的产品又快又好，还可表示每次劳动完成的既快还多，如同搬运东西时一个人每次都要比其他人搬运的快和多一样，他最后完成的工作量一定比其他人要多（当然在 E、M 都变小时，也代表着产品完成的既慢又少，还会出现 E 与 M 的变化方向相反时不容易确定的情况）。

当 E、M 两个参数变量，在与代表的个人生产能力或产业生产水平相对应时，两个不同的 E_1M_1 或 E_2M_2 的量值相互之间的比率则反映着不同产业、厂商、个人之间的生产劳动的价值产出或生产能力的倍数差异，即 E_1M_1/E_2M_2。可以看出，它既反映着复杂劳动与简单劳动的倍数关系，同时也反映着不同行业之间存在的不同价值增值率的差异，如同一般教科书中描述的工业与农业之间存在的剪刀差，也反映着高科技企业与一般产业之间的价值增值率的差异。在实际生产劳动中，劳动者的生产时间、速度效率 E 和其技术与质量水平 M 的不同变化都会形成不同的产品增值效益，并表现为产品价值指数 tEM 的不同变化。

2. 服务性劳动的价值生产

当实物产品进入交换环节以后，还会需要厂商为实物产品交换提供第二时间顺序的服务性劳动或要素的投入。也就是由劳动者或厂商在为实物产品的工序转移或市场销售提供的服务劳动，它是实现商品流通与交换的必然投入过程，也是实现商品价值向货币价值转化的必要条件。

在实际生产中，每一个商品的交换或向下一价值链环节的转移，都会伴随着相应的服务劳动与交接的过程。它具体表现为实物产品在工厂内的运输转移、产品向市场的运输转移和向消费者的销售转移。并同时以实物产品的时间、空间的延伸增值以及相对人与人关系提供的劳务服务为表现特征。这些在第一时间顺序的物质性劳动基础上进行的延伸增值的服务要素投入，可统称为服务性劳动，它与前一生产过程存在的差别，它是以产品外在的服务形式和行为价值为表现特征。

商品提供的交换服务是商品的本质属性决定的，商品只有通过市场的流通或销售服务，商品才会转换为货币的价值形态，商品价值才会得以体现。只有这时，才标志着一个商品价值生产周期的完成，否则，投入商品的生产劳动就不会停止下来。

对于在第二时间顺序投入的服务性劳动价值，如果我们用 V_2 来表示，这一阶段投入的生产或服务时间用 t_2 表示，这时，它表示为在实物产品基础上新增的服务价值生产的时间投入与延伸。在这一阶段的销售服务价值，是厂商通过由人力、物力和经营环境所组成的销售系统的生产要素投入形成的。

这一服务过程的速度效率或服务效率水平用 E_2 表示，这时的速度或服务效率的表现特征虽然和劳动的第一时间顺序的速度效率 E_1 表现出的生产特征会存在差异，但在两个阶段中，生产要素投入的本质是一致的，反映的都是生产要素投入的速度生产能力，其中，包含着劳动、资本、服务设施、经营环境等要素的投入内容，也都表现着时间或空间价值的增值过程，其差别只是在于时间阶段或区域范围上的不同。

在这一服务阶段，由相应生产要素投入产生的对实物产品质量或技术提供的延伸增值的价值，我们则用 M_2 表示，它主要表现为对出厂产品的包装、安装服务、技术指导、技术培训等方面提供的物质属性服务价值，这些价值体现着实物产品 M_1 自身质量或技术延伸的内容，它形成的是产品效用价值的有形或无形的变化，这时的劳动要素投入也直接反映着人与物质对象之间的生产关系。

对于生产与经营中，由营销或服务劳动提供的反映着人与人之间关系的新增服务的价值，也就是对产品形成的价值增值，我们用 S 表示，且 $1 < S \leq 2$，这时 S 表示的是价值增值率，同时反映着服务的质量水平。

服务价值增值率 S 的大小，也反映着一个商品在交换过程中由服务形成的价值增值幅度，是商品与货币交换时都需要提供的必要服务内容。它体现着服务价值对商品或中间产品流通的价值调节关系，它增加的不是实物商品有形部分的价值，而是额外提供的人与人之间的服务价值，由此改变的是人与人的和人与物的相对效用关系，它调节着市场上商品或中间产品的流通速度，其 S 的服务价值，在系统内与系统外都能够起到降低成本和提高效率的价值增值效果。

在销售市场上，S 的大小也反映着由服务或营销产生的质量价值水平，同时体现着经营者的人力资本与物质资本提供服务的能力，也反映着厂商或服务人员提供的接待能力。例如，从事销售的服务人员，他们的销售能力、服务态度、技术服务都会直接影响产品的信誉、品牌、价值与销售量。例如，如果员工在无论是否有顾客的情况下，时刻保持着一种工作的服务状态，时刻给消费者一个勤恳敬业的良好印象和为消费者服务的形象，那么，他们的这种服务状态将与企业的销售环境价值一起转换为产品的信誉和品牌的价值内容，它们都会以无形的价值形式并影响着商品的价值和价格，这种无形力量，带来的则是使商品流量的增加和由此产生的效益增长。这种由价值链终端服务或营销形成的增加值效率，将直接提高上游产品的生产效率或销售流量。

在企业内部生产环节，S 的大小以及代表的劳动服务，是伴随着商品或中间产品的移动交接或交换服务的过程，反映的是为商品继续提供延续服务劳动的价值增值过程。它体现着企业在产品价值链中，对于上游企业或下游企业提供的服务或营销能力和为消费者服务的人与人之间的生产关系。同时，也反映着同一部门的工作交接与协作（横向与纵向）的服务能力，它形成的是企业内部的协作生产力。

由此可知，服务性劳动价值 V_2 与实物产品价值 V_1 在形成方式上都是相同的，它们都是劳动和资源要素价值的转化和支出的过程，唯一不同的是，服务性劳动是在第一时间顺序的物质性劳动的基础上进行的新的延伸劳动，它主要体现的是由产品延伸的空间价值、时间价值、质量价值以及反映人与人关系的新增的服务价值内容，除去空间与辅助价值增值的变化以外，服务劳动是不能储存的无形价值形态，在任何时候，它都是以实物产品为载体而存在着，其作用不只是增加了实物产品的效用价值，本质在于使实物产品新增的效用价值在交换时与实物产品一同转换为货币价值形式，从而实现由服务劳动来获取的货币收入。

由以上分析，容易得出，对于服务性劳动价值或服务产品价值，我们可表示为：

$$V_2 = t_2 E_2 M_2 S_2 (V_2 = t_2 \times E_2 \times M_2 \times S_2)$$

这一等式说明着，商品在整个价值链运动转换过程中，其商品价值是逐渐发生增值变化的。这一新增的服务价值，是由于不同的劳动者或厂商提供的时间、环境、运输、搬运、技术、维护、培训、文化等不同服务价值构成的，它使得商品形成了相对消费者的商品自身以外的时间、空间、服务、交流、体验上的效用增值的效果。

3. 一个处于交换状态的商品价值结构

当产品进入市场后，由于在实物产品基础上继续提供的服务性劳动的原因，使得商品在进入销售或交换状态时，商品的价值及结构，这时就会表现为实物产品与服务产品两者统一的价值结构形式，这时可表示为：

$$\begin{aligned}商品价值 V &= 第一时间顺序的实物产品价值(V_1) \\ &\quad + 第二时间顺序的服务性劳动的新增价值(V_2) \\ &= t_1 E_1 M_1 + t_2 E_2 M_2 S_2\end{aligned}$$

等式的含义为：商品处于交换状态时，商品的价值是以实物产品为载体并由实物产品价值和服务产品价值共同构成的。在市场上，商品价值和结构形式，可表示为：

$$V = 实物产品 + 服务产品 = t_1 E_1 M_1 + t_2 E_2 M_2 S_2 = t_{1-2} EMS = tEMS$$

> **作者注**
>
> 在第一时间顺序的生产过程中，由于没有出现交换关系，所以，产品不包含 S 参数，因此，在上面最终表现的等式 $V = tEMS$ 中，参数变量 S_2 去掉了下脚标 2

这一商品价值结构，是反映商品价值的参数结构，它表明，商品价值结构是由服务价值依托在实物产品价值基础上的由时间、空间以及服务关系与内容的延续增值过程形成的产品与服务的统一价值结构。实际上，商品价值中的参数变量 M 反映着产品的物质属性的具体内容，它同时也反映着服务产品的物质属性内容，因此说，商品价值结构它既是反映实物产品自身的价值结构（$S = 1$ 时），也是反映服务产品自身的价值结构，当然更是反映市场实物产品与服务产品的统一价值结构。

根据以上分析，对于一个商品从生产到销售的任何阶段的价值生产过程，以及由此形成的商品价值及结构特征，我们用参数变量和文字形式把商品价值与结构表述为：

一个商品的价值与结构 $= t \times E \times M \times S$

$\qquad$ = 生产时间（生产要素的投入时间）× 速度效率或速度生产率（单位时间内产生的产品数量或空间变化：包含着要素质的量）× 质量与技术水平（表示产品技术与质量的量：反映着生产要素的质量与技术投入水平）× 服务增值率（表示服务产品的质量的量：反映着生产要素的服务价值水平）

$\qquad$ = 商品价值

市场上的商品，它们各自表现着自身质与量的规定性的特征。商品价值也是与生产要素投入的质与量相吻合的，商品价值结构与形态既反映着劳动的质与量特征，也反映着资源要素的质与量特征。

作为商品的价值与结构 $= tEMS$，它反映着一般商品价值构成的质与量的内容规定性和具有的价值水平，这种规定性决定着商品的价值量，它也代表着一个基本价值单位，商品的价值与结构，也反映了商品生产的生产函数定义域和值域的边界。

可以看出,商品价值结构,既反映着构成商品价值的质与量的要素内容和不同价值特征,从而决定着商品的生产价格,它们也是商品向货币价值转换的前提条件,只有具备了这种交换的条件,才能够使商品通过交换转化为货币的价值形式,也就是说,商品价值是决定商品价格和交换的必要条件。商品价值结构是反映生产与交换的基本单位模型,也是构成生产效率指标的基本价值单位,同时,它也是货币或会计计量的基本价值单位或实物单位。

至此,我们对市场上的商品价值结构与参数变量内涵作了深入分析和解答,并为下面对生产效率的结构分析提供了依据。在此基础上,我们下来则要确立反映全要素价值生产率的参数变量效率结构。

(二) 参数变量效率结构和时间量值的生产函数的参数表达式的形成

由以上分析,我们得出了用时间计量的商品价值的结构表达式。一个能够精细和正确反映商品价值的结构,是构建反映生产与交换的商品生产参数函数的基本前提。接下来,我们继续分析,厂商的参数变量效率结构和时间量值的生产函数的参数表达式的形成过程。

在生产中,当厂商的价值效率 EMS 提高并使得生产某一产品的生产时间 t 也发生变化的时候(也就是要素投入增加的时候),它同时会表现为单位时间内商品产出数量增加的变化。这时,就会使整个生产过程内的商品产出总量增加。

在这里,我们用参数 n 代表在单位时间内生产的商品数量或产量系数,也是一定生产效率基础上的产出量(当有生产定额规定时,n 是一个稳定值),它随生产效率的变化而同向变化。生产中,产出数量 n 与一个产品所用的生产时间 t 成反比,即 $n = 1/t$(1 代表 1 个时间单位,它与生产总时间 T 的计量单位是一致的,在应用时,计量单位产品的时间 t 与总时间 T 的时间单位可以是一致的,也可以保持大小层级上的差别)。这样,对于反映生产的参数效率结构,我们可用以下参数变量来表示:

$$n \times tEMS$$

这一结构表示,在单位时间内,厂商投入一个生产要素组合单位并以一定生产效率生产出的处于交换状态(或交换价值状态)的一定数量(n)的商品($v = tEMS$),也就是由一定数量的生产要素组合形成的价值生产效率。这样,如果生产投入的全部生产要素组合的单位数量，用 L 来表示，那么，这时由全部生产要素投入形成的单位时间的商品价值产出数量，则可表示为：

$$n \times tEMS \times L 或 \sum ntEMSL$$

这一效率结构，就是反映全要素价值生产率的参数变量效率结构表达式。我们也称之为全要素价值生产率。

这时，很容易理解，全要素价值生产率代表的是全部生产要素的加权平均的生产效率，即包括劳动者的生产率（包含管理者劳动的效率、商业服务效率、运输环节效率、政府服务效率等中间产品的供给效率）、物质资本的生产率、金融资本的生产率。

这一生产效率结构反映着产品形态的价值产出与变化，但不是指生产的货币形态产出。从这一生产效率结构中，很容易看出，tEMS 代表的是一个商品价值的参数结构与商品形态。

当式中：nt = 1 时，即 $\sum ntEMSL = 1 \times EMS \times L = EMSL$，这时，它反映的既是一个商品生产时的价值生产率，也是全部生产过程的价值生产效率，它作为效率变量，其量纲为：实物单位/单位时间。

这一生产效率变量，是由不同价值参数变量与结构关系构成的效率变量，体现着生产者的生产和交换的（销售）价值生产能力，也反映着生产要素投入的质量与数量水平。在结构中，还包含着要素投入的数量增长和效率增长的两种因素，表明生产规模的增长都是由投入增长和效率增长共同完成的。同时，这种效率变量反映的是由劳动力、资本、土地、技术、资源等生产要素投入形成的有效价值变量。

我们已经给定，商品的生产时间，用时间 T（大写）表示。对于生产要素组合投入的单位数量 L，它们的组成结构可表示为：

$$L = f(L_z、K、E、M、S、k_1、k_2)$$

它反映着厂商投入的生产要素组合的比例、质量与数量。在等式中，L_z—人力资本要素（生产人员数量）K—资本要素（物质形态总量）E—速度要素、M—质量要素、S—服务要素、K_1—土地要素、K_2—原料要素、K_3—政府服务及政策要素（它不属于生产者自己可以调整的要素）Kn—其他要素。在不同的生产阶段过程，生产要素的投入是不同的。每一种要素的表现都直接或间接地影响着产品的数量、质量、效率、成本、价格等变量的变化。这些要素投入是以分工合作的方式进行的，每一种要素一般都不能单独完成全部生产任务，厂商需要根据生产情况对于生产要素的构成作出调整。在生产要素投入结构中，投入劳动要素 Lz 与资本要素 K 的比例多少（或人均资本比例 K/Lz）不是固定的，是由生产投入需要决定的。L 的投入数量变化，在一定市场范围，反映着劳动者就业和经济形势的景气程度以及市场的供求状态。

如果生产的商品价值总量，用 V 来表示的话。那么，整个生产期间生产的商品价值总量，根据时间与效率两参数变量，则可得出商品价值总量 V 的如下表达式：

$$V = T \times \sum ntEMSL = 商品价值(产品形态:tEMS) \times Q$$

这一等式，就是反映厂商使用生产要素投入商品价值生产的时间量值的生产函数的参数表达式，它与时间量值的生产函数的一般表达式所反映的生产过程是统一的，因此，我们把它们统一表示为如下形式：

$$V = 生产时间 \times 全要素价值生产率 = T \times \sum ntEMSL = 商品价值(tEMS) \times Q$$

可以看出，这是由时间计量的语句变量与参数变量构成的函数关系等式，它既是反映价值生产的参数表达式，也是价值量化的指数表达式，同时还是产品形式的表达式。我们把这一生产函数等式统称为时间量值的生产函数。

客观上，这一函数等式，反映的是由生产要素投入商品生产的数量等式，它也是提供给市场消费者的最终产品形式。这一函数等式，反映的是商品价值的形成过程，也是劳动价值和资源价值投入的共同表现过程，它是生产价格形成的基础。容易看出，它是实物型投入产出模型，这一生产函数值的量纲为实物量纲。

这时，由时间量值的生产函数，可得其函数图像如下：

由函数等式可知，当我们把时间量值的生产函数中的时间变量 T（或 TL-工时）与产出量 Q 作为函数关系变量，这时函数关系变为：

$$T（或 TL-工时）= 商品价值(tEMS) \times Q / 全要素价值生产率$$

或：

$$T（或 TL-工时）= (1/全要素价值生产率) \times 商品价值 \times Q$$

由此两变量建立的坐标函数图形曲线，也就是时间量值的生产函数的变化曲线 S，它也是产品的供给曲线，即为图 2-1。

在图 2-1 中，纵轴上时间 T，反映的是生产要素投入的时间耗费或总工时，其斜率 K=1/全要素价值生产率。可以看出，当产品产出量 Q 一定时，如果作为效率变量的全要素价值生产率出现增长，那么，斜率 K 就会出现下降，这时，纵轴上的生产时间 T 或总工时 TL 就会随着出现下降。反之，就会出现上升。

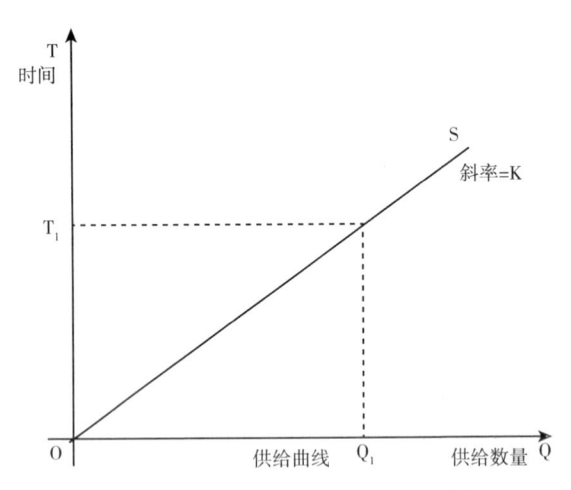

图 2-1 中,纵轴为T时间,横轴为Q供给数量,供给曲线S从原点出发向右上方延伸,斜率=K,在Q_1处对应T_1。

图 2-1　时间量值的生产函数变化曲线

时间量值的生产函数反映着生产要素的投入与产出的产品形态价值的变化过程,也反映着不同阶段或过程中厂商生产的商品价值总量。我们通过观察函数结构与要素参数变量的增长或减少的变化,则可以预测函数量值的变化趋势,从而了解厂商在未来市场上的发展变化。

由函数等式表明,无论过去还是现在,以劳动时间来代替商品价值量而进行的交换,并不是说生产投入的劳动时间等于商品的价值量或劳动投入的价值量,而是说明,在生产效率相同条件下,劳动时间可以作为商品之间进行相互交换时的相对比例,或者说,当劳动效率都相同时,商品之间的交换可用劳动时间来代表它们相互交换的相对价格。同样,作为一般等价物的价格,它的表现方法与含义,也是如此。

由此可见,在生产效率相同的情况下,以劳动时间作为商品之间交换的比例或价格,这时也会是公平或等价的。函数等式表明,作为时间和效率两个计量变量,它们共同反映或衡量着劳动投入的价值或商品的价值量,并且,也只有在社会生产效率一致的基础上(也就是在社会平均的劳动强度和劳动熟练程度基础上),劳动价值或商品价值才能以必要劳动时间来表示,否则,如果没有生产效率一致的前提条件,这时由劳动时间代表的商品交换价格,就不能真实反映劳动或商品的价值量,也就不能保证商品之间的等价交换。由此还可看出,在此条件下,时间既是表现劳动价值或商品价值的计量工具,也是组成效率尺度的基本要素(在商品等价物中,它反映着等价物的价格,它与现在的货币要素结构是存在差别的)。

作为以上的函数等式，也是对商品的价值量取决于社会必要劳动时间给出的合理解释和证明。

由此可知，在物与物交换的条件下，当社会生产效率相对稳定或一致时，商品价值表现为劳动时间的函数，这时的劳动时间就成为决定市场上商品之间相互交换的价格（如投入3小时劳动生产的商品，可以交换3个投入1小时劳动生产的商品）。当不同劳动者的生产效率不一致时（即脱离社会效率尺度时），劳动时间这时就不会成为商品之间相互交换的价格，这时候，就可能会出现如过去亚当·斯密在《国富论》中所描述的："一个人投入一小时的复杂劳动，可交换另一个人所投入一天或几天的简单劳动的情况"。也意味着，无论是在社会平均生产效率基础上的劳动，还是在个别生产效率基础上的劳动，在市场上，它们的劳动产品都会按照价值相等的原则进行交换。只是生产效率高的成本低一些，获得的利润相对较多，而生产效率低的则相反。

这也是在货币没有出现或不使用货币的条件下，商品生产与交换的价值规律。

这一时间量值的生产函数也是解释着历史上威廉配第、布阿吉尔贝尔、亚当·斯密、李嘉图、马克思等劳动价值论思想的价值生产函数。

这一生产函数反映着生产要素投入与产品产出的物理变化过程，它为我们准确界定商品的价值结构和要素价值链之间的相互关系提供着理论依据，它也为过去生产理论存在的争议问题给出了更为精确的回答。这一生产函数，是时间量值的生产函数的参数表达式，也是时间量值的生产函数的微观表达式。

由于这一函数所反映的也是没有货币参与的商品生产过程，所以，它也不能现实地反映并描述当今市场条件下的生产过程，这也是我们在下一章内容中深入论述的问题。

四

时间量值的生产函数的性质和含义

时间量值的生产函数通过各种参数变量与组成结构，来定性和定量地描述生产过程的各种价值活动，它客观表达了生产经营中投入与产出和相关变量之间的关系。反映着一个劳动者或生产企业，在一定时间过程内，由生产投入产生的产品效用价值及其质与量的产品特征，时间量值的生产函数也是表现市场商品交换的效用价值函数，它以价值形式运动与转化为表现特征。

生产要素投入过程，是以要素投入向商品形态的转化过程，也是商品价值形成与交换的时间表现过程，商品价值也是劳动与资源耗费转化的最终形式，也是价值交换的最终形式。

商品的生产是物质属性与社会属性的共同表现过程，每一个劳动者或生产者都是按照事物的规定性来进行生产的。时间量值的生产函数既反映着个体的生产行为，也反映着厂商或产业的生产特征与运行状态，同时也反映着一国宏观经济的投入与产出规模。例如：

在以一个劳动者为单位的生产过程中，劳动者投入自己的劳动与一定资源要素（这时 L=1），这时他的生产函数可表示为：$V = Tnte''m''s''$ = 商品价值 × Q，其含义为：在生产时间 T 内，劳动者使用单位 1 的生产要素并以一定熟练程度的生产速度（e''）一定技术与质量水平（m''）和一定服务或营销水平（s''）生产了一定数量的市场交换商品。

劳动要素的投入是决定商品价值的主要因素，商品的质与量特征是劳动与资源要素有效转化的结果。在理想条件下，从因果关系上，存在着投入与产出的等量关系，即存在：$e = e''$，$m = m''$，$s = s''$ 的要素投入与价值产出之间的对应关系，它们反映着生产投入与产出之间的价值转换关系和生产边界。

也就是说，商品价值来源于劳动者与资本提供速度效率与实物产品质量和服务或营销质量的不同的要素因素投入，其中也包含着劳动者要素质量与工作质量向产品质量的转移，体现着劳动者的体力、技术、经验、知识、创新、态度、服务、道德、品性等要素提供的全面劳动与服务能力。一个商品的价值 $V = tems$，它既表现简单劳动者的劳动，又反映复杂劳动者的劳动，也反映着由全部价值要素构成的商品价值的内容，这些都是决定市场交换价格所依据的商品质量与数量的价值内容。

在以一个厂商为单位的生产过程中，劳动要素投入则会以不同劳动者分工与协作的方式为特征，它表现为不同生产要素结构和岗位分工形式，如：一般生产劳动岗位，质量技术工作岗位，服务营销工作岗位，生产管理工作岗位，财务核算工作等岗位。它们是以人力资本与物质资本的不同组合形式来体现的，由此构成着一个厂商的价值生产结构与效率结构，它们构成着厂商生产函数的要素结构。

在以一个国家为单位的生产过程中，厂商的不同劳动岗位特征则扩大为一国三大产业的劳动结构与历史特征，第一产业特征：表现原始农业与自然经济的生产劳动特征。如果以人类原始农业生产为基期，这时，农业生产速率 E=1，代表原始简单劳动，M=1，代表自然产品与质量水平。第二产业特征：原始农业向手工制造产业转变过程,这时,原始农业效率也提高了,E>1。农业产品与制造产品的质量更好了,M>1(M 的增长也代表着复杂劳动的增加特征)。第三服务产业的商业特征:表示专门从事生意与服务的产业,S≥1,它代表着服务产业对于产品价值的增值特征。这一社会分工的过程映射在商品价值 = tEMS 的结构之中,它反映着原始农业向着工业与服务业转型的历史发展过程,每一个参数变量代表着一个国家一定时期的产业与技术发展水平。同时,生产效率结构反映着生产的价值增值过程和生产厂商与商业服务之间的价值合作关系,是一个国家三大产业相互作用关系和经济运行的价值结构形式,也就是说,在商品价值结构中凝缩着三大产业的价值关系,也代表着人类社会三大分工和发展中国家经济发展的顺序,它是社会生产力不断发展的标志。

早期的人类生产活动,所有劳动的投入都来自于人的体能和使用家畜与简单的生产工具,生产效率没有较大的差别,同时使用着不计成本的其他资源要素。这时期,时间作为计量劳动投入的工具,劳动时间的多少决定着物与物之间相互交换的数量比率,这时以时间代表的商品交换比率,是符合当时客观条件的,相对也是公平的。

在现代生产效率、科学技术水平比过去取得了飞速发展的生产条件下,商品生产方式或生产要素的投入方式也发生着很大的变化,使得劳动量和其他生产要素的传递速度或生产效率比早期的生产有了很大的提高,这使我们能够在一年中生产出的社会财富比得上过去几十年甚至上百年生产总和的价值。其中劳动时间没有增加而社会财富增加的主要原因,是生产要素投入的质量与技术的提升与生产劳动方式的改变所致,它以一国全部生产要素的投入增长为基础,在全社会的价值生产效率极大提高的条件下,从而形成了社会商品的快速增长。现实中,人们在生产中通过效率、技术、质量、时间、工艺、要素、知识、服务、环境、创新、诚信等形式和要素来增加商品的价值,事实证明着,现在条件下,商品价值的增加不在以简单劳动的数量增加为表现特征,而是以全部要素的质量与效率提升的不同表现形式来实现的。

时间量值的生产函数表明,当一国的劳动与自然资源要素提供的生产力具有较高水平的情况下,比如,在一个拥有较高质量的劳动资源、广袤丰饶的森林与土地、充沛的河流资源、丰富的金属矿藏的国家,这些丰富的资源,将会提升一国商品的生产效率和生产能力,也会使商品的生产成本保持在较低的水平上,它体现的是一国自然资源和劳动资源具有的生产力水平。

时间量值的生产函数反映出的生产效率变化,和自然规律的变化特征是一样的。比如,我们用电热器加热同样多水,使用功率小的电热器与使用功率大的电热器进行加热，水沸腾时所用的时间是不同的，功率小的加热时间需要的长一些，功率大的加热时间需要的短一些。

另如，如果放完一座水库的水，在流量小的时候，所放的时间就多一些，在流量大时，所用的时间就会短一些，谁也不会只根据所放的时间长短来评估水库中水量的多少。同样，人们在进行运动活动时，一个人以快速跑步运动一个小时消耗的能量不一定要比慢步活动两小时消耗的能量少，这是一般人都很清楚的道理。

在商品生产过程中，当劳动者生产效率低时，投入的工时则需长一些，生产效率高时，所用的工时则会短一些，虽然如此，商品的价值量并没有发生变化，商品还会以价值进行等量交换。类似的例子，例如，当顾客在饭店用餐的时候，顾客不会认为饭菜上来得越慢或者服务的时间越长，自己得到的服务价值越高。也不会有谁会因为饭菜端上来的很快，而感觉得饭菜和服务的价值降低了，因为服务产品的价值不只是由时间来界定和表现的，它还取决于一定时间内提供的由服务内容和效率。

实际生产中，一般生产者为了把商品提前生产出来，它会采取措施提高生产效率，结果所用的时间比原来的计划缩短了。这时候，生产商品所投入的生产要素并没有减少，只是生产要素转移的速度效率比以前提高了，它只需要较短的时间就可转移与原来一样的要素价值，或生产出与原来一样的商品价值。但这却改变了生产的成本结构并使成本减少，这是由于效率提高而减少了过程的额外损耗的原因，并为商品生产价格的降低提供了条件，然而，这却不必然会表现为价格的降低，价格这时是否变化，还取决于市场上产品的竞争程度和竞争需要。

无论在任何地方，只要在相同条件下，生产同一个商品自身需要的生产要素投入是一定的或不变的。如果在不增加或减少商品价值总量的情况下，生产效率的变化，不会引起商品价值自身特征的变化。但生产效率的变化，却会使生产消耗和产出量之间发生相对变化并使商品的单位成本或价格发生变化，同时使商品价值与价格的相对关系发生改变，从而改变市场消费者的购买力。

第三章

商品的生产与交换价格

一

价值型投入产出模型

货币的出现和流通使用，赋予了市场上商品的价格量的表现特征，也形成了商品的价值、价格、相对尺度这三个层面上的不同变量特性。

劳动力和资源要素的生产投入是商品价值与价格形成的源头，货币作为商品交换的媒介和一般等价物形式，它与商品之间的价值关系是相对的。货币作为从一般商品等价物形式中分离出来的媒介表现形式，它反映的只是一种形式上的脱钩与分离状态，从本质上，货币与价值载体之间并没有出现脱钩和分离。货币它是与市场上一般商品以相对价值形式反映着商品等价物的存在，并由此形成了货币和一般商品共同构成的一国货币价值和交换体系。

商品的价值与价格作为商品质与量的表现形式，这种价值与价格之间的相对尺度，反映着生产投入与产品产出的相对比例，商品价值构成了商品价格的基础，价格则为商品价值的货币转换形式，也称为商品的货币表现形式，这也是我们对价值与价格关系的基本认识。

在上一章，我们得出了反映实物商品生产与交换的时间量值的生产函数，但是，在以货币为媒介的商品市场环境下，当我们描述生产活动的时候，如果只以时间量值的生产函数反映现实中的商品生产活动是不实际的，也是不方便的，并且，一个生产函数如果没有货币的计量与价格表现也是不精确的。因为，时间量值的生产函数无法反映生产要素投入数量与产品产出之间存在着怎样的联系，也无法比较厂商之间投入与产出的效率水平，更不能反映实际生产中的生产要素投入成本与货币收入之间存在的相互关系。由此来讲，以上用时间计量的生产函数给我们提供的经济参考价值则是有限的。

那么，如果在时间量值的生产函数基础上建立货币计量的生产函数，也就是价值型投入产出模型，则会解决以上方面的问题。使用货币量值来反映和描述商品生产与交换过程，是生产函数作为反映经济运行的生产模型应具备的基本功能，它可以指导人们更好地合理配置各种资源来进行各种生产和投资活动，使生产者可以清晰了解生产中的成本、产出、效率、技术、质量、价格、汇率、收入、分配等变量之间的相互作用与变化关系。

建立货币量值的生产函数，对于了解商品生产与交换价格的形成规律，以及价值与价格之间的相互关系，企业如何创造价值、降低成本、提升利润水平和生产要素投入与要素分配都会提供出理论上的依据，它应是经济理论与实践相结合的具体表现形式。对于一国经济的增长与调控政策的实施，都会起到积极的推动作用。下面，我们就以时间量值的生产函数为基础，来建立反映商品生产与交换价格的货币量值的生产函数。

二

货币量值的生产函数

在生产中，各种生产变量都不是独立存在的，也不是随意变化的，生产变量之间是相互联系与约束的。作为反映劳动价值、资源价值、商品价值的货币量值表示的价格变量也是如此。价格变量作为反映生产要素投入和商品价值产出的货币量值，它源于生产过程中的每一环节，是反映对生产对象进行加工或要素投入的计量变量。在生产中，价格变量既反映着生产要素投入的数量，也反映着生产要素的收益，同时，它还反映着商品价值可交换到的货币数量。

商品价值是由生产要素投入产生的表现为商品或服务的价值，它反映着劳动力和资源要素具有的价值特征，商品价值的形成，也会遵循一般自然事物转化的因果关系和生成规律。

实物产品，是商品生产的主要表现形式，也是货币表现的对象和载体。在以货币为媒介的生产条件下，商品生产过程，也是货币计量的过程。在生产计量中，作为生产要素的劳动力、原材料、燃料、固定资产等要素耗费的投入，和与用货币表示的这些生产要素的投入，它们作为生产投入的内容和数量表现形式，两者之间是以相互对应的形式而存在的。同样，在产品价值与商品价格的形成过程中，价值与价格之间也是以相互对应的形式而存在的。由生产关系可知，在生产要素投入的物质形式与数量（价格）形式之间，它们是对应关系，它们的投入是同步进行的。生产要素的投入与产品产出之间是一种转换关系，它们也是同步的。在产品的产出量与货币表示的价格之间，它们还是一种对应关系，它们的形成也是同步发生的。由此可知，生产中的实际生产要素投入量与产品产出量和它们用货币表示的投入量与产出量之间，以及与要素分配之间，相互都存在着一致的变化周期和对应关系，这些变量也时刻存在于商品生产与交换的价值链的每一生产关系之中，它们反映着价值与价格的运动与转化过程。

生产要素的效用价值与投入是商品价值形成的前提条件，也是实现商品流通与转化的客观条件。商品生产由生产要素投入开始，从此，生产要素也开始了由一种状态转变为另一种状态并逐渐形成新的商品价值的转化过程。货币表示的生产要素投入过程，既是生产要素向商品效用（价值）的转化过程，也是生产要素的投入数量向商品价格的转化过程。

当一个商品的交换价值形成的时候，生产要素的货币形式投入也就转换成为商品的交换价格，表明生产要素的投入数量从而转换成了可以交换的由货币来表现的商品数量，它表明的也是由货币表现的劳动投入量的市场交换形式。

这一转换过程，也可表述为，劳动者或企业利用手中占有的要素资产（资产总额＝负债资产＋投资者权益），作为生产要素来投入使用。其中，生产购入的原料货币价值＋本期中间要素投入货币价值＝投入货币总价值＝商品总价格。生产要素的物质形态投入则转换为产品形态，生产要素以货币形式计量的数量投入转换为商品的总价格，由此形成了商品的效用价值与价格结构的统一表现特征。

在理想条件下，生产要素投入与价值产出是存在等量关系的，用货币对生产要素投入的价值计量与对产出的价值计量都应是等效的，其计量结果都会表现为要素投入与产出之间和价值与价格之间都应是对应并相符的效果。

但在实际情况下，由于各个商品生产者的生产条件不尽相同，生产要素投入形态千差万别，同时也存在着生产能力与效率方面的差别，因而使得，不同生产者在生产一定质量与数量的相同商品时，它们耗费的生产要素的数量也会不尽相同，这会使得同一种商品有时会表现出不同的市场价格或者同一价格的不同商品价值特征。

由于这些客观存在的不确定因素，也使得对于各种生产要素的不同投入或耗费以及产品产出或增值变化的直接计量，也变得困难和复杂起来。即便如此，在货币出现以后，当我们以货币为价值计量单位，把不同生产要素的投入和价值产出与要素分配进行统一计量之后，这样，不同形态生产要素的投入数量和价值产出与要素分配也就表现为以货币为单位的价格形式，这种生产、产出与交换（分配）之间的货币量化关系，将直接反映出生产变量之间的关系，并提升生产投入的精度和效率，也会使得生产要素投入与产出和交换及收入与分配之间关系变得更为清晰。这里，我们以货币为单位并结合时间计量的价值生产过程，来进行货币计量的具体分析。

（一）生产要素的投入函数

在生产过程中，以货币量值表示的生产要素的质量与数量的投入，代表着企业在一定时期内的生产过程中消耗的生产资料的价值和支付的劳动报酬之和，一般称之为生产总成本，它是包含着生产利润的，同时表明，利润也是生产成本构成的组成部分，它也是来自于生产要素的投入或供给，并反映着一定生产要素的投入量，因此说，经营利润不是随意就可以产生的收入流量。在生产中，劳动要素或生产要素投入是劳动价值或商品价值形成的逻辑前提，这些要素的投入数量或价格是构成商品价格的逻辑基础。

接下来，我们把货币量值表示的一定质量的生产要素的投入数量称为全部生产要素的投入量，对于反映着全部要素投入的函数等式，我们称为全要素投入函数表达式。

由以上分析可知，货币量值表示的全要素投入，它既随着生产要素在生产时点上投入流量的变化而变化，也会随着生产时间的长短变化。生产期间，由货币表示的生产要素投入总量，我们用 C 来表示。那么，如果用时间来计量生产时点上生产要素投入并以货币量值来表示投入数量的话，这时，就可以得出这些时点上由货币量值表示要素投入的平均流量，根据生产实际变量，可表示为：

$$L \times (工资率 + 净利润率 + 利息率 + 折旧率 + 摊销率 + 税率 + K_1 + K_2 + \cdots + K_n)$$
$$= (总工资率 + 总净利润率 + 总利息率 + 总折旧率 + 总摊销率 + 总税率$$
$$+ 中间产品和生产费用等成本流量)$$

作者注

L 代表着生产投入的全部生产要素组合的单位数量，它与参数表达式中的 L，所代表的含义是一致的

这样，以货币计量并表示的生产要素总投入，则可用以下函数等式表示为：

$$C = f(P、L、k、t)$$
$$= T \times L \times (工资率 + 净利润率 + 利息率 + 折旧率 + 摊销率 + 税率 + K_1 + K_2 + \cdots + Kn)$$
$$= T \times (总工资率 + 总净利润率 + 总利息率 + 总折旧率 + 总摊销率 + 总税率 + 中间产品和生产费用等成本流量)$$

这一反映要素投入的函数等式,是由生产时间 T 和以货币量值表示生产要素投入的平均流量共同构成的反映着全部要素投入的函数表达式。可以看出,它也是由时间变量构成的成本投入函数。这一函数及变量的变化,反映着生产过程由货币表示的生产要素投入数量的变化。同时,它既是反映着实物产品生产的投资函数,也是反映着金融产品生产的资本投资函数。

这一函数等式,反映着一定生产过程中生产要素的投入总量,在理想的市场条件下,每一生产要素的投入数量,都是以价值与价格的相符合为条件的。在社会平均的生产效率基础上,它也反映着商品价值产出的价值量,因此,这一由货币表示的生产要素投入量,从本质上讲,它代表着市场上商品之间相互交换的劳动量或劳动价值量。

在生产要素投入过程中,由于还存在着投入与产出之间的效率转换关系,所以,这一函数变量所反映出的投入水平,也反映着不同要素具有的不同生产能力,它们会以商品的有效产出数量表现出来。在不能完全竞争的产业中,为了维护市场的公平交换,就需要价值尺度来对生产要素投入量、生产效率、商品交换进行衡量和监督,以使反映生产的这一投入函数与实际的商品产出之间实现最大程度的吻合。在现实的商品市场上,这一投入函数,在许多时候与它所反映的实际商品的产出价值并不是完全吻合的。

可以看出,这一函数等式中包含着投入生产的固定成本和变动成本,它以时间和货币组成的计量函数等式,记录着生产时间,成本流量,要素数量,要素质量,要素价格等要素投入的基本特征。等式表明,货币投入量是生产要素投入量的函数,它在产品出厂时转换为商品的生产价格或货币收入流量,同时表明,生产要素价值的投入量决定着市场上商品之间的交换量,也说明着,价值决定商品的价格是从生产要素的价值投入开始的。

根据市场等价交换原则,在以货币为尺度和交换媒介的市场上,以及在以货币量值表示的生产要素投入数量和商品产出价值(价格)与生产要素收入分配之间,它们应满足等式:

$$投入 = 产出(价格) = 收入$$

这一等式，也是实现要素投入量向商品价格转换和要素收入分配与商品之间交换的数量依据。也就是说，生产的商品的货币总价值，如果表示为：$P_{总} = f(C、Q)$，那么，这时应满足等式：

$$C(总投入) = f(P、L、k、t) = P_{总} = f(C、Q)$$

这一等式，是以价值的等价性为前提的，即等式两端包含的价值量是相等的，它虽然直接反映的是生产要素的货币投入与商品价格之间的等量转换关系，它也反映着价值向价格的等量转换关系，也就是反映着由货币来表现的商品之间等价交换的关系。

对于以上给出的反映要素投入的平均流量及结构：

$L \times$（工资率 + 净利润率 + 利息率 + 折旧率 + 摊销率 + 税率 + $K_1 + K_2 + \cdots + K_n$）
=（总工资率 + 总净利润率 + 总利息率 + 总折旧率 + 摊销率 + 总税率
+ 中间产品和生产费用等成本流量）

等式说明，它是一个货币的流量变量，表示单位时间内以货币量值表示的生产要素的投入数量，也为单位时间内要素转换为货币价值产出的流量，也是由货币量值表示的全要素生产率。同时，它也等于单位时间内全部生产要素的收入或分配的货币流量。

在这一结构中，包含着反映生产要素投入的各种要素变量和内容。如：T—生产时间，L—代表着生产投入的全部要素组合的单位数量，T×L—反映着生产投入的总工时。在全部要素投入总量 L 的每一组合中，都包含并反映着劳动力与其他要素及相互构成比例，它们共同构成了生产投入的基本要素单位，每一生产要素组合的构成比例在生产中都会由于生产需要和市场外部因素而不断地进行调整。

其中，作为代表劳动要素收入的工资率，它表现为劳动者的收入或报酬的货币流量（它包含着奖金、福利等收入内容），同样，工资率也代表着相应劳动要素一定质量与数量的投入流量（它反映着按劳分配的收入等于投入的因果关系），总工资率 = 劳动者平均工资率 × 劳动者总人数。工资总量则反映着一定时期内劳动要素的使用量或投入量，即为：工资总量 = T × 总工资率 = T × 劳动者平均工资率 × 劳动者总人数。其他要素的价格变量，净利润率——反映经营者通过劳动与资本要素投入产生的效益变量，是反映企业盈利能力的一项指标，利息率——资本收入或资本投入收入或使用成本支出时以时间计量的流量（注：即为某一单位时间内支付的利息 = 货币资本 × 利率），它与产品生产过程相对应，和市场金融利率概念不同，折旧率——实物资本折旧投入或资本消耗补偿收入的货币流量（实物资本总额×折旧比率），摊销率——反映土地要素价值，或房产，或自然资源，或技术专利等资产要素以货币计量的投入流量，总税率——为一国家由管理、国防服务等资源要素投入（或收入）以货币来表现的流量（这里与税率原来的含义有着一些区别），K_1、K_2——表示投入各种原材料、中间产品（包括进口原材料）运输、管理等生产要素与生产费用成本的货币流量。毛利润是由生产中全部生产要素投入产生或创造的新增价值（包括有形与无形价值）的货币表现形式或货币收入或价格形式。

因此，用货币量值表示的生产要素的投入量，也就是在一定时间内生产要素投入的货币价值总量，即为：

$$C(总投入)=T×(总工资率+总净利润率+总利息率+总折旧率+总摊销率+总税率+中间产品和生产费用等成本流量)$$

对于这一由货币表示的生产要素投入量，我们也称其为要素投入量。

（二）由生产要素投入形成的产品产出量和由此形成的相对变量

1. 由生产要素投入形成的产品产出量

根据上一章内容，我们知道，由生产要素投入形成的产品产出量，如用时间量值的生产函数的一般表达式来表示，则有：

$$V(总产量)=T×全要素价值生产率=商品价值×Q$$

对此，我们也称为产品的产出量的表达式。

在生产过程中，生产要素的投入与产出，都会由于要素的组合结构、生产效率、生产时间、要素价格、质量技术、产品结构、市场供求等因素的变化而使投入和产出之间发生不同比率的相对变化。这种要素投入量与产品产出量之间的相对变化，它会引起未来产品价值与价格之间的不同比率的变化。

生产要素的货币投入量与产品产出量，它们是反映生产投入与产出的不同形态的变量。在生产过程中，生产企业的全要素价值生产率，反映的是单位时间全部要素具有的生产效率，它形成的是中间产品或产品流量，反映着企业的生产能力。而同一单位时间内的货币表示的生产要素投入量，它则是生产要素投入的货币表现形式，即价格形式，它同时反映着厂商购买全部要素支付的总成本（包括厂商自身投入的要素）。很容易看出，由货币表示的生产要素投入量和反映产品产出的产出量，它们在生产过程中是存在着对应关系的相对量。

也就是说，在生产过程的每一时点上，全要素价值生产率（产品流量）和货币量值表示的要素投入流量之间，它们都存在着对应关系，它们作为相对变量，反映着要素投入与产品产出的不同特征。在这两个变量之间，它们既存在内生相对关系，也分别存在着独立的外生变量关系。就是说，一般情况下，两变量的相对关系在许多情况下，并不存在某一规定标准的、有效的、相对变化上的严格约束性，这使得两变量之间很难在任何情况下对实际生产情况都能形成一致性的反应，这些都是使商品的价值与价格不能形成同步与同比例变化的原因。

商品价值与价格的形成，是生产要素的价值与价格通过生产向着新的产品价值与价格的转移（包含着转化形式）的结果，并不是没有价格的价值向着价格的转移，也不是没有价值的价格向价格的转移。它反映的是事物本质与现象的运动和转换过程，也就是商品的价值质与价格量的表现过程。

通过以上分析，我们已经知道，反映着生产要素投入的货币流量和反映着产品产出的全要素价值生产率之间存在着对应变化关系。同样，我们还会发现，在这两个变量同步运行的时候，还存在着同一时点上，关于两变量的以产品为表现形式（或载体）的相对效率结构与相对价格结构的内在关系结构，以及由此而产生的两个相对关系变量。

在下来，我们根据以上的要素投入量和产品产出量，继续分析由这两变量构成的两个内在关系结构和相对变量。

2. 相对效率结构与效率变量的形成

在每一生产时点上，都存在着由投入量与产出量构成的反映着投入与产出的相对效率结构，它表现为总产量与总投入之比，即：总产量/总投入，这一投入与产出的效率结构，具体表示如下：

总产量/总投入 = T × 全要素价值生产率/T × (总工资率
　　　　　　+ 总净利润率 + 总利息率 + 总折旧率 + 总摊销率
　　　　　　+ 总税率 + 中间产品和生产费用等成本流量)
　　　　　= 全要素价值生产率/(总工资率 + 总净利润率 + 总利息率
　　　　　　+ 总折旧率 + 总摊销率 + 总税率
　　　　　　+ 中间产品和生产费用等成本流量)
　　　　　= 单位时间产品总产量/单位时间货币总投入
　　　　　= 单位货币形成的产品数量

这一效率结构，决定着货币或价格中包含着的商品价值量或具有的价值量。

可以看出，这一效率结构与变量，是以货币量值表示的要素投入量对产出量进行计量的效率结构和效率变量，它代表着由单位货币表示的要素投入所增加的有效产出量，表示厂商使用单位货币的生产要素、在单位时间内实现的产品产出量（注：这里我们不再列出反映实际投入与产出的要素投入与产品产出表）。

它也表明，货币一方面计量着生产要素的投入，同时，它又计量着一定生产要素的投入实现的产品产出。我们把这一效率结构与效率变量称为货币效率结构和货币效率指数，一并简化表示为：

$$货币效率指数 = 总产量/总投入 = 产品数量/单位货币$$

其量纲为由货币、时间、长度、产品构成的复合量纲形式，即：

$$产品数量单位/单位时间/单位货币/单位时间$$

货币效率指数是以货币代表要素投入实现的全要素价值生产率，它反映着单位货币的要素投入向产品价值转换的效率（这里的货币效率指数与西方经济学教科书中的边际产量概念是相似的）。

3. 相对价格结构与价格变量的形成

在生产中，生产要素以货币量值表示的投入数量，一方面转换为反映商品产出的价格变量，反映着厂商的生产规模。同时，货币量值表示的要素投入量和产品产出量之间，它们也构成着产品价格形成的相对结构关系。这时，由两变量构成的反映产品价格形成的变量结构，具体表现为总投入与总产量之比，即：总投入/总产量，由此形成的价格变量，具体表示如下：

$$\begin{aligned}总投入/总产量 &= T \times (总工资率 + 总净利润率 + 总利息率 + 总折旧率 \\ &\quad + 总摊销率 + 总税率 + 中间产品和生产费用等成本流量)/T \\ &\quad \times 全要素价值生产率(产品总量 Q) \\ &= 商品价格 = P\end{aligned}$$

由此有：

$$总投入 = 总产量 \times 商品价格 = Q \times P = 总价格$$

这一等式，反映着由货币量值表示的生产要素总投入和商品价格与产量之间的关系，并表示为：

$$总投入 = 总价格 = P \times Q$$

等式表示，商品价格的形成，起始于生产要素的投入，它是由生产要素价值转化的商品价值的货币表现形式，同时，它也反映着商品价格和商品价值与要素价值三者之间存在的因果关系。

商品价格量纲为：货币单位/产品数量单位

(三) 货币量值的生产函数表达式的形成

由于我们引入了货币计量变量，并产生了具有不同含义的效率变量和价格变量，也使得商品价值具有了新的质与量的表现形式。

根据以上分析，在与一般计量关系表达式的变量结构（$1 = 1/x \times x$）为参照对象并进行对比之后，我们会发现，以上得出的效率变量与价格变量，它们以各自的变量结构分别构成着对时间量值的生产函数描述的生产过程通过货币计量时的关系变量。

那么，货币是如何实现对商品生产过程计量的呢？让我们下来作具体分析。

下面，我们用时间量值的生产函数来表示商品的生产过程，并将时间量值的生产函数等式和要素投入变量与相对结构变量，列示如下：

时间量值的生产函数：

$$V(总产量) = T \times 全要素价值生产率 = 商品价值 \times Q$$

要素投入变量：

总投入 = T×(总工资率 + 总净利润率 + 总利息率 + 总折旧率 + 总摊销率
　　　　+ 总税率 + 中间产品和生产费用等成本流量)

效率变量：

总产量/总投入 = 全要素价值生产率/(总工资率 + 总净利润率 + 总利息率
　　　　　　　+ 总折旧率 + 总摊销率 + 总税率
　　　　　　　+ 中间产品和生产费用等成本流量)
　　　　　　 = 产品数量/单位货币
　　　　　　 = 货币效率指数

价格变量：

总投入 = T×(总工资率 + 总净利润率 + 总利息率 + 总折旧率 + 总摊销率
　　　　+ 总税率 + 中间产品和生产费用等成本流量)
　　　 = 商品价格×Q = P×Q = 总价格

这时，我们把由货币量值表示的要素投入变量："总投入"，参照一般计量关系表达式的关系结构（1 = 1/x × x）代入时间量值的生产函数等式之中（注：货币表示的要素投入函数与时间量值的生产函数的变化周期是相同的），则会得出下面关系等式：

$$V = T × 全要素价值生产率$$
$$= (T × 全要素价值生产率/总投入) × 总投入$$
$$= (总产量/总投入) × 总投入$$
$$= 货币效率指数 × 商品价格 × Q$$
$$= 货币效率指数 × P × Q$$
$$= 商品价值 × Q$$

由此简单整理为：

$$V = T × 全要素价值生产率$$
$$= 货币效率指数 × 商品价格(P) × Q$$
$$= 商品价值 × Q$$

这一等式，就是由时间和货币对生产过程分别计量得出的货币量值的生产函数表达式，它是以商品价值为基础的等量关系等式，也是由价格表示的生产函数。

我们由以上等式："总产量/总投入（货币效率指数）× 总投入（商品价格 × Q）= 总产量（商品价值 × Q）"，容易看出，它是一个反映着一种计量关系的变量结构。其货币计量变量的加入，并不影响原等式关系，原等式还是成立的。它反映着货币在对生产投入与产品产出进行计量的情况下，实现了新函数与原函数的融合，而由此建立的反映商品生产价格与生产效率和产出量之间的关系等式，也使这一函数等式具有了新的含义和功能。

在这一计量关系中：（总产量/总投入）作为效率变量，反映着由单位货币形成的产品产出量，也是由货币计量并表现的要素转换效率。（商品价格 × Q）作为反映要素投入数量的变量，反映着由货币表示的要素投入，也是货币对要素投入规模的计量变量，两个变量的乘积则表示为：由要素投入形成的产品产出总量，即为：商品价值 × Q。这一计量结果与时间量值的生产函数的产出量相吻合。

这一货币量值的生产函数表达式，反映着商品价值在一定条件下的守恒性质。即商品价值是生产要素投入的效用转化形式，商品价格反映着生产要素的投入数量，也是商品价值的货币表现形式。价值既决定着商品的价格，也决定着要素的价格，价格围绕价值上下波动。

根据以上时间量值的生产函数与商品价格的形成过程（也是时间量值的生产函数向货币量值的生产函数的转换过程），我们得出了用货币反映投入与产出的生产函数表达式。它是描述一定生产要素的组合投入和一定数量的商品产出之间及与商品价格之间存在的相互关系的函数表达式。

为了简化称谓和方便使用，在以后的叙述中，我们将以上描述商品生产的时间量值的生产函数和货币量值的生产函数统一简称为生产函数，并用以下等式表示为：

$$V = f(t、K、Lz、p) = 生产时间 \times 全要素价值生产率$$
$$= T \times \sum ntEMSL = 货币效率指数 \times 商品价格 \times Q = 货币效率指数 \times PQ$$
$$= 商品价值(tEMS) \times Q$$

式中，函数符号为 V——它直接反映着厂商生产或销售的实物商品或服务的数量，等式主要反映着生产投入和商品产出之间的函数关系，还反映着由货币表示的商品价格和实现的总产值。

函数等式中的语句结构和参数结构，它们均为时间计量结构，它们也是实物型投入产出模型。语句结构反映着一般意义上的价值计量特征，参数结构等式反映着要素投入与产出的微观计量特征。

其中的价格结构部分，它为货币与时间组成的计量结构，它既反映着要素的货币投入数量，也反映着要素的产出效率，还反映着商品的交换价格，它因此是价值型投入产出模型。也可看出，函数等式既是反映着实体经济及一般产品生产的生产函数，也是反映着金融经济及金融产品生产的生产函数（注：在下面叙述中，我们主要以实物产品的生产来论述）。

这一函数等式，反映着商品生产的微观变量，宏观变量，货币币值及货币总价值等三个函数等式之间的等量关系，它描述着要素投入、产品产出、价格形成的统一转换过程，它是以时间计量的生产函数与货币计量的生产函数的统一表达形式，也是实物与货币统一的生产函数模型。它既是生产要素向商品价值和价值向价格转型的生产函数模型，也是反映投入、产出与交换的一般生产函数模型，同时，它也是反映市场商品交换的供给函数。

由生产函数可以看出，生产函数反映着生产要素投入量与产出量和价值与价格之间的依存关系，它也是描述商品生产与交换关系的解析式。商品价格是商品的货币表现形式，它既反映着商品具有的价值量，代表着生产要素的投入量，也反映着由货币表示的生产总值，还反映着由商品销售实现的总收入。因此说，生产函数也是描述要素收入与分配的函数,它反映着一个劳动者、厂商、地区、国家一定时期内实现的货币收入。

生产函数以不同的计量关系结构反映着商品生产的运行过程,也是用生产函数揭示经济运行规律的过程。生产函数既反映着价值运动的客观性,也反映着价值与价格之间变化的规律性。同时表明,经济学也是反映自然科学的科学。

接下来,我们还可把货币量值的生产函数变化的图像,表示如下:

由生产函数可知,当函数中的总价格(PQ)和商品的总产量Q与货币效率指数(币值)的关系式变为如下等式时,即:

$$PQ(总价格) = 商品价值(tEMS) \times Q/货币效率指数$$

这样,我们以总价格和产出量Q两变量来构建坐标关系,得出这一函数的图形曲线,可以看出,货币量值的生产函数的变化曲线S,也就是产品的供给曲线,其函数见图3-1。

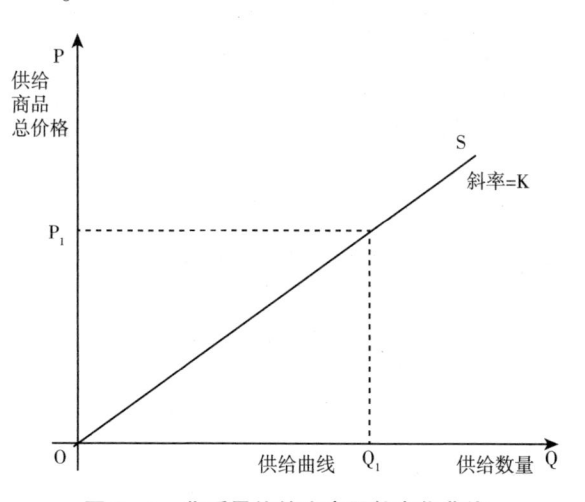

图3-1 货币量值的生产函数变化曲线

这时,纵轴上价格P,反映的是一定的商品供给数量为Q时,以P表示的生产供给的商品总价格,斜率K=1/货币效率指数。从图中也可以看出,当供给量Q_1一定时,如果货币效率指数出现增长,那么,斜率K就会出现下降,这时,纵轴上的生产总价格P就会随着出现下降。反之,就会出现上升。

由此可以看出,在生产函数中,既有代表着生产要素的数量、效率、时间、质量、技术、价格等投入的输入变量,也有反映着商品的价格、数量、质量、服务、购买力等产出的输出变量。生产的输入与输出变量构成着因果关系上的函数等式。这些反映生产投入与产出指标的变量，也都会反映在厂商的损益表和资产负债表项目中，厂商通过调整投入与产出来实现预期目标，从而改善企业的资产、负债和收益结构。因此说，生产函数作为反映着某一时点或时期内，企业进行商品生产与经营活动的动态模型，它是调节生产和经营业绩的有力工具。

生产函数等式表明，不同结构反映着不同的表达方式与含义。对于反映着一些生产要素投入与产出的变量，我们用字母表示，比如：T—时间，E—速度，M—质量，S—服务，L—要素数量，TL—总工时，Q—产出数量，P—价格变量。而对于反映时间效率的（全要素价值生产率）货币效率的（货币效率指数）与商品价值等相互关联的生产变量，根据不同变量结构的复杂程度和所代表的含义，我们则使用了语句形式来表示，如：商品价值，货币效率指数，全要素价值生产率。

生产函数中的货币效率指数，是反映着生产效率的生产变量，它具有如下含义：它是指由一个单位货币的生产要素投入量所增加的产出量，反映的是单位要素的产出效率，它是生产变量，也是交换变量，它也反映着货币的结构与属性，也是单位货币及货币价值量化的表现形式。

由于货币效率指数反映的内容相对复杂一些，这一变量的含义用任何字母都不能将其很好的替代。

比如：这一"货币效率指数×商品价格"变量结构，它们既反映着产出效率和投入量之间的关系，也反映着它们与商品价值之间的相互关系。对此，我们用"货币效率指数"、"商品价值"直接作为函数等式中的关系变量并以文字形式来表示。这样就会使我们对函数中变量的内涵与关系的表述，变得更为准确和清晰，使读者对内容的理解更为直接和容易，也会让人们阅读起来更轻松一些，联想也更具体一些。因此，也就出现了以上由字母和语句变量共存的生产函数关系等式。除此之外，其他字母和变量所代表的内涵，都在前面章节中作了具体表述与分析，在此不再赘述。

在生产函数中，"商品价值"—既代表着一定价值形态的单位商品的价值量，也是构成生产函数变量的基本价值单位。它也代表着由一定生产要素构成的可交换商品，反映着由生产要素投入转化的最终价值形态。"商品价值"作为价值单位，它对应的是市场上各种表现形式的产品，即：商品价值（tEMS），也就是说，它代表的是在一定时间与地点范围上的并表现为一定质量和服务的商品。

其中，"商品价值×Q"—代表着劳动者或厂商生产的商品和服务产品的总数量，它们源于要素投入的即"生产时间×全要素价值生产率"的生产过程，也是由"货币效率指数×商品价格×Q"即币值与价格所表现的价值内容，它是价格的载体。

以上这些代表着不同投入与产出的变量，构成了以价值为基础的生产函数等式，也使生产函数具有了描述和反映生产与交换的要素投入量、商品价值、货币币值、价格、产出量等不同变量之间的相互关系与变化的功能。

我们为了把生产过程分析的更为透彻和准确，下面，我们再结合图形对生产函数中的变量关系进行分析。以上生产函数各变量之间的关系与变化可用图形曲线表示如下（见图 3-2）。

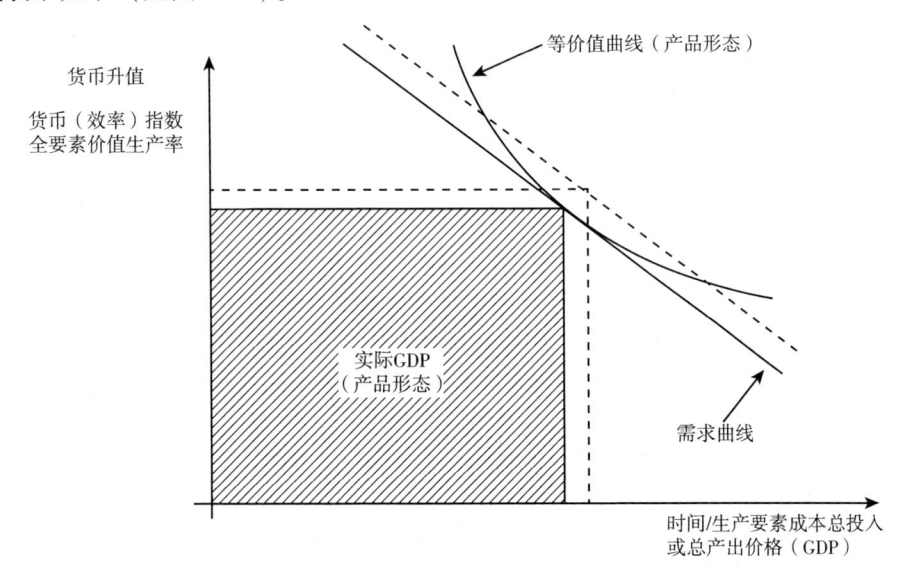

图 3-2 生产函数变化曲线

在图 3-2 中，"斜线矩形"代表着商品的实际产出，容易看出，以"斜线矩形"来表示的商品价值（质量与数量 Q_i）的产出量，它不只取决于生产要素与组合的投入数量，也取决于生产要素投入的质量与效率水平。生产函数不但反映着一般数量函数的特点，它还反映着生产要素价值输入和输出量之间的一种对应关系，如生产要素的功能价值转换为商品功能价值，要素投入总成本（或总价格）转换为商品价格或货币收入。

在图 3-2 中，还可看出，当生产一定数量的规定性商品的时候（以等价值曲线表示），生产厂商可以采用不同的生产效率来组织生产，在纵轴上，它表现为全要素价值生产率或货币效率指数上下移动的变化，同时，还表现为代表着实际产出的"斜线矩形"的直角顶点沿着等价值曲线的运动，这时，运动中的"斜线矩形"表示的商品产出虽然都相等，但它需要的生产要素的投入量或生产时间却是不同的，这时它表现为横轴上的总产出价格或要素投入数量的左右移动。

图3-2还反映着，当本国市场对商品的需求增加的时候（从图中虚线反映出来），它也会引起商品价格的增长或者实际投入量的增加（表现为横轴上价格变量向右移动）。如果这种需求是来自国际市场，那么，就可能会引起一国商品价格与汇率的同时增长（纵轴上，表现为货币效率变量向上的移动，即为货币的升值变化，横轴上，表现为价格的向右移动即增长变化，如：国际市场对澳大利亚的矿石、煤炭，对石油输出国的石油需求增加的情况下，经常会使这些国家的出口商品价格和汇率同时上升，从图中可以看出，这时增加的是出口国的财富收益，它表现为：矩形面积的增加）。

一个企业的生产函数，也是企业的商品供给函数。如果将某一厂商在一定时期内的生产函数的变化轨迹反映在坐标图上的话，就会得到这一厂商的商品供给曲线，这一图形曲线，将会直观地反映商品价格、销售数量和销售额之间的相互关系与变化。一国生产函数的价格变化曲线，也就是一国GDP的变化曲线。

三

生产函数的性质与表现特征

生产函数作为反映各种生产活动并预测经济变化的函数模型，它是构建商品生产理论的主要依据。

生产函数不是一般意义上的数量函数，它与数学函数有着本质上的区别。数学函数是建立在数量关系基础上的关系等式，它描述的是纯数量关系与变化的规律。

生产函数是建立在价值基础上的函数等式，也就是以价值的物质属性为基础的函数等式，生产函数描述着商品的价值与价格之间的相互关系与变化规律。

生产理论作为反映商品生产与交换、生产关系和经济变量之间因果关系的理论，它以生产要素、商品、货币与价格及相互关系为主要叙述内容。生产理论是指导人们从事生产经营活动的基本方法，是描述社会生产与交换的算术的科学，它同其他科学理论一样，都是需要建立在正确的并符合实际的客观规律之上的，这也是经济理论能否成立并指导人们生产实践的基本条件。生产函数作为反映着一般社会生产规律和经济变量之间相互关系的函数等式，也是生产理论的函数表达式。

生产函数具有如下性质：

（1）生产函数描述着一般商品的生产与交换过程，它反映着生产要素投入量与生产效率和产品产出之间的关系（通俗地讲，它描述着劳动出工与出力和产出量之间的关系），也反映着货币表示的投入量与产出量和要素之间的收入分配关系，它也是反映商品供给的供给函数或交换函数。

同时，它也描述了货币的价值形成过程并给出了货币源于生产（劳动）过程的理论依据，表明货币与商品的生产是同步的，货币既反映着个体属性，也反映着社会属性，货币供给量也是由一国生产投入决定并调控的内生变量。

（2）函数中的全要素价值生产率和货币效率指数，它们反映着商品等价物的不同时期的币值特性，即不同时期的价值尺度特性。而货币效率指数则反映着现代的货币结构与币值特征，它是反映要素投入与产出水平的生产效率变量，也是反映生产投入的主动性变量。而商品价格则作为反映商品价值和币值变化的表征变量，也是生产过程的被动性变量。

（3）生产函数中包含着成本结构，也包含着效率结构，还包含着价格结构。它们反映着生产成本或生产价格随着生产效率变动而变动的规律。生产函数也是价值量化的指数表达式，它直接反映着商品的价值构成和价值量大小，由此预示着商品的价格。

（4）生产函数在描述一国生产状况时，它包含着一国使用的资源总量、资本利率、生产效率、总工时等实际投入变量，同时反映着一国生产实现的商品数量、商品质量、商品价格、货币购买力、生产总值（GDP）等不同指标特征，也由此反映着一国主要经济指标之间的内在联系。

（5）生产函数作为反映一般商品生产的函数模型，它为一国的农业、制造业、服务业、金融业等产业经济的发展与调整提供着政策措施等方面的理论依据，也为一国市场物价与汇率水平的调整提供着理论依据。

（6）生产函数表明，货币效率指数作为反映币值水平的效率指数，它调节着商品价值与价格之间的相对关系。同时可见，币值与价格之间存在反比关系，商品价值与价格之间存在正比关系。

（7）生产函数直接反映了一定质量与数量的商品产出和商品的生产或零售价格，以及生产的具有一定币值的货币和总数量。同时，它也反映着由不同国家货币表示的价格。

（8）生产函数表明，在早期的物与物交换的市场上，如果在生产效率相同的情况下，物与物之间的交换可以用投入的时间数量作为物与物之间交换的价格（注：以相对劳动时间作为商品交换的比例，不等于说劳动价值等于劳动时间）。

（9）生产函数表明，在以货币为媒介的交换市场上，如果生产者都以相同的货币效率产出进行生产时，商品之间以货币价格表现的交换，相互之间是等价的。也就是说，这时用货币面值代表的商品交换是相互等值的。在生产效率和供求关系相对稳定条件下，价格作为商品价值用货币数量表现的形式，它反映着价值决定商品价格的本质特征。这时，如果市场供求关系出现变化，只是在一定价格水平上影响着市场商品的价格变化，使商品价格表现为一定水平上的上下波动。

（10）生产函数还可反映一国实体经济与金融经济之间的关系，即一国实体经济是金融经济的发展基础，金融经济是实体经济的延伸与表现形式。生产函数关系表明，货币作为价值尺度，它既是衡量一般商品生产的尺度，也是衡量金融产品生产的尺度。无论是实体经济还是金融经济，任何长期脱离或短期较大脱离货币尺度标准的经济发展过程，都会给一国经济带来不可预测的经济损失，如同美国2008年爆发的金融危机和2014年由卢布汇率贬值给俄罗斯带来的市场损失一样，它们都是金融变量脱离实体经济的表现。

同样，生产函数也是反映厂商从事生产活动或某一地区及产业经济运行的具有普适性的函数等式。从生产函数中，可以看出，生产函数在描述生产过程时，不存在生产要素投入的短期与长期的界线之分，要素投入的变化不会影响生产函数的变量结构和等式关系，它改变的只是一国的经济指标或市场指标。这一函数关系，既是反映短期生产的生产函数，也是反映长期生产的生产函数，同样，它也是用来分析和预测不同时期经济发展变化的生产函数。它既是反映微观经济的生产函数，也是反映宏观经济的生产函数。由此表明，在反映微观与宏观的经济学理论之间是不能出现脱节的，在宏观变量中包含着微观成分，同样，在微观变量中，也会反映着宏观变量特征。在描述微观与宏观经济之间，它只表现为生产要素变量在投入规模、生产效率、技术与质量、总产值和商品产出数量上的差别，其微观与宏观的生产函数的参数关系与结构是相同的。同样，它也是反映使用一种货币投入向另一种货币投入转换的生产函数。

由生产函数可看出，价格变量反映着投入与产出的数量变化。从要素的物质属性讲，生产要素投入与产品产出之间并不具有等量关系，一般情况下，要素投入量都会大于实际产出量。从交换角度讲，它需要保持要素投入与货币收入和要素分配之间的等量关系。生产函数既反映着产品交换时与价值不相符的货币价格，也会反映一定生产条件下与价值相等值的货币价格。它既反映着一国市场上不同时间与地点的价格，也反映着贸易商品于交换地点上的价格。

容易发现，在生产函数描述的产出与价格变量的背后，都有其作为原因的质的因素支撑着，这个质就是作为生产函数输入变量的生产要素，它们是以人力资本与物质资本的不同形式投入来表现的，并决定着生产函数的输出与变化。同时可以看出，无论是一般产品的生产，还是金融产品的生产，生产者或投资者都会以实现商品价值或购买力的最大化为最终表现特征。作为一国国民投入、收入与分配的每一个变量，它们也都包含在一国生产函数产生的实物变量与价格变量之中。一国的生产函数还反映着一国生产的全部商品财富和全部货币收入，也反映着一国生产要素之间的分配构成。同时，也反映着要素投入与收入分配与收入增长之间的因果关系。

一般来讲，一些自然现象和物理运动过程都可用一系列的物理量和一定的函数等式来描述，这些物理量还会有各自的量纲，以此反映不同变量的属性。这意味着，对于这样的函数等式，在满足数量关系的同时，还需满足等式中各项量纲关系与实际含义相一致的条件。这是分析与检验一般物理变化过程数量关系式时所遵循的基本原则。同样，对于描述商品生产的生产函数等式的检验也是如此，即只有当函数等式两边的量纲相同时，才能表示函数等式是成立的。

在生产函数中，每一变量也都是有量纲的量，有些量纲式是由基本单位和导出单位所组成的。每一变量的量纲都反映着生产中与之相对应的要素或产品、时间、效率等变量的属性。下面，我们通过检验等式中不同变量之间的量纲关系，来判断生产函数等式是否成立。生产函数等式的量纲关系如下：

V = 生产时间 × 全要素价值生产率
  = 货币效率指数 × 商品价格
  = 生产时间 × 实物单位/单位时间
  = 实物单位/单位时间/单位货币/单位时间 × 货币数量
  = 实物数量单位

可以看出，由每一组变量关系得出的量纲都相同，也是合理的，说明这一生产函数描述的投入产出过程是符合逻辑关系的，表明等式关系是成立的。同时反映出，生产函数中任何变量的表现都是在反映实际产品价值的生产变化过程，它体现着人们通过生产劳动都是来获取实物财富这一本质性的共同目标。

生产函数的量纲关系表明，以货币、时间、产品为计量要素构成的计量单位与量纲结构及相互之间关系，反映的也是一国的计量、物价、统计、财务、会计等部门对经济活动进行价值统计和核算之间的关系，它为生产经营活动的会计计量和市场交换提供着实际衡量与操作的理论依据。在实践中，它表现为会计计量的现金账目、实物（或服务产品）等账目相互之间和时间、空间上一致性的对应关系，以及市场上的等价交换形式。

同样，生产函数也是存在定义域和值域范围特征的，其描述的生产过程也是会受到生产标准和相关规定约束的，也就是说，商品生产不是随意的，它反映着商品生产的合目的性与规律性的特征。

生产函数的定义域，首先表现为生产商品的质与量的规定性，质的规定性表现为商品的效用（使用）价值特征，代表的是商品价值边界，量的规定性则表现为商品的生产成本或价格特征，代表的是商品价格边界。生产函数的值域，它会从单位商品的价值与价格和产出总量之间的关系中表现出来，也就是由商品价值与价格的单位量和总量来表现的值域边界。

商品价值的边界是由商品物理属性的质量、技术、标准边界所规定的，它包括为：数量边界、质量边界、技术边界、服务边界、效率边界、时间边界、空间边界、道德边界等范围，价值边界是规定生产要素投入的时间、效率、质量与技术的依据，也是决定价格边界的前提。

商品价格边界是以价值边界为基础的，生产要素在一定生产效率基础上投入并转化为生产价格或市场价格，因此说，价格并不是没有尺度标准和约束的（在实际情况下，由于要素价格的变化和生产效率的差异，经常使得商品价格发生不合理的变化，其中，也包括由于需求变化引起的价格变化）。所以，商品的价值与价格的边界既反映着商品的内在结构特征，它也表现为生产的实物产品与货币价值的外在特征。

作为生产函数构成变量的货币效率指数，它反映着生产的要素组成、效率结构和效率水平，在竞争的市场上，它同样也存在着效率边界，并表现为以货币为计量单位的生产尺度，它为投入与产出指明了效率上的生产标准，并最终使价值与价格实现最大程度上的吻合，进而维护着市场交换的公平。

也正是这些商品的生产边界和规定性，才能使厂商向市场提供合格的或更好的商品与服务，才会使得由生产函数所产生的各项经济数据指标的质量更高，也会更加准确，同时也会提升这些经济指标的经济参考价值，使它们能够更好地为一国的商品生产、贸易、金融经济的发展提供服务。

生产函数还反映出，在供求均衡情况下，商品价格一般会表现为由生产要素投入形成的生产价格。当供求出现失衡的时候，由于市场存在着的生产者追逐最大利益或单边利益的行为，这时，生产者就会利用垄断优势采取提升或降低价格的措施进行竞争，从而使商品价格表现出在生产价格基础上的上下波动。

在供求均衡的情况下，一部分相同的商品，也会由于生产者不同组合的要素投入、不同的生产效率等方面的差异，而产生不同的生产成本，或市场上的不同价格。这些商品价格，也会围绕一个平均价格而形成一个上下的差价，它反映的是，由不同生产方式、不同生产效率、不同生产成本表现出来的不同厂商之间存在的生产能力的区别。

由此可知，我们每天面对的市场上的蔬菜、服装、食品、黄金、汽油、股票、资产、外汇等商品的价格变化，它们在一定时期内，都会表现相对稳定或变化的特征。市场需求的变化，虽然会影响商品价格的变化，但它不会决定商品的生产价格。一种商品的生产价格，是由生产投入和生产效率共同决定的，商品的生产价格作为市场供给价格，始终是形成市场价格变化的客观前提和依据，它也是形成市场价格和变化的基础。

从微观角度，生产函数反映着一个劳动者或厂商的生产方式、生产效率、技术与质量、生产规模、商品产出量和价值产出量。也反映着有什么样的投入，就有什么样的产出的这种生产上的因果关系。

从宏观角度，生产函数反映着不同产业之间生产要素的投入规模、协作效率、技术与质量水平和一国币值水平、商品供给总量与 GDP 产值总量。同时，它也反映着生产要素投入、交换和要素分配，生产是实现交换与分配的物质前提，货币效率指数也是实现要素公平分配的尺度标准（即各要素之间投入与产出与收益分配均相等），这也是实现市场交换公平的基本条件。

由生产函数的投入和产出关系可以看出，生产要素的投入与变化，都可能会引起生产的效率、成本、质量、产量、价格等变量的不同变化，同时，也会使投入与产出的关系不断发生改变。生产函数反映着的投入与产出之间的生产关系，其中包含着投入与产出和收入之间的等量转换关系，只有当三者之间的变化一致时，才表示着经济发展实现了均衡的增长和变化。因此说，生产函数也为生产投入、产品产出、经营收入、要素分配等方面的决策提供着理论依据。

生产函数表明，一个规定了商品价值量或工作量的生产过程，客观上也就规定了一定质量的产品数量和一定效率上的劳动投入量。

从生产角度讲，在一定效率条件下，商品价值量会随着时间投入而增加，当时间一定时，也会随着效率增长而增加。而商品价格会随着商品价值的增加而增加，也会随着质量的变化发生同幅度、同方向的变化。在一定情况下，商品价格一般会与生产效率之间保持相反的变化。

实际中的生产投入，都是由不同的生产者操作的，一般都是处于不同的效率状态下的，投入与产出之间也不会完全保持一致性的变化，它会使商品的客观价值和它的货币形态产生一定偏离，并会从市场价格的变化中表现出来。

由此可知，商品价值与其货币价格在许多时候是不相符的。尤其是在不能完全竞争、存在行业垄断、价值尺度监管缺失的市场上。作为一国由货币表示的商品产出（GDP），它虽然反映着一国生产的最终产品与劳务的数量，也是代表着生产要素投入总量的名义价值量，但在物价上涨的时候，GDP 中还包含了由要素价格带来的增长内容，在这种情况下，这时 GDP 名义价值的增长，就不能表明要素实际投入也发生了同样的变化，商品实际产出不一定也实现了同样的增长。一般情况下，货币表现的价值产出和商品与劳务的实际产出是存在差异的，只有商品与劳务的实际价值才是一国生产投入形成的有效价值形式，也是与生产投入最吻合的价值表现形式。

生产函数描述的投入与产出之间的因果关系，反映着生产要素的投入和商品价值与货币价值产出之间的转换关系和不同表现特征。当我们对生产过程深入分析以后，可以发现，关于历史上论述商品生产与交换的各种理论，如劳动价值论，效用价值论，生产费用论，均衡价值论等，它们都是从不同角度出发，反映了商品在不同生产阶段的不同表现特征，这些理论之间实际上是不能相互替代的，或者说并不是完全对立的，它们都是对不同条件下不同价值特征的客观描述，也是对商品价值与价格表现过程的合理性的相互补充。正是由于威廉配第、亚当·斯密、李嘉图、马克思、马歇尔等这些不同时期的历史伟人对商品生产理论的不断发现和完善补充，才缩短了人们认识商品与货币的本质并不断揭示经济运行规律的时间过程。

四

生产函数对一国微观生产与宏观调控的指导作用

生产函数作为描述商品（包括金融产品）生产的函数模型，同其他经济理论一样，都在为社会生产活动提供着理论依据。从微观上讲，它可以描述一般个体劳动者、厂商的生产与经营状况，从宏观上讲，也可以描述一个产业、地区、国家的经济运行状态和发展趋势。

（一）一个劳动者、企业的微观生产特征，反映在生产函数之中

在生产过程中，劳动者人力资本与其他生产要素一起转化为一定质量与数量规定性的产品形态的市场交换商品，不论每一个生产者实际耗费的劳动投入和其他生产要素的数量的多少，一定商品的客观属性决定了它只会容纳并也只能够容

纳其自身规定需要数量的劳动量与其他生产要素。

生产者以货币计价的生产要素投入，如：人力资本、机械设备、土地、厂房、后勤设施、运输、中间产品等这些要素的价值，都会分摊进入每一个产品而转化为商品价格，其中，还会包含没有转化为商品价值而消耗或损失的生产要素投入，它们没有增加商品的使用价值，只是产生了减少利润或推升商品价格的作用，这表明，虽然商品价格是商品价值的数量表现形式，但不一定是价值的等量形式。

由此说，在商品价格中，都会包含着反映生产要素投入的有效价值成本和无效价值成本，无效成本也是生产者努力减少的成本，它也是消费者希望减少的成本，因为这样可以用更低的价格购买商品。

在生产中，一部分无效成本许多是由于厂商占用过多的资源、资本或闲置资产而带来的，或者由于生产效率下降与产品损失而增加的成本。因此，这些无效成本只是增加了商品中的价格"泡沫"，并没有给消费者增添新的效用享受，使消费的成本和负担增大，从而降低了消费者手中货币的购买力，产生的是货币贬值效应。同时，也会降低产品的市场竞争力。这也是生产者需要不断降低间接成本、减少资源占用成本、减少损失和提高生产效率的原因。

商品价值反映着商品的物质属性，它无论由谁在任何时期里生产，同一规格的商品中包含着的价值要素和具有的效用价值在一定条件下都是相同的，不同的只能是它们的生产成本或价格，这是由生产要素组成、生产效率、要素价格和商品的属性等因素决定的，比如：市场上的黄金、化学药品、农产品、钢材等一些商品。它们无论在任何地方生产，相同规格的产品提供给人们的效用价值大致是相同的，当人们购买由不同生产者提供的同一数量产品时，需要支付的货币价格一般却是不同的，有时这种差距是很大的，由此也反映着商品价值的客观性和稳定性。"正是由于商品中所包含的资源要素与劳动量投入的具有稳定的物质属性的价值效用的原因，才使得某些商品（或贵金属）成为在相互贸易时（或货币兑换时）作为等价交换的尺度标准（如货币与黄金挂钩），而不是以商品的价格作为交换的等价标准（在一国市场上，由于货币统一并认为价格与价值相符合，价格则代表着等量价值），这也是以价值单位作为价值尺度合理性的基本前提。"

在生产过程中，资本品或生产设备作为生产要素，它们的生产功能同劳动投入性质在许多方面是一致的，它们作为人类劳动与生产的辅助工具和助手，在本质上，它们都是由劳动投入转化的资本并等效于人类劳动的物质表现形式，这些资本品或生产设备协助人类生产或劳动的过程，反映着人类生产的文明与进步。

也由此说，一国社会收入的按生产要素的分配机制，从本质上讲，它也是统一在按劳分配的原则之中的，同样也是按劳分配的表现，两者只是存在着一些表现形式上的差别而已。无论怎样，为了保障社会收入分配的公平，防止出现社会群体的两极分化现象，一国的社会收入与分配机制，它们都需要遵照和满足：

投入与产出和收入三者相等的分配条件，也就是生产要素根据各自在生产过程中所作贡献大小来参与收益分配。

这一分配条件，既是按生产要素分配的条件，也是按劳分配的条件（确切地说，这两种分配方式并不是形成社会两极分化的原因，形成社会两极分化的原因，是由一国经济秩序混乱、供需失衡或由于没有价值尺度的合理规范和约束才产生的）。这一收入分配的理论依据和操作工具则为生产函数与价值尺度，关于按生产要素分配的具体论述，我们在第十一章将作深入分析。

另外，生产函数表明，在生产中，由于生产效率提高带来的生产成本或商品价格的降低，它并不能引起或说明商品价值量的下降，而只是反映着要素转移速度或商品价值生成速度的提升。这种速度的提升，则是因为劳动形式、资本形态等要素生产投入方式改变而产生的结果，它会使得同一商品价值量生产的劳动投入时间或生产时间缩短。也就是说，这时生产的商品价值量并不会发生变化，随之改变的只是商品生产成本的降低，在一定条件下，它是为提升利润采取的措施。但这时的商品价格不一定会随之下降，从发展角度讲，也是在一定条件下，为保持同等利润水平和对价格进行调整创造条件。

那么，厂商在生产中，如何使用生产函数来调节价值与价格之间的相对关系，进而改善市场上商品的供求关系呢？这是每一个生产者应当了解并需要付诸实施的。

在市场上，商品之间的交换，需要在价格与价值相符基础上来进行，这是实现市场等价交换的前提。这一交换原则，也是实现市场等价交换的自律原则。

当价格与价值相符时，表明产品提供的效用价值和产品表现的价格是等价的，它体现着一般事物的质与量的相对稳定关系，表示的含义即是：无论生产方式如何不同，在一定条件下，一个规定性的商品，它所包含或容纳的有效劳动量和资源要素量是固定的。商品的价值与价格只与和它一致的生产要素价值与价格的投入相符合。也就是说，只有与商品价值相符合的生产要素与数量的投入，才可成为厂商在商品交换时所应收取的货币价格，这一货币价格，也是需求方能够最终获得的和实际要素价值或商品价值相等的价格，这也是价值与价格相符的内涵以及它作为市场上等价交换原则和前提的原因。

当价格与价值不相符时，则意味着产品提供的价值和表现的价格是不等价的，它给买方或卖方带来的则是利益上的损失，并直接影响商品的供求关系。对于商品价格与价值之间的偏差，厂商可以通过调整生产效率、降低成本等措施来使价格与价值最大限度地保持一致，进而提升产品的竞争力。在国际市场上，当各国用本国货币给商品标价并进行贸易时，则应通过汇率核算对不同货币或商品价格单位中存在的价值差异予以消除，从而确保两国之间能够以商品价值的等量交换来进行相互贸易。

生产函数表明，如果在同一货币尺度的约束下，每一劳动者与其他生产要素都可获得与自己投入相等的产品或货币报酬。在市场分工中，无论是企业经营者、管理人员、技术人员、一线劳动者或者后勤服务人员，还是一个农业劳动者、歌唱家、教师、医生、服务员、公务员、会计师、运动员、作家等，人们都是在以不同形式投入劳动，每个人都是利用自己的人力资本并使用其他生产要素一起，通过劳动投入形成了自己的生产函数和生产曲线，也由此形成了一个经营部门、地区和国家的生产函数和生产曲线和市场产品与货币价值表示的产品产出（或货币收入）。同时，生产函数也表明，有什么样的要素投入就有什么样的产出，一个人、一个企业、一个国家都是如此。

每一劳动者的劳动投入和获得的货币收入与实际财富收入反映在自己的生产函数中，这时可表示为：

劳动者生产的商品价值：

$$V = 工作时间 \times 全要素价值生产率$$
$$= 工作时间 \times 工资率 \times 货币效率指数 = 商品价值 \times Q$$

可以看出，劳动者通过劳动，既生产着产品形态的价值，也生产着货币形态的价值。函数反映着一个人获得的劳动收入和他生产的产品价值之间的关系，劳动收入是与他生产的产品价值量成正比例的。在等式中，也反映着劳动者的劳动时间、劳动质量、劳动效率和产出量之间的关系，它告诉我们，如果劳动者完成的工作量多而且产品质量还好，就会获得较多的工资或实物报酬。如果完成的产品数量少或质量差，结果就会得到较少的工资或实物报酬。如果一个劳动者以拥有的较好技术、丰富的工作经验、良好的行为品性、勤奋的工作态度、健康的体能并投入工作的时候，就会使工作时间、要素用量等其他生产要素投入和产出变量发生不同的变化（如：生产率、货币效率指数、产品质量、产出数量、生产成本、购买力水平）。

在生产时，劳动者具有的人力资本要素特性也都会通过生产函数表现出来，生产函数作为生产模型，它在描述生产要素投入和产出关系之间具有价值预测功能，也具有指导企业生产和交换的实际操作功能。

在现代生产条件下，生产企业都会根据市场需求来安排生产定额或生产规模，虽然不一定在每一时点上都以价值尺度标准来组织生产，但价值尺度标准始终给生产者提供着生产调整和参考的依据，并使生产者围绕尺度标准进行产品或对生产成本与效率不断进行调整。

市场上的企业，为了适应市场形势的不断变化，都会不断调整生产要素的构成比例，也会采用更为先进的生产方式来组织生产，这些生产投入的调整，都会从企业生产函数的产品流量、货币流量以及企业的货币效率水平的变化中表现出来，也会从产品的产出数量、生产成本、产品价格、销售收入中反映出来。

1. 利用生产函数对企业投入产出进行的分析

我们以实际生产为例，利用生产函数来对某一企业投入产出进行具体分析：

假如，一家生产自行车的企业，其投入产出与计划指标为：设备投资总额为60万元，投资折旧期限6年，日折旧300元，其他无形资产摊销为0，如果设备投资为贷款投入，年利率8%，日付利息133元，职工8人，工资率180元/天·人，如果企业一天生产50辆时，生产价格核算为每辆400元，它的原材料与办公费用成本合计，每天为12000元，综合税额为2000元。这样，我们可由生产函数来表示，每天生产的出厂自行车平均价格与生产的数量及总产值如下：

根据以上企业各种生产要素的投入数据，将数据值代入生产函数对应变量的结构中，这样，得出的企业自行车的生产函数为：

V = 货币效率指数 × 货币总价格（PQ）

  = {全要素价值生产率（产品数量）/（总工资率 + 总净利润率 + 总利息率 + 总折旧率 + 总摊销率 + 总税率 + 中间产品和生产费用等成本流量）}
  × T ×（总工资率 + 总净利润率 + 总利息率 + 总折旧率 + 总摊销率 + 总税率 + 中间产品和生产费用等成本流量）/ 产品总量

  = {50/（1440 + 4127 + 133 + 300 + 2000 + 12000）} × 1 × 20000（400 × 50）

  = 0.0025（货币效率）× 1 × 400（商品价格）× 50（产量）

  = 自行车价值（商品）× 50

由此函数等式可知，$T=1$ 天时，企业生产自行车50辆，创造的货币产值为20000元，实现利润4127元。$T=2$ 天时，企业生产自行车100辆，创造的货币产值为：2 × 20000 = 40000元，实现利润累计为 2 × 4127 = 8254元。其他依此类推。

> **作者注**
>
> 产品价格（P）=（总工资额+总净利润额+总利息额+总折旧+总摊销额+总税额+中间产品和生产费用总成本）/产品总量 = T×（总工资率+总净利润率+总利息率+总折旧率+总摊销率+总税率+中间产品和生产费用等成本流量）/产品总量，T—在以上函数中的量纲单位为：天

如果企业为提升产品的竞争力和更大范围的市场供给，并以提高效率的方式将产量提升至一天60辆，这时，原材料成本增至每天为14000元，那么，在保持职工收入、利润总额、税收不变的情况下，每辆自行车的生产价格则会下降至367元，如用生产函数表示，则有：

V = 货币效率指数 × 货币总价格（PQ）
  = {60/(1440+4127+133+300+2000+14000)} ×22000(366.7×60)
  = 0.0027(货币效率) ×367(商品价格) ×60(产量)
  = 自行车价值(商品) ×60

由此可知，在这一生产规模基础上，企业每天创造的货币价值则为22000元，这时，产值虽然比以前增加了，但员工收入、企业利润、本级税收并没有增加，可是，由于自行车价格每辆下降了33元（400-367元），这会使产品的市场竞争力得到提升，在这一价格基础上可能会实现销售量的增长。假如企业在此基础上，市场需求增大使得产量增加，这时，每件产品都会为企业带来新的利润增长，也会使每一种生产要素的回报增加，也就是员工收入、企业收入、资本收入、税收收入实现的增长。由此分析，可以看出，生产函数为人们提供了从事各种生产经营活动的指导性工具，它使人们的生产与决策更为精确和科学。

2. 对企业投资的利润率的分析

投资利润率是指项目由货币量值表示的在一定时期内所获得的利润总额或平均利润总额与项目全部投资总额的比率。

投资利润率一般的计算公式为：

投资利润率 = 实现的利润总额/项目全部投资总额 ×100%

由前面以全要素投入函数表示的全部投资和实现的利润总额：
全部投资总额：

C = T ×（总工资率 + 总净利润率 + 总利息率 + 总折旧率 + 总摊销率 + 总税率 + 中间产品和生产费用等成本流量）

实现的利润总额：

T × 总净利润率

这时项目投资实现的投资利润率，可表示为：

投资利润率 = 利润总额/全部投资总额
= T × 总净利润率/T ×（总工资率 + 总净利润率 + 总利息率 + 总折旧率 + 总摊销率 + 总税率 + 中间产品和生产费用等成本流量）
= 总净利润率/（总工资率 + 总净利润率 + 总利息率 + 总折旧率 + 总摊销率 + 总税率 + 中间产品和生产费用等成本流量）

（这里是指生产过程的存量指标，具体数据计算这里不再赘述）

投资利润率反映着项目投资的收益能力，当该比率明显低于一般社会水平时，这时就应采取措施改善投资结构和投资项目，使收益比率尽可能地实现最好水平。

以上反映的是当对生产效率进行调整时，由生产函数得出的产出和收益的不同变化。这种分析方法，使我们对生产的分析变得更为简单和更有说服力。同样，无论厂商的规模大小，我们都可以根据市场要素供给的数量、质量、价格等参数变量和生产函数模型来预测、核算、调节一般厂商的投入成本、经营利润、合理产量、商品价格和未来的销售收入。比如：在日常，人们可用生产函数来规划或预测一个生活超市或快餐店的经营成本、利润、价格、销售量和营业收入，并同时预测它们的经营风险，以及制定或调整经营的具体措施，以实现经营收入的最大化。

在产品竞争的市场上，决定着企业经营收益的因素，还有产品的技术与质量。从市场竞争与消费的需要出发，生产企业不但能生产出消费者想要的东西，同时，也要按消费者愿意支付的价格来生产，它体现的是满足消费者追求最大化价值需要的目的。

随着社会发展，人们寄予了市场商品更高的质量与服务标准，也推动了市场上商品在质量、技术、价格、服务等方面的竞争。为了使商品能够在市场上获得更大的质量、技术、成本、价格、服务各方面的竞争优势，每一企业都会在这些方面谋取竞争的资本要素，也会把质量提升和产品创新作为一项长期的经营战略目标。就此而言，企业的发展速度与市场目标，无论企业在任何市场，它们都会通过生产函数的输出变量描绘出来；一个登上市场产品顶峰的企业，必然是一个提供了最具某一产品优势和消费价值的生产者，它也是市场上最大的获得者，这时也是企业生产函数的价值产出最大和质量最好的时候。

商品价值的生产与增值，都是由生产投入过程来实现的，也是以不同劳动或生产方式来表现的。一国的社会分工与职业特征虽然不同，但作为价值生产与价值增值的过程来讲却是一致的，即它们都是通过生产与交换的增值过程来完成的，它们在追求个人劳动价值和社会价值最大化的同时，也在实现着它们的发展梦想。

（二）一个产业、地区、国家生产的宏观经济特征，也会反映在生产函数之中

我们知道，生产函数既是反映微观生产的模型，也是反映宏观经济运行的模型，生产函数为一国实体经济发展与调控提供着宏观决策的理论依据，也为一国金融经济发展与调控提供着宏观决策的理论依据。

一般的，宏观调控是指一国运用计划、法规、政策、道德等手段，把微观经济活动纳入国民经济宏观发展轨道，及时纠正经济运行中的偏离宏观预期目标的倾向，以保证经济运行的持续、快速、协调、健康发展。其目的主要是促进经济增长、增加社会就业、稳定物价水平、避免社会两极分化和保持国际收支平衡。

客观上，一国宏观调控特征，它是对一国全部产业投入、产出与分配的调整和规划过程。

一方面，它是通过制定和实施年度计划和中长期规划，合理确定经济和社会发展的战略目标，投入必要的财力、物力进行重点项目或基础设施建设，同时对一国生产要素与生产方式和产业结构进行生产性调整，以此实现经济的不断增长。

另一方面，是通过相应的法律法规、财政政策和货币政策等不同的经济手段对市场秩序和运行状态进行宏观调控，它具体应包括以下内容：价格的合理形成机制、公平的市场竞争机制、按要素分配的合理分配机制等制度机制的调控，并通过调整市场利率、汇率、备付金率及公开市场业务等手段，以及通过财政支出和税收政策来进行国内生产和贸易的宏观调控。

由生产函数可知，以上的宏观调控措施，它们也在调节着不同生产要素的投入、产出与分配，这些措施的制定，都需要符合经济规律和一国资源禀赋的客观条件，并且，作为一国宏观调控的不同生产要素对象与变量，也都包含在一国的

价值尺度的衡量标准之中了。对于制定的调控措施与手段，只要按照价值尺度标准和社会制度规划很好地配合实施，就能够最大限度地实现一国经济发展的各项预期目标。

生产函数作为生产模型，它也是生产的预测模型，如果用它来对经济增长的幅度进行规划或预测时，例如，当一国生产要素投入量（L 或总工时 TL）年均增长率为 1.5%（L=1.015）生产率（E）年增长率为 2%（E=1.02）质量提高 1%（M=1.01）时，一国经济一年实际增长率则会达到 4.56%（经济增长总水平 = L×E×M = 1.0456）。

同样，我们也可以推算，当生产率、产品质量和劳动力增长变化时，一国经济实现的综合增长率。还可以看出，货币表示的增长率是否与实际增长相一致，它取决于价格与价值之间的相对尺度是否稳定，两者之间的变化，会通过一国币值或市场物价的变化表现出来。

生产函数给我们提示，随着社会进步和竞争的不断发展，人力资本的价值增值能力越来越明显，人力资本价值要素涵盖了一个人从事商品生产经营活动需要的全部价值范围，是商品生产最主要的生产要素。人力资本价值是构成商品生产与交换的本质内涵，任何产品形式都是通过人力资本要素转化的不同价值表现形式。

由此说，商品的竞争实质是人力资本的竞争，是生产方式和人力资本要素与创新能力的竞争。在一国中，这种不同要素的投入与竞争能力，也反映着不同地域、要素禀赋、文化水平等方面的差异，它也会形成国家之间不同生产与创造能力的差异，这些都会从一定的经济指标中反映出来，主要反映在以下方面：

①一国的人均收入水平；②一国的社会生产效率；③产品具有的技术与质量水平，或技术与资本设施的垄断能力；④一国能否以较低的生活成本实现较高的生活质量；⑤一国的物价水平；⑥一国人力资本与物质资本的积累水平；⑦一国货币与他国货币之间的汇率水平；⑧贸易收支的顺差或逆差；⑨一国政府的负债水平；⑩一国国内生产总值（GDP）；⑪一国社会就业水平。

以上这些指标和特征，同时也会从一国的生产函数中表现出来。对于以上代表着生产和产出与收入分配的各项指标，一国政府有关部门可以根据一定时期的经济发展规划、预期目标，结合生产函数对有关产业、各地区经济状况进行生产性的宏观调整。

在此小节，我们只对市场运行状况作政策性调整的分析。而对于一国经济进行生产性调整的分析，如：对企业生产投入要素的结构、效率、技术、产品质量等方面的调整分析，以及对一国产业结构、技术升级、地区间差距等方面的调整分析，我们放在了后面第十二章、第十三章中。对于市场秩序的规范调整、价格形成机制的规范调整则放在了第十章和第四章的相关内容之中。

当前，各个国家对经济宏观运行的调控方式，所采取的措施基本上是一致的，主要运用的都是财政和货币的政策调控方式，这些国家秉持着不干涉生产厂商权责的自由市场机制，但在实践中，这种调控的市场结果往往又事与愿违，也就是说，这种财政和货币政策的调控，尤其是货币政策的调控，它并不能从根本上改善一国经济的本质与结构，或是说不能从根本上提升一国的经济运行质量。它在一定程度上，所起的作用只是促进着市场的需求和消费，甚至还会引起市场物价的上涨，从长期来讲，并不能提升一国的国际市场竞争能力。

对于财政和货币政策调控所能起的市场效果，我们从生产函数中就可预测出来，例如：政府通过调节税收、债券发行、转移支付、调整市场利率、降低备付金率、汇率水平等措施，这些功效从货币结构中可以看出，它们除去起到调节收入水平、改变货币的流动、刺激市场需求和消费、调动或改善生产投入方向、促进就业等作用以外，并不能对生产领域的结构与改善起到明确的引导作用。从某种角度讲，这些政策调节措施，产生的只是经济的数量变化，它不能调节经济的本质内容。而经济的本质即生产力的提升只有通过生产性的调整来完成。

在现实经济中，各国使用的货币政策有时要比财政政策更多一些，如美国、欧洲等国的经济调控政策就是如此。客观地讲，这种调控政策产生的效果，如换一种说法的话，就是它带来的只是经济的重复波动。

具体的讲，就是货币政策对市场货币进行单边调整的措施，只能改变市场上的货币的数量，也就是以非合理的方式来改变币值的相对变化，因此说，这种脱离本质的表面调整方式，不会从根本上改善经济的结构与内容。这种调控产生的市场结果，必然引起物价或金融产品上下起伏的交替变化，有时还会产生巨大的金融风险，而对于实体经济发展不能起到任何实质性的提升和促进作用。

因此说，无论是美国的货币政策、欧洲央行的货币政策，还是其他国家实行的货币政策，这些政策对于市场经济的正面调控作用都是有限的，在有些时候，其货币政策的负面作用可能还会大于它的正面作用。也就是说，一些把货币政策作为稳定物价、调整就业、促进经济增长和平衡国际收支等市场目标的措施，其效果只是短期的，最终也仅仅是治标的办法。

客观上，一国利用财政和货币政策对经济运行进行的调控，是需要结合实际生产过程来操作的，这是经济运行规律的基本要求。具体上，也是在以货币尺度为标准的基础上，并通过配合产业结构的、效率的、质量的、投入的共同调整来进行，任何财政的、货币的单一政策措施都不会实现对经济调控的本质上的预期目的。

在当今形势下，伴随着市场经济的不断发展，各国都需要对政府行政机制、市场运行机制、产业结构与生产方式、经济发展方向进行不断地调整和完善，以使经济发展方向在始终代表着全体国民最大利益的前提下，及早实现人类理想社会的发展目标，这也是各国长期中不断寻求的目标。

通过实践，我们认识到，处理任何事物，首先要认清事物的变化规律，然后找出决定事物变化的关键因素，并在此基础上，制定出具有针对性的解决方案。这种处理事物的一般方法，对于一国经济的宏观调控来说也是一样的。

我们知道，商品生产是市场经济的主要表现形式，对于反映商品生产与交换的一般规律，我们可以用生产函数来表示，从函数中，还可以看出，决定着生产函数产出变化的关键变量，就是货币效率指数，如果在一国生产函数中，那么，它代表的则是一国的价值尺度。由此表明，一国以货币为代表的价值尺度，它就是对宏观经济进行调控的实施依据。而对于一国宏观经济调控的最终效果，我们既可通过价值尺度来评价，也可通过市场经济指标来反映，还会直接从市场商品发生的变化或出口贸易的变化中反映出来。

作者注

严格地讲，现实中的各国货币，并没有履行它的价值尺度职能，它们只是作为了一个价值单位而已，其中原因，则是由于过去没有揭示出货币的本质和结构，使得我们无法找到衡量商品价值并向价格合理转换的依据和办法，这种价值尺度依据和职能的缺失，也是在一些稀缺要素市场上价格偏离价值的原因。价值尺度衡量价值的意义，也好比对一个球体的体积进行测量一样，如果没有正确的测量方法，我们就不能用体积计算公式和数据准确地反映出球体的体积大小

宏观调控在促进产业结构调整和升级的同时，也会促进市场商品功效与质量的提高，并促使厂商生产出更好的产品，从而推动消费质量的提升，这样，它在给消费者带来快乐与享受的时候，也会给生产者带来更多的与扩大的交换利益。

一款好产品，它会让人们梦寐以求，如同一个人喜欢和想拥有的一块手表、一辆汽车、一瓶香水、一套衣服、一件珠宝、一首歌曲一样。一个好产品不但能给人带来物质上的享受和满足，也会给人带来心灵与精神上的慰藉。

那么，市场上的好产品，它们都有哪些特点？它们的魅力来自哪里？实践证明，好产品的魅力，主要源于它们蕴藏的那些珍贵的劳动和精神要素的稀有品质，如劳动者精湛的技艺、一丝不苟的精神、坚韧不拔的毅力、慈善的心态、真心为他人着想的美德，这些都是锤炼和打造卓越产品的基本要素，它们倾注于生

产的每一环节之中，同时也构成了一个好产品的精华和精神内涵，由此也决定了产品的市场价值。

好产品里面包含着善良的人性、智慧和美德，也融入着一个民族的优秀品质与特色，它们也因此散发着人性的光辉，并给社会带来温暖和光明，这是人类社会中具有普世价值的事物的基本特征。

可以肯定地说，一个好产品，只能诞生于一个高度自律、公平竞争、勤劳智慧、和谐文明的市场环境中，这也是一国宏观调控目标的具体表现形式。

第四章

供给与需求

一

供给与需求关系

供给与需求关系，是实现商品交换的基本前提，也是维持市场运行必要的基本关系，它还是构成社会分工与协作的基本关系。供求关系直接影响着商品流通的范围、数量、速度，在一些情况下，它还影响着商品供给的质量和价格。在现代社会生产的集约化、专业化、效率化和市场化的商品市场上，各种商品通过市场上的供给与需求关系，进而实现社会商品的生产、流通、交换与消费的目的，客观地讲，能否处理好市场上的供给与需求关系，它直接关系着一国经济能否实现稳定运行、合理增长与健康发展的目标。

现实中的市场经济，既不是完善的，也不是完美的。它既存在着各种各样的对供求关系上的客观制约因素，也存在着各种各样的错误理论的误导，还存在着许多错误的市场实施机制，以及各种市场垄断和欺诈现象。由于以上这些因素的存在，使得市场上的供求关系经常会出现各种扭曲现象。

客观上，市场经济并不是没有尺度标准和法律约束的自由经济，商品生产不是没有边界和约束的，商品交换也不能是没有尺度标准的，商品的生产与交换是有规律的，并不是随意的。

现实中，每一个实行市场经济体制的国家，政府部门都在用法律手段来对市场商品质量与价格进行监督，也在对市场环境秩序进行规范。比如：一般国家制定的《反对不正当竞争法》、《反对限制竞争法》、《反垄断法》、《物价法》、《商品质量法》等法律法规，目的就是约束市场经济中存在的贪婪性、逐利性等一些非理性的行为，从而维护市场交换的公平与公正，最大限度地降低市场经济运行的风险。同时，在市场经济发展过程中，也需要政府部门对一国的产业分工进行协调、监督和指导服务，以充分发挥一国的社会最大生产力。在市场条件下，商品生产与交换都需要人们遵照市场经济规律来进行生产、决策与自我规范，而分工协作、等价交换、自由平等、产权明晰、文明规范、价值实现则反映了市场经济的本质特征和基本原则。

在市场上，商品的供给与需求关系，不但影响着商品供给的价格与数量，也会影响商品生产与交换的质量，还会影响人们的生产与生活水平。随着商品供给与需求关系的不断建立，以及商品流通范围的逐渐扩大，同时也会促进服务产业的发展，从而扩大社会就业规模，并提升社会收入与生活水平。探讨市场供给与需求之间的关系，对于商品的生产、价格的发现、成本控制、供给预期以及参与市场的竞争，都具有重要的指导作用和实践意义，这也是本章分析的主要内容。

二
传统供求曲线存在的失真与矛盾问题

以往经济学关于供给与需求曲线的论述，都是设定了其他因素不变的条件，并从商品供给量（或需求量）和商品价格之间存在的现象关系出发，在人为设想与推测的基础上，编制了供给与需求和价格之间的关系表，并由此构建起了供求理论和供求曲线。如果用实践标准来检验的话，我们就需要看，它们所描述的供给量（或需求量）和价格之间的变化与市场实际是否相一致，也就是它们之间是否存在客观上的函数关系呢？经过市场检验表明，它们并不能合理地解释供给量（或需求量）和价格之间的市场变化现象。对此理论与实际脱节现象，西方经济学也没有利用严谨的科学手段，比如利用数学工具，来进一步证明供求曲线与实际供求关系存在着吻合关系，或与市场实践相统一。这也间接说明，传统的供给与需求曲线，原本并不存在与它们相对应的函数关系。

另外，对于供求曲线的变化方向与斜率大小究竟包含着怎样的实际含义，也不能够做出正确的解释，同样也无法把供求关系中变量之间的相互关系与变化原因讲清楚。由此可见，由于传统供求曲线存在着的以上问题，从而也就削弱了供求理论与供求曲线在所解释供求关系时的合理性和客观性的价值。

在市场上，传统供求曲线虽然没能提供出关于市场供求关系的全面合理的参考答案，反而给市场上的商品交换带来了很大程度上的错误理解和误导影响，比如：当商品价格增长时，在供求曲线中并不能反映出需求减少的变化趋势。当市场对某一商品的需求增加时，这时候商品借机提升价格被认为是合理的，一些人还把这一"投机"现象当成了市场经济中普遍的、合理的和固有的特征。同样，对于市场上的"吉芬商品"现象、稀缺商品与奢侈物品的价格变化特征、有些商品随着需求增长而价格并没有出现增长的现象，以及商品价格下降时市场需求并没有出现增长等现象都不能给出合理的解释。以上这些情况都反映出，过去供求曲线所反映的供求关系与市场实际情况是不一致的，是存在错误的。

在目前一些经济学的教科书中，对关于供求曲线变化及含义的描述，即便是某一些方面反映了市场现象，但它也是形成于主观推断之上的，仅此一点，就无法说明这一供求曲线是否具有科学性。因此，在实践中，我们就不能寄予这些经济学的供求理论与供求曲线能给市场参与者提供更多的参考价值和正确指导，或者解答关于市场供求方面的疑难问题，因为它们关于供求曲线的论述本身就不是严谨并也是存在问题的。下面，我们对供求曲线上的坐标变量与含义的解释存在着的问题作具体分析。

首先，我们分析关于供给曲线变量之间存在的相互关系与自相矛盾等方面的错误：

（1）函数关系存在的问题：如图4-1中的传统供求曲线，目前教科书中，是把这一供给曲线S上的每一点及运行轨迹，解释为一个商品的价格与供给量之间的对应变化关系。这样就表明，商品价格与供给量之间存在必然联系和函数关系。曲线说明，一个厂商需求曲线d的任何扩大或减小的数量变化，都会使其供给价格发生增长或下降的改变，那么，这种供求关系曲线反映情况的属实吗？很明显，这与实际情况显然是不相符的。

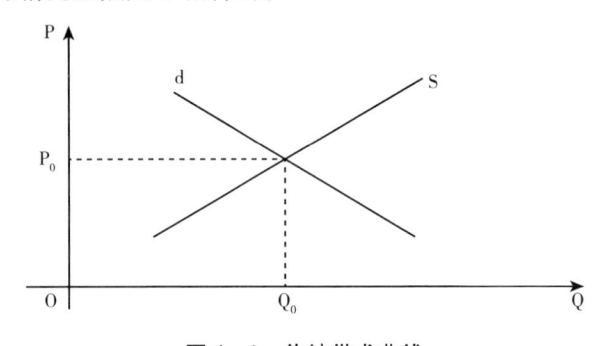

图4-1 传统供求曲线

事实证明，价格与供给量（销售量）之间的关系，并不存在连续的对应关系。例如，市场上的一种商品，在一天当中，它卖出一件或两件，和或多或少数量并不影响这一商品的价格。大多数情况下，商品价格并不会随商品销售数量的变化而变化（如商店里矿泉水、香皂、香烟等日用商品的销售价格就是如此，购买1瓶矿泉水的价格和购买3瓶、5瓶或9瓶的价格都是一样的），这是每个人都可以在市场上得到见证的。

由此看出，在市场上，一般商品价格与供给量之间不存在连续的对应变化关系，在供给变量与商品价格之间也就不能形成确定的函数关系，因此，在供求曲线纵轴上的价格，反映的也就不能是商品自身的价格（注：某一阶段内，市场上两变量之间存在相关变化现象并不说明它们存在函数关系）。

如实地讲，传统供求关系曲线在描述鲜活农产品的变化时具有很强的针对性，即便是如此，也不能说明，在供求变量 Q 与商品价格 P 之间存在直接函数关系，实际上，两者之间存在的只是相关关系。

但在经济学教科书中，却把供给曲线上对应纵轴上的价格变量，解释为是与横轴供给量一一相对应的某种商品的价格，其明显是不符合市场实际的。

客观地讲，如果把不具备确定函数关系的不同相关变量赋予函数关系，这种做法本身就是错误的，它也就不会反映事物规律性和连续性的变化，这是一个普通的数学常识。就如市场上我们所见到的，一定时期内，许多商品的价格是不变的，供给量也不受价格约束，供给量则在一定范围内不断变化，这时，供给量的变化对价格并不产生影响。而一般商品价格变化时，它可能对供给量产生影响，但也不一定会必然产生影响。

（2）人为推测的问题：图 4-1 中供给曲线的形成，不是形成于厂商的生产函数，而是源于对市场表面现象的观察和人为推测的商品供给表，以此作为供给理论的基础。这时，经济学家又把供给曲线对应的纵轴上的价格变量作为了单一商品的价格来分析，这样，就给供给量 Q 人为地安排了一个本不成立的与商品价格 P 之间的函数关系，并由此形成了反映供求关系的供求理论。此时，我们只从供给曲线的形成过程，就可看出，这种供求原理的形成，是很不严谨并违背科学规律的。由于供求曲线中的这种"张冠李戴"的变量出现，这也是引起供给曲线无法和需求曲线实现合理的对接的本质原因。

另外，在教科书（如西方经济学版本）所列举的商品供给表中，它们只考虑了价格上升时的供给情况，并没有分析在市场价格稳定和价格下降时的市场供给情况。也就是说，它没有考虑商品价格在不变或下降情况下的供给增长这种市场上日常的供给现象。虽然如此，教科书还是把市场上某些商品随价格增长出现的短期供给增长现象，作为了市场上供给增长的一般现象，从而否定了一定时期内的商品供给会保持相对稳定的基本事实。在以往的供求曲线上，也没有反映出客观存在的价格不变与下降时的供给增长现象。因此说，这种分析基础与结论都是存在片面性的。

（3）掩盖了价值对供求关系的调节作用：价格对于供求关系的调节作用，只是市场上调节商品供求关系的方式之一。在市场上，还普遍存在着以价值来调节商品供求关系的方式。

一般的厂商，面对市场上同行的竞争，经常是以价值为手段来调节商品的供求关系，有时还是作为调节供求关系的主要手段。具体表现为，它们一般是在价格不变的基础上，以增加或调节商品效用价值的方式，如：提升商品或服务质量与技术含量或稀缺性价值、改善产品的使用功能、提供培训服务、使用新材料等。这些具体措施都可提高产品的市场竞争力，扩大商品的销售规模，从而达到改善供求关系的实际效果。这也是产品在市场上优胜劣汰的竞争过程，这种以价值特征调节供求关系的手段，不仅是在现在的市场上是很常见的，即便是在理想的完全竞争市场上，也是需要并普遍存在的。它比用价格手段调节供求关系，有时难度或付出的要多一些，但市场效果一般则会更好一些。

客观上，市场上供求曲线实际的变化，引起其变化的原因是不同的。有时反映着价格对供求关系的调节作用（农副产品供求的变化），有时反映的是价值对供求关系的调节作用（工业产品的供求变化），还有时，则是反映着价值与价格对供求关系的共同调节作用（竞争性较强的工业、服装等产品供求的变化）。

过去对供求关系的分析，只论述了价格对于供求关系的调节作用，却没有解释市场上厂商普遍采用的利用价值手段调节供求关系的现象，它反映了供求曲线在解释现实问题时存在的缺陷，也反映着人们对商品价值特性关于对供求关系影响作用的认识存在疏忽的地方，它不但形成了供求关系认知上的片面性，也使得供求曲线不能正确反映市场的供求变化，并使描述市场供求关系的供求理论与供求曲线的价值作用打了折扣。

（4）在商品市场上，供求交换关系在时间上是同步发生的，但传统的供求曲线则割裂了供求交换之间的这种同步关系，从这一角度来说，传统供求曲线也是不符合实际和不能成立的。同时，它也不能给厂商提供任何有用的参考价值或指导意见。例如，厂商想要增加商品的供给量，如果根据传统供求曲线，是得不到合理解释的，这是因为，供求关系曲线之间本身是矛盾的。

（5）贸易供给函数的遗漏以及汇率对供给价格的影响作用。过去的供给函数与曲线只局限于一国市场上，商品价格与供给量之间的分析，而对于在国际市场上汇率对贸易商品的价格和供给函数的影响,并没有进行合理分析,也没有给出理论上的指导。在国际市场上,不但存在供给与需求关系对贸易价格的影响作用,还存在着汇率变化对商品价格的影响作用。而这些反映汇率与价格变化的供给理论也是贸易商品供给和金融投资需要的。对于这些过去供给理论存在的遗漏缺陷或空白,也正是本书要给予弥补和解释的。

(6) 供求曲线自相矛盾的问题:供求曲线所叙述与曲线表达出的含义,不能完整反映实际的供求关系。当它符合了供给定律,则不符合需求定律。当符合了需求定律,则又不能符合供给定律。也就是供给曲线任何一点,不能同时反映出价格增长时需求反向变化的客观特征,或商品价格下降时需求增加的反向变化的客观特征(如在供求平衡点上,供给价格出现增长,供给量会出现减少,这一变化应具有同时性。而图中的解答是,价格在超过了平衡点以后,供给还是继续增长的,这与平衡点是相背离的)。事实说明,教科书利用供求曲线来描述的市场供求关系和"一种物品的价格越高,人们愿意购买的数量就越少,而市场价格越低,人们购买的数量就越多"的供求关系事实存在着图不达意的逻辑错误,也就是供给曲线在描述供求关系时存在着不能自圆其说的矛盾现象。

以上供给曲线存在错误的原因,也是因为,人们在开始并没有从寻找决定着供给曲线变化的真实供给函数入手,也就是商品的生产函数。从客观上讲,作为供给函数,它应反映着商品供给的自身价格、数量、质量、服务、总价格等全部价值内容与关系,而不只是反映价格与数量之间的供给关系。由此说来,过去供给曲线上的构成变量是不完善的,也是不连续的,它也不能反映实际中的供给关系。

在过去经济学理论发掘过程中,由于我们没有找到正确反映商品供给的函数,这使得我们无法分辨供给曲线的来龙去脉,而对于供给曲线的含义及变化的解释,就只能依靠主观推断来描述。客观地讲,过去的供给曲线只反映了市场供给关系的局部变化现象,如果就以此作为描述市场上的供求关系的依据,那么,出现供求曲线在解释供求关系上的错误和与实际情况不相符的问题,则是不可能避免的。

其次,我们分析过去需求曲线中存在的问题:

(1) 在经济学课本中,关于需求曲线的形成依据与供给曲线一样,也是建立在人为推测的需求表之上的,在举例分析时,同样是只列举了价格上升或下降时需求减少或增加的变化情况,并没有考虑价格不变或价格出现增长时需求增长的变化情况。而这种需求曲线表现的是在一定数量的市场需求约束或购买力约束的前提下,商品价格和供给量之间呈反方向变动的现象,反映的是一定货币购买力下的组合变动，虽然它表现的也是需求内容的变化，但不能因此证明它是需求函数的变化曲线。

另外，需求曲线关于价格与数量需求变化的论述分析，它从需求曲线的绘制开始，就人为地脱离了价格形成的实际情况，也失去了需求曲线变化所依靠的客观依据。同样，过去的需求函数也没能反映出国际市场上汇率变化对于需求产生的影响作用。

从数学角度讲，由此建立起的所谓的需求函数，函数构成的两变量之间同样不能满足函数关系的条件，它把需求函数赋予了单一反比例函数的性质，这与供给函数和实际情况都是相矛盾的。在市场上，需求函数描述的现象也不能与供求变化的实际情况相符合，因为在许多情况下，商品需求增加并不是由价格的降低引起的，而是由商品的价值属性决定的。由以上分析可知，过去需求曲线并没有反映出目前市场上的实际情况的变化。

（2）商品需求作为商品供给的方向与目标，需求函数不但要反映人们对商品数量与价格的需求，也应当反映人们对于商品质量与价值的需求，以及消费需求的发展趋势，它还需要反映人们货币收入或支出的变化特征，这些是形成商品需求或变化的基本前提，这些决定着消费需求的因素，反映着社会生产与生活消费需求的本质。这些不同需求变量是构成需求函数变化的基本变量。对比实际情况，我们也很容易发现，真实的需求函数不只是由价格与数量变量构成的函数，也就是说，一个由商品价格与数量变量构成的需求曲线是不能真实反映实际需求变化的，它也无法生成正确的需求函数。同样，也无法生成正确的供给函数。

（3）在现实的市场上，如在一般证券和期货市场上或如我国的商品房市场上，普遍存在着买涨不买落的现象，即价格上涨时抢购，价格下跌时抛出。这时如用需求曲线来描述的话，则为一条向右上方倾斜的曲线或直线，它反映在股市大盘上也是如此，而不是向右下角倾斜的需求曲线或直线。由此也表明，向右下角倾斜的传统需求曲线只是反映需求变化的一种情况，并不能反映市场需求的全部变化特征。

对于传统供求曲线形成方式存在的缺乏函数关系依据的缺陷，以及它们不能合理解释市场供求现象的问题，它反映的不只是经济理论上存在的问题，也反映着过去分析方法上存在的问题。作为反映市场供求关系的供求理论，在市场上，能否正确解释供求关系，关系着市场有序运行和调控问题，它直接影响着人们生产与决策的行为。

如何客观地揭示供求关系原理，不仅是经济学的内容，也是使经济学成为科学理论的主要依据，它关系着经济理论与经济实践的统一关系，也是理论能否指导生产实践的关键因素。下面,我们将结合生产函数来分析市场供求关系的变化,并给予供求关系理论全面与客观的解答,从而还与供求关系原理的本来面目。

三

供给函数与曲线的含义与表现特征

客观上,任何商品或劳务的生产都可用生产函数来描述,生产函数反映着生产中的投入量和产出量之间的依存关系,这种关系普遍存在于各种形式的生产过程中。一个劳动者,一家企业,一个部门,一所学校,一家医院,一个地区,一个国家都有着各自的生产函数,也就是它们的商品供给函数,因此,市场上的每一商品也都反映着生产函数的特性。当厂商把各种产品生产出来,以及将它们推向市场上以后,这些商品就会与市场需求对接起来,从而也就建立起了各自商品的供求关系,也由此说,每一个厂商的商品,不但有着它的供给曲线,也有着它的需求曲线。

为了描述市场上的这种供求关系和变化,我们将以供给函数和需求函数为基础,通过建立函数坐标和函数图形的描述,就会得出反映供给和需求变化的关系曲线,这样,我们就可以用函数关系和图形曲线来准确揭示并反映市场供求关系与变化的基本规律。

(一)供给函数与曲线的形成及特点

我们知道,过去经济教科书中所建立的供求函数和曲线,是把一种商品的商品价格(P)与供给数量(Q)两变量作为函数关系,并以此为依据而构建了以商品价格与供给量为平面坐标的商品供给曲线 S 和需求曲线 d,如图 4-1 所示。

这是一个典型意义的传统供求曲线,它反映着某一期间内,一种商品的供给,在经过一个逐渐上升阶段以后形成的供求稳定状态。可以看出,这是一种在非均衡基础上建立起的供求关系。对于这一供求曲线中的构成变量和反映供求关系时存在的似是而非的错误问题,在上一节,我们已经作了具体分析。

这里,我们还以这一供求曲线作为例子,结合生产函数和实际供求关系来进行示范分析,从而还与供求关系和供求曲线内涵的本来面目。

下面,我们讲述供给曲线坐标建立和供给曲线的形成过程。

我们知道，一种商品的供给过程，也是商品的生产过程，因此，反映商品供给的供给函数，也就是商品的生产函数，即为：

$$V = 货币效率指数 \times 商品价格(P) \times Q = 商品价值 \times Q$$

由此可知，这一生产函数等式，就是决定着供给曲线 S 变化的方程式，也就是供给曲线方程式。这里，我们把这一函数等式变形为如下形式：

$$商品价格(P) \times Q = (1/货币效率指数) \times 商品价值 \times Q = 单位商品价格 \times Q$$

作者注

由货币效率指数自身结构可得出：1/货币效率指数＝单位商品价格指数＝一个商品的价格，这里，1（单位1）＝商品价值，如果厂商：货币效率指数＝一国平均货币效率指数，这时则有：货币效率指数＝一国平均货币效率指数＝币值

根据这一供给曲线方程式，我们对其中变量给予进一步明确和简化，由：

$$总价格(PQ) = (1/货币效率指数) \times (商品价值 \times Q)$$
$$= (1/币值) \times (商品价值 \times Q)$$
$$= 单位商品价格 \times (商品价值 \times Q)$$

如果对等式中（商品价值×Q）这一项变量，令：商品价值＝1（单位1），那么，（商品价值×Q）则只表示为 Q，总价格（PQ）这一项变量如以 $P_总$ 来表示，并令：K＝(1/币值)＝单位商品价格。这样，我们得到反映商品供给与变化的供给函数的简化等式：

$$P_总 = (1/币值) \times Q = 单位商品价格 \times Q = K \times Q$$

它反映的是，一种商品的供给量 Q 和该商品供给量的总价格 $P_总$（货币总收入）之间存在着一一对应的并以商品价格为系数变量的函数关系的等式，也就是说，这一供给函数关系始终是连续的。它是解释商品供给量、商品价格与供给总价格之间相互关系和供求变化的理论依据。这一供给函数，既反映着供给与需求的交换关系，也反映着供给与需求的交换数量。

供给函数也表明，作为供给函数中的商品价格 K 与供给量 Q 两个变量，它们之间不具有函数对应关系，它们之间存在着的只是一种变量间的相关关系（容易看出，在一定条件下，价格 K 与供给量 Q 之间存在反向变化关系），并且，这种相关关系是包含于函数关系之中的。同时可以看出，在一定条件下，商品价格 K 与该商品供给量的总价格 $P_总$ 之间也存在着函数变化关系。

对这一等式简化的目的，实际是遵从过去习惯和为了让大家理解起来更简单一些（注：不能因此忘记商品价格所代表的商品价值本质，以及数量变量 Q 所反映的商品价值的数量内涵，它们都反映在了供给曲线的横轴上面）。

在以上等式中，当供给量 Q = 1 时，$P_总 = P = K$，这时，供给函数就成为描述一个商品的供给函数，因此，我们把函数等式中的"(1/币值)"或"单位商品价格"变量称为函数的价格系数，或系数变量，这时则有：

$$K = 1/币值 = 商品价格/商品价值 = 价格系数$$

它作为供给函数的价格系数，反映着商品的定性与定量的结构，也影响着供给函数变量之间的转换关系。在供给函数中包含的供给商品的价值与价格的结构，构成着供给函数描述的对象与内容，同时它也赋予了供给函数在反映供求关系时的实际含义。

我们由简化的供给函数，并根据函数变量的变化，就可得出一定供需条件下的供给变化曲线：如当商品价格不变和供给量 Q 逐渐增长时，供给函数则会呈现递增的增长变化，这时以图形表示出来，就会得到以下的供给曲线，也就是我们过去常见的供给曲线（见图 4 - 2）：

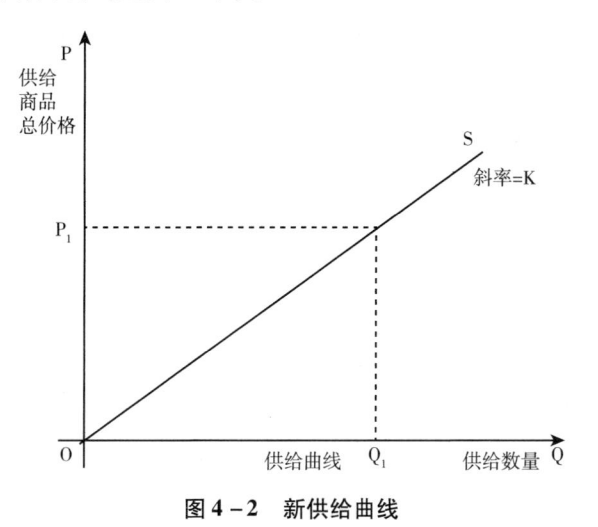

图 4 - 2　新供给曲线

在这一由 P（代表 $P_总$）与 Q 构成的供给曲线坐标轴上：可以看出，它是由销售商品总价格 $P_总$ 与销售数量 Q 和商品价格 K 或一国币值，共同构成的坐标中商品的供给量与价格总量之间的供给曲线关系（这一供给曲线，反映了供给曲线与价格斜线的相互重合，它表明供给曲线 S 的变化斜率与价格线 K 之间的斜率是一致的,它是市场供求关系以供给曲线来反映的一种表现特征)。

从以上供给函数,可以看出,商品价格作为价格系数,反映在供给函数曲线上,它就是为:当 Q = 1 时的函数曲线上的点,它也是一条由坐标原点引出的斜线,我们也可称其为商品价格的供给线,它与横轴之间夹角的斜率,它反映着商品自身的价值与价格的相对结构,也反映着商品供给的价值与收益。因此,函数中的价格系数及在曲线中的斜率反映着供给商品质与量的全部特征。

这一反映着商品价格大小的斜线斜率的变化,反映着同一商品的价格变化。它区别于供给曲线上两点之间的斜率变化,这一曲线斜率的变化则反映着供给量与总价格($P_总$)之间的相对变化(注:在后面反映供给函数的供给曲线中,对于代表着价格系数 K 的斜线,我们用虚线来表示。价格系数 K 的斜率有时与供给曲线变化的斜率相一致,它表现为价格斜线 K 与供给曲线相重合或相切。当它们的斜率大小不同时,价格斜线与供给曲线则又相互交叉,在后面分析时将会遇到)。这一价格系数或斜率的大小,与币值的大小成反比,也与生产效率成反比。从价格系数结构中,我们可以看出,价格系数既反映着价格的供给,也反映着价值的供给,还反映着币值与价格之间的关系。

由供给函数可见,价格系数是构成商品供给量 Q 与商品总价格 $P_总$(总收入)变量之间函数关系的系数变量,这一系数大小,也会从供给曲线上某点斜率的大小上反映出来(曲线上某点与坐标原点连接直线的斜率,而不是曲线上两点之间连线的斜率)。商品价值则与供给量 Q 一起反映在坐标轴的横轴上,这时横轴上的数量变量 Q,它实际是包含着商品价值(包含质量、稀缺性、品牌等)单位量的供给量。

由供给原函数可知:单位商品价格、商品价值和供给数量 Q 都是函数的输入变量或自变量,容易看出,供给函数的等式右端是由三个输入变量构成的,它们决定了供给商品的总价格。函数左端的供给总价格 $P_总$ 即为供给函数的输出变量或因变量,也代表着厂商实现的货币总收入。由此可知,在供求曲线上,每一厂商供给曲线上不同时点上的任意点的坐标,都会反映着商品的价格、产品形态、供给总价格与供给数量等不同函数变量以及相互之间的关系。

由于供给函数等式源自于生产函数,因此,供给函数及变量之间也是有量纲单位的,它们反映着商品供给与要素投入与价格变量之间的转换关系,并解释着变量的属性或含义。如:供给量 Q 的量纲为:数量单位/单位时间,表示一定时间内,厂商向市场提供商品的数量。商品的价格量纲为:元(货币单位)/实物数量单位,表示着一个数量单位商品的价格。总价格 $P_总$ 的量纲为:元/单位时间,它表示在一定时间内,厂商向市场提供商品的货币表示的总价值或实现的销售总收入。这时,函数的量纲关系式为:元/单位时间 = 元/数量单位 × 数量单位/单位时间。

可以看出,这一量纲关系式,解释着供给函数各变量之间的相互关系与交换之间存在的等量关系和具体含义。

供给函数中的各变量与实际生产和销售变量是相对应的,它们反映在厂商的每天、每周、每月的出厂或销售的统计报表之中。当我们根据这一报表中的商品销售价格、销售数量和销售总额这几项数据,在坐标上把它们绘制成销售曲线图表的话,也就会得出我们经济教科书中所说的商品供给曲线。由此可知,这时绘制成的供给曲线,则是反映着由商品供给的实际变量、出厂或销售报表数据等供给函数变量构成的用图形表示的供给曲线,它反映的是生产实际变量、函数变量与图形表达的理论与实际的完整统一关系。对于曲线上相邻两点之间的变化含义,都可从两点之间的斜率特征和函数变量中得到解释(在实践中,每个厂商都可以根据市场上销售情况画出商品的供给曲线,它一般是一个上升与下降变化的波浪式曲线)。

这里需要强调的,也是过去供给理论没有发现或存在漏洞的地方,就是在目前实际的市场上,不但存在着一国市场上的商品供给函数,还存在着国际市场上的商品供给函数,在这两个市场上,商品的供给函数是存在差异的。

在本国市场上,货币汇率变化是不会对国内厂商的供给函数产生直接的影响,或者说汇率变化不会立刻从供给函数中反映出来(一些直接与国际市场价格接轨的商品除外)。但在浮动汇率下的国际市场上,某种货币汇率的变化将会对这一货币标价的贸易商品的供给函数产生直接的影响。在商品贸易和一种货币向另一种货币的转换情况下,汇率的变化反映了不同币值转换时的价格变化,有的则会立刻从商品价格上反映出来,如国际市场上一些用美元标价的黄金、白银、石油等商品价格随汇率的变化。这些商品价格的变化,有时则会使贸易供求关系发生改变。

事实上,由供给函数可知,对于国内与国际两个市场上供给函数变量之间发生的不同变化,它们也都包含在了以上供给函数的简化等式之中,即:

$$P_{总} = (1/币值) \times Q = 单位商品价格 \times Q = K \times Q$$

(1) 在本国市场上,供给函数一般表示为:

$$P_{总} = (1/币值) \times Q = 单位商品价格 \times Q = K \times Q$$

这时,单位商品价格 = 1/货币效率指数 = K,一般厂商的货币效率指数不一定等于一国平均货币效率指数(币值),有的高于或低于这一平均水平(币值水平），本国市场上，厂商供给函数中的币值，反映的是厂商的生产效率水平，它不受市场汇率的直接影响。所以，在国内市场上，供给函数的单位商品价格虽然表示为：单位商品价格＝1/币值＝K，但汇率变化不会对国内商品的价格直接产生影响（这是需要分清的）。

（2）在国际市场上商品的供给函数则表示为：

$$P_{总} = 1/币值(商品价格) \times Q$$

这一等式，就是在浮动汇率和商品供给量 Q 一定的条件下，使用某种货币标价的贸易商品，其商品价格随着货币汇率或币值变化而变化的供给总价格与供给量之间的函数关系等式。它反映着在一般贸易市场以及竞争条件下，汇率与价格之间变化的一般规律。

由此供给函数可以看出，在一国币值与商品供给价格水平之间存在着反比关系，反映在汇率浮动的国际市场上，以及在市场供需均衡条件下，一种商品的供给价格，与其标价货币的汇率之间的变化也会出现反比例变化。如在国际市场上（或与国际市场接轨的国内市场上）黄金、白银等贵金属商品价格日常发生的变化。对于大宗商品交易的市场价格走势，它与主导定价的美元货币指数之间也存在反比关系（但商品在市场上呈现垄断性的情况下，也会出现相同方向的变化现象）。这种由汇率变化引起的商品价格上升或下降的变化，也将会改变贸易商品的供给量。

> **作者注**
>
> 这一国际市场上的供给函数及其变化曲线，本质上和描述本国市场上供求关系的曲线是一样的，这里不作深入分析，我们将会在下一章内容中作个别分析

客观上讲，以上的供给曲线既描述着一国市场上的供给总价格（销售收入）商品价格（或币值）和供给量之间的变化，也描述着贸易市场上的供给总价格（或商品价格）币值（汇率）和供给量之间的变化。

从供给曲线中，可以看出，如果商品的供给价格 K 不发生变化，商品的供给量 Q 随着市场需求的增加而增加的情况下，纵轴上反映的供给总价格或销售收入 P 也随着增加。

虽然以上的供给曲线（或直线）和西方经济学书中的供给曲线（或直线）让我们看上去是一致的，但在两个曲线（或直线）中所包含的函数变量与变量关系却是不同的。

在以上由价格与供给量构成的坐标轴上，既反映着供给总价格与供给量之间存在的函数关系，也反映着商品价格与供给量之间存在的相关关系，在后两者之间，在一定条件下，它们表现为相反的变化特征。

另外，在供给曲线坐标轴上，如果分别在纵轴上反映单位商品价格量（K）的位置与横轴上反映供给量 Q 的位置两点之间作一条连接直线，那么，就会得到一条向右下方倾斜的反映着商品价格 K 与供给量 Q 之间的相关关系的斜线（在图 4-2 中并没有表现出来），这一斜线的位置或斜率的变化，同样会反映着一定货币消费需求与变化对于商品价格与供给量之间的相关关系具有的影响作用。在这里，我们只是从不同侧面来说明，供给函数的变化，也同时反映着需求的变化，市场上的货币需求，都是向着追求最大购买力的方向。

纵轴上价格变量 P 代表的是供给的一定数量商品的总价格（KQ），当 Q = 1 时，则为供给一个商品时的价格。另外，由供给函数可以看出，纵轴上反映商品供给或销售收入的价格变量 P，在一定条件下，它也是反映商品供给的货币约束量（即市场对商品需求的货币约束量），这一货币约束量在纵轴上表现为数量为 P 且平行于横轴并相交于供给曲线的水平直线，我们也可称其为商品供给的货币约束线，它在数量上也等于市场需求的预算约束量。某些商品在这一货币约束量的约束前提下，就会表现出商品价格与供给量关系之间的反比例变化现象。

由供给函数还可看出，商品供给量的增长，它既源于需求拉动的增长，也会源于供给推动带来的增长。在需求拉动形成的增长中，也包含着由一定时期内的社会实际工资率以及利润率增长而形成的需求拉动因素。

因为一定时期的社会创造的货币总产值或总价格 GDP = T × （总工资率 + 总净利润率 + 总利息率 + 总折旧率 + 总摊销率 + 总税率 + 中间产品和生产费用等成本流量），在这一等式中还可看出，工资率与利润率以及货币产值的增长，它还会带来一国税收的增加。

在坐标轴上，作为横轴上的供给变量 Q，虽然标注的是供给数量 Q，但它代表的实际是价值的（商品价值×Q）数量形式（商品价值是构成数量与价格变量的内容，没有价值内容，数量与价格也就不存在了）。因此，数量 Q 既代表着商品的数量，也代表着商品的质量、稀缺性与品牌的价值内容，它们构成着一种商品的整体价值属性，而不是单纯的数量变量。

也就是说，供给曲线 S 上的每一点（Q、P），它们反映着商品的供给价格 K、供给量 Q、商品质量、稀缺属性、供给总价格（KQ = P）等不同的价值特征，由此可知，供给曲线所提供的信息，不仅反映着商品价格与供给量之间的相互变化关系，而且反映着供给商品的全部内容。

在市场上，商品价值的变化，不但影响着商品的价格变化，也会影响商品供给量 Q 的变化。所以，在横轴上表现出的供给量 Q 的增长或减少的变化，不一定是价格的变化引起的，许多时候是因为商品的质量、稀缺性等价值属性的不同或变化而引起的。这里重复说明的是，现在横轴上变量的标注，只是遵从历史习惯没有把商品质量、稀缺价值属性表示出来而已。我们应该清楚的是，虽然我们没有把这些价值变量标注在横轴上，它们实际是存在于横轴之上的。它们也是存在于每一个供给原函数之中的，并在实际中直接影响着函数中供给量与价格变量的变化。这些价值内容，也是厂商利用价值手段来调节市场供求关系的依据。

由此可知，供给函数也是反映着厂商收入的函数，供求关系曲线，同样是反映市场收入的关系曲线，也是反映着价值与价格之间关系的供求关系曲线，而由数量与价格之间表现出的变化只是反映供求关系的直接表现，但不是唯一形式。我们不能忘记，在没有尺度约束和在不能满足市场客观条件下而实行的由供求关系决定价格的市场上，价格中既包含着价值内容，同时也包含着由贪婪与垄断因素获取的利益成分，这是造成价值与价格不能相符的主要因素。在市场上，这又是普遍存在着的现象。

在供给曲线坐标中，由各变量属性可知，纵轴与横轴上的价格 P 与数量 Q，它们既是某一供给时点上的速度型流量变量，也可是代表着供给过程的累积型存量变量。在横轴上，供给变量 Q 作为自变量，它反映着市场上商品供给递增的、稳定均衡的、递减的三种变化特征，这三种变化特征，在一定条件下，也决定了供给曲线的变化方向。

作者注

在以价格和供给变量建立的供给曲线坐标中，除去纵轴上的价格变量和横轴上的供给变量以外，在横轴上，还存在着与供给量相对应的无形的时间变量，时间变量在横轴上是以时间顺序由小到大自然延续的，但供给变量则不以大小顺序来反映，供给变量是以某一时点上商品供给实际发生的变化为依据的，这是与一般描述数学函数变量的变化规律所不同的地方，也是我们阅读时需要注意的地方

由供给函数和以上图形可知，价格系数或商品价格 =（1/货币效率指数）=（1/币值）= 0P/0Q = 总价格/供给量 = 商品价格×Q/商品价值×Q = 商品价格/商品价值 = K(斜率)（这时，商品价值 = 单位 1）。可以看出，斜率 K 代表着厂商供给商品的价格与价值相对比率，一件商品的价格和它具有的价值共同决定了某一时点上供给曲线上某点的斜率 K 的大小。当商品价值不变时，价格增加斜率 K 也增加，当商品价格不变时，价值增加斜率 K 则减小。斜率 K 的增加或减小的

变化，就会影响商品供给的数量 Q 和供给的总价格 P（或销售额），对于这种影响作用，后面还要结合供求曲线进一步分析。

在一定条件下，斜率 K 的大小反映着商品提供的货币购买力的大小，也反映着生产这一商品的效率水平，K 值增大反映着效率降低，K 值减小反映着效率提升。

在一国市场上，一个国家的商品供求曲线，供给曲线上某点斜率的大小，它反映着这一时期物价整体水平或生产效率的变化，也反映着这一时期的币值水平与变化。因此，作为供求曲线，它不只反映着商品的供求关系，也反映着商品的生产关系。

商品的价格、价值特性、供给总价格与供给数量是由生产关系和供求关系共同决定的。在一定条件下，一些商品的价格主要是由生产关系决定的，供求关系影响的只是商品供求数量和总收入（总价格），并不影响商品的价格。在某些条件下，还有些商品的价格则是由生产关系和供求关系共同决定的，这时的供求关系不但影响供求数量，还影响着商品的供给价格。

（二）供给曲线的变化方向与变化特点

由供给函数可知，当某种商品价格增长时，它可能还会同时出现供给量 Q 递增的变化现象。从本质上讲，这时供给量 Q 出现的递增现象，是由商品价值特性或稀缺性与市场需求增长引起的，但绝不是由价格的增长引起的，这时的价格增长，它一般是由生产成本上升或伴随着需求增加而出现的投机行为引起的。

在市场上，对于一些商品价格增长，伴随着出现的供给量同时增长的现象，它虽然反映着市场消费的变化，这不表明这是需求方的真实意愿，这种现象，更多地反映的是对商品或价格未来走势的预期。

对于供给曲线实际可能出现的不同方向的变化，我们通过以下对供给函数的分析，就会使我们一目了然，供给函数如下：

$$P_{总} = (1/币值) \times Q = 单位商品价格 \times Q = K \times Q$$

由此，我们很容易看出，当供给函数中的价格变量（或价格系数 K）数量变量 Q 发生变化而引起函数值变化时（即不同时点上输出量的变化），其函数图像即它的供给曲线就会随之发生不同的变化，这时会有：

（1）当商品价格 K 不变时，如果供给量 Q 从某一供给水平上出现逐渐递增变化时，这时供给的总价格 $P_{总}$ 也会逐渐同时递增，那么，供给函数则会呈现递增变化的趋势，同时，它也反映着市场需求的增长。这时，在坐标上，我们会得到一个逐渐向右上方递增的供给曲线（斜率大小及方向不变，符号为正）。

（2）当商品价格 K 不变时，如果供给量 Q，在一定时期内以某一供给水平保持稳定时，那么，供给函数则呈现稳定变化的情况，这时，供给总价格 $P_{总}$ 和供给量 Q 都保持不变。在坐标轴上，我们会得到一个沿水平方向变化的供给曲线（斜率不变，方向不变，符号为零）。

（3）当商品价格 K 不变时，如果供给量 Q，在一定时期内，从某一供给水平上出现逐渐减少变化时，供给函数则呈现递减变化的情况，在坐标轴上，我们会得到一个逐渐向右下方降低的供给曲线（斜率大小不变，方向变化，符号为负）。

（4）当商品价格 K 增长时，如果供给量 Q 这时也逐渐递增的话，还会得到一个逐渐向右上方弯曲递增的供给曲线（斜率大小增大，方向变化，符号为正）。

（5）当商品价格 K 出现下降时，如果供给量 Q 也发生减少的变化，那么，供给曲线这时它表现为一条向右下方倾斜的量价齐跌的变化曲线（斜率减小，方向变化，符号为负）。

（6）在某一时点上或时期内，当某一种商品价格出现连续增长或下降的变化时，一般的时候都会伴随着出现供给量 Q 减少或增加的相反变化现象，这时，可能会得到一个沿水平方向或上下变化的供给曲线。

由以上分析得知，过去经济学教科书中所描述的向右上方倾斜的供给曲线，它反映的只是市场供给关系中的个别现象，是供给函数在一定条件下的变化曲线，并不是供给函数图像的全部表现形式。由于传统供给曲线存在的对市场供求关系的片面描述，也形成了过去供给曲线不能完全解释实际供求关系的现象。

对于由供给函数变化得出的以上这些供给曲线变化的现象和含义，下面，我们结合实际供给情况，来进行具体的分析和印证，同时将给出引起供给曲线变化的各种原因：

在市场上，对于不同厂商生产的商品，各自有着不同的供给曲线，由于不同生产厂商在生产能力、生产效率、技术水平、品牌价值等方面存在的差异，则会形成商品的不同市场需求，也会使得这些商品的供给曲线表现不同方向的变化。

对于市场上厂商的供给曲线，如果按厂商的经营状况进行分类的话，那么，将会出现这样几种情况：一种是具有垄断性或较高利润或经营业绩突出的企业的供给曲线，另一种是具有社会平均收益水平的企业的供给曲线，还有一种是处于经营业绩下降或需求下降的企业的供给曲线，并且，它们会呈现三种变化方向，即：

(1) 具有较高利润或经营业绩突出的厂商的供给曲线是向右上角方向的。
(2) 反映平均收益水平的厂商的供给曲线是呈水平方向的。
(3) 处于经营业绩下降或需求下降的厂商的供给曲线是偏右下角方向的。
这三种方向的供给曲线可表示如下（见图4-3）：

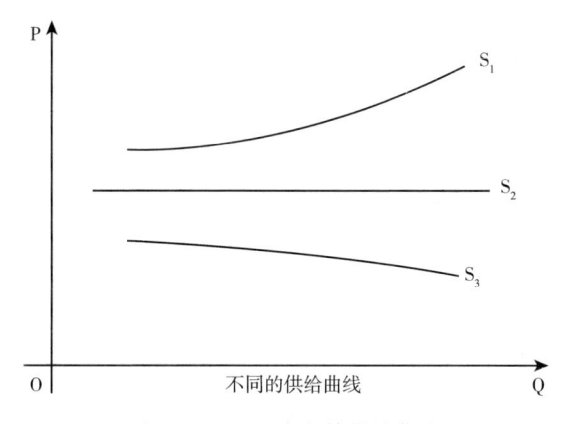

图4-3 不同方向的供给曲线

在图4-3中，具有垄断性或较高利润或经营业绩突出的厂商的供给曲线如同S_1曲线，具有平均收益水平的厂商的供给曲线如同S_2曲线，处于经营业绩下降或需求下降的厂商的供给曲线则如同S_3曲线。

对于市场供给曲线的变化方向，如果按市场上商品的供求关系来确定商品供给曲线方向的话，那么，也会出现以上的几种情况，比如：

(1) 供小于求的供给曲线表现为向右上角方向的倾斜，消费需求相对趋于递增状态。
(2) 供求一致的供给曲线表现为水平方向，消费需求相对趋于稳定状态。
(3) 供大于求的供给曲线表现为向右下角方向的倾斜，消费需求相对趋于递减状态。

以上，我们从不同角度论述并印证了供给曲线的表现特征，其目的就是将市场上不同的供求现象通过它们的共性本质把它们联系起来，让大家能够更好地认清供求变化现象和经济活动之间存在的内在联系。

以上这些表现为不同方向的并占有着不同市场份额的商品供给曲线，通过市场的互补与融合，最终形成了不同企业、不同行业、不同时期的市场总供给曲线。

一般市场上的总供给曲线，从长期来讲，它是在水平方向的基础上向着右上方倾斜的。这一结论的依据，可结合供给函数来说明：一是由于经济增长的因素

（人口增长、需求增长等），二是由于一国的货币效率指数，即一国的币值水平，在长期中是下降或贬值的。这是因为，在生产中，各种要素的收入增长速度一般会大于生产效率的增长，这会使得市场商品供给量的增长一般会小于货币数量的增长。同时，商品质量的增长也会使价格逐渐地提升。另外，那些表现为向右下方倾斜的供给曲线的商品，其市场占比是相对少量的，存在时间也是较短的。这些客观因素形成的最终供给效果，都会使得市场总供给曲线向着右上方倾斜。

通过以上分析，我们知道，生产关系和商品供求关系都会对供给曲线的变化走势产生不同的影响作用，在生产过程中，生产关系对供给曲线的影响主要表现为以下几方面：

(1) 厂商的生产效率（或货币效率）决定或影响着供给函数中价格系数的大小或价格水平。它表现为供给曲线中的价格线斜率 K 与横轴之间夹角的大小或曲线水平方向与横轴之间的距离大小。

(2) 厂商商品的质量，商品的稀缺属性，社会收入水平等因素的变化，都会影响商品的供求关系状态，并会使商品的供求曲线发生方向上的变化，它也表现为供给递增、供给递减等情况的变化。

市场商品的供求关系对供给曲线的影响主要表现为以下几种情况：

(1) 在供小于求的情况下，供给函数会出现递增的变化，其曲线的斜率为正值，并表现为向右上方的增长变化。有时会出现两种情况，一是在商品价格不变时（斜率 K 不变），如果供给量与总价格是同时增长的，供给曲线则为向右上方倾斜的直线。二是在商品价格出现增长时（斜率 K 增长），如果供给量与总价格也是同时增长的，这时供给曲线表现为向右上方弯曲的曲线，曲线斜率变化的大小反映着市场供求变化或产品的稀缺程度。

(2) 在供求一致的情况下，供给函数表现为稳定的变化特征，这时曲线的斜率为零，供给曲线表现为水平方向，厂商的供给量与供给总价格及商品价格保持相对稳定状态或平衡移动。这时，对于某些商品，如果出现价格增长的情况，就会引起需求或供给的下降，反之，则会出现相反的变化。

(3) 在供大于求的情况下，供给函数会出现递减的变化，其曲线的斜率为负值，供给曲线表现为向右下角的下降变化，说明厂商的供给总价格与供给量是逐渐下降的。有时也会出现商品价格与供给量同时下降的现象。

以上结论，反映着生产关系与供求关系对商品供给的影响与变化规律，这对我们从理论上了解和认识市场供求关系，以及如何调节商品在市场上的供求关系和扩大市场销售，都起着很重要的作用。

关于生产效率提升对厂商供求关系的影响，我们通过供给曲线来进行分析，这里我们以一般供给曲线为例，如图 4-4 所示：

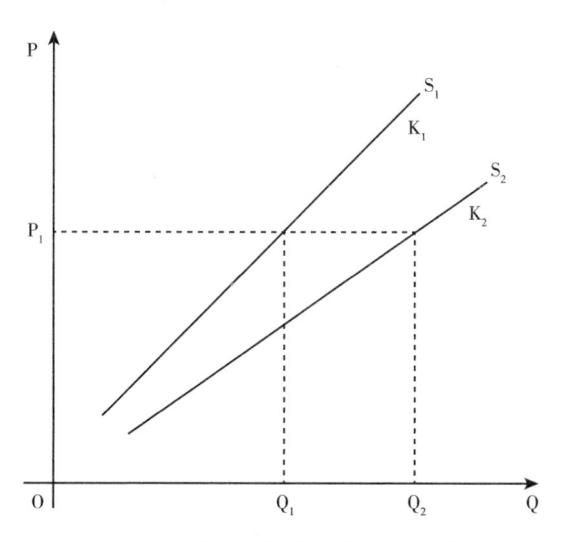

图 4-4　不同生产效率下的供给曲线

图 4-4 反映的是厂商供给曲线变化的情况。如在供给总价格 P_1 或货币消费总量不变的情况下，当生产厂商的要素投入成本出现了降低或生产效率提升以后，它使得每一商品的生产成本下降，这时，商品的价格则由曲线 S_1 时的斜率 K_1 降为曲线 S_2 时的 K_2，商品的供给量则由开始时的 Q_1 增长至 Q_2 时的数量水平。这时，我们会发现，对于消费者而言，每个人手中货币的购买力得到了增加。此时曲线斜率的变化说明，这种给消费者带来的购买力的增加，是源于效率提升或成本降低的结果。

那么，当生产效率下降时，其产生的变化，则会形成与以上相反的结果。

同样在供给总价格 P_1 或货币消费总量不变的情况下，当生产厂商的要素生产效率下降或投入成本出现了上升以后，它使得每一商品的生产成本增加，这时，商品的价格则由曲线 S_2 时的斜率 K_2 增长为曲线 S_1 时的 K_1，可以看出，商品的供给量则由开始时的 Q_2 降低至 Q_1 时的数量水平。这时，我们会发现，如消费者购买选择不改变的话，他们手中货币的购买力就会出现下降。此时曲线斜率的变化说明这种给消费者带来的购买力的减少，是源于效率下降或成本增加的结果。

在市场上，由不同商品的供给价格的变化，对于供求与利益关系还会产生不同的影响作用，下面，我们结合供给曲线作进一步分析，供给曲线如下（见图 4-5）：

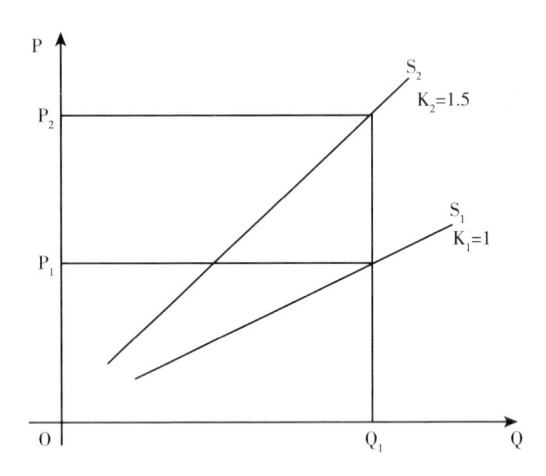

图 4-5　不同成本或价格下的供给曲线

图 4-5 反映的是厂商商品由于生产成本增加而形成的价格增长现象，或是由于需求增长而形成的价格增长现象。由图可以看出，在横轴上，当商品的供给量 Q_1 没有发生变化的情况下，商品的价格由曲线 S_1 时的价格 K_1（斜率 K_1 = 单位商品价格 =1）增长至曲线 S_2 时的价格 K_2（斜率 K_2 = 单位商品价格 =1.5），这时，在纵轴上，商品供给的总价格则由 $P_1(K_1 \times Q_1)$ 增长至 $P_2(K_2 \times Q_1)$ 的水平上。这时，人们在购买相同数量 Q_1 的商品时，消费者将会比过去多付出（$P_2 - P_1$）数量的货币。

由此看出，在生产要素价格或生产成本和商品价格增长的情况下，即便社会或劳动者的货币收入虽然实现了增长，但由于生产效率或实际产出量 Q_1 没有实现增长，此时实现的货币收入的增加并没有形成真实的收入增长，这时的实际收入还是处于供给量 Q_1 的水平之上。这种生产现象，也反映着社会资源效率下降和社会分配追求货币增长的现象。在这种情况下的市场交换，它会形成一部分消费者的财富损失或转移。

以上图中反映的市场商品供给，也是我们经常面对的情况，这些商品的供求变化，反映着这些商品或生产要素具有的市场垄断或不能替代的需求特征。如：土地、能源、商品房、粮食等。

如果以上商品价格的增长是由于商品质量的增长引起的，那么，这种价格的变化就是合理的，体现的是等价交换的关系，它不会产生不利的影响。

通过以上分析，可以看出，供给函数与供给曲线，它们给厂商与消费者提供着观测商品供给或需求走势与变化的理论依据，它们也是厂商用以调节供给数量、供给价值、供给价格和销售收入的函数等式，也是一般意义上的供给函数等式，当然也是反映一国的供给函数等式。这一供给函数模型及函数曲线为厂商提供着如何在市场竞争性环境中，通过价格和价值手段来调节商品供求关系的基本原理。

四

需求函数与曲线的含义与表现特征

（一）需求函数与曲线的形成

消费需求源于人们生产与生活对各种商品的客观需要，反映在市场上，它表现为货币与商品的交换需求。同供给函数一样，每一个人，一个家庭，一家厂商，一个部门，一所学校，一个地区，一个城市，一个国家都有着各自对不同商品的需求函数，并且也都可用需求曲线来描述。客观上，影响商品消费需求的因素有许多，如劳动者的货币收入水平或消费者拥有的货币量、社会利润水平、商品的价格、商品提供的效用价值等因素。另外，在市场上，商品供给所表现出的不同变化，它们也都反映着一定时期市场上对这些商品的不同需求特征。

需求目的的实现，也是供给目的的完成。在商品交换时，供给与需求函数之间表现为相同属性变量的相互转换。在商品交换之前，商品的供给与需求只是以一种对应关系存在着，商品交换的关系只有在一定条件下才会实现的。准确地说，是只有当供给函数与需求函数之间所包含的供给数量、价格、质量、购买力等变量都互相吻合时，才会形成市场商品供给与需求之间的真实交换关系，也只有在这时，供给函数中的供给变量与需求函数中的需求变量才会实现价值形式上的互换。

从供给函数中，我们会很容易看出供给与需求之间的相互对应关系。这里，把供给函数列示如下：

$P_{总}$ =（1/货币效率指数）× 商品价值 × Q =（1/币值）×（商品价值 × Q）
　　= 单位商品价格 × Q = K × Q

由供给函数等式可知，在商品与货币的交换中，供给总价格 $P_{总}$ 转换成了由需求方支付形成的货币流量，这种货币转换的等量关系可表示为：

需求方的货币消费数量（货币支出）= 供给方的总价格 $P_{总}$（销售收入）

这时，如果将供给函数输出变量进行替换，则有：

需求方货币消费数量＝(1/币值)×(商品价值×Q)＝单位商品价格×Q

并有：

商品价值×Q＝需求方货币消费数量/(1/币值)
　　　　　＝需求方货币消费数量/单位商品价格

这时等式也可简化变为如下形式：

Q(商品数量)＝货币数量/(1/币值)＝货币数量/单位商品价格
　　　　　＝货币数量/(K)＝币值×货币数量

这一等式，就是反映市场上一定数量的货币相对于一定质量与价格的商品数量的需求函数，简称为需求函数。

当我们把需求函数等式变如下形式时：

货币数量(货币支出)＝商品价格×Q＝$P_1Q_1 + P_2Q_2 + \cdots + P_nQ_n$

可以看出，这一等式也为预算约束方程，这一预算约束限定了消费者能够选择的商品的边界，表明当市场货币总量（货币支出）一定的情况下，消费数量（Q）与价格（P）之间成反比关系。同时，这一等式也是表现为无差异曲线的方程式。由此说，需求曲线将是反映着预算约束线的变化曲线，也将是反映着无差异曲线的变化曲线。

需求函数反映着一定的商品价格或币值条件下，由一定数量货币而产生的对于市场商品的购买数量，它也反映着未来需求的变化特征。

由需求函数可知，等式右端的货币数量和商品价格（或币值的倒数）两个变量为需求函数的输入变量，这里，货币数量为自变量（其量值，反映着市场上对于商品需求的货币表示的总量或数量），商品价格或币值为系数变量。等式左端的商品数量为输出因变量，表示对商品需求的实物数量。

由以上的需求与供给函数等式，很容易看出，这种以货币消费总量（或供给总价格）与商品需求量（供给量）为主要变量构建的函数关系等式，它们都是正比例函数，需求曲线与供给曲线在总体方向上是相同的，供给的方向始终指向着需求。在市场上，需求既拉动着供给，也同时限制着供给。

一般当商品在市场处于交换状态时，反映在供给曲线与需求曲线上，这时两曲线在某一点上将会是相交并重合在一起的（它既表示两曲线相交，也表示两曲线在交点上斜率的重合）。

需求函数也表明，作为需求函数中的商品价格 K 与需求量 Q 两个变量之间，它们不具有确定的函数对应关系，表明商品价格对其需求量不具有确定的影响作用。只有当需求函数中的货币消费总量一定时，在商品价格 K 与该商品需求量 Q 之间会表现出相反变化的对应关系，它反映在需求函数曲线上，会表现为某点上斜率 K 与需求量 Q 大小之间的相反变化。这时，如反映在坐标轴上，也就是连接纵轴上单位商品价格与横轴上需求量 Q 两变量形成的倾斜直线，这时两变量之间的斜率也会发生变化。由前面分析可知，它们同时也会在供给函数的两变量的变化中相应地反映出来。除此之外，在商品价格与需求量两个变量之间，它们表现的主要是一种变量间的相关关系。

在实际中，需求曲线还会表现为向右上方和水平方向的两种变化。另外，需求函数还反映着货币供给与市场需求的直接关系和影响作用。

由于在供给曲线中，供给量 Q 在横轴上是作为自变量，供给总价格 $P_{总}$ 在纵轴上是作为因变量。在商品交换时，供给变量 Q 则转换为需求函数的因变量，需求函数的货币输入变量则转换为供给函数的输出变量即供给总价格 $P_{总}$。因此，为了能够反映供给与需求之间的这种对应关系，我们在构建需求曲线的坐标时，我们以横轴数量 Q 作为需求的因变量，纵轴作为货币消费需求的自变量。也就是说，在需求曲线的坐标中，横轴上的数量 Q，它这时作为了需求函数的数量因变量，纵轴上的价格 P 则代表着货币消费需求的自变量。

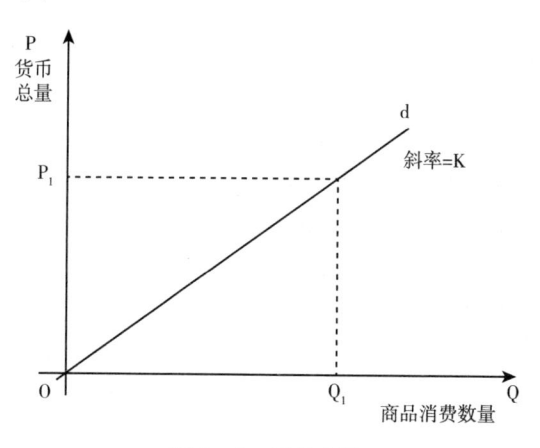

这样的话，在以货币变量为纵轴，商品数量 Q 为横轴，以一定斜率 K（K = 1/币值 = 商品价格/商品价值）即价格系数为依据建立的需求曲线，则会是如下的形式（见图 4 - 6）：

图 4 - 6　需求曲线

图4-6反映在给定了一定货币消费需求数量（P）与商品价格（K）的情况下，消费者对于一定质量、品牌商品的需求数量及可能发生的需求变化，也就是说，在厂商的商品供给与消费者之间，可能出现的各种影响交换的因素或变量，它们可从坐标轴上的价格K、数量Q、销售额P（消费支出）等变量的变化中表现出来。

可以看出，需求曲线上的不同点及斜率大小与变化，反映着市场货币消费需求数量、商品价格、商品价值与商品供给量的共同作用特征。货币对商品的需求不但与社会收入、利润水平存在直接关系，同时还与商品的价格存在直接关系，也与商品的质量、品牌等价值要素存在着直接关系，这也是每一条需求曲线中都会包含着的内容。

需求函数与曲线表明：货币供给总量P作为自变量，代表着市场上货币消费需求数量，也是反映消费支出的货币量，它对于商品的需求量Q存在着拉动作用，同时也存在着需求约束作用。这种货币消费支出对于市场需求量的约束作用，它既会反映在需求曲线中，也会反映在供给曲线上，由此表明，需求函数的变化也反映着供给的变化。

这一货币消费约束量，反映在以上供给或需求曲线中，很容易看出，它为一条过纵轴上P点且与横轴平行的直线或虚线。它也相当于传统供求曲线中向右下方倾斜的需求曲线，还相当于过去教科书中所说的预算约束线，它对于商品供给或需求的约束关系，具有以下的变化特征：

（1）在货币消费量一定的条件下，当商品价格降低或增长时，就会引起商品的供给或需求的增加或减少，或者说，当商品供给数量增加或减少时，也会引起商品价格出现降低或增长。

（2）在商品供给数量或价格一定条件下，当货币消费量增加时，也会使商品价格或供给量增长。相反，也会使商品价格或供给量降低。

（3）在商品价格一定条件下，商品质量的变化，也会引起需求的变化，质量增长时需求增长，质量下降时需求减少（比如，提升售后服务质量则会促进销售量的增加）。由此可以说，市场货币数量、商品价格、商品质量、商品供给数量共同影响着需求函数曲线的斜率大小和方向的变化。

在市场上，同一商品的需求曲线在不同时期会表现出斜率大小和方向的变化，不同商品的需求和需求曲线则会有更大的区别。如果把不同商品的需求函数的变化，反映在坐标图形中，同样会得出和供给曲线相对应的需求曲线。我们这时会发现，市场上商品的需求曲线也是呈现向右上方、水平方向、右下方三个方向的变化，它反映一般市场上商品消费存在的三种基本需求特征，即：d_1 曲线反映着社会发展中对优质产品不断增长的目标性需求，d_2 曲线反映着社会发展中对必要产品的稳定性需求，d_3 曲线反映着社会发展中对落后或淘汰产品的逐渐减少的需求。如图 4-7 所示：

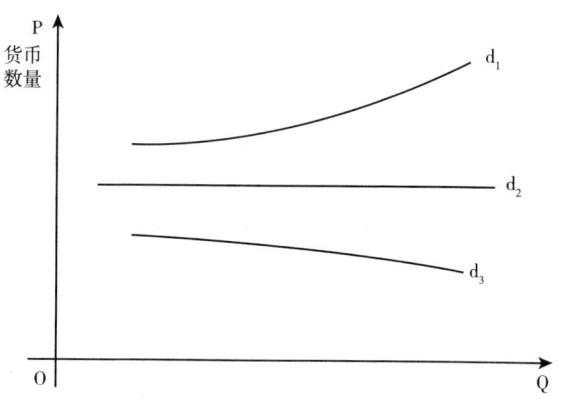

图 4-7 不同方向的需求曲线

从对应的角度讲，由这三条需求曲线形成的市场供给效果，则分别是与它们相对应的代表着供给逐渐增长的 S_1、供求平衡的 S_2、供给逐渐减少的 S_3 三条供给曲线，并由此构成了商品市场上反映供求关系的不同方向上的供求关系曲线。

通过需求曲线和供给曲线中相互包含的变量交换关系及具有的相同方向特征，也说明了需求和供给之间的相互依赖关系，需求对供给起着拉动作用，是供给的前提，供给又是需求实现的基础。它们之间相互影响、相互制约。

由此可以看出，过去经济学教科书中所说的向右下方倾斜的需求曲线（它是把商品价格与需求量之间的相关关系作为了函数之间的关系），它反映的也是市场需求关系中的个别现象，是需求函数在一定条件下的图像表现，并不是需求函数图像的本质和全部表现形式。这也是过去需求曲线不能完全解释需求现象的原因所在。

在市场上，由相似厂商的需求曲线会形成产业的需求曲线。而由不同产业消费的需求又会构成总的需求曲线。市场总需求曲线的方向，它表现为全部厂商与产业的需求曲线的发展方向。客观上，市场上的需求曲线的方向始终代表的是供给曲线的方向。

这些需求曲线表现出的不同变化特征，反映着一国消费的不同结构和消费水平的变化。既反映着一国市场的货币消费的能力，也反映着一国市场上的文化结构、精神追求、风俗习惯等方面的差别。由于这些消费需求变量具有的不确定性，从而也决定了需求曲线不断地变化，无论怎样，市场上的需求曲线始终也是会向着商品质量和供给效率提高的需求方向。

(二) 需求曲线的变化特点

接下来，我们结合需求函数来分析实际需求曲线的变化都有哪些特点。大家知道，需求曲线应当反映着人们的消费意愿，同时反映着消费者的购买力，也反映着人们对某些商品的喜好或偏爱，还反映着人们对某些商品的排斥或厌恶。同样，需求曲线也会反映着厂商提供商品的币值属性，它通过商品所提供的性价比表现出来，并直接影响着人们的消费和需求欲望。

无论哪种方向的需求曲线，曲线从下到上的方向变化，都是反映了质量逐渐的提升。从左到右的变化，也都是反映着数量逐渐的增长。需求曲线上的每一点，也都体现着货币与商品的交换特征，它既反映着货币支出的流出量，也反映着商品的消费数量。同时，它还映射着市场经济条件下，企业生产质量、效率、工资、利润、价格等变量和供给（需求）之间的基本运行规律。

无论需求曲线上任意一点的向右上方运动还是向右下方的运动，都是在反映着人们追求价值最大化的人性特征。它一方面表现为横轴上从左至右的数量增长的需求倾向，另一方面则表现为由下至上的质量提升的需求倾向，同时，曲线的由下向上的方向变化，也代表着对稀缺性价值需求的增加倾向。

在一定的产品质量水平上，需求曲线与坐标横轴方向的夹角大小，反映的同样是厂商或社会具有的生产效率水平。夹角越小或斜率越小，表明单位要素具有的生产效率越高，意味着每个人的货币收入能够分得的社会财富越多，反之，则越少。如图4-8所示。

图4-8中两条需求曲线及变化的含义：需求曲线d表示的含义，当一定数量的货币消费为P时，它对商品价格为K的商品的数量购买力为Q。如果这一商品的供给价格则由K降至K_1，也意味着需求曲线d的斜率下降，需求曲线即由d变化为d_1。这时，一定数量为P的货币的购买力则由Q增加至Q_1。这说明了货币的购买力随着商品价格的降低而增加，也说明着货币的购买力随着社会生产效率的增长而提高。

由曲线斜率K（图中曲线与价格线重合），可知，当商品价格不变时，商品价值的提升会使斜率K相对减小，这会使商品凝聚更多的市场货币需求，从而使商品供给的数量增加。这也反映着现实中厂商利用质量手段或价值手段来调节

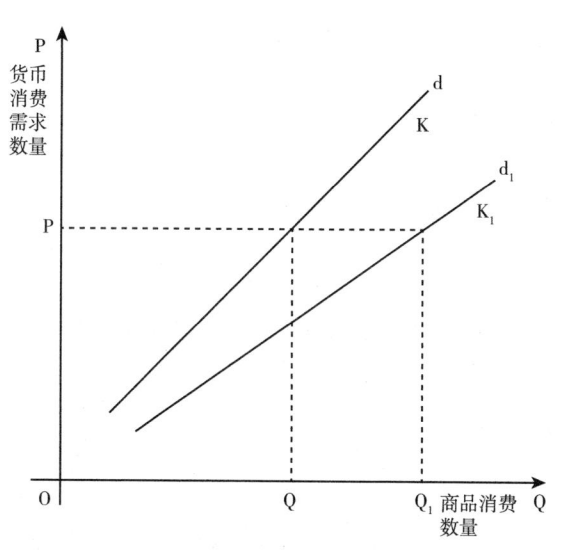

图 4-8　不同供给条件下的需求曲线

供求关系的市场现象。

需求函数曲线还表明，货币对商品的需求，与商品价格成反比。与市场货币数量成正比。同时也表明，在以货币为媒介的商品市场上，货币通过交换获得的财富数量，不但与货币收入成正比，也与币值大小成正比。

消费者的需求函数是以一定数量货币实现最大数量商品购买力为目的的，这也是实现币值最大化的目的，同时也是每个消费者的追求。

市场需求发生的不同变化，会产生不同的市场效应，有时表现为价格与需求之间的相反变化。在某些商品上，有时会表现为价格与需求之间的同时增长现象。一般情况下，从市场上表现出的随着商品价格下降而需求增加的现象，它反映的则是人类在物质需求上都会追求最大化的普遍现象。

需求曲线是从需求角度解释着供给商品的发展趋势，它也反映着市场货币数量和消费者关于商品质量、价格的偏好或需求对于商品供给变化的重要影响作用，也预示着供给曲线走势与变化的方向。

五

供求均衡的现实意义与均衡曲线特征

供给与需求的均衡，反映着市场供求相关变量之间处于一种相对稳定状态，是在一种约束关系下而形成的供需相对饱和状态，也是供求变量变化的临界点。

供给与需求之间的均衡，它既表现为某一时点上的均衡，反映着一种暂时的均衡，反映在供给或需求曲线上，它表现为某一均衡的点的特征。同时，它也表现为一定时期内的均衡，反映着运行过程的均衡，反映在供给或需求曲线上，它表现为均衡的曲线特征。

一国市场的供求均衡状态的实现，从供求函数关系上讲，它们应满足等式关系：一国供给函数＝一国需求函数，等式两端变量互为交换变量，一端价值的流入等于另一端价值的流出。供求均衡时的供求变量之间的关系会表现为：供给价值总量＝需求价值总量，供给商品价格＝需求商品价格，供给商品数量＝需求商品数量，要素供给数量＝要素需求数量，要素供给价格＝要素需求价格，全部生产要素的要素效率之间（或行业效率之间）相等等各种等量关系（注：这些供求均衡条件，是只有在市场要素供给满足市场要素无限需求的条件下，或是在价值尺度的约束条件下才可以实现的）。这时的市场上，在这些供求关系变量均衡的情况下，它们的市场特征会表现为：市场物价相对稳定，它既包含要素价格的相对稳定，也包括商品价格的相对稳定。

供给函数与需求函数之间在任意时点上，如果都是相交或重合的，表明市场供给等于市场需求，变量之间的价值转换关系是完全对等的。在某一时期内，当供给与需求之间存在定制或契约交换关系时，这是实现市场供求均衡的一种特殊形式。

供求之间均衡关系与均衡变化特征：

（1）一国市场上的供求均衡，它一般表现为供给量、价格和需求总量之间的供求均衡。由商品的供给量与价格和需求量之间表现出的均衡关系，本质上，它反映的是商品的货币价值供给总量与货币消费需求总量之间的均衡。在某一时期，市场上表现出的这种商品价格与供给量之间的相反变化，正是这种货币供需之间数量均衡与约束的表现特征。由此来说，在供求均衡点上，当价格变化时，它会引起供给量的相反变化，或当供给量变化时，也会引起价格的相反变化。另外，当供求均衡状态发生改变或均衡点出现上下移动时，供需之间变量也就会随之发生变化。

（2）国际市场上的供求均衡，它表现为两种货币汇率稳定下的供求均衡，还表现为两种货币汇率相对变化时的供求均衡，这两种条件下的市场均衡的表现特征是不同的：

在两种货币汇率稳定的情况下，这时供求关系总量之间的均衡，决定着商品供给量与价格之间相互对应的数量关系。这时，如果商品的价格或供给量发生变化，那么，它就会引起供给量或价格之间的相反变化，这种相反的变化，反映的则是货币消费对供给总量上的约束作用。

当两种货币汇率相对变化的情况下，由于供求均衡状态对供给存在的约束作用，这时会使某一标价货币的商品价格与汇率之间出现相反变化，进而使其他货币的支付价格保持不变，由此形成的结果，则使商品供给量与其他货币供给或消费数量之间保持原来的均衡状态。如同国际市场上大宗商品的供给表现，当供求处于均衡状态时，使用美元标价的商品价格，它们会随着美元汇率的变化而出现价格上的相反浮动。

一个理想的市场供求状态，在短期内，是市场始终处于供求均衡的运行状态。在供求均衡的状态下，商品供给的数量始终等于商品需求的数量。每一商品提供的购买力与市场货币的币值相一致，这是实现供求均衡的基本条件，它也是印证商品与货币是否实现等价交换的标志。供求均衡状态还表现为，在一段时期内，市场商品库存没有积压，也没有出现消费资金和资源闲置现象。同时，市场没有出现短缺商品，或由于需求不能得到满足，而使市场出现物价上涨的情况。

在长期内，人们希望的是一国经济稳定的增长，也就是在供求均衡基础上实现的供需水平的同步增长过程，如果用供给或需求曲线来表示的话，它表现为稍微向右上方倾斜的供给或需求曲线。这种形式的增长，也意味着一国商品产出、货币收入与消费水平相互之间的同步增长。

供给与需求交换的均衡状态，在函数的数量关系上，我们知道，它们需满足等式关系：

$$供给函数 = 需求函数$$

反映在供给与需求曲线上，在某一时点上，会表现为两曲线的交点，那么，在短时期内，如果把反映每一时点上商品交换的两曲线的交点连接起来的话，就会得到一条反映着供给与需求处于均衡状态的水平直线（在长期内，它可能为一条向右上方倾斜的直线），也就是一条过纵轴上某一点（如 P 点）且与横轴平行的水平直线，我们也称它为理论层面上的供求均衡曲线，也就是供给完全符合需求的供给曲线。

一定时期内（短期内）的实际供求均衡曲线是围绕供求均衡水平直线而上下波动的，有时波动幅度大一些，有时波动幅度小一些。这一反映供求均衡状态的均衡曲线，如图4-9所示：

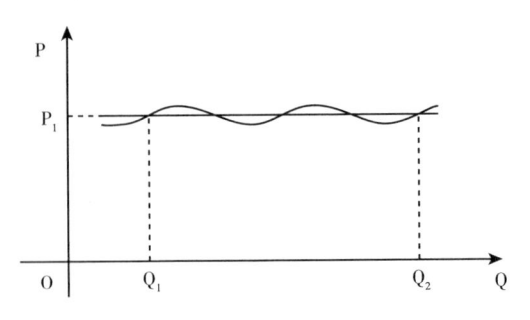

图4-9 一定时期内供求均衡曲线

客观上，均衡发展是经济发展应当遵循的客观规律。一国的市场供求均衡曲线，反映着一国市场供求关系所处的状态，反映着一定时期内一国生产与消费之间的均衡水平。一定时期内供求均衡的质量水平，既是经济发展的实践标准，也是对经济发展绩效进行评价的重要依据。一国市场供求均衡水平越高，说明一国市场化效率、生产条件、收入水平、公平分配、市场秩序、社会文明等社会发展指标都达到了较高的水平。

六

供求交换与均衡曲线的不同表现特征

经过以上分析，我们得出了反映商品供给与需求之间的一般性的供给与需求函数公式和图形曲线，由此奠定了描述市场交换关系的供求曲线的基础，供求曲线是反映市场供求关系和变化的理论模型。这些函数公式和曲线为厂商对商品生产与供需关系的调控提供了可供操作的理论依据。

在现实的市场上，一些商品的供给函数与需求函数之间是存在差异的，供给并不等于需求。一些实现了交换的商品供给与需求，许多情况也是失衡的，实际的价值关系也不一定是相等的。

在任何市场上，一种商品和服务都不可能无限的销售，需求也不会无限的增加。在货币消费量一定的情况下，某些商品的供给，会出现由于商品价格变化而引起的供给数量上的相反变化现象，也会出现由于商品供给量的变化而引起的商品价格的相反变化现象。这种变化现象，反映着一定货币消费量对于需求量或供给量与价格变量之间关系的约束或限制作用，它反映了市场供求均衡关系的变化现象。

我们会发现，市场上的供求交换与均衡关系，它们既包含在供给与需求的函数关系中，也反映在供给与需求曲线之中，供给曲线既是反映供给的曲线，也是描述双方交换的曲线。因此，我们所要建立的反映市场供求交换的曲线，实际上，只需用供给曲线与均衡水平线来表达即可。

对于反映着供需均衡和需求约束的均衡水平线，我们用符号 S-d 来表示，这一均衡水平线，既反映着市场供给水平，也反映着市场需求水平，它相当于传统供求曲线中向右下方倾斜的需求曲线，也是反映着具有一定货币消费量的需求约束线，它所代表的货币消费量与供给总价格是相等的。

这样，我们结合供给曲线不同的变化，得出反映着在不同市场上的供求交换与均衡关系的不同曲线，在下面，我们将它们简称为供求曲线。

在一国市场上：

（1）反映着供给增长时的供求交换与均衡关系的曲线，如图 4-10 所示：

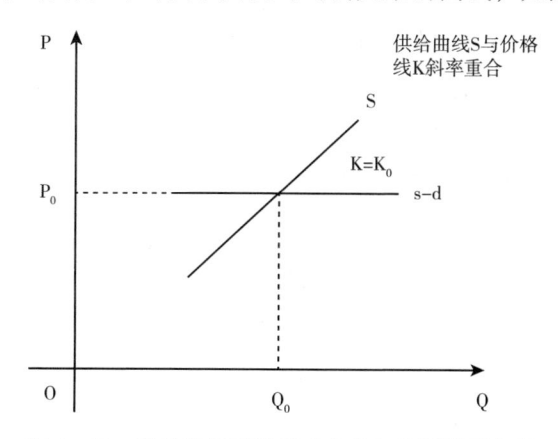

图 4-10 供给增长时的供求交换与均衡关系曲线

另外，作为反映市场供给增长时的供求交换与均衡关系的曲线，有的还会表现为向右上方弯曲的增长曲线，其供给曲线的变化斜率与价格线的斜率变化是不一致的，如图 4-11 所示（曲线的变化斜率在图中没有反映出来，标出的只是价格线斜率 K）。

这一图形，也反映着市场上一种价格与效率之间成正比变化的假象。比如，当一些商品的市场需求处于增长阶段的时候，它会把由于价格增长而产生的使供给效率下降的因素掩盖掉，并使人们产生一种错觉，从而认为价格升高，在促进着供给效率的增长。而实际是，这时的价格 K 的增长，它是搭了需求增长的

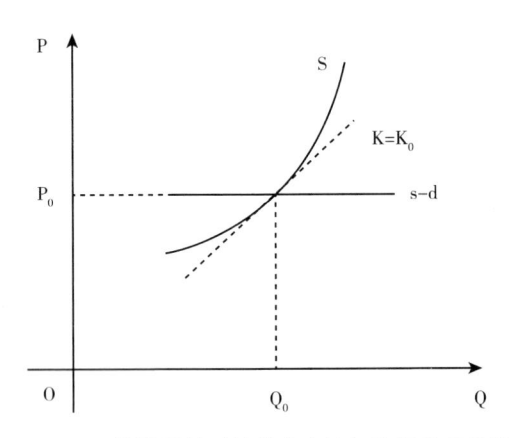

图 4-11 供给增长时的供求交换与均衡关系曲线

"便车",由此才形成了价格升高可以促进效率增长的这种违反市场逻辑的错误的供求认识。

(2) 反映着供求均衡时的供求交换与均衡关系的曲线,如图 4-12 所示:

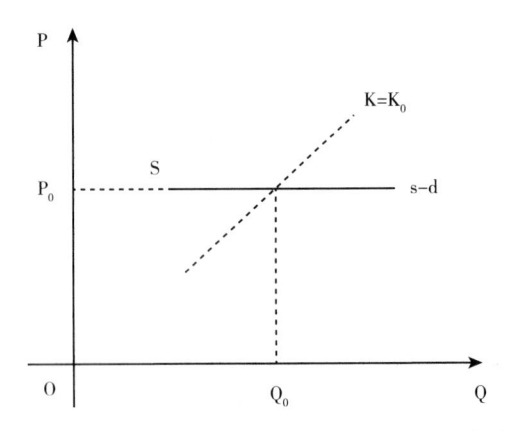

图 4-12 供给均衡时的供求交换与均衡关系曲线

这是反映短期内经济平衡发展的曲线。在一个经济增长速度较快的市场上,这一均衡曲线是向稍微右上方倾斜的,它反映着市场上的实物产出与货币产值同步的逐渐增长现象(这时单位商品的价格是稳定的,产出数量是增加的)。

(3) 反映着供给下降时的供求交换与均衡关系的曲线,如图 4-13 所示:

在国际市场上:

反映着市场大宗商品的交易在供求均衡时,使用某一标价国际货币的汇率与价格变化曲线,如图 4-14 所示:

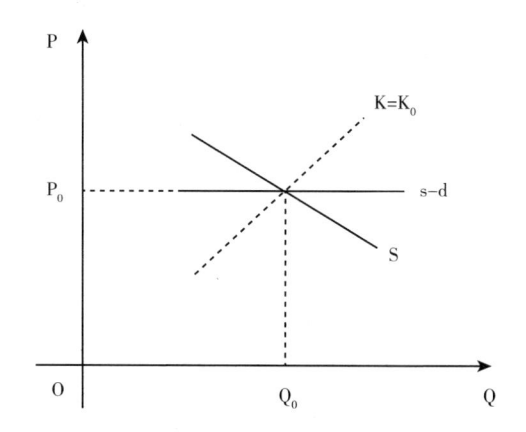

图 4-13 供给下降时的供求交换与均衡关系曲线

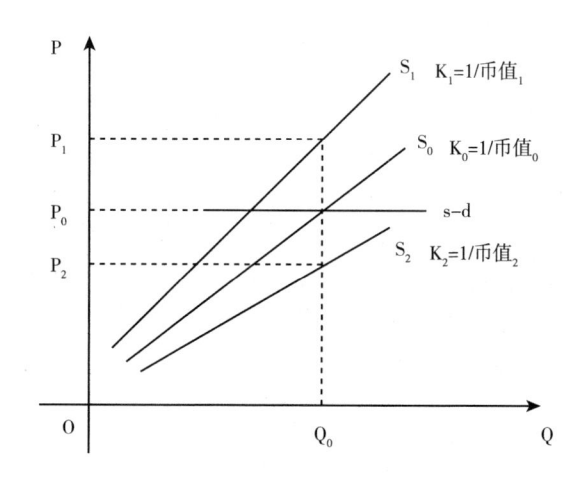

图 4-14 汇率与价格的反比变化关系

由供给函数可知，以上各种供给曲线既是反映一个商品的供给曲线，也是反映一定数量商品的供给曲线。在市场上，每一商品供求关系所处状态以及发生的变化，都可以用以上供求曲线表现出来。以上这些曲线不但反映着市场商品的供给特征，还反映着这些商品的供求均衡关系。同时表明，市场上商品价格的变化量与供给量的变化量之间一般情况下是不一致的（商品价格有时是不变的，供给曲线却是变化的），也由此形成了商品价格 K 的变化和供给曲线变化斜率之间的差异。

以上供求曲线表明，市场商品在不同时点和一定供求均衡水平上，实现着商品之间的交换和流通。可以看出，每一商品供求关系发生的不同变化，都会从它们的供求曲线上表现出来：

（1）当某一商品没有形成交换关系时，由供给或需求函数可以得知，它们的供给或需求曲线的斜率可能是不同的，反映在同一坐标图中，两曲线在顺势方向上会是发散的，它们在某些时点上，是可以相互靠近的，但不是相交或重合的，它反映着消费者对商品的选择过程。

（2）当商品进行交换的时候，供给与需求曲线在某时点上是相交在一起的，交点上两曲线斜率则是一致的，说明了商品供给与需求内容的全部吻合，也就是商品价值的、价格的、数量的等不同价值形式的供给与需求都相一致或相统一。

（3）在以上反映市场供求关系的供求曲线图中，作为反映着供求均衡时的供求交换与均衡关系的曲线，它反映出的市场运行状态对经济发展是最有利的，其运行状态最大满足了经济发展的均衡规律，它反映着短期内市场运行和物价稳定以及未来经济稳定增长的态势，同时反映着一国生产效率、生产条件、市场物价、公平分配、市场秩序等社会经济与综合指标的质量水平。

（4）在国内市场上，当某一商品处于供求均衡点上的时候（即供给曲线 S 与均衡水平线 s-d 的交点），如果这时商品价格或供给量发生增长或下降的变化，从图中可以看出，这时的供给曲线 S 就会发生改变，并表现为商品价格与供给量之间的反向变化关系，当供求均衡点改变的时候，供给曲线也会描绘出商品价格或供给量随着均衡关系变化的移动曲线。

（5）在国际大宗商品市场上，由以上汇率与价格的反比变化曲线，可以看出，当市场上大宗商品供求处于均衡点上的时候，如果某一标价货币汇率发生变化，这时反映着价格的供给曲线斜率 K 也会发生改变，并表现为价格与汇率相互之间的反向变化，其本质反映的是使某种外币需求的支付量和商品供给量保持均衡不变的交易特征，它反映了不同货币在供求均衡点上交换的变化规律。

当这种市场均衡关系在变化的过程时，汇率与价格之间一般则不会同时出现相反的变化，而会出现汇率或价格或它们同时单向上升或下降现象（相关实例，将在第六章内容中作具体分析）。这是在国际市场大宗商品投资、期货投资、外汇投资者需要掌握的市场变化规律。

以上反映供求关系与变化的供求曲线，为厂商的商品生产、供给与调控提供了精确的经济学理论依据，据此，我们下面将继续探讨以上这些供求交换与均衡曲线对于生产实践具有的理论指导作用。

七

供求曲线对生产实践的理论指导作用

供给函数作为生产函数的别称,它反映着生产投入与产出的关系,也反映着供给与需求的关系,还反映着厂商的经营收入与要素分配的关系。我们透过生产函数所描述的实际财富与货币收入的实现过程,可以看出,作为供给函数,它既反映着市场上的商品供给量,也反映着市场上的货币消费量。

由供给函数可知,一国反映市场供给的各种变量不是随意形成的,它们源于一国的社会生产投入、产出、收入的分配,并与需求之间存在的等量关系,它们是社会财富的生产与分配的数量表现形式。在市场上,货币始终遵循着供给—需求—供给之间存在的数量因果转换关系,因此,它也应遵循实际财富与货币财富之间的价值与价格的统一关系。

在市场上,一种商品交换关系的完成,一定会从商品的销售额或货币流量上表现出来。这时,供给函数总量与需求函数总量是相等的,在一国之中,它们会形成下面的基本等式关系:

$$商品供给的货币总值(GDP) = 商品销售的货币收入总量(GDP)$$
$$= 需求消费支出的货币总量(GDP)$$

同时,它们还满足生产函数等式关系:

$$V = 商品供给的货币总值(GDP) \times 货币效率指数$$
$$= 商品销售的货币收入总量(GDP) \times 货币币值$$
$$= 消费需求的货币总量(GDP) \times 货币购买力$$
$$= 商品价值 \times Q$$

这是一个生产等于消费的生产函数等式,它解释着供给与需求的等量关系,也解释着货币消费需求与商品需求之间存在的因果和效率系数关系。同时也说明,供给与需求的均衡关系,不只表现为生产与消费的等量交换关系,即一个供给与需求均衡关系的实现,也取决于生产与消费的效率一致关系。等式中的供需变量都包含于一国的生产函数之中,它们是生产要素变量的投入、分配与消费的不同转换形式。

等式也表明,一国每年实现的实际财富收入是由一国实现的 GDP 和币值水平共同来表现的,它是由一国的货币产出效率和要素投入货币总量 (GDP) 共同决定的。它反映着一定效率前提下的：投入＝收入＝消费，这一永恒的市场交换关系等式。

由此可见，任何脱离供给来论述需求或脱离需求来讨论供给的市场供求理论，都是脱离客观实际的，这种理论也是没有意义的。供求曲线反映着市场上的供求关系与变化趋势，为此，我们需要用供求曲线给我们的各种生产实践活动提供帮助和指导。

(一) 一般市场供求曲线的绘制

为了观察和分析的需要，在不同时间阶段，一个厂商可以根据向市场提供商品的价格、质量、销售量、货币总收入等各不同函数变量，依据一般供给函数等式，建立自己商品的供给函数，然后自然地绘制出反映着全部供给过程与需求变化的连续的实际供求曲线。这里，我们以一个经销商的实际商品销售情况和供给函数为例，绘制一幅经销商在一定时期内的供求曲线（一家厂商或一个经理人，都应熟悉自己产品的供给函数，并能够把供给曲线画出来）。

假如，一个经营某种电器商品的经销商，他在一定时期内提供的商品价格稳定不变，其电器商品的供给函数为：

$$P = (1/\text{币值}) \times Q = \text{单位商品价格} \times Q = 800 \times Q$$

其中：单位商品价格＝价格系数＝(1/币值)＝800，其量纲为：元/台，Q——供给量，其量纲为：台/天，P——销售总价格，其量纲为：元/天。销售商在某一时期的销售（或供给）情况列表（供给表）如表 4-1 所示。

表 4-1　　　　　　　　　经销商销售统计

日期	1	2	3	4	5	6	7	8	9	10	11	12	13	14	15	合计
商品价格（元/台）	800	800	800	800	800	800	800	800	800	800	800	800	800	800	800	
销售量 Q（台）	5	7	3	1	9	6	6	8	10	5	3	2	2	7	8	82
销售额 P（元）	4000	5600	2400	800	7200	4800	4800	6400	8000	4000	2400	1600	1600	5600	6400	65600

销售总量 $Q_\text{总}$ ＝82 台　　销售总额 $P_\text{总}$ ＝65600 元

这时，根据经销商的销售统计表制成的供给量 Q 与销售总价格 P 之间的供给曲线图形，如图 4-15 所示：

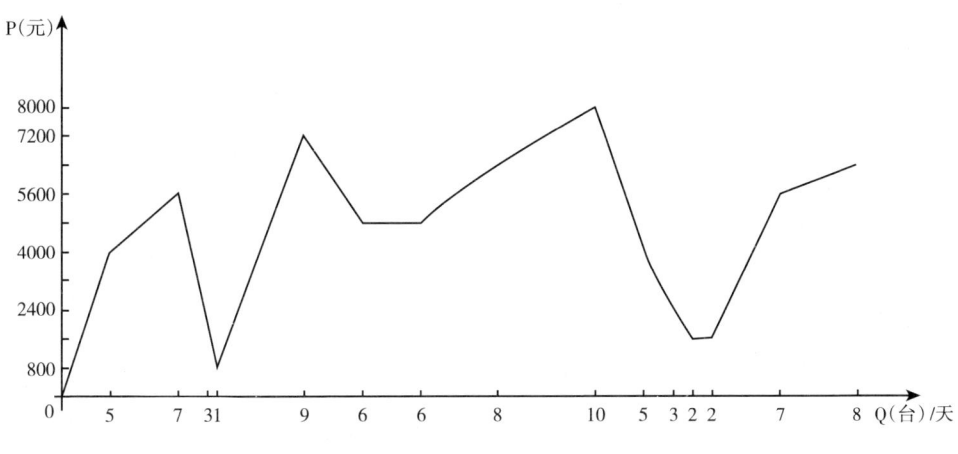

图 4-15　经销商的供给曲线

（注：统计表日期反映在横轴上，以由左向右的自然顺序来表示）

从这一经销商的供给曲线可以看出，在现实的市场上，即便是在商品供给价格不变的情况下，一个企业或经销商的商品供给曲线，也会由于市场需求消费的不确定性，从而形成不同时间内的供给增减上的差别，也因此会产生不同方向的供给曲线图形。

从以上统计表和曲线中，很容易看出：在 1~2 日这两天内，供给曲线是向右上方发展，表明供给是递增的；在 3~4 日这两天内，供给曲线是向右下方下降的，表明供给是递减的；在第 5 日内，供给曲线则上升至点 (9、7200) 的位置，供给同样是递增的；在 6~7 日这两天内，供给曲线呈现水平方向，表明供给是稳定的；它后几天供给曲线的变化方向也是不确定的。

由经销商的统计表可知，在 15 天之内，经销商实现的销售总额为：P = 65600 元，销售总量为：Q = 82 台，每台商品价格为：P/Q = 65600 元/82（台）= 800 元/台。由图中可以看出，一种商品的价格水平，反映在供给曲线中，它决定着曲线的起始高度。也影响着供给曲线的总体价格水平，也可以说，一个厂商的生产效率水平不但影响着货币表示的价值产出，也影响着市场上的物价水平。

市场上经销商的销售曲线表明，影响着市场上商品供给增长或下降变化的因素，不只是商品的价格，还有商品的质量、稀缺性等因素，同样，还有不同时间与环境影响下的随机因素。这些因素的存在，都会形成不同时间内的不同的商品供求关系，它表现为不同时间内的供给量的变化，也表现为供给曲线方向发生上升或下降的变化。我们通过经销商的供给曲线，可以直观地了解经销商的销售业绩，能够让人们一目了然地对不同时间的销售情况进行对比分析。

> **作者注**
>
> 对于以上供求曲线的绘制，如将横轴作为等时间轴，在每一时间上标明其对应销售量，这样也会得出相似的供求曲线图形

由此我们也会发现，对于供给曲线反映的供给量随着商品价格上升而继续增加的向右上方倾斜的现象，只是在特殊供求条件下才会出现的（即便如此，过去教科书中建立的供求曲线与变量关系也是矛盾的），它并不是市场上的一般供给现象。

而一般厂商的供给曲线，虽然也是表现为向右上方倾斜的直线，反映的也是市场上的供给现象，而由供给函数可知，它不是说明供给量是随着商品价格的增长而增长，这时的商品价格并没有变化，而实际是供给量与供给总价格共同增长的现象。

以上，我们以一个普通经销商的商品供给曲线为例进行了分析，这也是一般市场上具有代表性的厂商的供给曲线。在一定时期内，大部分商品的供求关系还是比较稳定的，经济运行一般也是平稳的，并不是每天都会出现很大的变化。

从更大的范围讲，我们还可根据供给函数和一定时期的宏观经济变量，来绘制一定时期内一个地区或一国的商品供给函数曲线，也就是反映一个地区或一国经济的 GDP 运行曲线，一般会呈现一条水平方向上的波浪式变化的曲线。它可以帮助我们准确把握和预测未来的经济变化，也更容易理解经济所包含的价值内涵。

一国在一定时期内的实际供求曲线，就是这一时期的 GDP 与商品供给量 Q 和市场物价的相对变化曲线。我们用图形表示的话，可表示为（见图 4-16）：

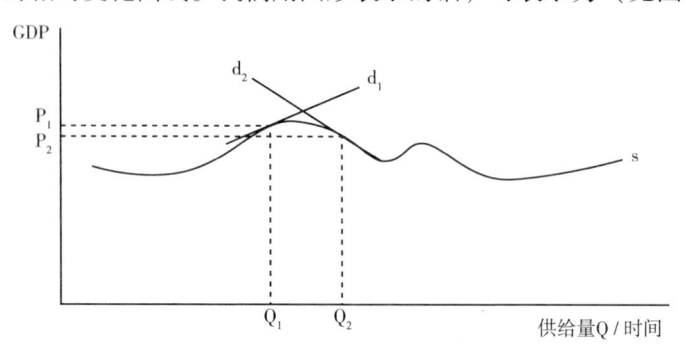

图 4-16　一国 GDP 供求变化曲线

这一图形，就是一国市场上反映供求变化的 GDP 供求变化曲线，作为供给一端的供给曲线 S 反映着 GDP 的变化，这一 GDP 供给曲线，是在市场上通过货币表现的一国市场的实际需求曲线。它既反映着市场上的总供给价格，也反映了商品与货币交换的数量总额，两者数量上是相等的。

在某一阶段，如：GDP 总水平为 P_1 时，对应的商品供给量为 Q_1，在这一点上，供给与需求曲线的斜率用直线 d_1 表示（这时，在 Q_1 点上，它同时反映着这一时期商品价格与价值之间的关系特征）。

在 Q_1 点上表明，这时的市场价格水平是处于上升的转折时期，供求曲线斜率向右上方倾斜，并经历了一个供给量增大的过程，也反映出在市场价格走高的情况下，一定范围商品的市场需求并没有减少，如同一般市场上的粮食，食品，商品房，生活燃料等生活必需用品的消费，这时在图上，还表现为 GDP 总量的同步增长。

这些市场现象，还会出现在我国春节市场上，即便在物价都在升高的情况下，一部分的商品销售量都会是上升的。虽然有一部分需求会随着价格增长而出现下降，这并不会影响这一时期市场商品总量上的需求增长趋势。

在曲线图中，市场经过一个时间过程后，GDP 总水平由 P_1 经过一个增长减少的运行阶段，再由顶点降至 P_2 时，对应的商品供给量变为 Q_2，曲线斜率也由直线 d_1 时的向右上角表示递增过程的正值转变为直线 d_2 时的向右下角表示递减过程的负值。

这种变化，一方面，它反映着市场上出现了商品需求总量的由增长到下降的变化，在横轴上，它表现为"供给量 Q_1/时间$_1$"大于"供给量 Q_2/时间$_2$"，从纵轴上可以看出，市场上实现的 GDP 产值或商品交易量，也由 P_1 降至为 P_2 的水平。

另一方面，也可能反映着市场物价的逐渐下降过程，它表现的是市场物价的回落现象，这时的供给量 Q_2 或消费量并没有减少，这些变化，也会从一国的供给函数中表现出来。

这种由 GDP 表现出的上下起伏的变化现象，反映着一国经济在不同阶段的生产投入、产出效率、社会收入、物价水平、生产总规模等方面的综合变化情况，也反映着一国人均实际收入的变化情况，还反映着市场上商品供给与需求交换的货币和产品形态的不同流量的变化，同时，也反映了市场货币对一国市场商品实际需求的变化情况，还反映着人们生活必要的需求和需求变化的特征。

在长期市场上，一国的供求曲线一般会表现为水平方向和逐渐向右上方倾斜并伴随斜率逐渐增大的倾向，它反映着经济发展过程中，一国的货币收入水平一般会大于一国的商品供给水平的现象，它反映的是一国货币收入的增长大于一国生产效率的增长现象，同时，也反映着一国经济不断增长的特征。也说明着，在经济发展中，各国都普遍存在着如何面对货币收入增长、生产要素失衡、价值尺度缺失等一些共同性的客观需求和现实经济问题。

在短期市场上，市场上商品供求曲线的起伏变化相对大一些，新进入市场的厂商供求曲线，一般会表现为一个向右上方倾斜并转向水平方向的曲线，有些时候的变化幅度要大于长期曲线的水平。一种商品的供给曲线表现出的斜率增大或减小的变化现象，它既反映着市场商品的竞争形势，也反映了商品供给或需求的状态，这也是一般情况下的市场表现特征。

作为反映市场生产与消费的供求变化曲线，从客观上讲，它是在反映着由供给成本、生产效率、要素资源、环境等生产因素变化引起的一种市场动态反应。同时，也反映着市场经济秩序和市场效率水平。

在每一个经济体市场上，各国都在努力共建一个理想和完善的市场供求曲线，来尽最大可能地满足国民的生产与消费的需求，为了实现这个共同目标，利用价值尺度来约束具有垄断性市场上的生产与交换行为，就成为当前每一经济体发展的必要市场条件。

这种交换标准与市场秩序的建立，如同现在市场上建立的各种产品质量、技术等物质属性标准一样，即使有了生产标准，但各种形式的缺斤短两、以次充好现象也还会经常出现。也因此说，一国市场交换标准的建立与价值尺度功能的履行，也不会使每一个供给与需求的交换都能够公平，也还会存在少数的价格的投机、垄断、抬价等不合理的交易现象。但是，这种市场价值尺度与交换标准的建立，却会使市场整体范围内的供给与需求的价值与价格最大程度的保持均衡和一致，它会防止供求变化曲线出现大起大落的现象，这对于一国经济的长期发展是非常必要的，它将促使经济能够按照一国发展目标和人民的意愿向前稳定发展。

需求曲线反映了人们在消费商品时，面对商品的供给价格、质量、数量等商品特征及发生变化时的需求反映，也反映着人们的客观需求与主观愿望和实际供给之间达成的吻合程度。在市场上，主观上的需求曲线只能反映市场的发展趋势，只有供给曲线才是代表着生产、质量、价格、环境、资源等商品供给条件的实际需求曲线，它也决定着市场上需求曲线的变化。

我们讨论供求理论与供求曲线的变化，目的是在揭示供求关系变化的原因和供求市场的运行规律，以帮助我们能够及时发现和解释市场上存在的疑难问题，并能够及时作出正确的决策，防止经济运行出现较大的波动。

在现实条件下,对于人们的需求而言,不是人们想要什么就能够生产什么,而是只有客观上具备什么才会生产什么。人们的所有需求,都是会受到自然资源与劳动创造共同约束的,它不可能是随意实现的。

相对于自然界与人类之间的资源供给与需求关系,人类的需求是不会超出客观事物的供给能力的,供给曲线是客观的,是决定人类实际需求的曲线,需求曲线的变化只是在反映供给的变化,而人类的客观需求和主观欲望,在一定程度上,又对市场上商品的供给起着引导作用。

(二)供求曲线对生产与供求关系的理论指导作用

供求曲线,反映着一般供给函数相关变量的变化,它们解释着市场上各种商品的供求关系和变化现象,对此,我们这里具体分析如下:

(1)根据如下的供求曲线,我们来分析它所反映的实际供求关系与变化(见图4-17)。

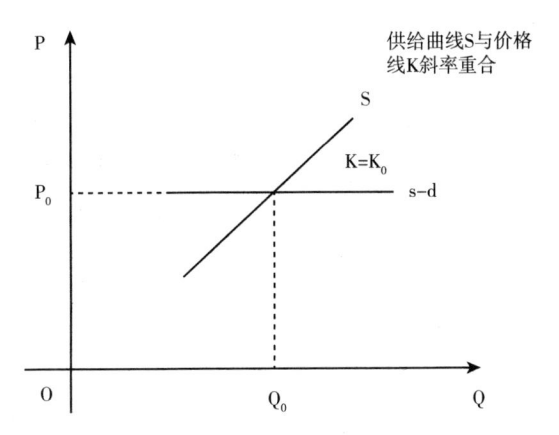

图 4-17 供给增长时的供求交换与均衡关系曲线

这一图形,反映的是同一种商品在供给递增状态下的供给数量(Q)商品价格与销售总价格($P_总$)变量之间和均衡曲线约束之间存在的函数关系。结合供给函数,容易看出:

商品价格表现为斜率的大小,即商品价格 = K = (1/币值) = OP_0/OQ_0(这时,商品价值 = 单位1),其斜率K发生大小的变化,也表现为均衡点(Q_0,P_0)沿着均衡曲线(s-d)的移动变化。这时,供求曲线会表达这样几种含义:

① 在某一商品价格K一定的条件下,由于市场需求的增加,商品供给量也

会逐渐增加，在供给均衡点以前，供给曲线 S（直线）的斜率没有出现增长或下降的变化。所以，在均衡点以前，曲线 S 只是反映了供求关系对商品供给数量 Q 和总收入 P 两个变量产生的影响，即：商品供给量在横轴上表现为由 0 到 $0Q_0$ 的增加，总收入或总价格在纵轴上表现为由 0 到 $0P_0$ 的增加，两者同时增长，其相对比例 $0P_0/0Q_0$ 不变，表示每一商品的价格并没有发生变化，同时也表明，厂商这时的供给量与货币收益的增长是在效率提升的基础上实现的，与此相对应，劳动要素实现的货币收入增长和他们的产出增长也是同步的。

② 在均衡点（Q_0、P_0）时，表示着商品的供给与市场需求是相等的。这时，当供给或需求变量出现变化时，也会使供求曲线发生如下变化：

商品价格增加时，也是供给曲线 S 斜率 K 增大时，从图中则可以看出，当货币需求总量不变情况下，这时市场对商品的数量需求会减少，也就是说，供给量会小于 Q_0 时的供给量。

或者当商品的供给数量比均衡点（Q_0、P_0）上的需求数量出现短缺时，某些供应商可能就会借机抬高价格，也就是供给曲线 S 的斜率则会增大。

商品价格下降时，也就是供给曲线 S 斜率 K 减小时，则可以看出，当货币需求总量不变时，这时市场对商品的数量需求会增大，也就是说，供给量会大于 Q_0 时的供给量。假如商品价格下降幅度非常大时，即当供给曲线 S 斜率 K 很小时，从图中可看出，供给量 Q 这时理应变得很大。从理论上讲，当供给曲线 S 斜率 K 或价格趋近于零时（接近横轴时），供给量 Q 将会变得无限大，它表明这是由于市场需求这时变得无限大。

在商品价格不变时，如果商品的质量得到提升，由曲线斜率 K =（1/币值）= 商品价格/商品价值，可知，这时就会使斜率 K 减小，使商品提供的币值增大，这样就使商品价格产生了相对降低的效果，并会由此产生使商品供给的增长趋势。而当商品质量降低时，则会产生相反的效果。

③ 供求的均衡状态是相对的，不会是不变的。随着新的厂商的增加或生产规模的扩大，就会使供给变量逐渐出现新的增长变化，并使这一暂时的均衡状态发生改变，这种平衡上的变化，也会从供求曲线的新的变化中反映出来：

当供给数量增加超过均衡点（Q_0、P_0）时，也就是供给量 Q 大于 Q_0 时，从曲线中可看出，它要求市场需求消费增加。这时，如果市场需求不变，就会形成促使商品价格下降的趋势（斜率 K 减小），从而实现新的价格和数量与市场货币需求总量的平衡。

如果市场需求总量出现下降，也就是平衡点（Q_0、P_0）出现下降，这样就会导致商品供给的相对增加，也就是数量 Q_0 的相对过剩。从图中可以看出，这时均衡曲线（s-d）会向下移动，它将导致斜率 K 表示的商品价格或供给量 Q 的下降。

在市场上，具有这样供求曲线的商品是许多的，如：一定时期内的生猪、家禽的养殖，一些农产品的种植，一些产业或产品的发展过程，它们的供求曲线都经常呈现类似以上的变化特征。

（2）一般情况下，对于市场上供需关系处于稳定状态的某些商品，大多数厂商的供给曲线在多数时间内，表现的则是均衡的供求关系曲线，即为（见图 4-18）：

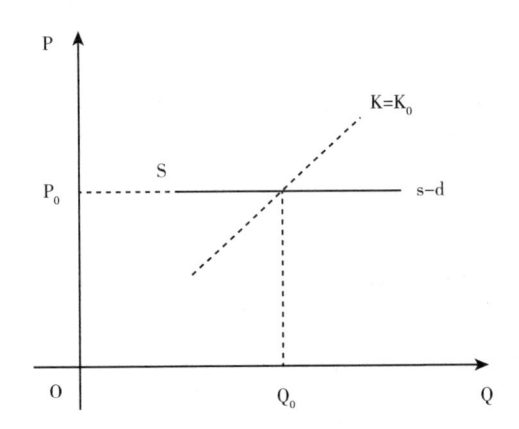

图 4-18 供给均衡时的供求交换与均衡关系曲线

例如，一个地方的电力、天然气等商品契约形式的供给，以及市场上一些基本的生活日用商品的供给。它们的供给数量和货币销售总额在一定时期内都是相对稳定的。另外，图中的供给量和总价格之间的相对稳定状态，它们也代表着一个市场的供求均衡的平均水平，不是指个别商品的数量对应关系。

在图 4-18 中，还可以看出，在一些商品供求平衡的情况下，如果某一商品的供给量 Q 发生变化，那么，也就会引起这一商品价格的相反变化。如 2014 年国际市场石油供求关系发生变化的例子，由于石油供给的相对增加，使得石油价格不断下降。

当用这一供求曲线描述一个长期的经济发展过程时，如果在物价稳定且供给曲线实现逐渐上升的情况下，这时，供求曲线反映的则是一种理想状态的市场供求关系。可以看出，商品价格线斜率 K 没有发生改变，它代表着一定时期稳定的币值环境，经济表现出连续增长的势头（供给或均衡曲线稍微向右上方倾斜）。社会商品的供给与货币收入和消费水平都实现着同步的增长，社会就业水平与生活水平也实现了同步增长。如果在供给与需求的增长中，除生产效率增长外，还包含着商品质量的增长因素的话，这时的供求关系，将是处于供求关系的最好发展状态。这种供求关系的实现是存在困难的，因为这种经济增长，它要受到资源要素供给制约的，但这却是经济发展和努力的方向。

（3）在有些情况下，一些厂商的供给曲线，由于市场供给或某些市场因素的变化，就会表现出供给下降的供求关系曲线（见图4-19）：

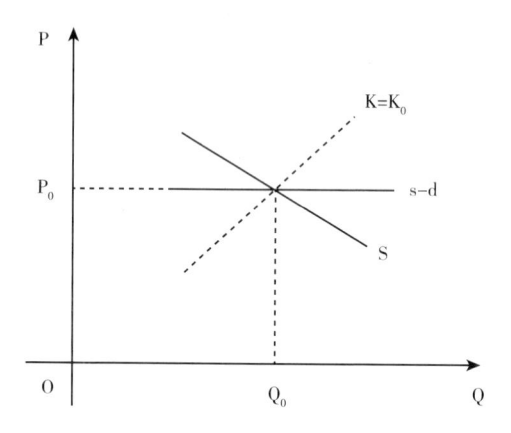

图4-19　供给下降时的供求交换与均衡关系曲线

例如，一些不符合市场需求或面临淘汰或供需关系发生变化的产品的供给曲线，如一些陈旧的家用电器产品、手机、电视产品，像2012年市场上的诺基亚手机，有的像由于质量问题列入黑名单的产品，还有像我国在禁止公款消费前提下，一些白酒、香烟生产厂商和高档宾馆提供服务产品的供给曲线，都是呈向右下方递减的。

例如：据有关数据统计：2013年上半年，我国五星级酒店住宿平均房价，每天为577元人民币，较上年同期降低15元，平均出租率为50%，较上年同期下降5个百分点，平均客房收入同比减少11%。平均餐饮收入同比减少18.7%，平均会议收入同比减少16.6%，平均总营业收入同比减少13.6%。从这些数据中，可以看出，在去年这一时期，这一水平上的酒店服务产品，它们的供给数量、商品价格和销售总价格都是较上年下降的，这是一种量价一同下降的趋势，而由此形成的供给曲线则是向右下方递减的。

对于有些商品供给曲线出现的下降变化，与商品价格的变化没有关系，它反映的是新旧交替的商品淘汰或更新的自然发展规律，是社会进步与需求发展的客观反映。

当我们对于以上供求曲线有了深入了解以后，就可以利用这些供求曲线，来反映一个短期内或某一时点的商品供给状态，或描述一个长期的经济增长过程。这样，我们就可以把实际经济运行情况通过经济指标反映在图形当中，使我们对经济运行掌握的更为清晰，调控起来也就更为准确和有的放矢，这样才会减少经济调控的试错成本，从而真正实现理论为生产实践服务的最终目的。

八
修正后的传统供求曲线的理论指导作用

经过以上分析，我们会认清供给函数与曲线的本质内涵与表现特征，同时也证明了，在商品价格与供给量两变量之间，它们并不具有函数关系，它们只存在一种相关变化关系。而对于传统的供求交叉曲线，以及过去把反映价格与需求量之间相反变化的向右下方倾斜的直线 d 作为需求函数曲线，我们已经知道也是不成立的。

为了赋予传统供求曲线的实际应用价值，以满足人们学习习惯的需要（准确地说是为了容易观察），在以上供给函数的基础上，我们将对传统供求曲线进行修正（赋予新的关系变量），使之能够反映供求关系的实际变化，也使人们能够从多种角度来认识市场上的供求关系本质，这里将传统供求曲线（也是赋予新的函数关系的供求曲线）列示如下（见图 4-20）：

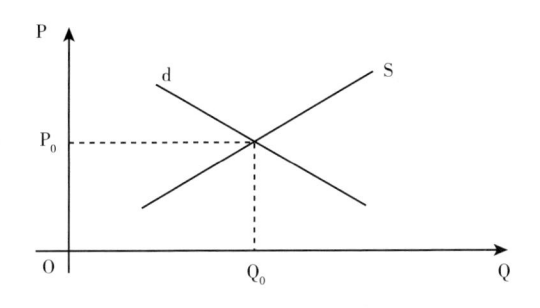

图 4-20　修正后的传统供给曲线

首先，需要说明的是，图 4-20 中的供给曲线 S 是反映着供给函数变量关系（$P_{总} = K \times Q$）的曲线，这里，通过比较，很容易发现，在传统供求曲线中，以斜线 d 表示的需求曲线，它实为在供给曲线 S 上添加的一条斜线，也相当于把反映供需均衡的均衡水平线 s-d，变成了一条向右下方倾斜的斜线 s-d，这时，它依然反映着一定货币消费量对于不同价格与需求量 Q 之间关系的约束或限制的特性，并体现着一般预算约束的含义，也是象征性地反映着这种需求关系上的变化。

为了方便大家阅读并对照其他教材的学习，在后面的分析中，我们依然把这一反映着供给曲线上某一均衡水平的 s - d 斜线，继续称为需求曲线 d，或需求约束曲线 d，如图 4 - 20 所示。

这样，这一在供给函数基础上建立起的供求曲线，虽然与传统供求曲线具有相同图形特征，但它们反映的函数变量关系和指导市场实践的作用却是不同的，这种不同主要表现在具体的函数关系、数量关系、图形变化与实际供求关系相符和相似的区别上。

修正后的传统供求曲线与由供给函数描述的供求曲线相比，虽然它不能精确反映供求关系的数量之间的变化，但它反映供求变化原理和对市场实践的理论指导作用，是具有参考价值的，这是过去传统供求曲线所不具备的。下面，我们举例来说明。

比如，用修正后的传统供求曲线，我们可以描述市场上一个水果摊位在一定范围内的销售情况，也可描述一个地区市场某一时期某类商品的供给流量的变化情况。当一个水果摊位的商品在市场上需求增加时，这些商品的供给数量就会增加，水果商的销售额也会同时增长，但商品价格不一定随着商品供给数量增加而变动，水果商的供求曲线这时会表现如下变化（见图 4 - 21）：

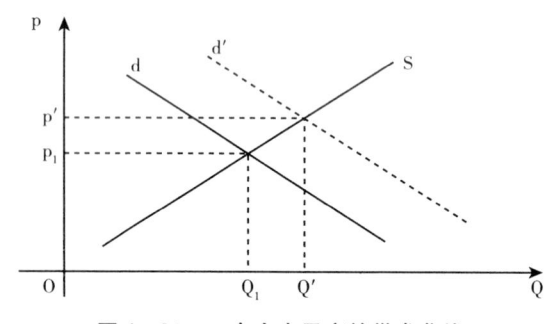

图 4 - 21　一个小水果商的供求曲线

图 4 - 21 也是一个短期内的供求关系曲线。当市场需求增加时，即需求约束曲线由 d 移动至 d′，这时商品的供给数量就会由 Q_1 增加至 Q′，生产厂商（或水果商）实现的销售收入或总价格就会由 P_1 增长至 P′，但供给曲线 S 斜率的大小没有发生变化，这说明了商品的单位价格在市场需求增加时，并没有发生价格增长的变化。这时表明，由这一商品表现出的市场物价水平或币值水平是相对稳定

的，经营者实现的价格总收入比过去增加了（$P' - P_1$），它反映的是厂商（或水果商）生产效率或销售量的增长，这也是一般市场上常见的现象。

这一供求曲线反映的市场商品，主要集中在一般日用产品、食品、加工产品以及工业产品方面。生产这类产品的厂商，它们都有着根据市场需求调整商品供给数量的能力和市场空间，也有着进入与退出市场的前提条件。

以上曲线表明，市场上商品之间的交换是一种等价的交换，没有出现商品供给的垄断价格，每一商品的价格等于生产这一商品的要素投入耗费并将产品送到市场的劳动价值和耗费资源价值的货币数量总和，生产价格构成了商品供给市场的基本价格，也就是说，商品的生产成本是构成厂商供给曲线价格的基础，它也代表着市场分工下的需求价格。

这一供给曲线的变化，也是反映着社会工资率、利润率与一国税收和一国实际财富产出同步增长情况下的商品供给曲线。

供求曲线的变化，反映了市场上商品发生的需求变化，任何商品都不应当因为需求的增长而随意涨价。在市场上，不存在没有价值基础和构成依据的商品供给与需求价格，市场价格都是建立在生产要素的价值投入与生产成本基础之上的。

市场上，对于由垄断和稀缺性资源构成的商品供求曲线，这些商品的供给曲线则呈右上方弯曲的方向，斜率也会较大一些。这类市场商品，主要为生产与生活消费需要的土地、商品房等资源型商品的供给方面。

由于这些商品具有的稀缺性和垄断性的特征，使得它们在向市场供给的过程中，都会表现出相对于需求的非主观因素的在范围上、数量上、程度上的供给差异，从而形成不同市场和时点上的相对于市场消费需求的不均衡状态。当市场供求关系在面对一国市场价值尺度和监管机制缺失时，就会产生不合理的市场投机、逐利与垄断交易行为，它使得一国或地区市场上出现非正常的物价波动和收益转移现象，进而产生与公正、公平的市场交换规则不相符的市场交换，随着商品供给表现的垄断性持续时间长短的变化，这时候，这些商品在市场上的供求曲线就会表现出不同变化。

这里，我们以一些资源性商品为例进行分析，看一看价格变化时的这些商品供求曲线的变化情况，它们的供求曲线如图 4 - 22 所示：

在国际市场上，如国际铁矿石的价格，随着我国市场对铁矿石需求的增加，国际市场出口给我国市场的价格也随之增长，据有关统计，2004 年当年矿石价格涨幅为 18%，2005 年国际铁矿石供应价格暴涨 71%，2006 年国际铁矿石供应价格再次上涨 19%，这三年中的价格变化，则如同图中供求曲线发生的 S - d 曲

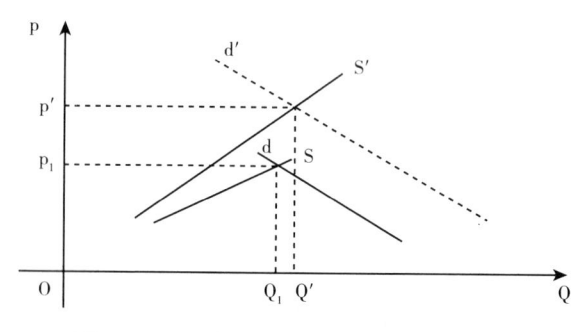

图4-22 一个反映稀缺性商品的供求曲线

线向 S'-d' 曲线移动的变化，我国对矿石的需求从横轴上的数量 Q_1 增长至 Q'，我们支付的市场进口总价格也从纵轴上的 P_1 增长为 P'，这时反映在供给曲线的斜率上，斜率则由 OP_1/OQ_1 增大为 OP'/OQ'，而斜率发生的增长变化，意味着进口矿石单位成本或价格比原先增长了，也会包含着由出口方汇率升值而产生的价格增长。这种市场供求曲线发生的变化，反映着我国对于铁矿石需求的刚性特征，也反映了我国对铁矿石在选择上具有较窄的空间，同时表明铁矿石供应国具有这一资源的市场垄断性。在这种铁矿石垄断的供求条件下形成的交换，反映着交换的不平等的利益转移，它产生的是使一方受益而使另一方受损的并非双赢的市场结果，即它使一方资源收益增加，另一方出现收益减少和输入成本增长的结果。这种在国际市场上经常发生的供求价格现象，客观上是反映了世界资源的稀缺现状，也反映着一些国家利用资源垄断的逐利（或贪婪）本质。

我们还以图4-22为例，来分析一国商品房的生产供给状况。就一国来讲，土地如果作为具有稀缺性的要素资源，它制约并影响着商品房的供给，表现在商品房的供求市场上，图中的供求曲线则反映了商品房供求关系的变化，这时供求曲线表明，在需求增长的一定时期内，商品房供给数量从 Q_1 增加至 Q'，市场销售总价格也从 P_1 增加至 P'，这时供给曲线的斜率也从 OP_1/OQ_1，增长至 OP'/OQ'，这意味着市场上商品房价格比以前上涨了，反映着商品房的生产成本比过去增加了，也可能反映着由投机产生的市场暴利现象，其中，也表现着土地资源的稀缺特征。这种市场供给产生的结果，直接推升了商品房的价格水平，它增大了人们购买商品房需要支付的劳动成本，相比过去，消费者则无故付出了更多的劳动，这并不是一种对交换双方都有利的公平的交换。

由此说，在任何市场上，对于由于垄断与投机因素而产生的商品价格上涨现象，很大程度上反映的是人性的贪婪、自私的单方面的市场逐利行为，这些现象与价值尺度的要求也是相悖的，这些都是需要政府部门进行合理干预、监督和调控的，这也是发展市场经济应当采取的必要措施。

对于其他一些季节性商品的市场供求曲线，它们也会表现出和以上供求曲线相似的市场变化特征。这些商品会在某些时间阶段表现出由供给减少形成的短期垄断性的特征，也会表现为某一时间阶段供过于求的市场特征，一般这些商品，主要反映在一些农副商品上。

这些农副商品，由于受到自身属性、生产季节、气候环境等自然因素的影响，从而使得这些商品具有一定程度上的非人力而为的市场供给曲线，在一些情况下，则会形成和市场需求不相吻合的供需状态，即有时表现为市场上商品供过于求，有时又会出现商品供不应求的情况。在这一过程中，商品价格也会随着表现出上升或下降的变化。对于这些季节性商品表现出的价格上的变化，相对于生产过程经常受到自然约束条件的影响，允许它们通过市场来调节生产和价格的方式，相比其他类商品的生产来讲，则具有更多的合理性和客观性。因为，一般只要经过几个过程周期，价格升降相互补偿的最终结果，是会与商品真实价值持平的。

对于一些农副商品在某一期间可能产生的供求失衡现象，也需要进行时刻监控并做好预期调控的市场准备工作，以防止市场消费品在供求数量或价格方面出现巨大波动，也会避免资源的浪费。

九

厂商如何调节自己商品的供求关系

我们知道，从生产角度，每一劳动者，一家厂商，一个地区，一个国家在一定时期实现的商品产出或供给都可用生产函数即供给函数来描述，并可用函数曲线来反映。在市场上，商品的供给与需求相对接，就形成了各自的供求关系。同样，每一个厂商又都有着对其他商品的需求函数和需求曲线，作为生产者，谁都愿意使用有限的货币资本购买到质量好并且多的生产原料或生产要素，也希望有不断增长的货币收入。下面，我们从供给角度，来分析如何实现商品供给增长和货币收入增长的目的。

当今市场上存在着各种各样的竞争，每一种类型市场都是如此，如市场人才的竞争、效率的竞争、质量的竞争、技术的竞争、价格的竞争等各种竞争现象。这种不断竞争的市场环境，也促使着每个人、厂商以及各个经营部门，都在不断地努力调整各自的供给函数和供求关系，以实现它们各自在市场上的就业的、生产的、销售的、发展的不同目标。

由供给函数,即:

$$商品总价格(P) = (1/(币值指数)) \times 商品价值 \times Q = K \times Q$$

其中,K——价格系数或商品价格。

我们知道,利用这一供给函数,可以描述市场上任何厂商的商品供给的实际状态和未来收入变化,也可描述每一劳动者的劳动产品的供给特征,也是一个劳动者人力资本的供给或支付或调节函数。由供给函数及要素变量,我们可以画出各种供给变化和方向的供给曲线。

这里,我们以一般厂商市场供给函数的运行情况为例,并结合供求曲线(见图 4-23),就如何通过调节自己的供求曲线来改善商品的供求关系,作一具体分析:

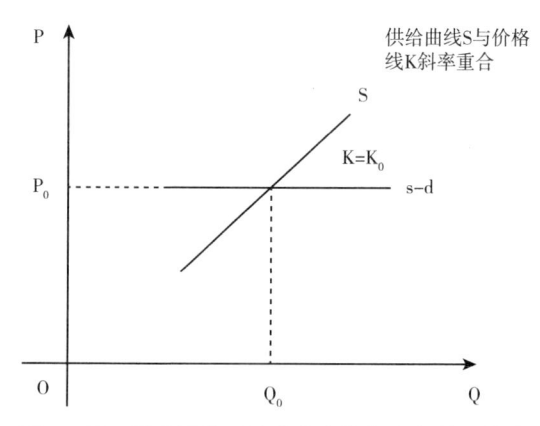

图 4-23 供给增长时的供求交换与均衡关系曲线

由图 4-23 中反映的供给情况可以看出,横轴上的供给变量"Q"代表着商品供给的全部价值(商品价值×Q)内容,它让我们能够清晰地了解商品供给的实际状况。

在均衡点 (Q_0, P_0) 上,表明厂商的供给与需求处于稳定状态。也就是说,这时厂商单方面增加供给也不会实现销售量的增长。从曲线上可以看出,如果厂商这时想要在一定销售额 P_0 的基础上,扩大销售数量 Q,以提升商品的市场占有率,那么,厂商可以采取三种措施:

(1)采取一般常用的降低商品价格的方式。在一定价格基础上,可以实现销售量或供给量的增加。由曲线可看出,当价格下降时,供给曲线斜率 K 则会变小,这会使供求均衡点 (Q_0, P_0) 沿着水平均衡曲线 s-d 向右端移动,在短时期或相同时期内，商品销售量 Q 随之增加。

（2）保持价格不变，采取增加或提升商品质量或效用价值的方式。由斜率 K = 商品价格/商品价值，可以看出，当商品质量提升时，它使斜率 K 减小，货币的购买力或币值得到提高，消费者会觉得便宜，形成价格的相对降低，也会使均衡点（Q_0，P_0）向右端移动。另外，还会因为质量的提升或效用的改善，而使人们的消费偏好和购买欲望增加，使均衡点向右端扩大的方向移动。这种通过提升商品质量或效用的价值调节方式，一般都会带来销售量的增长，同时，它也会促进社会就业的增长。

（3）提升商品的稀缺性价值和价格的方式。它是以提升商品的价值稀缺性为前提的调整方式，也是以稀缺要素和技术优势为基础的，增加的是市场需求，它将改变商品的供求均衡点，使均衡点（Q_0，P_0）向上移动，它产生的是使商品销售量和销售额的共同增长效果。

通过以上分析可以看出，有利的供求关系的改善，是建立在满足市场最大需求基础之上的。这是每个人、厂商或其他经济部门调整市场人力资本投入与商品供求关系的基本方向。在市场上，很多实际情况表明，对于商品供求关系的改善，使用价值调节手段比起价格调节方式来讲，有时更为有效，也长久得多，因为在利用价值手段对商品的调整中，它比价格方式的调整，则包含着更多的勤奋、创造、智慧和美德的投入，也更能够满足市场的消费需求。

十

供求关系决定价格一般不能完全适用一国市场价格形成机制的原因

马克思的价值决定价格理论，是从劳动投入与商品价值形成的基本逻辑关系出发，阐述了价值是社会劳动量的物化形式，以及价格是价值的货币表现，同时，价格与价值量应是相符的。马克思价值理论是建立在劳动、价值和价格之间存在着的因果关系之上的，对于商品的生产与交换具有重要的指导意义。

西方经济学以假设的完全竞争市场为前提条件，从市场角度出发，把供求关系作为决定商品价格形成的理论基础，并由此设计了由供求关系决定价格的价格形成机制，也就是由价格来调节供求关系的市场机制（注：供求关系决定价格是指要素的生成价格和商品的生产价格或市场的供给价格，在由供求关系决定价格的市场上，这些价格可以随着供求关系任意变化）。

我们知道，处于完全竞争的市场状态是一种开放的市场经济，也是自由市场经济。它是具有进出市场自由、没有价格垄断、市场效率较高、价值与价格基本相符、表现着公平交换的一种理想市场。这种完全竞争的市场化机制，是建立在一定客观条件基础之上的，一般都要具备以下这样几个前提条件：

（1）市场上有大量的买者和卖者，每一个消费者或每一个厂商对市场价格都不能进行控制，它保证了市场交换的公平。

（2）市场上每一个厂商提供的商品都是同质或可以相互替代的。它们不会对商品随意提价或降价。其市场物价特征是相对稳定的。

（3）所有的资源要素都能满足市场需求，并具有完全的流动性。任何厂商进入或退出一个行业都是自由和毫无困难的。所有的资源都可在各厂商之间和各行业之间完全自由地流动，而不存在任何障碍。它提供了市场交换的效率基础。

（4）市场上的信息是公开和完全的。不存在信息的幕后交易。它降低了市场交换的风险。

也就是说，只有符合以上四个市场条件的市场才被称为完全竞争市场。在具备以上这些条件的市场上，价格则是可由供求关系来确定，并且，由于市场上的竞争原因，这时市场价格，也能够保持商品价值与价格之间最大限度地相符合，它们之间也不会出现较大的和长期的偏离。

客观地说，如果此时的市场是能够完全竞争的，那么，这时每一商品表现出的交换特征，与价值决定价格的价格形成机制及产生的交换效果也将会是一致的，它们都会形成商品交换的效率和公平的市场结果。

> **作者注**
>
> 价值决定价格的市场价格机制，实际是价值尺度约束下的市场交换机制，在一些资源要素稀缺的市场上，它能够约束稀缺资源要素的价格不能随意增长，从而限制同类稀缺商品价格的无序增长，由此，可最大限度地实现市场运行的效率与公平目标

也就是说，如果在一个具备要素供求条件的完全竞争市场上，一种市场价格机制的选择，从效率与公平角度讲，无论是选择由供求关系决定价格的价格形成机制，还是选择由价值决定价格的价格形成机制，它们都可以形成价值与价格相统一的市场目标，应当是一种殊途同归的相同效果。在此时的市场条件下，两种价格理论与价格形成机制的实行都可实现社会分工下的商品等价交换的公平目的，市场效率也会提升。

市场运行的效率与交换的公平，不但是一个国家所追求的目标，也是一种合理的市场价格机制自我调节的目标。同样，一个合理的市场价格机制，它将会促

使每一企业在调节自己的商品的供求关系时,始终是趋向于市场效率的提升和最大的公平,并能够使每一位劳动者通过劳动投入就可实现合理收入与个人的梦想。同时,一个合理的市场价格机制,也是实现市场供给与需求最大化,以及实现一国社会与经济发展目标的基本前提。

但在现实中,我们的许多资源要素都处在了日益不能满足市场需求的条件之下,在许多领域,并不具备完全竞争的市场条件。有一些资源要素市场,已经失去了由市场价格机制来调节供求关系的前提条件。也就是说,一些不具备竞争条件的稀缺要素市场,这时更适宜需要采取由价值决定价格的市场价格机制,只有这样,才会实现不同类型市场之间的价格相互平衡,以及一国整体市场上的最大效率和公平。

等价值交换的原则,是商品交换的基本原则,也是价值规律的基本内容和要求。无论生产力发展到怎样的水平,只要有交换存在,等价交换就是应该遵循的原则,并且,这也是任何市场机制下都需要遵守的普世原则。客观地讲,价值决定交换价格,反映的是商品交换的本质,同时,它也是人的道德、诚信与正义等行为价值的市场表现,它是具有原则性和普世性的。供求关系决定交换价格,它反映的是商品交换的具体形式和手段,其中,它也会把人的贪婪、投机与自私的一面表现出来,它只适用于个别和局部市场。

在由不同资源要素条件和产品构成的市场上,作为价值决定价格和供求决定价格的两种价格形成理论,客观地讲,在实践操作上,它们在市场上的适用范围都是存在局限的,也就是说,它们各自都存在着适用范围和不适用范围的条件约束之分:

比如,价值决定价格理论的适用范围适宜在稀缺性的资源要素市场,它不适宜应用在一般竞争性要素与产品市场和农业与鲜活产品市场。

而供求关系决定价格理论则适用于具备完全竞争条件的生产要素市场与产品市场和农业与鲜活产品市场,它不适宜应用在稀缺性的资源要素市场。

很容易看出,这两个市场价格形成理论之间在功能上是互补的,如果在市场上共同实施的话,那么,就可以消除或减少由于稀缺资源要素或相关产品产生的价格垄断现象,也会鼓励产品竞争,提升生产效率,从而使厂商的生产价格和商品的价值最大程度上的保持一致,在促进交换公平的同时,带来的也将是市场效率的增长。

因此说,在现实的市场上,一个合理和客观的市场价格形成机制应是由供求关系决定价格与价值决定价格的两种价格机制共同组成的。

由此构成的市场价格机制,是一种符合实际的具有互补性的市场价格机制,其产生的效果将会是：最大限度地使一国的稀缺资源要素为全体社会服务，避免社会形态的两极分化，同时，最大限度地调动社会生产力，提升经济运行的质量和社会收入水平。

既然供求决定价格理论在市场上使用受到市场一定条件的限制，那为什么这一市场价格机制在各国市场上却没有遇到限制呢？或者说价值决定价格理论在市场为何没有得到采纳呢？

客观地说，原因是多方面的：

第一，供求决定价格理论的适用条件没有得到经济理论界或各国经济决策部门的重视，使得各国在迈向市场经济时没有严格界定这一价格形成机制的市场适用范围，从而形成供求决定价格机制在一国市场上不作区分的实施，以致严重扭曲着一些资源要素或行业市场上的公平交换秩序。同时，它对市场上的人类的自私、逐利、贪婪的行为表现借助供求关系的价格机制反而给出了近乎合理化的解释，这种供求决定价格机制不分条件的应用，它不但误导了市场上的价值投资行为，也改变了人们正确的价值理念。因此说，无论是过去，还是现在，或是将来，任何在不具备市场化客观条件上构建的市场价格机制，必然会使市场上的交换秩序与供求关系产生扭曲，在一定程度上，也会把市场经济引向偏离公平与公正的轨道，并引起一国社会收入与分配的两极分化。

第二，价值决定价格在理论上存在的不完善性和操作上不确定性的原因，从本质上讲，价值决定价格理论实践的工具就是价值尺度（货币）。过去的经济学理论，由于没有深入揭示货币结构与组成关系，同时也没有揭示出价值向价格转型的关系的原因，或者说，由于没有找到衡量价值和调控价格的理论工具的原因，从而使得价值决定价格理论成为一种不能形成具体实践的形式理论。

第三，总的来说，也可以说是由于过去理论界对于商品市场价格形成机制的构建，并没有给出一个用来指导市场公平有效运行的合理和完善的价格形成理论依据的原因。

当今的市场上，如果某种程度上还存在着亚当·斯密、李嘉图、马克思的价值决定价格关系原则的话，那么，市场上的价格在很大程度上则被贪婪行为和垄断等各种因素所左右着，其反映的是社会正义与道德力量和行为的退化，也是市场经济理论和价值尺度职能的失职。

在各国市场上，都普遍存在着价格形成秩序的混乱现象，它们既表现为价格形成机制和理论的混乱，也表现为市场物价调整秩序的混乱。客观地说，一般国家既没有深入评价本国哪些市场是否满足由供求关系决定价格的市场机制所需要的客观条件，也没有制定出平衡不同类型市场之间要素供求差异的各种措施，它也反映出，各国在选择市场制度时存在的盲目性、随意性和不严肃性。

我们知道，在一国市场范围内，不是所有的市场领域都符合由供求来决定价格的条件。在每个国家市场上，都会存在着可完全供给的一般资源要素市场和不能完全供给的稀缺资源要素市场，这些具有不同要素条件的市场，它们从客观上，实际已经决定了供求决定价格机制所适用的范围，这也是供求关系决定价格的市场机制不能完全适用一国市场的原因。

客观上，任何市场只能够根据本国的市场要素条件，有选择范围的实施由供求关系决定价格的市场机制。对于那些不能满足竞争条件的资源型要素或商品，它们的价格形成方式，则就不适合采取供求决定价格的市场价格机制，而宜采用价值决定价格的市场价格机制。只有这样，才会促使商品价值与价格之间最大程度的吻合（它表现为要素或产品价值与价格之间相对不变和量值上的相互吻合）。由此形成的价格，就会与价值最大的保持一致，而不使物价上涨，并促使一国具有不同资源要素条件的市场之间，实现投资机会与收益和要素分配之间的相互均衡和最大公平。

在一般经济分析中，对于市场的分类，通常是将劳动力市场、零售服务业、国际金融市场和一些农副产品市场，如粮食市场、养殖业市场、种植业市场，以及在此基础上形成的加工产品市场等，看成是比较接近完全竞争市场的。另外还有一些像技术产品、文化产品、服务产品、一般性的工业产品等都可形成完全竞争性的商品市场。从这些市场要素和产品具有的重复再生性特点的角度讲，这样划分它们的市场条件是合理的。一般地说，在由这些市场要素和产品构成的市场上，实行由供求关系决定价格的市场机制，则就可以实现降低成本、提升运行效率并能通过市场的自动调节来达到公平交易的目的。

而对于一些不能满足完全供给的稀缺资源要素，在实践中，一些国家则越过了市场前置条件，并赋予了这些稀缺资源要素的由供求关系决定价格的市场机会和权力，由此形成了价格形成机制的错配现象。这样的价格机制，不但产生了大量的市场垄断、投机、寻租的机会，也使得一国将一些稀缺资源或商品由于垄断因素产生的超额收益变得合理化了，由此也打破了一国市场的效率和公平的市场秩序，并推升了市场物价的上涨。同时，它还会给一国经济发展带来一定的负面效应，同时加剧了社会的贫富分化差距，降低了经济发展质量。

例如，一些厂商和公共服务单位，它们掌握着一定的稀缺性资源，当面对市场对这些稀缺产品需求增加的情况下，它们本应通过提升运行效率，或增加供给，或通过引导消费来调整或应对这种需求的增加，以尽最大可能地满足消费者的需求愿望。而实际往往却是，这些厂商和公共服务单位在已经获得市场需求和经济收益大量增加的基础上,它们采取的方式却依然是继续提升商品的供给价格,这种借助资源紧缺而涨价的行为,不但增加了人们合理消费的成本费用并使消费者利益发生不合理转移,破坏了等价交换原则。从根本上讲,这些做法并不会达到提升市场的运行效率和促进公平的目的(这些商品一般没有合适替代品),实际的市场效果则是恰恰相反,但是,这却能给拥有这种稀缺性资源的厂商或单位带来坐享其成的收益。

事实表明,在不能满足市场条件并在一定市场范围内形成的由供求关系产生的价格,往往形成着市场上的势力关系和资本的寻租机会,这种借助供求关系形成的似乎合理的利益掠夺和有违公平的交换,它鼓励的是社会投机和不劳而获的欲望,抹杀的是社会生产的创造力。

可以看出,在不具备完全竞争市场的资源条件下,一个采取由供求关系决定价格的市场机制,当没有价值尺度约束的时候,它就会产生不同要素或商品市场之间价格的失衡现象,并使市场上时刻充斥着不确定的风险,这会给市场经济运行带来很大的负面影响。如同几年前由美国引起的金融危机,市场物价大起大落的波动,还有国际市场资源类产品价格的变化。在市场上,如果土地要素以及使用土地资源的公共设施等商品的价格,随着它们的稀缺性不断增长的话,那么,它们在给投资和投机活动带来盈利机会的同时,必然也会使一国普通大众不断支付上涨的成本,使他们的合理利益不断地被转移,甚至失去消费这些要素或商品的权力。这种价格机制,在把稀缺资源要素具有的社会属性变成少数部分群体盈利工具的时候,也在促生着社会的两极分化。

这种市场状态,是每一个国家都需要从理论上逐渐扭转并通过建立精确的市场交换标准与监督机制来弥补和努力纠正的。作为市场要素或商品的交换标准和商品的质量标准一样,都是不可缺少的。它体现的是市场经济的基本秩序和等价交换的原则,是维持商品价值交换本质的必要保证,也是市场价值规律的具体体现。

由此而言,对于涉及土地、土地上的公共设施、商品房等相关产品的供给方面,如果这些资源产品存量和一国需求相比是相对匮乏的情况下,那么;这些稀缺要素与商品的价格形成,如果采用由价值决定价格的形成机制,就会使这些要素与商品的价格能够与它们的实际价值尽可能地保持一致,以实现全部要素或商品的公平交换的最终目的,这时的市场,它表现出的将是不同市场上币值的相对稳定特征,而不是让要素或商品市场成为投机与博弈的平台。通过这样的监督与约束机制,还可借此把社会资本引向合理的投资轨道和平台之上,从而满足不同的投资与消费的需求。

例如，我国的土地供给与价格形成机制，采取的是由供求关系决定的土地招拍挂的方式。在市场上，由于我国土地资源的相对稀缺性，由此形成了土地拍卖价格的逐年上涨，这样就使得价格与价值之间出现了严重脱离，相应的房地产价格也不断上涨，并由此推升着相关行业的经营成本和价格的上升。这种土地价格的形成方式，如果从价值规律的角度讲，它则是对价值决定价格原则的否定，同时也违反了等价交换的市场基本秩序。作为市场招拍挂形式，它只是一种机会选择方式，这种选择方式，在其应用上，也是有一定适宜范围的。如果把它应用在一国民生要素的配置上，那么，它在对极少数人履行公平竞争的义务时，却由于价格上涨而损害广大消费者的利益，也意味着牺牲了大多数人的公平，并由此产生了新的社会收入失衡和分配不公现象。客观地讲，土地资源的配置是有原则的，作为市场资源配置的获取机会与方式，它有着许多选择或竞争的方法，价格因素不是唯一的，在价格基础上，它还存在着价值上的选择条件与竞争机会，像这些竞争措施的安排，将会形成配置机会上的和全体公民利益上的社会公平效果，而不至于形成某一方的利益失衡现象。

由以上分析可知，在由供求决定价格与价值决定价格的两种价格机制共同构建的市场上，它们会形成互为补充的和均衡的市场价格机制，并会形成市场交换的最大公平的市场效果。这时的商品价值则会表现为与它相符的商品价格，即市场价格回归至价值。如同一件商品与货币的交换，它反映的是这一商品的质量、功能、服务等要素价值和货币的交换，即商品价值与货币所包含的价值之间的交换。这时的市场就会表现出，商品中包含的自然资源价值与劳动耗费价值的多少决定着商品的价格。如同市场上的一款上衣，好的面料与好的做工，一般都会比其较差的面料与做工的价格来的要高。在市场价值与价格均衡的条件下，社会分工与商品生产，会产生比较接近的市场效率水平和投资机会，市场上的商品供给与消费，会在很大程度上失去投机和垄断的可能性。市场上的商品，也会反映价值与价格之间的等价交换效果。

一国施行的市场价格机制是构成一国社会经济制度的组成部分，也是一国生产力的组成部分。在一国之中，一个具有可调节市场效率与公平职能的市场价格机制的建立和运行，它既需要一定自然资源要素供给的生产条件，也需要一个与之相符合的制度约束条件，还需要有正确的财政与货币政策的配合实施，这是由市场经济运行规律所决定的，其中，这也反映着一国经济现代化治理的能力和水平。

第五章

货币与金融

一

商品等价物及货币的形成

伴随着人类文明和物与物交换的发展进程，逐渐出现了早期货币的商品等价物形式。商品等价物作为市场交换媒介，在生产效率差距相差不大的时期内，商品等价物的单位成本与其他商品的单位成本大致是相同的，由于商品等价物具有的方便和易携带的优点，由此奠定了货币媒介的发展基础。

早期的商品等价物，它们表现出的价格特征有时是不明显的，人们容易判断的是商品等价物的客观价值，也是让人容易比较的内容与形式。这一时期，商品等价物与商品之间的交换，主要反映着交换双方的劳动耗费特征（资源交换的价格特征这时没有反映出来，资源提供的价值早期是免费的），两种交换物都凝结着人类劳动耗费的价值量，也就是商品等价物相互交换的价格，虽然劳动的耗费和转移是无形的，数量也是不容易统计的，但随着人类生产与实践经验的不断积累，人们还是找到了许多统计或计量办法，从而把劳动耗费或投入数量用其他形式反映了出来，如亚当·斯密在国富论中描述的海狸和野鹿之间的交换，这种以相对劳动时间作为相对价格进行交换的例子，就是人们对劳动耗费计量的简单方式。

早期的商品交换，是以物与物或商品与等价物之间的交换，这些商品直接表现着劳动耗费的不同价值特征，复杂的商品交换到的等价物或其他商品要比一般商品多一些，相反，就会少一些。

不同劳动者的"劳动货币"（用来交换的劳动产品）具有的价值也是以其产

品的质量（或复杂性）与数量来表现的，它直接体现了劳动者的劳动能力。一个身体健壮又智巧的劳动者的"劳动货币"具有的价值比一般的劳动者要多一些，其可以交换的商品或等价物也要多一些，这样的劳动者在一定的时期内给家庭或成员组织内带来的物质财富也就会丰富些。

在一个部落或地区的范围内，当一个部落或地区的劳动能力较高时，他们的"劳动货币"也就有较大的交换价值，他们获得的物质财富就会丰富一些。相反，在同样的条件下，当一个部落或地区人们的劳动能力较弱的话，他们的"劳动货币"具有的价值和可以交换的财富也就少一些，也就会使他们的实际收入或生活水平相对的低一些。

在早期分工中，劳动者用自己生产的劳动产品在市场上与其他产品进行直接的物与物的交换，从此，也开始了商品生产和货币演化的历史发展过程。伴随着人类经济发展过程，商品的价值交换形式经历了从一般等价形式向着当今货币形式转化的不同发展阶段，包括我们现在正在经历着的新的电子货币形式。货币作为商品交换发展到一定阶段的自发产物，从早期固定地充当一般等价物的特殊商品，如牛、羊、小麦、珠宝、金币、银币、铜币、金本位货币等到现在作为交换工具和财富储藏的纸币、电子货币等，无论其货币形式如何变化，其代表的劳动投入与产出的本质没有变化。货币作为商品生产与交换的价值计量单位，从古至今，它也始终反映着生产要素和生产方式发生的变化。

货币的起源与发展过程，经历了从早期的物与物的交换向一般价值形式和现代货币形式的演变过程，货币与商品之间的交换作为一种相对的价值表现关系，也是一般商品价格的表现形式，它始终体现着人类劳动耗费的交换本质，这也是我们对于货币具有的一般认识。货币作为交换媒介，流通于社会分工、生产与交换的每一环节过程中，它在表现商品价值的时候，也在推动着商品的流动。

二

货币的本质和货币方程式

货币同人类历史的发展一样古老，虽然经历了几千年的演化历程，我们却始终没有认清货币的真实面目。无论在世界哪个角落，人们对现实经济中出现的物价的通胀与通缩、货币的升值与贬值、汇率变化等市场现象都会感到困惑，而这些正是当今各国都在时刻面对和需要解决的市场难题。事实表明，如果不能清楚了解货币结构与构成要素及变量之间的相互关系，也就不能对一国市场物价、汇率、贸易进行有效的调控并按照预定经济目标运行，还会使我们的各项经济决策和政策的实施始终处于盲目与试错之中。

下面，我们结合生产函数，来分析货币的演变历程以及货币的价值与价格结构。

早期社会，在物与物交换的时期，物质资料作为劳动加工对象，实物产品是最初的劳动"价值与价格"的统一存在形式。作为劳动耗费的投入融于实物产品之中，实物产品直接反映着劳动投入与产出的价值特征，它也如实的储存着劳动的耗费量。这时，劳动投入是商品价格形成的主要因素，劳动支付是第一价格，也是支付一切商品最初的货币形式。这时，即使不把劳动产品在市场进行交换，或只是劳动产品而已，这种价格因素还是存在着的，它时刻为劳动产品在市场上交换提供着的依据。

随着社会发展，当劳动者在一般物质资料对象上投入劳动的时候（如家畜、粮食、工具等），并在有剩余劳动产品的情况下，这些劳动产品则就可能成为用来交换的商品等价物形式的货币，劳动耗费的数量也因此会表现为这种等价物的交换价格，这就是商品等价物寄托劳动耗费或表现劳动价格的最初表现特征。

在物与物交换时期，每一个劳动产品都可代表商品等价物，每一商品等价物都包含着劳动耗费的价格特征，也表现着劳动耗费产生的有效价值特征，这时的商品是实物产品和劳动价格的统一体。一般劳动产品与商品等价物之间的交换，表现的都是价值与价格的同时转移，这时期的劳动产品和商品等价物也都是由价值与价格构成的统一体形式。

在这时期，不同的部落或地区也会呈现出不同的生产水平，它会表现为商品之间交换的数量和质量的差别上，人们的收入水平，反映着不同的生产效率水平，也体现在相同劳动过程的产品收获数量。

这一时期，生产劳动产品或商品等价物的效率，如果用现在投入与产出效率的比率来表示的话，则为：

产品数量(有效劳动)/投入劳动量(耗费劳动总量)
=产品价值/劳动价格＝一定劳动投入实现的实物收入或收获

这一等式，反映着劳动产品或商品等价物的价值与价格关系特征，反映的也是原始货币的价值与价格结构特征，代表着单位劳动投入而实现的产出。

在物与物的交换中，相互之间是以有效价值进行交换的，也就是商品只有在对别人有用或能够满足他人需求的前提下才能形成交换的可能，它也反映着以价值相等作为交换的条件，作为劳动产品，则是以等量的有效劳动耗费为交换的条件，而不是以价格相等的形式进行交换。作为商品的有效价值，它源于劳动投入的有效劳动耗费，由此表明，只有当投入劳动量（或成本价格）和有效劳动（或形成的商品价值）相等时，劳动产品才可能以劳动耗费的数量或价格形式进行交换。

在市场上，从生产投入角度，价格首先作为反映劳动要素投入或劳动耗费并通过商品等价物来表现的数量形式，正常情况下，它反映着产品价值具有的交换数量，但有的时候，它也会包含着没有形成产品或浪费掉的劳动耗费。出现这种情况时，就会表现出同一劳动投入时的产出减少，或同等产品产出时的劳动价格增加，其反映的是劳动投入与产出之间或价值与价格之间存在着不能完全一致的效率损失现象。

在商品交换市场上，只有当价格和价值相符或接近时才会以价格形式成交，一般地说，商品价值（一般表现为产品形态，因为，这一产品形态始终与包含的有效劳动耗费存在一一对应关系）始终是商品等价交换的基本内容或标的物。

无论在任何时期，等价交换意识人们都会明白，在市场上，无论饲养者投入多少草料喂养山羊，人们都不会以山羊吃过的草料多少为标准与它进行交换，而是按山羊能够提供的有用价值多少进行交换，年老或者瘦弱的山羊都不会比健壮的山羊换得更多的物品（即便它们吃过的草料可能比健壮的山羊还要多），这也表明，商品之间提供的相等价值量是实现商品交换的基础，商品等价交换，也是商品交换的基本原则，这样的简单公理，在市场上的商品交换中，时刻都被印证着。

由以上分析我们知道，商品等价物作为媒介货币，商品媒介货币中包含着生产它的劳动耗费，每一个商品等价物都是由价值质与价格量构成的统一结构，是由劳动形成的价值与价格统一的等价物形式，也就是说，每一商品等价物本身既包含着劳动耗费的价格形式，也反映着由劳动有效投入转换的价值形式（即有效劳动转化的有用形式，它表现为商品等价物的使用价值。价格与价值是投入和产出的表现形式，它们之间存在着效率关系。无论是在一国市场上，还是在国际市场上，产品中包含的有效劳动量或价值量始终会是等价交换的基础。在一国市场上和生产效率一致的情况下，由货币表示的劳动量投入或要素投入以及由商品价格之间表现的交换比例，也会反映出有效劳动量或价值量之间的等价交换的比例特征。在国际市场和各国之间货币以及生产效率不一致的情况下，由不同货币表示的商品价格之间的直接交换，则就不会表现有效劳动量或价值量之间的等价交换关系，这时，就需要对货币之间的等价性进行核算，进而明确货币之间的汇率，最终达到两国产品等价交换的目的）。

> **作者注**
>
> 马克思把形成价格的劳动称为抽象劳动，把形成产品使用价值的劳动称为具体劳动。如果更确切地讲，形成产品使用价值的是有效的具体劳动

商品等价物作为原始货币形式，它既是一个价格单位，也是一个价值单位，这是作为交换媒介的基本特征。随着社会进步，劳动要素的内容和价值特征都在发生着变化，货币的媒介形式，也逐渐在发生着改变，不同的媒介货币也正是在此过程中，演绎发展到了今天的货币形式。但无论如何，货币代表的劳动本质以及商品等价物的价值与价格关系结构是不会改变的。

商品等价物在不同时期形态上的差异，实际只是表现形式上的不同而已，早期的商品等价物是以价值与价格的实物统一价值形式存在着，当今的货币是以商品或劳务为价值内容并与它们以相对价值形式存在着。从货币以实物价值的统一形式过渡到货币与实物价值的分离形式，这期间经历了从商品等价物、金属货币、金本位货币向现在的纸币、电子货币形式的逐渐转化过程，同时它也是货币的价值质与价格量的逐渐分离过程。

由前面分析可知，表达商品等价物的价值与价格结构和币值大小的方式，这时可用等式表示为：

商品等价物 = 产品数量(有效劳动)/投入劳动量(耗费劳动总量)
= 产品价值/劳动价格 = 单位等价物的有效价值

（或含金量，在市场上，它表现为交换能力的大小）

那么，这一反映着商品等价物的价值与价格结构和生产函数中包含的反映着货币特征的货币效率指数的结构是否一致呢？这里，我们作进一步分析。

这里，把货币效率指数与结构等式，表示如下：

货币效率指数 = 产品数量/(工资总额 + 利润总额 + 利息总额 + 折旧总额 + 摊销总额 + 税收总额 + 中间产品和生产费用成本总额)

其中，分子中的产品数量，即为一定货币中包含着的产品数量。分母部分则为货币表示的生产要素价格、数量投入的组成和总数量，也为货币表示的全部生产要素的耗费数量，也就是劳动耗费和自然资源与资本耗费数量的货币表现形式。

在早期社会，劳动者在从事生产活动时，劳动要素的耗费，通过劳动过程物化于产品之中并转换为商品等价物形式。在早期社会劳动效率相对稳定和一般的劳动强度下，人们采用时间长短来计量劳动的投入数量，并可认为每一劳动时间

中都包含着相同耗费的劳动量，也就是单位时间投入产出效率是相同的。在此基础上，劳动耗费的数量以时间概念形式被记录于等价物之中，劳动时间也就成为表示劳动耗费数量的价格。

客观上讲，劳动耗费的"要素"数量价格实际是这样的：劳动时间×单位时间的劳动耗费量或劳动时间×劳动耗费量/单位时间（其他要素的耗费也是以此形式来计量的，人们在现在生产与生活中，对于物质消耗的计量也是采用这种时间的计量方式）。由此可见，在效率比较接近的情况下，劳动产品或与商品等价物之间的交换，交换双方投入产品中的相对劳动耗费比例也就表现为相对的劳动时间的比例。

这时，由货币效率指数的结构，可以看出，作为分母构成中的各生产要素的投入成本，其中的工资总额，代表着劳动的耗费总量（工资总额＝工资率×劳动时间），如果把工资总额（劳动耗费总量）用劳动时间和单位时间的劳动耗费量的乘积来代替，其他资本使用成本、原材料成本、税收等成本内容，如果都不做统计而舍去的话（例如，古代农业生产要素的耒耕或牛耕与配套工具成本、种子成本，或家庭织布的织机配套成本等）。这样，我们就会得到货币效率指数的原始结构形式：

$$货币效率指数 = 产品数量(有效劳动)/劳动时间 \\ \times 单位时间的耗费量(劳动耗费总量) \\ = 产品数量/劳动价格 \\ = 现在货币币值(如金币的含金量)$$

由此可见，这时的货币效率指数结构，表现的就是劳动的价值与价格统一的商品等价物的结构形式（它反映着劳动的二重性），它说明，现在的货币结构和早期社会的商品等价物的价值与价格的货币结构是一致的，它们反映着货币的共同本质特征，目前的纸货币则为早期商品等价物的现代表现形式。

在以上结构中，当劳动效率一致并不考虑劳动效率损失的时候，劳动耗费或价格可以认为和价值产出是相等的，相同的时间投入也会在相同时间得到相等的产出，这时，劳动货币的价值与价格是相符的。客观上，这种投入与产出之间相等的转换关系，只是在生产的理想环境下才能成立的，在现实中是不存在的。

在实际生产中，任何形式的生产劳动过程都是存在损耗的，劳动效率也是存在差异的，所有的有用交换物也只是形成于有效的劳动，而不是形成于所有劳动投入或投入形式，也就是说一般生产投入是大于产出的，或价格是大于价值的，或者说一般劳动货币的价值与价格是不等值的。当效率越低或损失越多的时候，这种价值与价格之间差距也就越大，它反映的是事物客观的和物理的转换过程，任何商品的生产都是如此。

由以上分析可知，对于不同时期的不同货币与金属成分的构成，我们都可以通过这些货币的价值（质）与价格（量）的组成结构来辨别。客观上，货币的价值与价格结构，反映着不同时期货币作为价值尺度以及本身具有的质与量的规定性特征，也反映着这一时期内的社会投入与产出的平均水平。（不同时期的货币都有着质、量、形的规定性的特征，如金币的质是它的含金量，对外显示的量是它的单位价格，其尺寸形状是它的形，根据同期规定，其价值量与价格量也应是相符的）。不同货币的组成结构决定着货币的等级，也决定着货币在市场上的购买力或与其他货币交换的能力，这种等级，就如同一枚金币与银币、铜币等不同货币之间存在的不同兑换比例，也如同不同成色金币之间相互兑换的比例，它反映着货币包含着的有效劳动含量，既反映着货币币值的大小，也代表着货币的价格标准。

通过上面举例，可以发现，这些具有不同外在形式的货币都包含着价值与价格的关系结构，也包含着商品生产与交换的人与自然和人与人之间的关系。因此说，任何时期的货币都是由一定的价值与价格的关系结构构成并存在着的，这是货币和商品存在通约性、相互交换和表现商品价格的基本条件。

早期的商品交换，由于社会生产效率相差无几，劳动时间在一定范围内起着商品价值的衡量和商品价格的表现作用，但当劳动者的生产效率发生变化时，也就会使投入某种生产劳动的时间发生改变。因此，当生产效率不同的时候，不同时间比例也就不能代表劳动者实际耗费的相对数量比例，劳动时间也就不能准确反映劳动耗费的相对数量或价格，这时候，较短时间的劳动付出的劳动量也不一定比较长时间的劳动付出的劳动量为少。（由生产函数可知，当用时间表现价格时，存在着在一定条件下的合理性，以及条件改变时的不合理性。例如，在一国或不同国家市场上，如果在生产效率与货币工资率（其他要素价格也相同）相同的情况下，商品之间的交换价格，既可以用货币来表示，汇率则为1∶1，也可以用生产时间来表示，A国1小时=B国1小时。这时它表现的是一般情况下的特殊情况。当这些生产条件改变的情况下，两国的汇率就不再是1∶1，时间价格也不再是：A国1小时≠B国1小时）。

早期人们对此也是清楚的，随着社会生产与交换的逐渐发展，也就形成了一般劳动时间与劳动耗费量之间的认同意识以及公认的交换价格。而人们对于价格的感知不只是投入的时间数量，它还以某些产品的复杂性或珍贵程度表现出来。这些物质属性特征始终在忠实地储存并反映着人类劳动耗费的价值数量，人们透过商品的价值形态就可大致比较不同商品所需劳动耗费的多少，因为这种表现形式最直接，也最容易比较与辨别。

由以上等价物交换结构可知，作为原始劳动货币的商品等价物，其包含的价值与价格的结构是货币演化依托的基本结构。而一般等价物的货币形式的出现，起始于商品等价物的演化发展过程，它表现为劳动货币的等价物的质的形态向量的形式逐渐转换的过程，也就是向货币媒介和尺度计量专一功能转移的过程。

在此基础上，劳动有效耗费直接转换为商品形态的时候，劳动全部耗费又在计量中转换成了一般等价物的货币的价格形式，从而使得劳动耗费具有了除商品表现形态以外的由货币表现的价格形式，这样，也就使得商品的交换价值变得更为具体和显性化了。

在此基础上，对于劳动要素的投入使用，随着市场交换媒介的逐步演化，也逐渐形成了劳动耗费量的货币表示的生产投入或工资率的收入形式，或者劳动的货币等价形式。同时，也赋予了其他要素投入的货币形式。在商品与货币交换市场上，货币以等价物的数量的形式存在着，商品则以等价物的交换对象（价值）形式存在着，并产生了商品形态和货币形态的相互交流的新的交换现象。这时的货币价值，也就由价值与价格的物质形态的统一结构转换成为价值与价格相对结构的货币购买力。这时，虽然货币形式发生了改变，但货币本质并没有变化。无论何种情况，商品的价值是货币的具体内容，当商品不在的时候，货币也就失去了价值，货币的量也就失去了意义。只有当货币回归到商品那里的时候，它才是真正的货币。

货币的本质是什么？由以上分析可知，货币首先代表的是劳动，它表现为由劳动投入所产生的具有价值与价格关系结构的商品等价物，也表现为市场上作为交换媒介的各种形式的货币。

伴随人类历史的发展，货币也经历了不同的演化形式，但无论如何，货币中包含的价值与价格的相对关系与含义都是不变的，每一价格单位都有相应价值量与之对应着，只是在对应形式上存在着历史统一形式和现代相对形式的区别。货币的价格标准始终是衡量商品价值的尺度单位（如同一镑金币的含金量，一美元金币的含金量，一元银币的含银量，它们代表着不同时期货币的价格标准），在市场上，货币以自己的这种价值尺度标准赋予满足这一标准的商品价值的价格表现形式。

如果一国生产的商品总量与耗费生产要素的货币总量（总价格）的相对比率和一国的货币尺度标准相一致，那么，这时一国的市场商品价格和市场币值都会是稳定的，它反映着一国投入和产出效率的一致性和稳定性。同时表明，货币作为财富表现形式，它是由生产要素投入与产出共同决定的作为一般等价物的内生变量，它反映着生产要素投入和产出的质与量的相对关系，由此表明，货币并不是存在于生产以外的外生变量。

货币作为商品等价物反映着与商品交换的什么特征？事实上，货币是以自身的价值与价格结构来反映着商品的结构特征，货币与商品之间的区别，只是表现为价值存在形式上的不同，它们之间具有相互通约性的共同本质，都反映着劳动交换的本质与结构特征，由此也奠定了货币作为商品等价物并与商品交换的基本条件。

亚当·斯密在《国富论》中，描述的渔民用一只海狸和猎人的两只野鹿进行交换的例子，反映着早期商品交换的形式，当时无论是海狸还是野鹿作为等价物的交换货币，它们直接表现的都是物与物之间的商品形式的交换，其本质反映着渔民和猎人在交换各自的劳动，说明着海狸和野鹿之间包含着相同的劳动耗费量。

如果以海狸作为货币等价物与野鹿商品进行交换，这时，海狸作为货币形式或商品等价物会同时满足交换等式：

$$
\begin{aligned}
\text{货币(商品等价物:海狸)价值指数} &= \text{一只海狸价值/耗费两小时劳动} \\
&= \text{野鹿商品的价值指数} \\
&= \text{两只野鹿/耗费两小时劳动} \\
&= \text{一只海狸} = \text{两只野鹿}
\end{aligned}
$$

等式表示，两只野鹿的价格则等于一只海狸的数量。如果在后来的生产中，由于海狸的数量增加使得在与过去同等的劳动耗费时就可获得更多的海狸的时候，这时作为等价物媒介货币的海狸的相对价值就会降低，其自身价格也会降低，它就会以比过去较多的数量来表现其他产品的价值。相反，当由于海狸的数量减少，从而使得捕获一只海狸需要比过去耗费较多的劳动时，作为媒介货币的海狸的相对价值就会增加，海狸的市场价格也会增长，这时海狸就会以比过去较少的数量来表现其他产品的价值，而使得其他产品以海狸表现的市场价格就会降低。同样，当生产其他产品的劳动耗费增加的时候，产品的价值增加了，这种产品交换到的等价物海狸的数量也会增加。

另外，当小麦的生产由于气候或生产条件的原因使得产量减少的情况下，其相对价值则会提高，小麦在市场的价格上升，也就是一定数量的小麦交换到的货币等价物海狸的数量就会比以前增加，这时也意味着市场上货币（海狸）的购买力的贬值。相反，当小麦的生产由于气候或生产条件的原因使得产量比往年增加了，这时小麦的相对价值则会降低，小麦在市场上的价格就会下降，在这时候，一定数量小麦交换到的货币等价物海狸的数量就会比以前减少，同时意味着市场上货币（海狸）的购买力的提升。可以看出，以上小麦在市场上出现的价格变化，则是由供求关系的变化引起的。

以上例子表明，作为商品表现形式的货币等价物的自身价值（货币价值）的变化，以及市场供求关系的变化，直接影响或直接关系着市场商品的价格变化。

在以金属作为货币的时期内，货币则直接表现着实物商品的属性（如金币价格与含金量是在同一统一体内），货币价值的变化对商品交换价格的影响是直接和紧密的，市场上货币的数量与币值的变化都会使商品价格发生变化。事实表明，任何时期、任何地方发生的物价波动许多时候都是由货币变化直接引起的，它反映着人们是否遵循着货币交换的市场秩序，或者说人们是否经常违背货币作为等价物的劳动交换本性，不同的货币生产或供给都会产生不同的市场效果。

例如，发生在1848年美国加利福尼亚的淘金热，它对于市场商品价格产生的影响是深刻的。由于黄金供应量的大量增加，最终导致物价飞涨，1848年到1851年，美国批发商品的价格指数，三年中从80提高到1025，即物价平均上涨了12倍。这种由于需求增加导致的价格急剧上涨，也相应地使货币价值以和价格上涨一样的幅度急剧贬值。这种由黄金的无序开采引起的对市场货币的冲击，产生了很大的负面作用，反映了黄金作为货币生产的无秩序状态，它是一种特殊历史时期和政府管制下的结果。

在一些使用金属货币的国家中，如果没有出现像美国由于淘金引起的货币大量增加或者黄金开采也没有减少的情况下，市场物价水平都会长期保持一个比较稳定的状态，一般的价格变化只会在农业产品上反映出来。

随着人口与经济的增长，各国用于金属货币材料的供应都不能满足经济增长的需要，从而使得金属货币中的黄金含量或货币能够兑换的黄金含量逐渐减少。因此，在1974年4月1日，由国际协定正式去除美元货币与黄金的固定关系，从而意味着纸币取代了金属货币并开始独立履行货币的职能。标志着人类历史上的金本位体系的终结。同样，这也如同早期货币的商品等价物形式向着金属货币的转化一样，它只表示着作为商品的等价物媒介形式发生了改变，货币只是从有形的物质价值形式（商品、黄金）转换为新的纸币（或电子货币）形式，新的货币和早期的商品货币同样都包含着生产投入的劳动价值与资源价值的内容，其纸货币的内涵和商品等价物（包括黄金、白银）的价值结构与内涵还是一致的。这时候，纸货币与黄金的分离，只是表明纸货币以价格量的形式从黄金中分离了出来，黄金形态则以价值质的形式被留了下来。这时，纸货币和黄金之间则形成了货币与商品一样的相对价值存在形式。

这种货币质与量的分离形式，也就是货币由价值与价格的统一结构转变成了它们相对结构的存在形式。这种转变，并不反映货币代表的劳动耗费与本质结构也发生了变化，也不代表货币包含的价值的消失。货币与黄金的分离只是说明着，伴随人类劳动在经历了几千年的商品等价物的黄金作为市场货币交换媒介的彻底终结，它也使货币价值从黄金本位过渡到了商品本位的阶段。

伴随纸币媒介的出现，也形成了一国统一印制、管理、交换、流通、使用的新的货币体系。在纸货币与商品等价物分离以后，纸币则作为人们劳动耗费、要素投入与交换的计量形式，也作为商品价值的价格表现形式。在币值稳定的前提下，一定时期生产要素投入总量和商品的总产量以及由货币表示的产出数量应是相符的。

在纸币实行以后，由于各国货币单位制定、工资率、生产效率等方面的差异，以及货币管理或政策方面的不同，这使得货币的增长与变化也就逐渐和商品之间拉开了距离，从而也形成了各国货币币值上的各不相同。

在纸币条件下，货币的价值与价格的相对结构，同样反映的是生产要素投入与产出的相对效率关系，也就是劳动的投入与产出的效率关系。同时，货币中也包含着价值生产与交换的结构关系，也是这种交换关系的载体。货币作为商品和劳动的等价物的表现形式，它以自己的数量反映着商品或劳动的价格。在商品市场上，商品作为货币的内在价值形式，是劳动投入的有效产出形式，货币与商品虽然处于相对分离的状态，但商品依然是货币体系的构成要素，它们双方是表现为互为交换的相对价值形式，货币与商品是同一价值表现的相互依赖、互为条件、不可分离的两个不同存在形式的交换对象，也因此成为一国货币体系组成要素的必要条件。商品是构成这一交换体系的本质要素，也是货币价值体系构成的基础要素，货币只是这一货币体系的数量交换的形式表现，它不能够独立决定货币体系交换的实际价值。

在市场上，一国货币政策的单方面实施，虽然不能直接影响一国实体经济的运行状态，但会通过市场货币供给或流动性增加而直接影响货币的币值变化。一般来说，任何脱离生产过程对货币进行调整的策略，都会形成市场物价的波动现象，它不能从根本上改变经济的实质，也不会改变货币的实质。

在现实中，货币被用来计量生产的投入和商品的产出，也用货币计量要素的收入分配。当用货币计量生产要素投入的时候，货币也就代表了劳动或生产投入，货币数量则代表了生产要素的投入数量。当用货币计量商品产出的时候，它反映的则是商品价值的产出数量。当用货币计量要素分配的时候，它反映的就是由要素投入获得的回报。

由此可知，货币计量的要素投入量与商品产出之间的相对效率水平，反映着生产要素的价值转换能力，也反映着币值的大小，在宏观上，它也决定着一国货币的价值与价格的结构关系。

根据以上分析，我们给出如下货币定义：

货币，是在一定时期内，由劳动与其他资源要素投入形成的具有价值与价格相对结构和交换关系的商品或商品等价物。它既表现为早期社会的价值与价格为统一形式的实物产品形式（如劳动产品、金币、银币等），也表现为现代社会的价值与价格为分离形式的各种货币形式（即价值与价格的相对统一形式，如现在的纸币、金属货币、电子货币等各种价值存在形式）。

在市场上，货币被用来作为交易媒介、储藏价值、记账单位或价值尺度。定义表明，货币源于生产或劳动的投入过程，作为商品的等价物形式，货币也必然反映着劳动或商品的结构和本质，在当今纸币条件下的一国市场上，货币实际是以商品为本位的，货币中如没有了商品，将会是无用的废纸或数字符号。（这与过去一些货币形成理论是存在区别的，如货币的数量论学说，它们以一些市场货币现象掩盖了货币的本质，无法与生产实践联系起来）。

根据以上分析可知，在生产函数中，作为反映生产效率变量的货币效率指数，它既是反映商品等价物或货币的生产与交换的表达式，也是货币定义所描述的具有价值与价格结构的货币表达式，我们把这一反映着市场上货币特征的货币表达式，称之为货币价值方程式，简称为货币方程式，或货币的表达式，或货币模型，即为：

货币(或商品等价物) = 全要素价值生产率(产品产出流量)/(总工资率
　　　　　　 + 总净利润率 + 总利息率 + 总折旧率 + 总摊销率
　　　　　　 + 总税率 + 中间产品和生产费用等成本流量)
　　　　　　 (货币投入流量)
　　　　　 = 全要素价值生产率/(劳动总收入 + 资本总收益
　　　　　　 + 摊销总额 + 税收总额)
　　　　　 = 价值/价格 = 商品数量/货币面值
　　　　　 = 货币效率指数(币值)

作者注

这一货币表达式，也是以货币指数形式来反映一个基本单位的货币与其购买力大小的表达式很容易看出，这一货币表达式，是由生产变量构成的反映着价值与价格相对关系的效率结构，它反映着一国的商品与服务的产品总量、货币投入总量和货币购买力三个主要经济变量之间的关系。如果将这三个经济变量分别用 V、P 和 M 来表示的话，那么，货币方程式则可简单表示为：

$$M = V/P$$

作者注

如果将它代入生产函数之中，这样，生产函数则表示为：V = 生产时间 × 全要素价值生产率 = M × PQ = V × Q

根据一国市场上一定时期内币值（购买力）稳定的基本性质，由货币表达式可知，当我们对一国一定时期中每一单位货币的全部生产要素的投入（分母）与产出（分子）分别加总时，则会有下面关系等式：

产品产出 1/单位货币 1 = 产品产出 2/单位货币 2 = …… = 产品产出 n/单位货币 n
     = 产品或服务总产出/工资收入
     = 产品或服务总产出/资本收益
     = 产品或服务总产出/税收收入
     = 一国总产品／一国产品总价格(GDP)
     = 货币效率指数(货币币值)

式中，产品产出/单位货币——反映着单位货币的币值或购买力，单位货币 1、单位货币 2——单位货币 n，它们代表着不同劳动者或生产者的单位货币表示的投入或收入。

这一关系等式，反映着一国货币（价值尺度）包含的基本社会关系和要素内容，它也是价值尺度内涵的延伸表现形式，它为一国的生产投入、产出与交换（分配）提供着理论依据。（这一等式，它反映的是数学分式的等比性质，即把各分式的分子与分母分别相加，比例性质不变的特性。由此可见，这种由数学方法得出的一国币值等式和由一国生产函数得出的币值等式是一致的）。

货币方程式表明，货币的结构是由生产要素投入量与产出量构成的效率结构，也是由价值与价格结构构成的一般等价物的数学表达形式。由于货币结构中包含着与商品结构一致的价值与价格的相对转换关系，才使货币具备了与商品交换的媒介条件，表明货币是特殊的商品，即为商品的等价物。

这一货币方程式作为货币的一般结构形式，它不受货币形成不同学说的影响，可以看出，它是反映商品市场上的货币价值模型（注：但在金融市场上，货币价值会发生新的变化，我们将在后面相关章节论述）。

由货币结构可知，货币的面值（价格），表示基本单位货币的数量，它处于货币结构的分母位置，反映着一定时期内的生产要素投入的数量。货币中包含的价值，它处于货币结构的分子位置，也就是由生产要素投入而生成的商品价值量（表现为一定质量与数量的商品）。这种由货币结构中的价值质与价格量形成的相对量关系，则构成了货币作为计价单位的价格结构，即货币标准。

由此可见，货币方程式反映着一般货币的基本特征：①货币形态；②货币面值；③货币购买力。

货币本身代表的是劳动或生产投入，也就是代表从事劳动或生产的符号。货币面值即为基本货币单位的数量，代表着生产要素的投入数量。货币币值大小反映着一国平均单位货币的生产要素的投入与产出效率水平，它决定着单位货币在商品市场上可以交换到的财富数量，也表现为货币的购买力。货币的这三点特性反映着货币的基本特征和内在本质（如某种金币的实物形态、价格单位、含金量）。货币方程式反映着一国生产和货币之间的关系，同时，还反映着一国生产力水平对一国货币购买力的决定与约束作用。

在市场上，我们也称货币为价值尺度和计量单位，它是作为衡量商品价值的尺度标准，也是作为衡量生产与交换过程的尺度标准，同样是衡量不同国家商品（货币）之间相互交换的尺度标准，它还是不同地区之间实现经济发展与货币购买力对接的依据，也是一国生产的价值计量统一体系的以货币标准为基准的生产效率标准。

货币效率结构与含义：

（1）它反映着货币的本质：货币效率结构揭示了货币形式与本质之间的关系，它既反映着货币的价值与价格的结构关系，也反映着货币代表的社会劳动本质，它同时证明了价值与价格之间存在着的效率关系，还反映着一定时期内一国商品价值与价格之间的相对关系。

（2）从生产角度讲，货币结构反映着一国的完整的商品生产体系，也反映着一国生产投入之间与产出之间的相对关系和效率水平，它包含着一国不同产业的组成结构，也包含着一国的主要经济数据。还反映着一国资源要素对一国币值具有的影响作用，当一国的自然资源条件较为丰厚时，也就会增加一国的币值或货币中的福利，相反，也就会减少一国的币值或货币中的福利。另外，在自然资源的使用没有成本的条件下，或者说自然资源没有表现出市场价格的时候，这时，货币面值所表现或代表的则就只是劳动耗费的直接成本或价格。

（3）它反映着货币币值的大小：表示一个单位货币等价物在一定时间与地点范围具有的价值或购买力，即币值大小，也是单位货币中包含商品数量的多少。在货币中，还包含着无形的时间价值、空间价值、正义价值、公平价值、道德价值等不同形式的价值内容。

（4）它代表着生产要素向产品形态转换的效率，还代表着货币形态向产品形态转换的效率。它既是代表着每一生产时点的效率指标，也是代表着生产过程的效率指标。

（5）作为效率指标：表示单位货币代表着的一定时期内生产要素的投入与产品产出的社会平均效率，也是由货币表示的全要素价值生产率。它反映着一国货币购买力形成的原因，即一国币值大小源于一国的产出与投入的相对比率。同时，它还反映着一个企业、一国的总产出、工资收入和基期工资率标准、经营利润、资本收益、税收收入等各项收支变量的内容，它们都是引起产品数量与价格变量之间独立变化和相对变化的原始动态变量。

（6）作为货币效率指数，它反映着一国市场上的币值水平，如要保持这一指数在一定时期内的相对稳定或对其进行调整，从生产角度分析，它需要从一国的生产要素结构与投入成本或产出效率的调整入手，在一定情况下，也需要限制一国市场某些稀缺要素价格的不合理增长，同时，也需对一国的货币总量或生产要素投入量进行合理有效的控制，并使它们和一国的实际产出最大的保持一致。

（7）由货币结构可知，货币作为市场一般等价物，在与商品交换时，它衡量着商品所提供的购买力价值。在与生产要素交换时，它也衡量着生产要素的生产效率。货币结构决定了货币的媒介功能，也决定着货币的价值尺度功能。每一货币，既是一个基本单位量，也是一个价值结构量，它包含着质与量的交换关系。货币的这些功能，它会从市场上反映出来，也会从生产函数中反映出来。

（8）货币效率指数和全要素价值生产率，它们都是效率变量，各自反映着在使用不同计量工具时的计量结构特征。可以看出，当把货币效率指数结构中的货币变量去掉后，它就变成了以时间表示的全要素价值生产率的效率计量结构，在这时，商品等物表现的交换价格则就为时间形式（在货币没有出现时期）。那么，当在全要素价值生产率的基础上增加货币计量变量以后，它就变为了现代货币计量的货币价值结构。

由货币方程式可知，货币的原型是劳动产品，它是劳动投入产生的一般等价物形式。一种货币的面值，从本质上反映的是劳动价值的价格（因为在货币结构中，作为其他资本要素的投入，实际是劳动投入的不同表现形式）。但在自然资源逐渐稀缺的当今条件下，货币面值在表现劳动价值的价格基础上，其中包含的资源要素价格成分也会不断增长，虽然这并不影响货币属性，它却会增加货币表示的生产或投入成本，当在投入与产出效率不能相对提升的时候，它可能会使得一国货币出现贬值（由此反映的是货币尺度自身管理的"失职"现象）。

从生产角度讲，资源要素价格的上涨，增加的是厂商的生产成本，它也会形成市场货币贬值或物价上涨的效果。如果资源要素的供给价格不上涨的话，这时，资源要素就会作为储存于货币中的福利供本国人们消费，并成为名副其实的社会公共财富。在国际贸易中，资源出口的价格的上涨，则会给出口国带来收益的增加。另外，资源出口增加的收益，也可从一国的货币或汇率升值中表现出来（如澳大利亚矿产品的出口，在市场需求增加时，其价格和汇率会同时出现增长）。

在生产函数中，货币作为一个价值变量，不但有着和商品一样的价值与价格的相对结构，还有着量纲单位，它解释着货币包含的价值内容和交换条件，例如，货币的量纲为：

产品数量/单位时间/单位货币/单位时间（生产阶段）＝产品数量/单位货币

由此可看出，它反映着货币作为价值尺度的度量标准和价值内容，它规定着：在生产过程中，厂商在单位时间、投入单位货币生产的产品数量，即生产要素的投入量与产品产出量的比率，它反映的，也是货币作为一般价值尺度从广义上对社会生产的约束和规定。

在市场交换中，它规定的是单位时间、地点、单位货币实现的购买力。或者说，货币量纲定性与定量的规定着商品生产与交换的尺度标准和价值内容，如时间、地点、数量、质量、价格等内容。

作者注

货币量纲反映的内容，如同历史上的标准金币或银币的铸造过程，一国对于铸造货币所需的各种要素或材料的投入，一般都要作出统一的规定和限制，如要素或原料投入的质量、数量、货币面值、货币数量、成色（含金/银量）铸币税及其他规定，如此反映的即为货币的生产标准，作为计量尺度，从某种意义上，它也指导着一国的生产和交换标准

另外，在现代纸币（电子货币）条件下，货币支付或交换地点的不同，一般不会影响货币对外的汇率。而在以金或银为本位货币的历史时期，由于存在货币保管或运输成本的差异，货币在不同地点就有不同价值上的区别，这些因素都会使货币交换价值发生改变。这时，不同国家金或银货币之间的支付或交换，则就可能会因为支付或交换地点的不同（如黄金不同的输送点），而使不同货币之

间兑换的比率或汇率发生改变。这也是过去金属货币和现在纸币或电子货币在不同历史时期中的表现特征。

以上的货币结构与量纲关系，为货币形成理论和货币政策实施提供了微观基础。它表明，社会分工中的每个劳动者、生产厂商、国家服务人员，他们通过各自的劳动生产着社会商品，同时，也在生产着相互交换的货币（包含在他们的生产函数中）。

三

货币职能的市场表现特征

（一）货币作为交换媒介的表现特征

货币定义，界定了市场上作为商品交换媒介即货币具有的基本属性，也界定了货币作为等价物应具有的定性与定量的结构特征。这些表现特征，从货币方程式中得到了具体体现。

货币方程式作为反映货币结构与交换关系的等式，也反映着货币作为交换媒介的基本条件。它客观地把生产要素投入与商品产出之间的效率结构和货币结构联系了起来，从而建立起了商品和价格之间的沟通桥梁，货币作为联结商品价值与价格转换关系的媒介，它在生产函数关系中也得到了体现，这使人们能够清晰地了解一国货币价值结构与宏观经济变量之间存在着的相互联系，对于覆盖在商品上几千年的这层神秘的货币面纱，也从此被揭开了。

货币效率指数作为反映经济运行的经济变量，它反映着一定时期内的生产效率，它也反映着一定的生产力水平。对于指数结构中的各变量参数，如果将它们代表的要素对象和不同时期的数据代入表达式的话，那么，这一指数就可反映一个劳动者、企业微观层面的生产要素投入、质量、效率与商品产出和它们提供的币值特征，也可反映一个地区、国家宏观层面的生产要素投入、质量、社会平均效率与商品产出总量以及市场上的币值特征。

货币效率指数作为生产与交换变量，它不是人为构建的效率结构和变量，而是客观存在于生产过程之中的。它如实地反映一国市场，或统一货币区市场，相对发达地区市场，或相对落后地区市场的生产效率和货币币值的变化情况。如果将各个地区与国家市场上的这一经济变量进行比较的话，就会发现这些不同市场之间在发展上存在的差距。因此说，这一货币指数作为反映着一国币值水平的指数，它又是一个没有国界的反映着货币价格标准的指数。

货币作为商品交换的媒介，在市场上，它应当满足与商品交换的条件，这样，才可以形成商品和货币之间的相互交换，商品与货币交换或货币作为媒介需要满足的条件，可表示为：

$$货币 = 商品价值/货币面值 \approx 商品 = 商品价值/商品价格$$

等式表明，每一商品和货币之间都有着一致的价值与价格的相对关系或结构，它决定了货币与商品之间具有共同属性，它们之间这一相对结构的比例大致也是相等的，由此决定着双方交换的公平。

由交换原则可知，只有在此基础上，才会形成市场上作为一般等价物的媒介货币的流通条件（如当一种货币价值结构或购买力不能与市场上商品价值结构相一致时（物价飞速上涨或货币大幅度贬值时），人们就会纷纷抛出这种货币而囤积实物商品或转换使用其他的货币（实物商品价值是相对稳定的），这种货币的流通这时就会遇到阻力。当货币的价值很低或消失时，这种货币就会在市场上停止流通）。因此说，货币作为交换媒介在市场上流通，货币与商品之间具有共同的价值与价格结构和相等比例是货币流通的主要条件（实际中，两者完全相等的比例是很少的），货币媒介这时表现的是它的商品属性。

货币的媒介作用，在于它可以提高商品生产和流通的生产效率，节省生产要素资源，同时扩大商品流通的范围，以及促进社会分工与合作的规模。

货币方程式表明，货币的效率结构，反映着货币的价值与价格的相对关系，它决定着货币币值的大小，如果用坐标图形来表示货币中所包含的相对变量关系的话，它们则表现为一定时期内由投入产出变量相对变化形成的直线斜率的变化。

从宏观上，这一反映投入与产出相对变化的不同直线，则反映着一国的货币价值变化的特征，如用图形表示的话，其货币价值变化见图5-1。

图5-1横轴上表示：在一国社会商品生产过程中，单位时间内（或一定时期内）生产要素投入总量或总价格或总成本为：总工资率+总净利润率+总利息率+总折旧率和摊销率+总税率+中间产品或原材料成本流量，它表示单位时间内生产要素投入的货币流量，也等于单位时间内生产要素形成的价值产出流量和要素收入流量。

纵轴上表示：单位时间内由生产要素投入生产的商品总量。图5-1中的货币效率指数或斜率大小，则为由货币量值变量和产出变量形成的相对数值，也就是由货币表示的生产效率指数。这一指数大小反映着这一阶段内一国币值的大小。

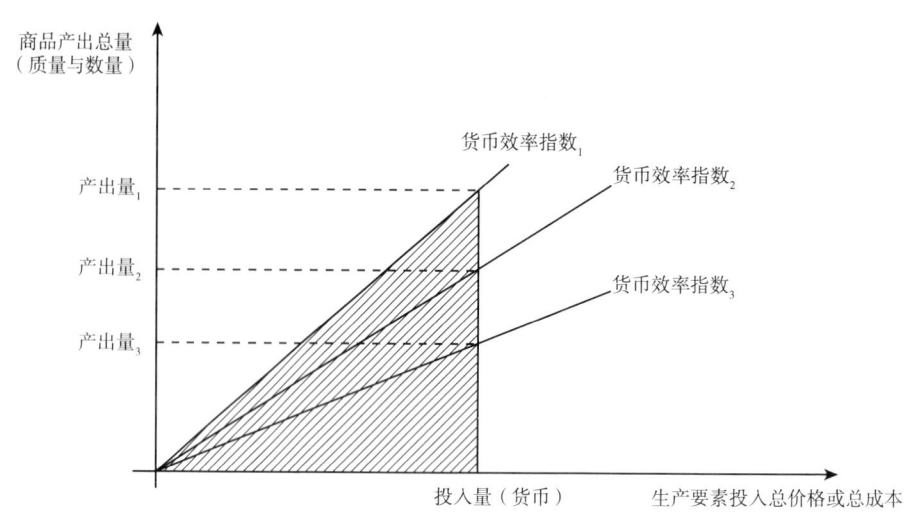

图 5-1 一国币值的变化曲线

在图 5-1 中，一条中线的斜率大约为 45 度角时，我们可设其代表的货币效率指数 2 = 1，表示这一时期生产要素投入价格与价值产出是相等的，代表价格与价值之间没有发生偏离，也表现为生产者和消费者之间谁都没有额外剩余，这时期内价值与价格之间的间隔为：价值量 - 价格 = 0（价值量 = 价格），表示市场上货币都是等值货币，商品价格表现稳定，是对供需双方都有利的交换状态，也是连续均衡的公平交换状态。

当货币效率指数 1 > 1 的情况下，它表现为一条斜率大于 45 度角的斜线，表明这一时期的价值产出大于生产要素投入价格，代表价值与价格之间发生了偏离，并表现为消费者剩余大于生产者的剩余，这时价值与价格之间的间隔为：价值量 - 价格 > 0，表示市场币值出现升值，与等值货币相比，货币有较强的竞争力（人们愿意选择这种货币投资），同时也可能会表现为市场物价通缩现象，是对于需求方有利的交换状态，这时消费者愿意消费其商品，它体现着自然界中的因果关系规律，就是当你尽力为他人提供最大价值的时候，你也会因此而得到社会的最大的交换回报。如果这时反映的是一国市场特征，那么，对于国外市场则应作出汇率升值的调整，以保证国内的整个市场的贸易收益不流失。

当货币效率指数 3 < 1 的情况下，它表现为一条斜率小于 45 度角的斜线，表明这一时期的生产要素投入价格大于价值产出，表示着价值与价格之间发生了偏离，并表现为生产者的剩余大于消费者剩余，这时价值与价格之间的间隔为：价

格-价值量>0,表示市场币值出现贬值,与等值货币相比,货币的竞争力较弱(投资者会放弃对这种货币的投资),市场可能表现为物价上涨现象,这时消费者则会减少市场商品的消费,同样,它也体现着和提供价值减少了的对应着的回报的下降,反映着自然界的因果对应关系。如果这时反映的是一国市场特征,那么,对于外汇市场则应作出汇率贬值的调整,以保证国外市场消费者的利益不受影响。

如果图 5-1 反映的是在一国同一时期的不同地区的生产情况,图形则反映着一国三个不同地区的货币效率特征,它们反映的是不同的货币生产效率之间的差别(图中为三条不同斜率直线),这时,三个地区竞争力与收入特征,也会依据货币效率表现为:货币效率指数 1 > 货币效率指数 2 > 货币效率指数 3(如果存在统一定价或运输方便的话,三个市场之间整体价格上不会出现较大差距,差距只表现在市场份额和销售收入方面)。

如果图 5-1 反映的是不同时期(如前年、去年与今年同一时期)的货币价值(购买力)的变化,时间顺序从 1—2—3。那么,图形表示着一国的币值从第一时期的货币效率指数 1,经历一个下降过程至第二时期的货币效率指数 2 并最终下降到第三时期的货币效率指数 3。这是一个反映着货币的贬值过程。它说明着这一时期内,在一国相同生产要素数量投入条件下,其产出效率是逐渐下降的,也如图中所显示的,横轴上的要素投入量没有发生变化,而纵轴上的产出量从产出量 1 下降至产出量 3 的位置。图中的三角形阴影面积的缩小变化也反映了产出量减少的变化,它形成的市场结果则表现为物价的逐渐上涨。

在目前经济发展过程中,在各国的生产、产出与分配都存在失衡的客观情况下,大多数国家的货币都表现出了逐渐贬值的特征,如用时间和币值为坐标来表示的话,这时的币值变化曲线则表现为(见图 5-2):

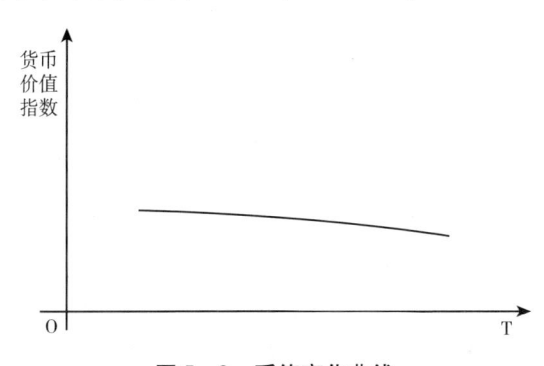

图 5-2 币值变化曲线

不同国家货币在市场上的表现特征，与以上货币结构图形描述的情况是相似的。不同的国家，由于不同国家之间存在的资源禀赋与生产力结构以及货币单位等方面的区别，从而使得不同国家市场的货币购买力以及国民收入与数量水平的表现特征都是不一样的（货币单位的大小对实际收入不产生影响）。

以上货币价值结构图中反映出的这些变化，直观地解释着一国货币的价值变化和引起对外汇率变化的客观原因，也代表着不同国家的货币供给曲线，它给一个国家的经济调整、出口贸易以及应对汇率的变化提供着决策依据，也给不同国家之间的货币交换提供着参考依据。

货币效率指数作为生产变量，它反映着一国的生产力水平。从宏观上，它形成于一国生产要素的投入产出过程，也反映着一国自然资源要素具有的水平，它所反映的生产关系与生产结构是客观的，也是真实的。因此说，这一生产变量，它能够为一国的微观生产和宏观经济的调控提供可靠的决策依据，也会给生产决策者或政策制定部门提供经济调整的具体措施，进而提高一国经济运行质量与效率，并最大限度地降低经济运行成本，成为促进一国经济稳定发展的主要参照变量和调控工具。

同时，货币效率指数作为反映一国币值水平的变量，通过两国之间这一变量的对比，由此形成的是两国之间的贸易汇率（将在第七章详细论述），这一指数因此是决定各国之间贸易汇率的基础变量。这一指数和商品市场上反映购买力的货币购买力指数、货币价值指数、货币指数、币值指数等所代表的含义和形成过程应是相同的，而与国际市场上通过不同国家货币汇率的测算形成的货币指数，如美元指数、欧元指数、英镑指数等则是有区别的，它们之间存在的这种差别，实际反映的是不同货币理论之间的差别，由此也决定了它们在表现内容和价值指示功能上的区别。

客观上，货币效率指数反映着一国货币特征，它也是决定着物价指数、汇率指数、实物平减指数等经济变量变化的通用指数，货币效率指数和这些指数之间存在的相互变化是引起和被引起的关系，货币效率指数是引起市场物价指数、汇率指数变化的主动性变量。

（二）货币作为价值尺度的表现特征

根据等价交换原则，商品之间的交换实行等价交换。但在现实中，等价交换不是随意就能实现的，它是需要一定客观条件的。例如，能够满足生产需要的要素供需均衡条件、生产效率的均衡条件、商品生产的充分竞争条件、商品供求均衡条件、市场秩序条件、价值与价格的一致性条件等。在实际生产中,这些条件有许多都是不能同时自然满足的。

在当今市场上,由于过去的经济学理论没能揭示出货币的价值与价格相对结构和投入产出效率之间存在关系的原因,这使得纸货币作为价值尺度变得徒有虚名,人们并不清楚价值尺度的内涵和衡量方法,价值尺度只是以概念形式停留在了书本之上,因此,在目前生产实践中,商品的价值衡量并没有得到具体体现。由于市场秩序与市场机制存在的问题,尤其是价值尺度这一衡量手段的缺失,它使得一国对于各种经济失衡的调节也变得力不从心,例如,对一些市场稀缺要素价格形成和要素收入分配等方面失衡问题的具体调节和措施的制定,总是让人们感觉到无从下手。客观上,在市场运行中,如果没有客观和适宜的价值尺度作为市场调节的依据,一国就不能自信地制定出能让社会公认的政策调节措施。事实表明,由于历史上价值尺度履行职能的缺失,它也使得在不同国家市场上,都不同程度地形成了商品交换的价值偏差,也伴随出现了的超出正常范围的不同程度的社会两极分化现象,同时也造成了社会形态和社会关系的严重扭曲。一般地说,在经济长期发展过程中,价值尺度是保障经济发展质量、市场运行稳定和避免两极分化的市场必要条件。

货币作为价值尺度,本质上,它反映的就是马克思的价值与价格相统一的交换本质,货币以其价值与价格的相对量结构作为价值尺度的标准来行使其计量职能。在生产过程,价值尺度代表着一国投入与产出之间的相对量关系和平均效率水平,它衡量并约束着每一岗位上的生产者、企业、政府部门投入与产出时的生产效率,反映着一国一定时期内的生产力水平,同时,它也衡量着每一要素的价格形成。在市场上,从需求角度,价值尺度也表现为货币的购买力。由此说来,价值尺度既是量度生产的标准,也是量度交换的标准。

因此,我们可利用价值尺度和效率量化指数,来衡量或评价一个企业、一个国家不同时期的经济运行状态。

如果这一指数是来自一个企业,那么,它就表示为:

企业的货币效率指数 = 产品产出总量(产品形态)/实现的总产值(总价格)

可以看出,这时指数的大小,则反映着企业提供的商品的性价比的大小。

如果它来源于一国的生产函数或一国的生产变量,那么,它就表示为:

$$货币效率指数 = 实际GDP(产品形态)/名义GDP(货币形态)$$
$$= 实际产出/全部投入 = 币值$$

这时,它反映着一国生产力水平,也反映着一国效率的平均水平,同时,反映的也是一国货币的相对价值结构，也就是货币的定性与定量的关系。反映在市场上，它将表现为一定时期的实际币值水平。因此，货币效率指数也可称之为货币购买力指数和货币价值指数。

由此可知，生产要素投入量与产出量相对效率和变化的一致性与稳定性是实现商品价值与价格相对一致性与稳定性的前提，也是价值尺度相对稳定性的具体表现。因此说，一国厂商与经济部门的生产效率实现与价值尺度规定下的一致性，是实现一国市场商品价格稳定的前提条件，也是实现一国经济质量发展的前提。

货币作为价值尺度，在生产阶段，它既衡量着要素的投入量，也衡量着要素的产出量，还衡量着要素的收入分配。在交换时，它既衡量着消费者的货币投入量，也衡量着消费者获得的产品价值量，即购买力大小。它促使着市场价值与价格之间交换的公平，并使价值向价格的转换不发生数量上的偏离，它提升的是经济运行的质量。

市场上的商品价格，是反映着全部要素价值的投入成本和加工费用的商品的供给价格，也是价值计量的货币表现形式。价值计量的本质是对生产要素投入量和要素产出效率的价值衡量过程，它是以货币的质与量的标准作为价值衡量尺度的，对价值的衡量是从生产要素的投入开始的，而不是从对产品的衡量开始的（注：对产品的衡量则是最后的衡量形式，但这时将无法改变投入成本或生产价格）。

衡量生产要素的投入产出过程，也是生产要素价值向货币价格转换的过程，由货币的效率结构可知，这种衡量表现为：一是要求每一单位价格要素的投入产出和一国的平均效率标准相一致，二是在此效率基础上，需要确定生产要素的投入总量。那么，由此开始的生产要素投入并形成的商品价值和价格，它们与货币的价值尺度标准也将是一致的，至此，也就实现了当价值尺度衡量商品价值时向价格转换并保障商品公平交换的目的。

货币作为价值尺度，代表的是价格标准，如同金币之间的交换，它是以货币中的含金量为平价尺度，而不是以金币的价格单位为交换标准。货币量纲结构表明，货币的存在形式在任何时点上都需是质与量的统一（或相对统一形式），当货币与商品交换时，它还包含着双方交换效率的统一。同时，它还有在生产或交换时间上一致性的规定，以及在生产或交换地点上的规定。

在市场上，货币的升值，意味着货币中包含的商品价值的增加，货币则会表现出较强的购买力，在一国之内，它给国民带来的是增加的实际收入与福利，是一国社会生产效率提高的结果，也表明劳动者投入了较多的有效劳动。在国际市场上，货币表现出的升值效应，它带来的是交换其他货币数量的增加，也表明货币汇率的提升，同时也会带来真实财富的增加。反之，就会出现相反的结果。

但在现实中，人们经常评价与关注的只是货币具有的购买力的收入属性，却常常忘记货币所代表的劳动耗费的投入属性（劳动凭证）。由前面分析可知，每一种货币都有着相对稳定的价值结构与交换关系，它反映着一国劳动投入与产出的以及相互交换的结构关系。它们存在于劳动与分配之间、货币交换之间、商品交换之间、货币与商品之间相互交换的各个方面。

市场上的货币，作为价值尺度，它同我国历史上用来衡量交换的容量单位"斗"的功能是相似的。如一"斗"粮食的尺度标准是由"斗"的容积标准（不同时期"斗"的容积会有不同）和所盛粮食种类或优劣构成的，以此作为获取薪水或俸禄的基本尺度和交换标准。

现实的货币单位可比作过去的一"斗"的容积，代表着一定单位的劳动量（价格），货币以包含的商品数量和过去一"斗"中所盛的粮食等内容构成了不同时期生产与分配的价值与价格的价值尺度。

容易看出，作为"斗"这种历史上使用的实际的衡量与分配工具，也说明着只凭货币工具（"斗"）自身是不能独立履行尺度标准和衡量职能的，还必须有货币的规定价值内容，就是需要规定"斗"中所盛"东西"的内容。因此说，货币是质量内容和价格数量的统一。

历史上，在我国一定范围时期内，劳动报酬的分配，经历过以"斗"为单位的粮食价值作为报酬分配的实物货币形式，现代社会则以货币取代了用"斗"发放报酬的形式。但价值尺度规定了价值单位的量的标准（货币单位），如同"斗"的容积，它代表着劳动者要素投入的数量。也同时规定了价值单位的质的标准（货币中包含的价值），相当于过去"斗"中盛的粮食，它是劳动者的产出标准（效率标准），也是劳动者的实际收入标准，同时也是市场上的交换价值标准（实物货币）。

货币作为衡量商品价值与实际财富的价值尺度，它具有一定的质与量相对结构和一定的价值与价格标准的价值计量单位，它不但衡量商品的质，同时也衡量商品的量，如同金属货币流通时期的金、银货币制定的价格标准，每一枚面额的金、银币都有相应的金、银含量的规定数量，这是对金属货币作为价值尺度制定的质与量的标准，也是为市场上商品的公平交换提供的衡量价值和价格的尺度标准。货币效率结构则是表现现代货币的价值与价格的结构形式，也是表现着历史上劳动分配的价值与价格的结构形式，同样也是各种形式货币的价值与价格的结构形式，市场上只要有货币存在，其货币结构组成也都会如此。

等价交换的市场原则，无论是商品交换、资产交换、货币交换、股票交换、信用交换等都是如此。价值的等价交换是商品交换的客观要求，只有实行商品的等价交换，才能使商品生产和交换正常进行，才能维护和实现各个生产者与消费者的利益平衡。

人类劳动与生产过程的物质属性，决定了劳动产品交换的物质性特征，劳动量的等价交换也体现在劳动者提供的劳动要素的等价性上，同样也体现在劳动价值与资源要素价值的等价性上。由劳动价值与资源要素构成的商品的客观效用价值，是劳动分工与商品交换的基本内容和表现形式，也是人类需求的表现形式。

价值尺度作为一定时期内的生产与交换（分配）的统一尺度，也是经济发展的预测工具，它不只在于对经济指标结果的测量和修正，主要的功能表现在对经济发展与预期目标的调整方面，也就是对经济运行以价值尺度为标准进行的调控和指导过程中，以便使经济运行始终不脱离正常的运行轨道，防止经济运行出现大的偏差或波动。

通过以上的分析，我们自然会明白，历史上英国经济学家李嘉图寻找的不变价值尺度，实际上，它是在一定时期和市场条件下，由一国生产投入与产出比例之间实现的相对稳定或增长，反映在一国货币币值上的表现特征，即当一国的货币投入不发生额外的变化，以及在一国的生产效率、商品产出和货币收入之间保持相对稳定或同步增长的情况下，货币购买力保持相对稳定的市场现象，这时期内，市场上的物价水平也会是相对稳定的。如果这样的市场状态持续时间较长的话，它给人们的感觉就好像是存在着一种不变的价值尺度，并由此才保证了市场物价的稳定。

实际上，这种市场现象的出现，只是由于市场货币数量和产品产出数量相对之间始终没有发生较大的偏离所致，或由于人们根据市场需求对生产投入进行调节所产生的货币结果，而不是由存在并独立于生产体系之外的某一不变的"货币"所引起的。

如果市场货币数量变量或产品变量发生改变并形成幅度不一致的变化时，就会使货币购买力或市场物价发生变化。这种现象的发生，不能说是在价值尺度的选择上出现了问题，实际上，这是由于市场上的生产与交换过程脱离了价值尺度的交换约束的结果。

对于这种市场状态，这时在用价值尺度标准去调节生产投入与产出的同时，还需要努力实现供需的平衡关系，以使市场物价保持相对的稳定。也就是说，在经济发展过程中，无论选择怎样的计量工具或价值尺度，即便计量工具或价值尺度始终保持不变，那么，随着实际中的生产条件和生产要素的变化，也会使价值尺度的要素结构发生相对改变，这将使价值尺度的规定标准和实际情况相脱离，同时会使市场交换中的商品和货币的相对关系发生改变，并使价值尺度不能再合理地履行其价值衡量的职能，这时，就需要对价值尺度的标准作出新的调整，才能适应市场上生产与交换的价值衡量需要。

我们已经知道，价值尺度的内在关系不是人为规定的，它反映着一国在一定时期内的生产效率与交换标准，也代表着一国货币的币值大小和货币标准。在不同国家和时期，它表现为不同的货币形式与购买力特征。在长期发展中，由于生产力水平和生产效率的提高，以及生产要素价格和收入水平的不断变化，这都会使一国生产的货币投入和产出量发生不同的相对改变，从而使一国货币价值标准发生变动，它反映的是一种客观的经济现象。根据货币方程式中的参数变量的组成可以看出，只有在满足了各相关变量稳定或不变的一定条件下，才能够实现价值尺度标准的长期稳定或不发生改变。但在现实中，实现价值尺度结构中参数变量的不变条件是无法做到的，尤其是在当今自然资源稀缺的条件下，更是如此。因此说，价值尺度的执行标准只是相对稳定的，长期不变的价值尺度标准是不客观的。

同样，在长期发展中，同一商品，其不变的商品价格也是不能存在的。但在短期内，货币作为一国的价值尺度，其价值尺度的标准应当是稳定的，一些商品的商品价格也是应当稳定的。

货币作为价值尺度，伴随人类发展经历了不同的表现形式，其要素的构成也是在不断变化之中。它反映着一定时期内一国生产力水平相对稳定和长期发展中生产力变化的客观规律。具体地讲，在短期内，它体现着一国生产效率与国民收入水平的相对稳定特征，在长期中，它体现的是一国生产效率与国民收入水平的相对变化特征。货币也是社会生产力发展的客观标志，是一国社会生产应遵循的尺度标准。因此，价值尺度在短期内的相对稳定和长期中的变化是符合经济发展的客观实际与发展规律的。

价值尺度反映着供需双方的交换关系与标准，代表着双方生产要素资源之间的相互交换，不难理解，伴随着两国货币之间的交换比例的不同变化，改变的也是两国商品之间的交换比例，由此产生的也将是两国资源利益的不同比例的转移。

货币方程式表明：每一生产要素都是构成货币的价值与价格的要素内容，只有当每一生产要素提供的效率在同期内都相等的时候，这时期的货币价值才会是稳定的或在一定市场范围内保持一致的。因此说，在等价交换的市场原则下，每一个劳动者、生产企业都需要根据自己的生产能力，规范各自的投入与产出和交换时的效率标准，并以此作为收入与分配的尺度和依据，这是实现市场交换公平和币值稳定的基本前提，也是货币作为价值尺度履行其职能的具体操作方式，同时也是提升与保持一国货币竞争力应采取的必要措施。

货币作为价值尺度，在生产与交换中，它时刻会不经意地发挥着价值尺度的衡量和调节作用，价值尺度就是通过调节投入与产出的效率关系而使商品交换和尺度标准相吻合的。

如果以文字来叙述价值尺度所表达的含义：它要求企业以一个单位货币的生产要素进行效率配置，来生产一个单位货币价格的商品，使其中包含或生成的价值与这一时期内的货币购买力相等。同时，它要求市场上的商品，每增加一个单位货币的价格时（包括金融产品），都需有相应商品价值的增长。每投入一个单位货币的要素资源或产品都需生产一样多的等价物商品，从而使消费者手中的每一单位货币都有相应的消费价值与它对应存在着，否则，就会形成不能等价的交换。同样，对于劳动者工资报酬（价格）的增长也是如此，劳动者每小时的工资报酬只能以和每小时实际产出一样的增长率增长，只有当劳动者每小时能够生产出更多的实际产出时，他们工作一小时才能够获得更多的工资报酬。否则，他们增加的工资报酬则将使其他人的实际购买力对应的减少。同样，其他生产要素的报酬的增长也是如此，也是需要在要素投入价值增长的基础上来实现报酬的增长，否则，在某些要素追求单边利益的时候，不但会使其他协同要素利益受到影响，也会使要素整体效率和收益受到影响。因此，在市场经济中，商品生产与交换的等价原则，它既体现着社会分工协作的生产关系、一致的效率和公平的制度，也反映着人类经济发展的客观规律。

四
金融产品的本质与价值结构

由生产函数可知，生产者在生产商品的同时，也在生产着作为商品等价物的货币。在现实中，货币在履行媒介与计量职能的同时，它也在扮演着金融资本的角色，这时的货币，履行的是它的价值储存、周转增值和投资职能。在一国经济和贸易的发展过程中，随着货币金融资本的不断积累，以货币形式的投资，无论从规模、范围、形式与内容上都在不断扩大，金融产业也逐渐成为一国经济发展的重要组成部分。

实体经济以实物产品生产与交换为表现特征，金融经济则以金融产品生产与交换为表现特征。虽然实体经济和金融经济所提供的产品在表现形式上有着很大差别,但它们的内在本质和价值属性则是一样的。金融经济是实体经济的表现形式,它以实体经济为基础并为它服务,但金融经济又具有着相对的独立特性,并以自身的生产方式创造着财富与价值。

一国金融经济的发展,依赖于实体经济的物质基础和社会货币资本的积累,金融经济发展的目的在于充分利用一国的货币资本,使之创造出更多的物质财富,并通过它在国内和国际市场上的投资获得财富的最大增值。事实表明,人们从事的各种生产或投资活动,无一不是为了追求物质财富的真实增长(事实上,当货币贬值到一定程度以后,人们就会抛弃货币这种财富表现形式,转而投向有形产品或资产)。

货币演变历史表明,商品等价物是货币的原始表现形式,货币是商品的等价表现形式,货币以实物商品为载体,金融产品则为货币价值的延伸表现形式,由此说,金融产品也是建立在商品价值基础之上的。无论是一般商品还是金融产品,它们都有着共同的本质,就是它们具有可以用来交换的内在价值,否则,它们就不能在市场上形成相应价格。金融产品和货币一样,它们都是以价值为基础的,如果没有了市场上的实物资本、商品与服务的价值基础,它们就会变为无用的空洞数字或废纸,这时,金融产品的经济价值就会像影子一样从市场上消失,金融经济也就没有了意义。

金融产品的生产、交易或投资,都是以生产者未来收益和投资者预期增值或投资收益为目的的。金融产品的定价,也是金融机构在某一时刻将金融产品对于客户的价值和预期收益用货币表现的形式,人们通过对金融产品的投资或交易将会带来新的收益或价值。金融产品的定价将直接关系到产品的销售业绩和金融机构的利润高低,同时,也直接关系着投资者的未来收益。

金融产品同实物产品一样,也是具有价值与价格结构和价值标准的。金融产品以货币为载体,它同样以货币尺度为尺度。在市场上,货币以自身的价格标准约束着金融产品的价格,使它最大限度地和一国经济发展水平与市场变量相一致。例如,在一定时期内与生产力水平相对应的市场存贷利率、货币购买力、汇率水平等。同样,这些生产与市场变量都不是随意形成的,它们应是与一国实际生产水平相吻合的,它们是市场交换或流通的尺度标准。当一国市场的利率、汇率水平、货币指数等价格或指标水平和本国实际水平相脱离时,在一定范围内,就会产生相应的经济或金融危机或引起市场物价的巨大变化,从而给一国经济运行带来巨大的风险和损失。

在国际金融市场上,随着不同货币体系的更替和出于本国利益和市场投资的需要，各国先后以不同形式设计出多种金融或指数产品，早期的如外汇期货、美元指数期货。随着世界经济的发展，各种金融产品不断涌现，如目前市场上的黄金、石油、贵金属产品、有价证券、期货、期权等各种交易产品。在当今市场上，美元指数是国际市场上最早反映货币属性的货币指数，从诞生那天开始，它也就时刻反映着美元在外汇市场上的强弱变化。

伴随着金融市场的动荡与变化，各国也经常面临着如何对金融市场上出现的各种问题进行调控与政策引导的问题，在现实中，由于国际上始终没有形成一个正确、完善和统一的货币金融理论，这样，就使得各国在金融政策的制定和实施方面不能达成一致，这不但增加了市场调控的盲目性，同时也降低了货币政策调控的市场效果。

在市场上，对于人们比较关注的指数产品，像反映着商品购买力的货币指数和用来投资预测的货币指数，首先从货币理论上讲，过去对它们给出的各种解释都是混乱和不准确的，这些指数产品与反映的对象之间也不是吻合的，以至于这些市场指数并不能给消费者或投资者提供精确的参考价值。这些现象，反映着市场上关于金融产品的本质内涵、价格标准、产品结构等方面存在着的一些认识上和理论上的问题，也是由于这些基本问题的存在，也使得一般金融机构无法向市场提供具有较高质量的金融产品，并引导投资者进行正确的投资和理财。

另外，在商品市场上，贸易汇率作为反映不同国家货币之间交换的标准，它是两国货币购买力的相对比价，本质上，它反映的是两国贸易商品价格之间的交换比率，它也是两国实际经济变量的国际市场表现。但在实际中，两国贸易汇率则被金融市场汇率替代了，客观上，在贸易汇率与金融汇率之间，存在着构成变量之间的差异，它们分别代表的是商品市场和金融市场上货币之间的等价交换关系。当我们不分是非地随意替代或不能够准确地将它们区分时，就会带来不同市场上货币兑换的混乱与风险，主要还是会对商品贸易之间产生的不利影响。

如何降低金融产品的投资风险，做好市场金融产品的监管工作，维护市场投资者的合理利益，从客观上讲，只有当我们揭示了金融产品的本质并依据正确的经济数据变量进行投资和决策时，才会使一国的生产者或投资者在金融市场上的投资经营活动变得更为精确，金融市场运行质量才会更高，投资风险才会更小。

作为货币金融理论，首先应是符合市场实际的，它是反映着金融产品生产与交换规律的基础理论，也是对商品价值结构向货币价值结构转化的理论解释（即由货币的统一价值形式向相对价值形式过渡的过程）。

在金融市场上，作为论述货币的金融理论，它应当为金融市场上的投资活动，提供出能够反映实体经济和金融经济运行变化的理论依据，成为指导金融实践的理论操作工具，并帮助广大投资者与金融机构在金融市场上更好地开展金融投资活动。

五

金融产品的生产与交换

金融经济的具体表现，反映在金融产品的生产与交换上，这一过程表现为：生产要素投入→产品产出→交换

可以看出，金融产品与实物产品的生产过程是一样的，但它的交换过程却是顾客的投资过程。所谓金融投资，我们可描述为，人们通过金融产品投资来寻求价值增值的过程，通俗地讲，也是产品低价买入和高价卖出的增值过程，目的都是希望由金融资产投入带来增值收益，如存款目的在于获取存款利息，贷款目的在于取得利息收益，投资有价证券在于获取股息收益，外汇投资也是如此，无论哪种投资形式，它们都是在以不同方式增加着个人、部门或国家的资产存量和物质财富的增长。

以金融产品生产与交换为表现特征的金融经济，其所依据的生产要素与实体经济投入基本上是一致的，一般金融产品的生产，主要表现为：货币资本和人力资源投入，而固定资产及设备投入比例相对较少。产品最终通过对投资客户的服务过程来完成。

当用生产函数来描述金融产品的生产过程时，金融机构生产的一般金融产品的价值，可用生产函数表示为：

$$V = 货币效率指数 \times (1 + nR) \times Q$$

等式中，V——反映着商品价值产出；R——反映着金融机构生产的金融产品为投资者或客户提供或创造的利息率或预期收益率；n——反映着金融产品服务或产品投资的时间期限；货币效率指数——这一货币指数在这里包含着两层含义：它直接地反映着金融机构生产的货币效率特征，也隐含地反映着某一单位投资货币的币值大小。当我们知道了这一指数包含的内容，也就明白了一国币值变化会对金融产品投资产生影响的原因，Q——代表着投资者或客户投入某一货币的货币数量；(1 + nR)——代表着金融机构使用一单位货币资本投入实现的价格总产出，1 为货币资本价格，nR 为新增价格或新增收益，其中包含着给投资者带来的收益或价格。

可以看出，这一生产函数，反映着一般金融产品的生产与货币增值过程，也反映着金融产品的价值与价格结构，还反映着金融经济与实体经济之间的相互依赖和相互作用关系。同时表明，市场上金融产品的价值是建立在一国货币购买力之上的，它与一国经济变量是联系在一起的，并时刻会受到一国经济形势的影响。同时，它还反映着金融机构通过各种营销手段向客户提供着金融服务，它也是在最大满足客户需要和欲望的过程中，实现金融机构自身利益的目标行为过程。我们也可称其为一般金融产品的生产函数，这一产品结构也是形成市场各种金融衍生产品的基本结构，如汇率类产品、指数类产品等。

产品结构与组成要素变量是金融机构生产和客户投资需要的参考依据。如外汇产品，它作为一种金融合约，其价值则表现为一种或多种基础资产或价值指数形式，也会表现为货币购买力形式。由生产函数可知，一种金融产品的基础价值是由某一货币本金和利率的即期收益构成的，而产品未来的投资价值，在国内市场上，它会通过时间价值和利率因素共同反映出来。在国际市场上，金融产品的投资价值会从币值与利率和时间变化时而形成的收益中反映出来。

金融产品的销售或投资对象主要为市场上的个人投资者、厂商和机构投资者，其销售范围主要为本国市场和国际市场。

通过以上分析，我们对金融产品本质、结构、生产、销售、投资会有一定的了解。下面几节，我们将根据金融产品的生产函数，来构建反映金融市场上关于货币、债券、股票、汇率、期货等金融产品投资价值的产品指数模型，这些反映着金融产品的价值结构与内容，将会影响或决定着金融产品的价格与变化。它们作为产品价值投资的参考模型，同时也是货币资产的定价模型，并能够帮助投资者发现货币资产价格或价格变化的趋势，为市场上货币、外汇、债券、利率、期货、期权、美元指数等金融产品的价格走势预测，以及提升金融产品投资或决策的成功率水平，提供着理论性指导依据。（注：对于反映黄金、白银等贵金属在市场上的投资以及大宗商品投资的价格变化模型，我们将在第六章内容中做详细论述）

六

货币产品的投资价值指数

在金融市场上，以某一货币、货币指数、利率为投资对象的金融产品，如储蓄与贷款、外汇现货，外汇期货，指数期货等，它们代表着市场货币产品的主要品种，它们也是我们较为熟悉的投资品种，无论其名称或形式如何，它们所反映的货币投资的属性是一致的，它们都是货币在不同时间节点上的价值表现。

由金融产品的生产函数可知，任何以货币为投资标的的金融产品和价值结构，它们都会从一般货币结构并包含着利率、时间期限、投资数额等变量的金融产品结构中反映出来。每一种货币金融产品，它们既反映着本国商品市场上购买力的货币特征，也会反映着金融市场上的投资价值的货币特征。

这样，对于市场上作为投资产品的某一货币具有的投资价值，我们都可以用金融产品生产函数的指数形式来表示，也就是说，某一货币产品的投资价值都可表示为：

$$货币指数（金融）= 货币效率指数 \times (1 + nR) \times Q$$

对此，我们称之为金融货币指数公式，它也是反映货币价值的投资公式。这一公式，给出了某一货币产品具有的投资价值及价值形成的理论依据。由此可见，一种货币的投资价值是由商品购买力价值与金融服务和收益价值增加共同构成的价值总和，服务和收益价值是通过银行或金融机构提供的产品服务或利率或收益率产生的收益体现出来的。

在本国市场上，银行部门以提供的产品服务和收益价值两种形式增加了单位货币的购买力价值，其中增加的收益价值，也就是由资本利率 R 和投资时间 n 带来的对货币价值的增值率，即为：$(1 + nR)$，它体现的是货币的升值效应。这种货币投资价值的升值，在一国金融市场上，它一般表现为货币买入价（或储蓄）与卖出价（或贷款）的差价收益，在国际市场上，也会产生于汇率的升值，即源于现期汇率与远期汇率的差价收益。

对于货币指数（金融），为了评价和预测这一金融货币指数在不同时期的价值变化，我们需要知道反映其中货币效率指数的初期或基期价值水平，以及与它同期的市场利率的具体数值，为此，对于某一基期的货币效率指数，我们需要对其进行测算，并表示为：货币效率指数 0，为了对比上的方便，我们把基期指数换算为整数，并用 1 或 100 指数形式来表示，它代表货币在基期以 1 或 100 表示的价值足值水平或强弱分界点。其他相对于基期的货币效率指数，可表示为：货币效率指数 t。如用坐标曲线来表示这一金融货币指数变化的话，我们可用图 5 - 3 表示。

在图 5 - 3 中，我们把某一时期的金融货币指数用金融货币指数 1（图中斜率最大斜线）来表示，其他时期的金融货币指数则用金融货币指数 2 或金融货

经济学原理通论

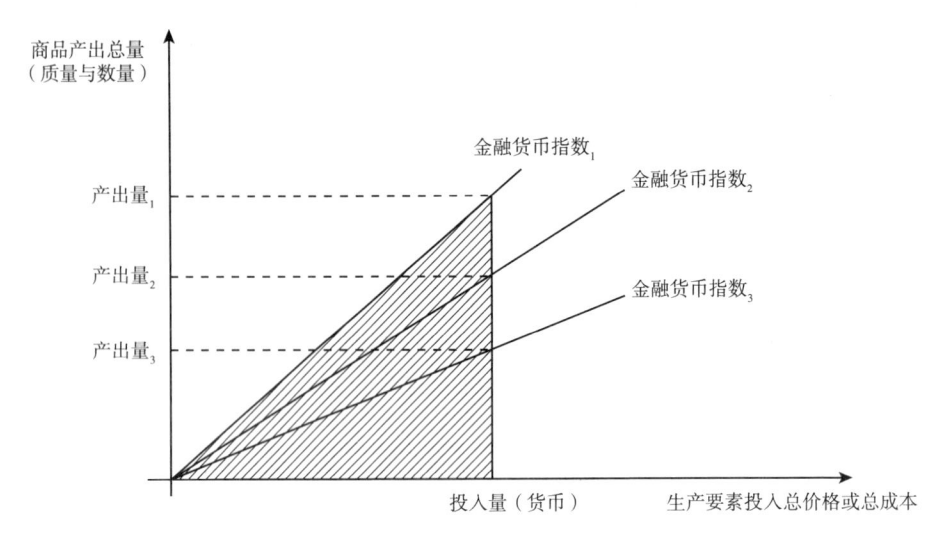

[图：金融货币价值指数变化曲线，纵轴为商品产出总量（质量与数量），横轴为投入量（货币）/生产要素投入总价格或总成本，显示三条不同斜率的指数斜线：金融货币指数₁、金融货币指数₂、金融货币指数₃，对应产出量₁、产出量₂、产出量₃]

图 5-3　金融货币价值指数变化曲线

币指数 3 来表示，可以看出，对于图中具有不同斜率的指数斜线，它们的函数等式都可表示为：

$$货币指数(金融) = Q \times 货币效率指数 \times (1 + nR)$$

由上图和函数等式可以看出，每一指数斜线的斜率大小，都是由货币效率指数和 (1 + nR) 共同决定的，同时可以看出，构成函数等式的货币效率指数或 (1 + nR) 变量的量值则是变化的，由此可知，在金融市场上，一种货币在不同时期表现的投资价值也是变化的。

通过以上分析，可以看出，金融货币指数公式，也是反映金融市场上货币价值变化的一般表达式，它既反映着市场货币购买力的变化，也反映着市场利率对货币投资产生的收益变化，同时，它也反映着一国实体经济形势的变化，以及市场投资的收益变化。

同样，这一金融货币指数公式，反映着金融机构提供的储蓄产品的价格结构，它也是反映市场金融产品的一般价格结构。同时，它还是商品期货价格结构中的组成结构变量，反映着一国货币或金融产品对内和对外的价值与价格水平，它为一般金融产品的定价提供着内在的价值依据。

这一金融货币指数的大小，反映着由这一金融产品投资带来的价值增值大小，同时表明，一种单位货币在国内金融市场上表现出的投资价值，就是由这一单位货币在某一时点上存储或被出借时的本金与利率或收益的和并与币值指数乘积的大小。

因此，这一货币指数结构，也为货币产品投资的价格预测提供了具体方法。在金融市场上，这一金融货币指数的大小与变化，反映着这一产品同方向的价值变化和未来收益，由此说，这一金融货币指数，也为金融市场上的许多货币产品投资提供着投资、决策、对冲操作等方面的参考依据。

由金融货币指数公式，容易看出，当货币效率指数（币值）或利率逐渐走高的时候，金融货币指数就会升高，表明货币产品投资价值出现了上升的趋势，这时，预示着它将从市场上吸收更多的投资，价格也将会走高，并会给投资者带来收益增长的机会。

以上指数公式表明，在金融市场上，货币的投资价值和市场利率、市场需求与货币购买力存在正比率关系，利率增量会形成一个附加给每一个单位货币购买产品的增加量，它与货币购买力、产品服务、供求因素等这些变量共同决定着货币的投资价值与货币的汇率及变化趋势。

当然，如果一个人不把钱存入银行或进行投资，也就是利率收益：$R=0$，$(1+nR)=1$，这时，这个人手中一单位货币（$Q=1$）具有的价值可表示为：

$$货币指数(金融) = Q \times 货币效率指数 \times (1+nR) = 1 \times 货币效率指数 \times 1$$
$$= 货币效率指数 = 商品市场一单位货币的购买力$$

这是由价值投资公式对一些日常现象的解释。现实中，货币指数（金融）的市场表现，并不会因为利率的增长就一定会使货币指数（金融）所代表的货币的投资价值增加，相反，也不一定会使货币的投资价值下降。从货币指数（金融）中可以看出，如果货币效率指数（币值）下降的幅度大于利率增长的幅度的话，最终还是会使反映投资价值的货币指数（金融）出现下降，这时，它表现为投资者收益（或储蓄实际收益）小于由于物价上涨带来的货币损失，这样，人们对于这种货币产品的投资欲望就会下降。反之，则会出现投资意愿增加的市场效果。另外，从货币指数（金融）中，还可以看出，由一国较高利率引起的一国货币指数（金融）的增长，在未来将会形成利率较高的货币对利率较低的货币汇率的远期贴水，反之，将会形成汇率的升水。

这里需要区分的是，对于反映购买力价值的货币效率指数和反映投资价值的货币指数（金融）两个指数之间存在的差别，这两者之间，它们的价值结构是不同的。货币效率指数反映的是一国生产要素投入与产出的效率，它决定着一国货币的购买力，它反映的是等价物货币的特征。这时，货币具有的购买力在对象和范围上是没有选择性的，货币在市场上，它不分老人与小孩，也不分职业的差别，货币无论在任何人手中，相同数量的货币都可通过商品交换获得相等价值的商品。

货币指数（金融）反映的是货币投资价值，它只是对参与投资的人（或储蓄者）才会产生货币升值的机会。也就是说，货币指数（金融）反映的是由参与资本投资或套利活动而获得的收益增加的价值，它只是属于部分群体的，是一种由投资产生的价值。

在市场上，货币作为媒介交换商品时，货币发挥的是一般购买手段和职能，获取的是等量使用价值。货币作为资本投资时，用它来购买和支付的目的是为了谋取新的更多的财富，生产者或金融投资者将人、财、物结合起来形成资本组合，通过投入带来新的利益收入和价值增值。

在实践中，假如美元指数构成变量是源于美国实际经济变量并以此形成了现在的美元指数，那么，在某一时点上，美元指数的结构，我们可以表示为：

$$美元指数(金融) = 货币效率指数_{美} \times (1 + R)$$

由以上分析，我们会相信，这时的美元指数，它会如实地反映美元产品的投资价值，也就是金融市场上相对于某一时期的美元购买力与市场利率水平的美元投资价值。同时，它也能够反映出美国实体经济的生产要素投入、生产能力与实际货币购买力的变化，也能够更为接近地反映金融市场上资本投资、博弈以及美元指数这一金融产品价格的变化趋势。

而目前的美元指数，它早已不是表现期货的那个指数，也不是能够反映美国贸易形势和货币购买力变化的经济指标，它只是在似是而非地反映着美元币值与美国经济的变化，实际上它是金融市场上的投资性工具。确切地说，美元指数无法给实体经济提供较大的实质性的参考价值，因为，在金融市场上，影响着美元指数变化的投机与博弈变量，是在美元指数结构之外，并没有包含在反映着购买力的美元指数之内。

在如今，对于市场美元汇率走势的调整，美联储所采取的措施，许多时候都是使用利率的调节方式，而不是通过调节经济结构、生产方式或要素投入使之向有利的方向转化（客观上，人们并不清楚哪些是影响汇率变化的实际生产变量）。通常表现为，当美联储希望让美元指数在市场上以一定的目标变化时，它们就会出台提升或降低利率的货币政策来促使美元指数向预期方向变动，也就是通过货币量化宽松的货币政策来调整美元指数或汇率的变化。

例如，当美元汇率走高的情况下，美国国内的一些制造业等出口企业有的会出现利润受损、出口规模下降现象，出口竞争力随之减弱。这时，美联储便可能调低利率"R",增大美元供给力度,促使美元指数下行变化,借此降低贸易商品出口价格,改善出口供求关系,从而保持出口企业的竞争力。但是,伴随这种调整方式带来的市场上的货币宽松,许多时候也会促使美国市场物价上升。由于美元在国际市场上作为主要货币给产品标价的原因,这时的美元贬值,也会引起国际市场上一些大宗商品的价格上涨。由此可知,货币与财政政策对经济发展的实质调整作用是有限的,它们的调控作用有时还是负面的,因此说,一国的政策措施对于一国经济的调节作用有时是有限的,并不会起到决定性的促进作用。

这里,我们仍以美元指数(金融)为例,来继续分析在一国经济实践中,如何利用货币指数(金融)的结构模型,来调节一国的货币指数(金融),以实现经济发展的市场预期目标。由美元指数(金融)公式:

$$美元指数(金融) = 货币效率指数(购买力指数) \times (1+R)$$

我们知道,如果这一指数源于美国的实体经济,那么,它反映的就是美国生产要素投入与产出效率。这时,如果美国实行货币量化宽松政策,那么,由此形成的只是使货币贬值的市场效果,而对于美国的实体经济、汇率竞争力和出口贸易并不会产生积极的长期有效的促进作用,因为,这些货币政策并不能改变一国货币的本质结构和产品的市场竞争力。我们得出这样的结论,从证据上讲,它的依据是什么呢?

为了回答这一问题,我们利用货币指数(金融)并结合生产实际,来做深入分析,货币指数(金融)如下:

$$\begin{aligned}货币指数(金融) = &\ 全要素价值生产率(产品产出流量)/(工资率流量 \\ &+ 净利润流量 + 利息流量 + 折旧率流量 + 摊销率流量 \\ &+ 税收流量 + 中间产品和生产费用等成本流量) \\ &\times (1+R)\end{aligned}$$

我们知道,这一指数反映着1单位货币在一定时期内的币值水平和发生的变化,也反映着一国货币的内在品质。我们从中也会发现,影响和决定着一国货币价值或购买力的生产变量主要有:生产率指标、质量与技术水平、工资率水平、就业率指标、开工率、原料价格、利润率、折旧与摊销率、利率水平、税率水平、资产规模、汇率水平、资源禀赋条件等要素和投入变量。除去这些变量以外,像其他一些对货币产生影响的因素还包括公平、诚信、道德等表现社会价值的指标,它们都会对一国的币值水平产生直接或间接的影响。其中,在这些变量指标中,如生产率、质量与技术、汇率、资源禀赋、公平、诚信、道德等价值指标,它们都是与货币指数保持同方向变化的变量,它们每一变量的提升都会产生使币值增加的效果。而其他变量指标，如工资率、原料价格、利率、利润率、折旧与摊销率、税率则是与货币指数保持相反方向变化的变量，它们每一变量的增加都会产生使币值减少的效果。而就业率指标、开工率、资产规模指标对币值的影响则表现于中性并存在着提升币值的效果（它们是投入变量，同时也是产出变量）。对于以上这些生产要素价值与价格变量相对于货币指数的结构关系和货币币值可能产生的影响，当我们了解并认识之后，我们就可以根据实际中这些变量和市场币值的变化，对它们进行调整以实现稳定或调整币值的目的。从客观上讲，只有对于以上这些生产要素、质量内容与结构的调整才是改善与提升一国货币指数质量和目标的正确方式，也是提升一国货币竞争力的最终有效方式。而单纯的货币政策改变的只是市场需求，并不能改变或提升货币的价值本质。

在市场上，除美元以外，我们还面对着另一种国际性的投资货币，它就是欧元区国家目前使用的欧元货币，欧元与美元虽然都是国际性货币，但欧元与美元之间又有着一定区别，因为欧元又是一种实质性的区域国际货币，这里，我们根据货币结构与要素构成及变量的变化，来分析欧元货币的价值特征与宏观调控方法。

作为欧元货币，它是在不同国家基础上形成的国际性统一货币，根据以上金融货币指数的一般等式，我们对各成员国使用欧元货币的入围条件与投资决策进行简单分析，在金融市场上，我们把欧元货币表示为：

$$欧元货币指数 = 全体成员国平均货币效率指数 \times (1 + R)$$

我们知道，货币统一的本质，就是生产效率的统一。每个国家对一种货币的选择，也是对一种生产效率标准的选择，也就是对收入与效率对等性的同时选择，欧元区各国选择了统一的欧元货币就是如此。

由此说，欧元区的货币统一，它意味着成员区各国需要在生产上以相同的货币效率产出为前提，生产效率的统一是实现货币长期统一的基础，这也是外围国家使用欧元货币的入围条件，也是货币尺度的市场约束条件，不具备或不能满足这一基本条件的国家将不利于在统一市场上参与竞争。

具体地说，每一进入欧元区的国家，都需要根据各自的生产力水平，在收入水平和工作效率上做出一致的选择，两者不能出现偏颇，货币结构告诉我们，每个人的收入高低取决他的效率水平。无论国家先进与落后，收入水平都需要和它们各自的生产效率相吻合，一个国家想要提高社会收入水平，它必须提高社会生产效率，否则，都会使一国的实际汇率（币值）发生改变，也不会实现提高收入的目的。

事实证明，在过去，欧元区国家并没有把握好货币统一的尺度关系，并在很大程度上脱离了这种尺度关系。另外，一些国家并没有将经济结构和生产能力调整到应有的水平，从而也就使成员区内币值上的差距始终是存在着的，因此说，在表面上，欧元区各国实现了货币的统一，实际上，各国远没有达到生产效率上的统一。目前的发展状况，并不是欧元区各国预想的结果，它们的期望是寄予欧元区以后的持续繁荣。客观上，这种愿望是和一国生产力的提升同步实现的，否则，这种货币统一是不稳定的。

以上分析，既是对市场某一货币价值进行的如何调整的分析，也是对货币价值可能出现的变化而进行的投资分析。同时看出，一国货币竞争力取决于实际货币效率增长和要素构成变量质量的提升，它们才是决定一国币值变化的有效变量，也是影响金融市场上一国货币走势的内在变量。作为一国的企业或决策部门，都可根据发展目标并利用货币指数结构对经济要素或变量进行针对性的调整。

无论是在有管理的汇率还是浮动汇率体制下，一国货币效率指数相对于基期的变化，都是决定一定时期内汇率供给或浮动的依据，在此基础上，一国对于市场上汇率的变化，都可根据货币结构中的组成变量与相互关系，通过对实际经济中的对应要素或变量进行调整而达到预期的目的。

我们知道，美元在国际货币市场上占据着最大份额，同时，美元指数存在着先天不足的功能缺陷，这使得它并不能真实地反映和表现美元的本质与属性，人们也不能借助它来准确地预测美国经济和金融市场可能发生的变化。实践证明：一个提供给市场参考的经济变量，如果这个变量的形成不是源于生产实践的数据，那么，这个经济变量给投资者带来的结果必然包含着赌博的性质，目前美元指数的表现就是如此。

尽管美元指数存在着许多不足之处，但由于历史的原因，美元指数作为期货产品，早已在金融市场上占有了一席之地，对于这一个影响着世界经济与变化的期货指数，只有当我们了解了它的内在结构和变化规律的时候，我们对于大宗商品价格走势的分析和判断，才会把握和预测得更为准确，才会提升市场投资的成功率。

在市场上，市场投资者可以对照以上美元指数（金融）的结构和市场需求，来预测与判断市场上美元的走势，以此来弥补目前美元指数存在的不足。而对于欧元的投资，相对于美元走势的预测来讲，它还存在着更多的经济因素以外的其他影响因素，例如，每一个成员国的国内经济、政治或与周边关系的因素，都会对它们使用的欧元产生影响，也都会影响着欧元投资者的预期收益。

以上，我们结合美元指数和欧元货币对货币的价值投资进行了分析，而对于其他国家货币的投资价值分析也是如此。总之，作为反映货币投资价值的货币指数（金融）公式，为我们提供了进行货币投资分析的量化模型，它也是金融市场上开展一般金融产品投资、分析与决策需要的基本工具，它也为市场上的汇率、利率、期货等其他金融产品的走势预测和投资价值分析，提供着可操作性的理论依据。

七
债券产品的投资价值指数

债券是一种金融契约，是一国政府、金融机构、工商企业等向国内或国际社会借债筹措资金时发行，同时承诺按一定利率支付利息并按约定条件偿还本金的债权债务凭证。这里，我们以一国发行的国债为例，来分析债券的价值结构和变化特征。

债券同样是金融货币的存在和表现形式，无论如何变化，其最终表现的还是货币形式的购买力或收益率的变化。在下面，我们所构建的债券价值指数模型，也是反映债券价值与变化的函数结构等式，其目的，是给投资者提供债券投资的工具，使他们能够根据债券产品的要素变量与价值结构就可以预测一国发行的债券的未来价值及变化趋势。

国债是为一国政府发行的由货币转换的具有时间价值的票据或证券的政府债券，它也是建立在一国货币价值和利率收益基础上的有价的金融货币，也就是说，国债债券的价值也是依托于一国货币生产结构即一国货币效率指数与利率构成的交换价值基础之上的。

由于国债债券在金融市场上具有不同的时间价值，也使得一国的国债债券具有了市场投机或投资的价值功能，它一般表现为短期的投机交易和中长期的趋势交易。在交易市场上，如果投资者预计未来某一国债期货价格将上涨，就可以在当前价格低位时建立多头仓位，等价格上涨之后通过平仓获利；同理，如果预计债券价格将下跌，则可以建立空头仓位，等价格下跌之后平仓获利等。

无论投资者是谁或者如何操作，其基本原则都是在预期未来国债价值变化的基础上进行买卖操作的，国债价值的变化趋势是人们投资判断与操作的风向标。因此，确立一国国债债券价值构成的函数公式也就为投资者提供了决策的实践依据。这里，债券的面值也是它对应币种的面值，表明债券也是货币价值的另一种表现形式，即货币债权的表现。根据以上的金融货币价值公式：

$$货币指数(金融) = 货币效率指数(货币) \times (1 + R)$$

可以看出，当等式中利率 R 代表某一国债品种的固定利率时，它表示为 $R_{固}$，在一定时期内市场利率与市场物价稳定的状态下，这时的货币指数（金融）则就代表着这一国债产品一个单位货币国债的价值，也就是由单位货币转换的具有相同面值的债券价值等式，这样，一种国债债券具有的投资价值，则可以表示为：

$$国债债券的价值 = 货币效率指数 \times (1 + R_{固})$$

在等式中，货币效率指数——是由债券形式表现并代表的一个单位货币的购买力（债券价值以货币价值为依托），它反映着单位货币具有的币值大小，$R_{固}$——国债固定利率。

等式表明，在债券市场上，单位债券表现出的投资价值是指一相同单位面值货币在投资债券以后，在市场货币购买力与国债利率水平共同作用下，这一债券价值可以实现的增值幅度，决定着债券的投资价值，它直接影响着这一债券投资的市场转让价格或未来受益。

由以上公式可知，这时的市场货币价值和债券利率水平，它们共同决定着市场的国债价值和价格水平，国债市场价格与国债投资价值成正比例关系。在债券市场上，债券价格的变化，在本质上反映着债券价值的变化趋势。由于以上 $R_{固}$ 作为债券固定利率的原因，因此，以上这一国债债券的价值公式，也反映着债券的具有的绝对价值水平。同时，债券投资由于会受到市场上其他证券投资的利率或收益变化的影响，这样，也就会使债券在市场上产生债券投资的相对价值变化，从而影响人们对国债债券的投资行为。

例如，在某一时期内，市场利率发生了变化，它会使得债券价值发生和利率变化方向相反的变化，从而引起市场上债券的价格发生和国债价值相同并也与市场利率变化相反的变化。下面，我们以 R 来代表市场利率，由于市场利率 R 变化会使国债收益率发生相应的并相反的改变，其相对变化率为 $(R - R_{固})$，由于其相反的作用，所以这里以负数表示 $-(R - R_{固})$，这时在债券市场上的单位货币转换的国债债券价值等式就变为：

$$国债债券的价值 = 货币效率指数 \times \{1 + (R_{固} - (R - R_{固})) \times n\}$$

或：

一定数量的国债债券价值 = Q × 货币效率指数 × $\{1+(R_{固}-(R-R_{固}))\times n\}$

n——为持有国债债券期限，Q——持有国债债券数量。等式中，反映着债券价值变化的因果关系，通过这一等式，投资者可以发现债券市场上债券价格的预期变化，它也是反映着国债投资的函数公式。

这一函数公式反映着国债投资在一定条件下，可能给投资者带来的收益，也反映着给投资者可能带来的风险损失。可以看出，国债债券价值指数的现期水平或预期的变化，将会为投资者提供国债债券投资买入或卖出的决策依据。

如果市场利率 R 和债券的固定利率 $R_{固}$ 相等时，则有 $(R-R_{固})=0$，这时，等式则为：

$$国债债券价值 = 货币效率指数 \times \{1+(R_{固}-0)\times n\}$$
$$= 货币效率指数 \times \{1+R_{固}\times n\}$$

当市场购买力（货币效率指数）也不会变化的情况下，这时的国债债券的投资价值则等于在市场金融部门储蓄投资的价值，国债投资预期也不会发生变化，表现的只是货币的利率时间价值。

如果市场利率 R 发生增长的变化，即有 $(R-R_{固})>0$，$-(R-R_{固})<0$，这样就会产生使国债债券价值和价格下降的趋势，因为，这时的国债债券价值：

$$国债债券价值 = 货币效率指数 \times \{1+(R_{固}-(R-R_{固}))\times n\}$$
$$< 货币效率指数 \times \{1+R_{固}\times n\}$$
$$= 国债发行时的价值$$

可以看出，如果这样的话，由于国债投资价值的降低，就会使国债的市场价格下降。

如果市场利率 R 发生下降的变化，即有 $(R-R_{固})<0$，$-(R-R_{固})>0$，这样就会产生使国债债券价值和价格增长的趋势，因为，这时的国债债券价值：

$$国债债券价值 = 货币效率指数 \times \{1+(R_{固}-(R-R_{固}))\times n\}$$
$$> 货币效率指数 \times \{1+R_{固}\times n\}$$
$$= 国债发行时的价值$$

可以看出，这时，由于国债投资价值的增大，就会使国债的市场价格也随之上升。

另外，当一国市场上货币购买力（货币指数）发生上升或下降的变化时，由国债价值函数公式可以看出，这时的国债价值与市场价格则会产生同方向的变化，并由此给国债投资者带来相应的收益。

国债债券作为一种金融投资产品，它与投资银行储蓄有着相似的价值收益，它们都会直接体现在由利率产生的收益上面，同时也都会受到由市场物价变化影响而带来的收益变化。从结构上讲，以上的国债价值函数公式也是银行储蓄投资的收益公式，例如，由国债价值函数公式：

$$国债债券价值 = 货币效率指数 \times \{1 + (R_固 - (R - R_固)) \times n\}$$

可知，当 $R_固$ 变为市场的银行储蓄利率 R 时，即 $R_固 = R$ 时，函数公式则变为银行储蓄的收益公式，即：

$$单位货币储蓄收益（最终购买力） = 国债债券价值$$
$$= 货币效率指数 \times \{1 + R \times n\}$$

在现实中，作为每一个在银行进行储蓄投资的公民，都可以直接利用这一储蓄收益公式来计算和判断自己实际获得的收入（购买力）。因为，过去的计算资本投资收益的公式（单利）：$S = P \times (1 + R \times n)$，它只是反映了利率或变化带来的收益，并没有考虑币值本身变化而产生的实际收益上的变化。虽然人们也可以通过近似的公式来计算，如存款实际收益 = 本金 ×（利率 – 通胀率），来进行核算实际所得收益，但其货币本质的内涵与变化是不能表达出来的。

例如，年存款利率为 3.75%，1000 元存期一年的利息为 $1000 \times 3.75\% = 37.5$ 元。如不考虑市场物价变化因素的话，它表示着，存款一年到期时投资者可获得 37.5 元的增值收益。但在物价变化的市场上，经过一年的储蓄投资过程，由市场上获得的实际购买力的收益是多少呢？客观上却不一定会有 37.5 元的购买力总量的增加。

因为市场上，物价变化会对购买力产生影响，我们还需要对物价变动情况进行折算。根据以上单位货币储蓄收益（最终购买力）的公式来计算的话：如果市场一年中物价通胀率为 3% 的情况下，这时，货币效率指数则由基期 100 下降为：97.09%，那么，我们将以上这些数据代入公式，则有：

$$货币储蓄总收益 = 货币储蓄数量 \times 货币效率指数 \times \{1 + R \times n\}$$
$$= 1000 \times 97.09\% \times \{1 + 3.75\% \times 1\}$$
$$= 1007.28 \text{ 元}$$

这一结果说明，在考虑实际的市场物价上涨的情况下，投资者利用 1000 元钱通过一年的银行储蓄投资，实际实现的市场收益或增加的购买力总量仅为 7.28 元，而市场物价变化因素则侵蚀掉了 30 多元的收益。

以上的储蓄收益公式，解释着由于市场物价变化可能给货币带来的收益变化，当货币贬值在一定幅度时，则可能产生使货币收益变为负值的效果。由此看出，国债价值函数公式为我们提供了全面的金融投资的分析和判断的工具，公式也反映着投资产品的价值决定着向价格转换的因果关系。

一国市场上的国债价格的变化是以国债本身在不同时期具有的购买力和利率收益价值为基础的，并随着这种国债债券价值的变化而变化，由此表明，对于国债债券价值变化的预期是判断国债价格走势的依据。因此，以上国债价值函数公式为市场上国债期货的投资者提供着投资预测与决策的价值功能。一般投资者、企业、金融机构、政府投资部门可以根据市场上的宏观经济变量、货币指数、利率变量等经济变量的变化并通过国债函数公式来选择对一国（或国外国债）国债的投资决策，函数公式给我们提供了测算投资收益的方法，可以帮助我们实现降低风险并提升预期的收益。

如由国债价值函数公式可知，市场利率的下降则会促使国债价格的上升。在某一阶段，如果投资机构担心利率下降时会减少某些项目的投资收益，为了弥补由利率变化带来的收益下降，它们这时则可买入国债类金融资产的看涨期权，当利率下降时，以及国债资产的价格上涨之后，投资机构则可行使期权获利，从而补偿其他项目的损失。反之，在担心利率上升时，以及国债价格下降的情况下，则可进行反向操作而获利。总之，国债价值函数公式为市场的国债价值投资和预测提供着理论上的操作依据。同样，它也是反映着金融机构、工商企业发行的债券价值的函数公式，这里我们不再赘述。

八

股票产品的投资价值指数

我们知道，股票价格代表着股民投资于某一股票的成本，也代表着股民出让股票的收益。同时，在正常情况下，每一只股票的价格都会反映着上市企业的生产特征，也会反映企业的货币投入与产出效率的特征，还会反映着每股股票的收益率。由此说，股票价格是上市企业股票价值的市场表现，它因此它还反映着企业使用货币资本的盈利能力，企业的这种盈利能力，从根本上决定着一只股票价值投资的依据和发展趋势。

严格地说，在股票市场上，作为反映股票价格变化的指标即股票价格指数，投资者并不能根据它的变化来预测股票投资的价值，大多数情况下，这一价格指数直接反映的只是股票市场上货币投入量的变化，而丝毫不能反映上市公司的经营状况和资产价值的变化，由此增加的是投资者的盲目性和风险性。

由生产函数可知，反映上市企业要素投入的货币效率指数，它全面地反映着企业股票每一单位价格中的价值特征和增长潜力，也全面反映着上市企业生产要素投入、产出和收入水平与变化趋势。也就是说，这一指数既反映着企业提供的购买力特性，也反映着企业生产的商品特性，同时还反映着企业的资产增值特性。

同样，货币效率指数结构中的投入与产出变量也都会反映在企业的损益表和资产负债表中。可以说，上市企业的货币效率指数是反映和记录股票价值与变化的生产变量，也是反映股票在市场上价格形成和未来走势的主要依据。因此，结合以上分析和企业股票的股息率以及市场利率因素影响，我们得出上市企业股票的股票价值指数公式，也就是一只股票产品以基本单位货币为股票价值单位的股票价值结构和股票价值指数公式，由此可表示为：

$$V = 上市企业货币效率指数 \times (1 + (L - R) \times n)$$

其中：上市企业货币效率指数 = 全要素价值生产率（产品质量与数量）/（总工资率 + 总净利润率 + 总利息率 + 总折旧率和摊销率 + 总税率 + 中间产品和生产费用等成本流量）——它代表着以基本单位货币为股票价值单位的单位股票资本投入所实现的效率产出水平，反映着上市企业的生产与创新能力。由此公式得出的股票价值指数，它反映着每股货币资产的增值能力和预期收益，也就是代表某只股票的价值水平。这一指数水平越高，表明上市公司在同类企业中经营业绩越好，投资者通过与其他股票之间的相互比较，就会给出较高的股票价格，因此，它也是反映股票未来价值走势的参考依据。

在以上指数公式中：L—股息率（股利收益率 = $D/P_0 \times \%$，其中：D—股息或红利，P_0—股票买入价），即单位货币投资获取的收益。R—市场利率。n—分红或计息周期。(L - R) × n—它反映着一定时期内某一股票投资相对于储蓄或其他投资收益具有的相对优势或损益。

从这一股票指数结构中，容易看出，构成其中的生产要素与生产变量或发生的变化，它们将客观地反映着上市企业具有的生产与经营能力，也是决定着单位货币股票增值的基础。在国内市场上，当上市企业提供的币值水平（货币效率指数）较高的话，股票表现出的投资价值越高。反映在国际市场上，就是当上市企业具有的汇率水平越高的话，股票在国际上表现出的投资价值也越高。因此说，这一股票指数是反映上市企业资产价值与增值能力的量化表现形式。可以看出，一国上市企业的平均股票价值指数变化的轨迹，也是在反映着一国经济运行的市场变化过程。

理论上讲，在每一股票的单位价格中，不但包含着企业劳动要素投入的价值内容，同时也包含着企业资产要素投入的价值内容，它们都存在于企业的生产投资结构中，它们是决定着股票价值投资和收益的基本要素，即决定着股票的股息或红利收益，这也是股票价值投资的基本特征，它们反映着上市企业及其股票的回报能力。

但在现实的一些股票市场上，许多情况下，股民的投资回报或收益却不是源于股票的股息或分红，而是源于股民通过买卖股票的收益，这种收益与上市公司的股票价值之间没有任何关系，它们的交易速度与上市企业经营业绩的实际变化都是相脱离的，它反映的是股票市场上投资者的投机特征，这也是股票市场上存在的普遍现象。

从价值投资角度讲，投资者通过股票价值结构和指数公式，可以分辨出，每一股票价值结构中包含的资产价值与增值特征，指数公式反映着上市企业在其本行业中的发展水平，以及上市企业向社会提供的产品价值及产品需求特征，它也反映着上市企业通过经营给股民带来的收益价值，以及由于市场利率变化给股票投资带来的相对的收益变化。同样，在这一股票价值结构公式中，每一变量的波动或发生的变化，都会预示着股票价值的未来走势与变化。

这一股票指数的结构变化，为预测某一股票价格的变动趋势提供了重要的依据（即便是股票的价格变化许多时候是由于炒作而形成的）。从股票指数结构中，可以看出，股票指数水平的提高，它反映的是企业资金投入效率的提高，以及单位成本实现的产品价值增长和股票收益的增长幅度。在数据准确的前提下，这一股票价值指数，可以真实反映企业在持续经营情况下具有的获利能力。这一股票指数目前具有的水平，也反映着企业在相同行业中所具有的比较优势的大小，以及股票投资的发展走势，因此，这一股票价值指数和市盈率指标一起，为大众股民和社会机构的股票投资者提供着理论上的参考依据。同样，它也为资本市场股票价值的评价以及股票价值指数的编制与发布提供着理论依据。

在市场上，一个优秀上市企业的表现特征，如以数据变量分析的话，一些生产投入、产出与收入变量都会从以上的股票价值指数和变量构成中反映出来。如股票指数结构和公司损益表中的生产要素投入流量、经营收入流量与增长幅度、工资率水平、利润流量、产品流量、产品与服务质量、产品价格水平、股息率水平、企业人力资本结构、企业经营稳定性等。一般而言，一个优秀上市公司的各项经济指标质量都应是相对较高、合理、稳定并逐渐增长的。

九

美元指数的本质与表现特征

纵观目前国际金融市场上比较活跃的经济指标，各国了解和关注最多的莫过于美元指数了。那么，我们就以美元指数为例，来分析它在国际金融市场上反映的美元价值和在美国市场上反映的美元购买力之间的区别。

在金融市场上，美元指数是综合反映美国美元货币在国际外汇市场上的汇率状态的指标，并用来衡量美元对一揽子其他国家货币的汇率变化程度，同时，它也是用来反映美元强弱的金融产品。它通过计算美元和对选定一揽子其他国家货币的综合变化率，是反映美元与欧元、日元、英镑、加拿大元、瑞典克朗、瑞士法郎等货币对之间变化程度的指标（对市场上由其他货币对编制的美元指数这里不再讨论），以此来衡量美元币值的强弱程度，从而间接反映美国的出口竞争能力和进口成本的变动情况。

以上介绍了美元指数的产生方式，可以看出，外汇市场上的美元指数和我们由货币方程式形成的货币指数（或美元指数）所反映的要素对象是不同的。目前的美元指数是由市场外汇的相对变化形成的相对指数，美元指数本身没有直接与国内实体经济和变量之间建立相互联系，它对本国实际经济运行与市场的反映是间接的和不准确的。客观地讲，它只是象征性地反映着国际市场上美元币值大小的变化，并不能真实地反映美国市场上美元的实际购买力的变化，也并不能准确反映美国的出口竞争能力和进口成本的实际变动情况（即便是反映也是模糊不定的）。

美国较早使用美元指数，尽管它不是来源于生产体系并存在不能准确反映美元价值的缺陷，或并不能提供币值调整的方案。在现实中，人们还是主观地赋予了美元指数对于美国实体经济和在国际金融市场上美元与汇率变化的指示作用。由于美元指数只是形成于外汇市场上的经济变量，这使得它对于美国市场上的指导作用显得力不从心，它并不能给予美国国内经济以精确的指导方向的参考作用，也不能给出解决经济问题的任何依据。在金融市场上，当我们在判断和预测美元指数的未来走势时，还需要另外参考美国市场上的实际经济数据，如一些非农经济数据、货币政策的变化情况等。因此说，美元指数的功能价值在金融市场的作用要大于它对实体经济的作用，但这不等于说美元指数对金融市场上投资的指示作用是准确和具有预见性的（正是由于美元指数的不确定性，才促进了国际市场上的投机行为）。

由于美元指数的设计并没有得到完善的货币理论支持,当初设计时,只是侧重于市场上各种货币之间的相互联系,并没有发现并建立美元指数与实际生产之间存在的内在关系,这样,就使得美元指数作为市场投资参数时存在着功能上与理论解释上的缺陷。在此基础上,当把美元指数作为金融市场上的投资产品时,同时也就融入了一定的市场投机因素,如果把它作为商品期货、外汇投资等金融产品投资的参考指标时,也就增加了这些产品投资的投机性和不确定性因素,也正是由于美元指数变化的不确定性,才使得美元指数成为金融、期货产品投资或投机的市场参考变量,也让这一几乎不使用厂房、生产设备投入的金融产品和指数,在为美国本土市场提供着社会就业、投机机会的同时,也为美国金融产业时刻带来着非常丰厚的利润。由于美元作为世界主要结算与计价货币的历史影响因素,在现实中,又使得美元指数在客观上又成为着国际金融市场上的资本投资或投机的风向标。

自从美元指数诞生至今四十多年以来,美元指数作为国际市场的经济变量,它如实地记录着世界金融市场的变化,也影响着国际市场上的大宗商品的价格变化,并给世界经融市场的资本投资者提供着决策与投资的信息。尽管如此,美元指数由于不能真实地反映国内经济实际发生的变化,所以,它还不能成为市场经济的全天候的风向标。以下是美元指数与美元实际购买力指数四十年的变化图形(见图 5-4):

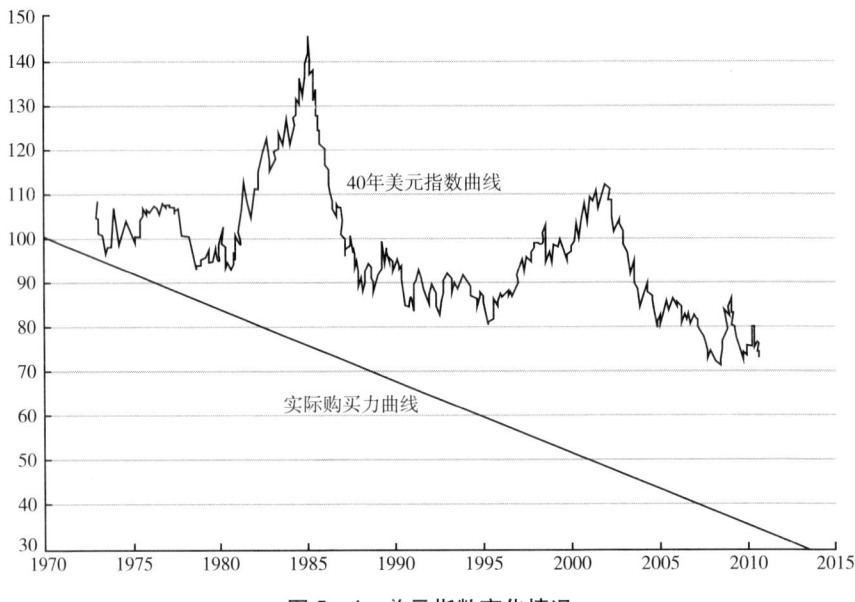

图 5-4 美元指数变化情况

图 5-4 中曲线表明，美元指数始于 1973 年，基数始于 100 点。在美元指数从 1973 年至现在 40 年的起伏变化当中，美元指数曾经历过强势的上升过程，也有过金融危机时期的下降过程。我们从图中观察到的美元货币价值贬值的幅度最低时也只有不到 30%，如按此推断美国市场物价在 40 年中最高时也只能上升 1/3。但事实是否是这样呢？在这同一时期，美国国内商品市场的购买力指数的变化，则如同图中的实际购买力曲线所表现的，它是一条远低于美元指数的下降的斜线，实际的市场物价水平在四十年中则大约增长了几倍的程度（即便如此，相对于其他国家的物价增长幅度还是较小的）。由此可知，美元指数作为反映美国经济变化的经济变量，它所具有的参考价值是有限的，由美元币值描述的变化并不能与市场实际变化情况相吻合。这也符合并反映了美元指数的功能，因为它本来就没有包含与实体经济直接相联系的要素和变量。因此，它作为间接地反映美国商品市场与经济变化的指数变量，出现偏差也是合理的和客观的。另外，以上曲线变化图中两条曲线的变化趋势也表明，作为反映着美元指数和美元购买力指数变化的函数式也是不同的。

从以上分析中可知，由不同货币之间形成的美元指数和由货币结构形成的货币指数尽管产生方式不同，但它们想要表现的货币内涵是相同的。由于实际存在的货币价值产生方式上的差异，从而也形成了它们在反映货币价值吻合程度上的差别。实际上，这种价值吻合上的差别，主要源于汇率形成的原始分歧上，即为浮动汇率机制本身存在的不具备"货币之锚"的准确性上，也等于说，在浮动汇率机制下，不同货币之间通过价格变化的相互对比，是不能反映出任何一种货币的实际价值的。因此说，市场上的汇率浮动价格只是在一定程度上近似地反映一国货币价值的变化，而并不能真实和准确地反映一国货币的实际购买力及其发生的变化。

在国际金融市场上，任何一个国家的货币都会在市场上表现出币值上的浮动变化，它一方面反映着货币自身价值特征的变化，如利率、币值的变化；另一方面也会反映出市场需求的变化。这些因素都会形成使货币升值或贬值的变化。在市场上，对于其他不同货币币值的变化，它们也会表现为这一货币指数的变化，如欧元指数、日元指数、人民币指数等（虽然一些货币没有建立或公布反映价值变化的指数，如果在外汇市场上，它们都会以货币对之间的汇率变化表现出来）。

我们知道，美元指数直接反映着货币之间的相对变化，实际上，它更多反映的是市场资本投资或投机之间的需求博弈，美元指数最大的功能在于它给市场提供了一个赌博工具。对于每一投资者，从美元指数中，谁也无法找出引起美元币值变化并与之对应的市场变量或发生变化的内在原因，美国国内的生产者也不清楚需要改变哪些生产变量才能够促使美元指数向某一目标发展，对于市场美元指数变化的预测，人们大多都是根据一些经济指标与市场变量的变化来推断它未来的变化，并且，这种推断更多的是源于经验，而不是理论，这就是美元指数作为经济指标与参考指数以及金融产品和人们利用这一货币指数在金融市场上进行汇率、期货、黄金等产品投资的背景和现状。

十
银行与货币的关系

由货币定义可知：货币是代表劳动（或使用其他要素）投入并具有价值与价格结构和交换关系的商品或商品等价物，它既表现为早期社会的价值与价格为统一的实物产品形式，也表现为现代社会的价值与价格为分离形式的货币媒介形式。

我们知道，任何货币的价值都是通过一国的生产要素投入过程形成的，每一要素的价值功能也会从货币的价值结构与关系中表现出来。货币结构是一国对货币价值进行调整的基本关系结构，无论是对商品市场上的流通货币，还是对外汇市场上以美元指数、欧元指数、人民币指数等为代表的金融货币的调整均是如此。

同样，货币的价值结构与要素组成变量反映着货币自身的定性与定量的结构，货币价值也是构成市场各种金融货币的价值基础。货币结构的定性与定量关系，也使货币作为价值尺度有了自身标准，并使货币具备了衡量价值生产与交换过程的尺度职能。

现实中的各种货币，由于不同国家不同的生产力水平的差距，以及各国工资率与货币单位和不同价值要素的组成差异，客观决定了各国货币不同的币值水平。作为货币价值结构和定性与定量标准则是核算一国商品生产与交换的价值尺度和评价依据，货币的这一衡量职能，在一国经济中具有非常重要的作用。

在前面，我们通过货币结构图形，我们了解了一国货币生产结构与货币的生产要素构成。由此我们知道，货币源于一国的生产体系，是具有内生性的特殊商品。一国的货币结构体系，它是由一国的市场商品和纸币以相对关系形式共同构成的。一国社会分工协作下的生产要素构成了一国的货币生产结构，在这一分工下的每个劳动者、企业与各个部门，它们都在生产和创造着代表着财富的真实货币（纸币与商品的统一形式）。一国货币生产结构，不但代表着一国生产要素资源的结构关系，反映着一国具有的生产投入、商品产出与实现收入的能力。还反映着在现代货币条件下，纸币与商品是在以它们的相对统一形式来表现商品等价物这一货币本质属性的。

银行与金融部门作为一国参与货币生产的社会分工的成员单位，是进行经营存款、储蓄、放款、汇兑、投资等业务，充当信用中介和支付中介的金融机构，它以纸币（或电子记账、票据）为媒介和凭证，并通过市场上货币的发行、经营、投资、借贷关系，来实现各种生产要素、商品与资产的市场流通和交换。

由货币生产结构可知，银行与金融部门并不会因其行使的货币凭证的管理、发行和经营职能，就能够代替社会分工而承担起货币的唯一生产者的重任。现代的纸币只是商品数量或财富价值的计量符号和等价物的表现形式，商品形态与价值始终是货币的原型，当纸币脱离开真实商品的时候，纸币就会成为没有任何价值的符号和普通的印刷品，这时它也就失去了货币的本质属性，就不会再有市场交换功能，人们也就会把它抛弃掉。

很容易理解，银行部门作为一国社会财富即纸币的管理者，它只是金融中介机构，而不是一国货币的唯一生产者。在任何时候，银行部门是应把自己作为一国货币生产结构中的成员单位并以货币尺度为标准来管理、发行和经营货币，而不应将纸货币作为外生变量或独立变量而实行单边操作或进行市场调控，这些都是违背货币结构和尺度规定的。

事实上，任何形式的货币政策或投放的单边操作行为，如在没有一定社会商品或资产为标的物基础上的货币投放，或者存贷比例失衡，或者不合理的外汇占款等操作方式，都是以商品为本位的货币体系所不允许的，它反映的是一种人为侵害社会财富和直观理解货币概念的市场随意行为，这与私下伪造货币行为所产生的效果实际是相同的，同时，也反映着当今各国金融管理部门普遍存在着的在货币本质认识上的误区现象。

第六章

商品价格方程式

一

商品价格方程式及其含义

每一个商品都源于生产它的劳动和其他要素的投入过程,并在市场上与货币交换而结束它的商品属性。每一个商品都反映着生产它的生产函数的性质。由生产函数可知,一个商品与价格之间的关系等式可表示为:

$$商品价值(tEMS) = 货币效率指数(币值) \times 商品价格$$

或为:

$$商品 \times Q = 货币价值指数(货币) \times 商品价格 \times Q$$

这一等式,解释着市场上商品(价值)、货币和价格三者之间存在着的函数关系,也表示某一标价货币的币值大小是决定商品交换价格的必要条件,从结构上讲,货币结构与商品价格结构之间具有相反结构特征(它们之间都包含着相同的量纲单位和要素),在一定条件下,货币币值与商品价格之间存在反向变化关系。

这一等式,反映着商品的本质与表现特征,它首先是一个反映投入与产出的核算等式,描述着商品与价格的形成过程。在市场上,它对应的是商品价值与价格的统一体,反映了一个商品具有的价值的、货币的(商品等价物)与之交换价值的三种属性,其中也包含着人们容易疏忽的每一商品都在提供的购买力与汇率交换特征,它也是反映市场上货币与商品交换的关系等式。

在市场上,商品与货币之间存在的等价交换关系,能否用函数等式来表达,它反映着商品与货币之间的这种等价关系是否具有公理性的性质,由此可见,以上的等式,也证明了商品与货币之间具有着通约性的本质内涵,同时表明,价格也是货币作为计量单位对商品价值进行计量的数量表现。在此,我们把以上等式称之为商品价格方程式。

其中:

单位商品的价格构成 = T×(工资率 + 净利润率 + 利息率 + 折旧率 + 摊销率
+ 税率 + 中间产品和生产费用等成本流量)/产品数量
= (劳动总收入 + 资本总收益 + 税收总额)/产品数量

> **作者注**
>
> 这里把企业通过管理获取的经营收入归为劳动总收入之中了

可以看出,价格方程式不但描述着一般市场上商品的价格变化,它也反映着期货市场上商品的价格变化,在不同时间阶段或市场条件下,由方程式可知,商品会表现不同的价格变化:

①商品的生产价格;②商品的交换价格;③商品在不同币值下的交换价格;④商品在不同供给或需求状态下的交换价格;⑤商品在不同时期、不同币值与供求状态下的交换价格;⑥与一国市场商品数量相对应的货币发行总量。

可以看出,方程式反映的价格,可以是商品所在的不同地点与时间的生产价格或批发价格或市场零售价格,也可是在不同需求条件下的价格,但也都是与一定时间与地点范围和商品价值相对应的价格,如一些食品类商品、季节性商品、资产类商品(房产等)等都会表现出不同的地点、时间和需求环境下的价格特征。

市场商品的销售特征:会表现为在一定时间、地点、产品质量、服务质量、环境质量下的差异特征,还会表现为在定点商场或商店的固定销售形式特征,也有流动销售的形式特征,包括小商贩、小货郎等,以及直接销售的形式,如网络销售、公司直销等,后两者销售形式需要投入的物质资本相对少许多,经营成本也会较低一些。

在一定条件下,一件商品的价值是相对稳定的,它时刻表现着一个商品的质与量的规定性特征。由商品价值结构($tEMS = C$ 常数)可知,t 与 tE 反映着商品的时间与空间价值,而 M 与 S 反映着商品的质量特征,商品的价值量由其指数形式可表示为:$(tEMS)$。一件合格商品,在短期内,它在一定范围内的价值与价格是相对稳定或不变的。

价格方程式是商品价值（左端）向商品价格（右端）转换的表达式，也是反映价值投入与价格关系的函数等式。等式告诉我们，商品价格既代表着货币数量的多少，也反映着商品价值量的多少。在交换市场上，每一商品的价格，既反映着商品的价值特征，也反映着货币的价值特征，价格与货币价值共同表现着商品的价值，因此说，价格方程式反映着市场上的商品价值和币值与货币数量之间的等价关系（由此也可看出，在过去某些教科书中，一些类似的表达式，如500斤小麦＝1000元人民币，是不成立或错误的，也是不符合逻辑关系的）。

价格方程式表明，在商品价值不变条件下，币值与价格之间存在的对偶性的相反变化关系。同时，币值与价格之间还存在着和商品价值相平衡的独立变化关系。同时表明，在商品价格中，它既反映着商品的价值特征，也包含着生产要素投入与产出效率关系。

由价格方程式容易看出，当货币效率指数等于1或为某一定值时，它表示生产投入和价值产出是相等的，表明生产过程没有额外的损失，它也说明了货币这时是足值的，也表示生产是最经济的，这时等式则变为：

$$商品价值(tEMS) = 货币价值指数(货币) \times 商品价格$$
$$= 1 \times 商品价格 = 商品价格$$

等式表明，严格意义上的或理论上的商品价格所表现的商品价值量的等价关系，是在一定的社会平均生产率水平或币值稳定的基础上实现的，这时的价格变化反映着价值量的等量变化。而对于个别厂商在某一生产效率上所形成的价值与价格之间的关系，其价格的变化，就不一定能反映价值的等量变化。

自从商品等价物出现以后，伴随着等价物形式向货币形式的演化，商品的价格表现形式不断发生着变化，具体经历了由商品等价物、金属货币与现在的纸币、电子货币形式为代表的有形的实物货币和无形的数字货币的价格表现过程。在历史不同时期或不同条件下，商品价格也就有着不同的表达形式，它们的价格可表示为：

$$商品价值 = 商品等价物(实物) \times 数量$$

或　　　　$$商品价值 = 商品等价物(货币) \times y 量$$

或　　　　$$A 商品价值 = y 量 \times 商品等价物$$

或　　　　$$20 码麻布 = 1 件上衣$$

或　　　　$$20 码麻布 = 2 磅茶叶 \times 5$$

货币效率指数作为代表着基本单位货币和反映着购买力的变量，也相当于代表着一定含金（或银）量的金币或银币，那么，如果在金币或银币的市场上，价格方程式则表示为：

商品价值＝金币或银币（一定含金量或含银量）×y量（金币或银币的数量）

可以看出，价格方程式不但反映着纸货币与商品的交换关系，同时，也反映了不同历史时期的货币与商品的交换关系，它还是反映着物与物之间交换的等式。在各国不同市场上，同一商品，其价格会因为各国使用不同货币与币值的不同而变化，如同一商品，在英国市场：商品＝英镑价值（币值）×5英镑（价格），在美国市场可能为：商品＝美元价值（币值）×10美元（价格），那么，在其他国家可能又会表现不同的价格。

价格方程式的等式关系，反映着某一时间与环境下的生产成本，或出厂时的生产价格，或某一商场里的商品零售价格。既反映着同一商品在A地的价格，也可反映着它在B地的价格，或者C地的价格，也就是说，它可既代表商品在国内任何地方的价格，也可反映它在世界其他地方的价格（在市场上，价格的变化幅度并不一定和商品空间范围（距离）的变化幅度保持相同变化比例）。

这一方程式结构，包含着影响价格变化的各种生产参数变量与相互关系因素，是代表商品价值和各种货币形式与价格结构关系的一般表达式。也就是作为实物商品、服务商品、期货商品、资产等市场有价格表现特征的一般商品的价格表达式，也就是说，价格方程式是这些商品价格形成的依据。同样，价格方程式也是反映一般性资产、资本、生产要素的价格形成的理论依据，又是对于它们的市场价格进行评估的理论依据，这时反映的则是资本再生产和资本循环的过程。商品价格方程式，也为实现市场的公平交换和调整市场物价提供着理论依据。

价格方程式，也是商品价值计量模型，它解释着商品与货币和价格之间的相互关系，即：

商品价值是生产要素投入形成的物质或效用表现形式，商品价值是价格存在的基础。在供求均衡条件下，商品价值决定商品价格，价格是商品价值的货币表现，也是生产要素投入的数量表现形式，商品价格与商品价值成正比例变化关系，也就是说在价值与价格之间存在着因果关系。在一般情况下，商品价格与币值之间也表现为反比例变化。在供求失衡条件下，供求关系也会影响商品的价格，它一般表现为市场价格在生产价格基础上发生波动，也视为价格围绕价值上下波动。

价格方程式表明，在市场上，价值规律不但表现为商品的等价交换原则，也表现为商品价格与币值成反比例变化以及与市场需求成正比例变化的市场现象，因此，价格方程式也是价值规律的表达式。可以看出，一国市场上纸币的超发（脱离价值尺度）必然引起货币的贬值，并会使市场物价出现上涨。

价格方程式，作为反映商品与货币之间等价关系的等式。货币效率指数作为币值的表达形式，代表着货币的价值是正值的本质特征（具有实际价值），这是货币作为等价物的基本前提，也是商品价格方程式成立的基本条件（同时，这也是对经济领域的历史上的哈恩难题从理论上给出了解答和证明）。

价格方程式表明，在一定条件下，商品价值具有不随生产价格变化的稳定性质。价格是商品价值的数量单位，价格也不能无缘无故的变化。在一定条件下，商品价值不但决定着价格变化，也影响着货币价值的变化，有时只表现为价格或货币价值的单一变化，有时还会表现为它们同时的变化。

价格方程式也表明，在商品价值一定的时候，货币价值与商品价格之间存在着相反变化关系。同时也表明，商品价值与货币价值都是商品价格形成的变量因素。可以看出，方程式也界定着货币效率指数应具有的边界，即当货币效率指数或货币价值为零时，价格会变得没有意义。因此，货币效率指数是反映着币值实际价值的效率变量，它是货币存在的前提条件。

我们知道，一国生产中的货币效率指数平均水平反映着一国的币值大小，在金属货币或金本位货币时期，它反映着货币含金量的多少，在商品价格方程式中，它则构成着商品向货币形态转化的交换条件，即由商品提供的效用、服务、品牌、效率、性价比等因素是否构成了价值优势或对等交换的条件，也就是说，只有当商品提供的币值水平满足或超过了消费者需求的情况下，才会形成商品向货币形式的转化或商品的流动。

由此看出，在商品市场上，不是所有的商品或价格都能实现货币形式的转换，它们反映着商品在市场具有的比较优势或竞争能力。同时，价格方程式，还对历史的商品价值与货币的关系以数学等式形式给出了解释，即商品的价值通过一定量的货币表现出来，就是商品的价格。商品价格的变化既取决于商品价值的变动，又取决于货币价值的变动。另外，当流通中的货币供应量超过货币正常需求时，则也会引起货币贬值，并将使市场商品价格出现上涨现象；反之，商品价格就会下跌。

价格方程式，解释着价值与价格的相互联系和区别：价值是等价交换与价格产生的基础，价值也是生产要素转化与商品存在的表现形式，价格则是价值数量的交换表现形式，利润（利率）也是价格表现价值的不同别称，价格与利润（利率）都是要素价值投入的表现或报酬。税收也同样是如此，它反映着一个国家管理、国防通过服务劳动的价值投入和由此获得的回报形式。在实际生产过程中，商品生产价格的变动，有一些是由商品的实际价值变动引起的，它包括商品质量的、技术的、功能的变化，并表现为成本价格和利润率的变化。有一些则是由生产要素价格的变化、生产效率的变化、生产损耗的变化、社会成本的变化因素引起的。

价格方程式，也是对历史上劳动价值理论的价值决定价格的科学证明，它作为描述价值向价格转型的方程式，不但是对价值转型这一历史命题的解答，也是以方程式形式对马克思劳动价值理论正确性给出的科学解释，当然也是对现实市场上商品价值向价格转型的客观事实的理论描述。由此可以看出，作为经济学理论，缺少马克思价值理论的现代理论经济学必然是不科学并存在缺陷的，它也无法指导经济实践活动。

二

商品一价定律成立的条件

由价格方程式可知，即便是商品价值构成相同的商品，它们也会因为不同的生产者和投入生产要素的价格与生产方式的不同，而形成相同商品的不同的市场（或生产）价格，在任何国家的市场上都是如此。如果有三个国家的生产者同时生产同一种价值产品，即便在使用等值金币的情况下，每个生产者则也会因为不同的生产效率、工资率、资产折旧、摊销率、利息率、税率等因素的差异性，会形成同一商品不同的货币价格（除非统一规定价格）。

那么，这种由不同生产者生产的不同价格的相同商品是否合理呢？答案是合理的，因为不同生产者投入的生产要素是存在差异的。

如此说，商品的一价定律指的是什么呢？我们所知道的一价定律，是由美国经济学家弗里德曼提出的，它是说"当贸易开放且交易费用为零时，作为一个厂商生产的每一件相同商品在不同地方出售，如果以同一种货币计价，其价格应是一致的"。

一个严格意义上的"一价定律"，其成立是有严格尺度和约束条件的，只有在一定条件下，才会形成一价"价格"和对应着的一价"价值"，相同商品的一价性，实质是指相同价值基础上的一价性，也就是相同价值就应当有相同价格，它体现的是以相等价值为条件的同一货币价格的交换原则，也体现着不同货币之间兑换以汇率折算实现的价值相等的交换原则，这是市场经济的基本原则。

相同商品的特征，由商品价值结构表明（tEMS），它们是处于一定相同条件下的相同商品（包括同一时间、空间范围与相似的经营环境），是以商品之间提供的价值构成（产品实物形态、空间（时间）价值、产品服务质量）相等为特征的。

商品价值的等值性是实现市场价格一价性的前提条件，但不是形成商品价格一价性的唯一条件。由于过去在商品价值构成上没有形成统一的认识，这使得一价定律的定义与实际情况却经常发生矛盾，这其中是有客观原因的，它反映着弗里德曼给出成立的条件是不完整和不严谨的，或是不客观的。根据商品价格方程式：

商品价值 = 货币效率指数1 × 商品价格1 = 货币效率指数2 × 商品价格2

它表示为，在同一货币的同一市场上，完全相同的商品（它包括相同的时间、距离范围、经营环境）出售的价格，也只有在生产者的货币效率指数相同的时候，才会出现相同的价格（商品价格1 = 商品价格2），也就是说，只有当生产者的生产效率和各种要素构成与要素价格相等的时候才能够形成相等的生产价格或商品价格。否则，即便是完全相同的商品，也会因为效率与要素条件不同而形成不同的市场价格。

也就是说，相同商品之间，它们形成的相同的市场价格是在一定的约束条件下出现的，如当商品的价值相等条件满足时（包括销售商品的环境与服务质量和时间、距离范围也是相同的），如果不考虑运输成本的话，那么，商品在不同地方出售的价格都可以会是相同的（注：虽然商品自身形态不变，但它的空间价值或环境价值如果不同，严格地说，这时每个商品表现的价值也是不同的）。

但在实际情况下，舍去运输成本或者不考虑运输的空间价值都是不客观的，也是不符合实际的，因为不是所有的厂商和商品都能够舍去运输的生产成本，这使得在市场上，同一商品在不同距离范围和环境下消耗的成本费用是不相同的，同样，每一消费者都会因为商品提供的不同时间价值、空间价值、环境价值等因素而获得不同的收益。所以说，如果商品的价格和其提供的时间、地点范围和环境条件所形成的新增效用价值相互吻合的话，它是符合一价定律内涵的。

因此说，实践中的一价定律是以价值与价格相符为基础的，任何脱离价值基础对价格的诉求都不是一价定律的本质内涵。作为定律，它一定是客观的，也一定是公平的，否则，就不能和市场商品的价值与价格特征相吻合，也不会真实地反映市场现象。市场上每一个商品中，都包含着生产的时间、效率、空间、服务等无形价值要素，也包含着相应的要素价格或进行国际贸易时关税价格，它们构成了商品价值与价格结构的组成内容。严格地讲，一价定律在市场上的准确的再现，只有在商品价值构成与要素价格和效率变量都统一的条件下才能够实现或成立，这是一价定律在一国市场和同一货币下成立的全部条件。

那么，在不同国家的不同市场上，如果实现相同商品在使用同一货币时具有相同的价格，它是需要在各国的每一生产厂商，在满足各自市场的统一生产效率与要素价格条件外，还需要满足不同国家之间的汇率折算的准确性的条件，只有在这一基础上，一价定律才会在不同国家的市场上成立。它表现为，当人们使用本国货币在不同国家市场上购买当地生产的相同商品，如肯德基或麦当劳，就会都和在本国市场消费同量同质商品而支付相等的价格，或者说，无论肯德基或麦当劳这种商品在各国市场上表现的价格是多少，一个人在这些国家消费同样数量的肯德基或麦当劳，他使用同一种货币支付的价格都会是相等的。

另外，在距离较远的情况下，例如，当一个人在国外购买本国生产的相同商品时，在以上条件下，他就会比国内多支付由国内运输至国外的多出运输成本的价格部分，只有当不计商品的运输成本的情况下，才能够以相同价格在国外市场购买到由国内生产的相同商品（前提也是国外与国内销售与服务环境水平需要是一致的基础）。在商品市场上，无论在一国市场还是在国外市场上，商品的运费成本都是客观存在的，即使不能从商品价格之间比较出来，它也会是存在着的，这是一般性的常识。

经济学家弗里德曼提出了一价定律这个等价的、公平的生产与交换的表达方式，它是在统一尺度下才可以实现的交换结果。对此，价格方程式则提供了实现一价定律的理论依据，当方程中的参数变量满足一定尺度条件时，它就会表现出一价定律的价格特征，所以，价格方程式也是解释一价定律的方程式。从公平交换的角度讲，一价定律也是各国经济和贸易为之努力的市场目标。

一价定律是各国在相互贸易中都需要遵守的基本原则，如在韩国与美国对我国的手机出口贸易中，它们的三星、苹果手机出口到我国市场时，根据一价定律原则，这些产品进入我国市场的价格，如果相比进入其他国家市场的价格没有区别的话（通过合理的汇率核算），那么，三星与苹果这两种手机产品提供给我国市场消费者的商品价值（产品形态和服务形态）应是与它们提供给其他国家市场的商品价值保持一致的，包括在产品的服务维修方面的相关条款应是相同的。但在实际贸易中，韩国三星和美国苹果公司却采取了不同的维修标准（如在我国市场上发生的苹果手机的"后盖门"，三星手机的"字库门"事件），它们的这些产品侵害了我国消费者的公平消费权利，给我国的公民消费带来了利益上的损失。

面对这种类似的与一价定律不符的商品贸易，一国政府的相关部门应当采取有效的监管措施和合理的手段，来维护一国市场上消费者的正当利益，这是在维护市场等价交换的公共原则，也是防止一国资源随意流失的具体措施。

三

商品价格方程式对生产实践的指导作用

由以上分析可知，在没有价值尺度约束的情况下，商品的价格与价值的相一致是偶然的，不一致却是经常发生的。在市场上，商品会随着投入与产出的变化而表现不同的价格，市场处于均衡时，商品价格与货币效率指数（币值）的关系始终是以反比例的互补形式变化着，它们共同表现着商品的稳定特征，当某些商品的供需状态变化时，这些商品的价格与币值之间的反比关系，短时内就不再成立。

在贸易市场上，商品表现的币值与价格关系特征并不一定是均衡或完全互补的，汇率的偏差和价格的偏差都会使贸易商品表现出价值比原值缩水或者增值的变化，从而使出口商品换回的贸易商品的实际价值缩水或者增值，由此改变着贸易商品的实际收益。

在生产要素能够充分供应和市场处于完全竞争及价值尺度能够发挥功能的情况下，价格与价值之间的波动会相对小一些，也就是吻合程度较高，物价较为平稳。而在生产要素不能充分供应和市场不能完全竞争及价值尺度不能发挥功能的情况下，价格与价值之间的波动差距会相对大一些，也就是吻合程度会较低，物价相对变化会比较大一些。

在市场上，当生产与需求平衡的情况下，商品价格则表现为商品的生产价格。当商品的生产与市场需求出现不平衡的时候，商品价格则会表现出围绕生产价格变动的市场价格。例如，当生产要素由于季节、供求、稀缺性等因素引起价格变化的时候，使得商品就不能以过去的生产效率、成本、数量被生产出来，这时，作为反映生产效率投入的货币效率变量也就会发生或小或大的变化，它提供给市场的商品价格相比过去就会发生或大或小的变化，这是价格围绕价值上下波动的原因。

下面，我们用价格方程式来解释这一变化的原因：

$$Q \times 商品价格 \times 货币效率指数 = Q \times 商品$$

它从生产角度告诉我们，一定数量的商品，是厂商由货币价格代表的一定生产要素数量的投入并在相应的投入效率基础上被生产出来的。它也是表示在一定数量的生产要素投入的前提下，如何实现商品最大化产出规模的关系等式。方程式直接反映着不同效率下的投入与产出的平衡关系，它表明，商品的产出总量等于投入全部生产要素的单位产出量的总和，或者说，由全部生产要素投入所获取的货币报酬总量正好等于社会所生产的总产品。这时方程式表示为：

商品总价格(要素投入总量)×货币效率指数
= {劳动者工资总额 + 利润总额 + (利息 + 折旧 + 摊销)总额 + 税收总额}
　×货币效率指数
= 劳动者工资总额×劳动者货币效率指数 + 利润总额
　×管理者货币效率指数 + (利息 + 折旧 + 摊销)总额×资本货币效率指数
　+ 税收总额×政府货币效率指数
= 商品总产量(Q) = 商品×Q

这也是欧拉分配定理的公式表示形式，这一公式中的每一项，都反映着每一种要素投入的数量，也反映着每一种要素投入的效率，同时，它也表明按生产要素贡献大小进行分配的依据。这一公式也是关于社会生产投入和按生产要素贡献数量（并满足效率条件）进行分配理论的逻辑证明，任何要素投入量与投入效率的不平等，或者不按照要素投入量与投入效率进行分配，都会产生分配的不平等。它既反映着分配的实物形态，也反映着分配的货币形态。

在实际生产中，许多情况下并没有按照以上的原则进行分配，还存在着不同生产要素的收入与产出效率上的差异，即：

劳动者货币效率指数 ≠ 管理者货币效率指数 ≠ 资本货币效率指数
　　　　≠ 社会平均货币效率指数(效率尺度)

这种不相等的关系等式表明，各种生产要素的投入与产出和生产要素的收入分配是不成比例的，有的生产要素获得的收入比它投入的要多，而有的则相对较少，从而形成生产要素收入分配之间两极分化的不公平社会现象。

同时，我们容易看出，只有当这种不等关系转换为相等关系时，才意味着各种要素之间的投入与产出和它获得的分配收入保持了同比例的变化，每种要素都获得了和它投入相等的收入回报，在这时，它才是一种按劳分配的公平分配制度。同时，也意味着资源要素在价值功能不变情况下的收入分配比例应遵循稳定性的原则，即资源要素的效率指数也应与社会效率标准保持一致的水平。

价格方程式表明，在商品价值一定的条件下，币值与价格之间一般会成反比变化。但在特殊情况下，商品价值的变化还会形成币值和价格变量的同方向变化。对此，如用数学方式来分析，则有，一个商品的价格接近其价值或等于价值的生产条件，是当货币效率指数接近1或等于1的情况下实现的（货币效率指数等于1，表示基期水平或没有损失的理想状态，投入量＝产出量），当货币效率指数接近或等于1时，表明商品中包含的价值与货币表现的价值相等，这时，商品以价格形式在市场上进行交换，对于消费者来说是等价值的交换。当指数大于1时（它是由生产者让利而形成的），表明商品中包含的价值大于与货币表现的价值，消费者将获得额外的利益。当指数小于1时，表明商品中包含的价值小于与货币表现的价值，消费者的利益将会受损，而与此相对应的是市场物价的上下波动。

价格方程式反映着生产要素向产品形态和生产成本向商品价格转化的过程，同时表明，这一由货币效率指数与货币价格变量组成的数学关系与商品价值构成的等价关系，诠释着商品价值与价格之间的耦合关系与尺度，它表现为货币对该商品的购买力。

在一国市场上，当一件相同商品由不同的生产者生产的话，则会有下面的等式形式：

商品价值＝货币效率指数1×商品价格1＝货币效率指数2×商品价格2
　　　　＝……＝货币效率指数n×商品价格n

等式表明，只有当所有生产者的货币效率指数相等的条件下，即：

货币效率指数1＝货币效率指数2＝……＝货币效率指数n

由此看出，也就是在每一单位货币要素所增加的价值量或提供的货币购买力都相等时，这些由不同生产者生产的同一种商品，在同一市场环境下价格才会相同。这是在完全市场竞争条件下或在相同价值尺度约束下才会出现的理想结果，也就是在供求关系决定价格和价值决定价格的两种市场机制下都可以实现的同一生产效果。这时，市场上商品之间以价格形式进行的相互交换才是价值相等的交换。它体现着同一商品应当具有的相同环境下的相同价格的一价定律的特征。

而同一商品在不同国家之间的生产，由于一般情况下都不具备形成相等的货币价格的共同条件，但为了实现不同价格商品或货币的等价交换，这时就需要对货币价格或币值进行核算（注：这也是对商品价格进行的核算），以实现价值相等的交换目的。

商品的价格方程式也是在不同国家生产同一商品的价格表达等式，也是不同货币条件下的商品交换等式，即：

$$商品价值(商品形态) = 货币效率指数 A \times 商品价格 A$$
$$= 货币效率指数 B \times 商品价格 B$$

它也是同一商品相对于不同货币条件下的一价定律等式。

等式中，货币效率指数 A 与商品价格 A 和货币效率指数 B 与商品价格 B 分别代表 A 国与 B 国都生产同一种商品时的货币币值指数和生产价格。它是不同货币条件下商品之间等价交换的等式，也是商品与一定数量的货币进行等价交换的等式。

由价格方程式反映出的以商品价值为基础的等价交换，也会产生决定货币交换的汇率条件，它解释着汇率产生与核算的原因。这种以货币包含的商品价值相等为交换原则的交换，则会实现各国之间相互贸易与货币兑换的等价与公平的目的。由以上等式，我们容易看出，当各国的基本单位货币具有的购买力都相等时，这时各国之间相同面值的货币就可以按面值等额交换，两国之间也就符合统一货币的条件。

在一些商品与国际市场接轨的国内市场上，我们由等式：

$$商品价值(商品形态) = 货币效率指数 A \times 商品价格 A$$
$$= 货币效率指数 B \times 商品价格 B$$

可以看出，当我们以某一国际标价货币为参照的情况下，如这一国际货币为：货币效率指数 A，那么，在一国市场上，一国货币：货币效率指数 B，这时它相对于国际货币：货币效率指数 A 的币值的相对变化，或汇率的变化，将会引起本国市场上商品价格的变化。

例如，2015 年 8 月 31 日，中国银行对人民币兑美元汇率中间报价做出了调整改革，三天内人民币累计贬值近 4.7%。对此，美国特拉斯电动汽车为了不使美元收益减少，它们则对我国市场上销售的特斯拉汽车，做出大约 5% 左右的人民币价格的涨价调整措施。同样，在此人民币贬值的影响下，我国市场上的黄金销售价格，也出现了相应的上涨，这些都是价值规律的市场表现。

价格方程式表明，在商品产出总量一定的前提下，一国生产体系的平均货币效率指数的提升，则会导致市场商品价格的降低，反之，商品价格就会升高。这时候，也意味着价格与价值偏离程度的扩大。如果出现在一国较大的范围市场上，就会表现为物价总体水平的变化。

在商品市场上，一般只有劳动生产率的提高或降低还不能决定市场物价水平的最终变化方向，市场物价的走势，在市场供需均衡的情况下，它是由一国生产要素投入成本与生产率的相对变化，即由货币效率指数表现出的最终变化决定的，也就是货币币值的上升与下降，才能够决定物价变化的方向。

价格方程式表明，生产者提供交换的商品，消费者提供交换的货币，双方根据货币的尺度标准进行数量上的交换，它反映着生产者与消费者之间的公平与自愿的交易行为（为了最大保证货币与商品交换的公平，在金属货币流通时期，生产经营者要验证货币的含金量或含银量，纸币时期双方要考虑通胀水平和商品的真伪，在别国市场上则考虑汇率的高低）。

根据等价交换原则，生产者与消费者双方应在相等的时间内以相等的价值进行交换，商品与货币持有者任何一方的不能等时的交换，也都是不等价的，这些原则性的规范含义，也都包含在了货币量纲之中。

四

商品价格方程式对于黄金及大宗商品投资的指导作用

商品价格方程式反映了商品生产与交换规律，也反映着市场价格的变化规律，它揭示着商品在不同生产要素和市场需求条件下的价格变化趋势，为商品生产和市场目标的调整提供着指导作用，是具有与市场表现相对应的和完全操作性的理论模型，而并非是象征性的理论公式。同样，它对于金融市场上的投资活动，也具有与实践相吻合的指导作用，尤其是对于黄金、资产、白银、石油、期货等市场大宗产品的价值投资活动，在目前的市场情况下，它会为投资者提供有价值的理论参考依据。

在金融市场上，投资者可以利用它来指导产品投资与决策行为，投资者透过价格方程式与市场需求之间存在的相互联系，来判断投资产品未来可能发生的变化和原因，以便做出具体决策，从而降低投资风险和试错成本，实现提升投资决策的成功概率和收益最大化的目的。

下面，我们利用商品价格方程式并以市场黄金投资为例来作具体的市场价格波动的分析，以帮助人们对国际市场黄金、白银、石油、矿产品等大宗商品的价格变化和变化因素，如何从理论上分析价格变化的趋势，了解市场黄金价格变化的规律，为市场投资者的分析决策提供依据。这里，根据价格方程式，我们把黄金的价格等式表示如下：

$$商品价值(黄金) \times Q = 货币效率指数(币值) \times 商品价格 \times Q$$

等式表明：左端为一定成色和单位重量与供给单位数量为 Q 的黄金，右端为用某一币值货币表示的单位黄金价格和单位黄金的数量 Q。如果等式反映的是某一市场上的黄金实际交易，则表明这些黄金处于价格表现或与货币的交换状态。

在一国市场上，当货币币值出现贬值的（如过去金币或银币的金、银含量减少时）情况下，人们购买一件商品支付的货币数量就会增加，并表现为市场物价上涨的现象。当货币币值出现升值的情况下，如果是由于社会生产效率提高引起的，这时则会出现市场物价下降的现象。在短期内一些局部市场物价的上涨，还有的是由供求关系引起的，有的则是由社会生产效率下降引起的。

在一国黄金市场与国际市场接轨的情况下，一国市场上的黄金价格走势，与国际市场的价格变化也是一致的。

在目前国际市场上，许多商品的贸易大多用美元来给商品标示价格，黄金标价也是如此，美元货币这时表现着金融市场上货币的特征（这时的美元指数表示为：美元指数 = 货币效率指数美 × (1 + R)），这时黄金的价格方程式，就表示为：

$$黄金(产品形态) \times Q = 美元指数 \times 黄金价格(美元) \times Q$$

这时的方程式，则为反映国际市场上，黄金的供给量、美元指数（或汇率）和价格之间的关系等式。因此，它也是反映黄金、白银等金融产品及大宗产品现货或期货投资的价格变化模型。

当市场黄金供求处于均衡状态的时候，如果市场上的美元指数出现上升的变化，也就是方程式右端美元指数升值时，由方程式很容易看出，市场黄金价格这时会出现下降，反之，黄金价格就会出现上升。

确切地说，价格方程式时刻在描述着市场商品价格的变化，例如，在某一时期，一国际机构发布的商品走势报告："美元指数大幅攀升，以 80.39 点创下近 11 个月的新高。大宗商品普遍承压，弱势震荡。昨日，美元指数延续强劲走势，盘中再度刷新阶段高点，截至发稿，报 80.41 点。受此影响，大宗商品价格走势疲软。"

可以看出，以上这一报告所反映的价格变化，从市场角度印证着货币与价格之间存在的相互变化关系。

另外，我们已经知道，市场上商品的需求曲线存在着三个方向的变化，它们会直接影响商品的供求关系，并在一定情况下，使价格发生变化，这里，我们把需求曲线列示如下（见图 6 - 1）：

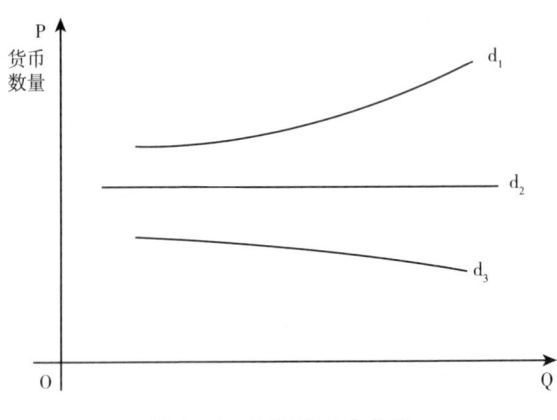

图 6-1 不同的需求曲线

在黄金市场上，市场需求对黄金价格的影响作用有时也是明显的。目前国际市场的黄金价格，是黄金供应商根据美元指数的变化（或美元汇率的变化）和市场需求状况而给出的价格，一定程度上，也是由供求关系达成的价格。

当市场黄金在供需状态均衡的情况下（如图 6-1 中 d_2 水平线），黄金供应商在美元汇率升值时（美元指数增长时），会采用降低和汇率升值幅度一样的价格来报价，以使市场购买者使用和原来一样的其他货币价格购买到相同数量的黄金，从而达到维护客户利益的目的（由于这时币值与价格发生了相反变化，它使得价格方程式左端的黄金供给量没有发生变化），反之，当美元汇率出现贬值时（美元指数下降时），黄金供应商就会以提升和汇率贬值幅度一样的价格来报价，来维护自己的利益，这样，市场购买者仍然会以和原来一样的其他货币价格购买到相同数量的黄金，并没有因为美元贬值而减少其他货币购买黄金的成本。如此原因，就是对于国际市场上美元币值与大宗商品价格之间存在相反变化的事实给出的理论解释，它反映的也是当价格方程式表示的美元指数与价格反向变化时，使其他外币收益保持不变的目的特征。

另外，当市场对黄金的需求发生改变时（如上图中 d_1、d_3 曲线），即便美元指数没有大的变化，也会使商品（黄金）价格发生改变，如价格出现上升或下降的现象，它反映的是供求关系对价格的影响作用，比如：2009 年 6 月美元指数在 80 点上下时，1 盎司黄金价格为 930 美元。2012 年 2 月美元指数在 80 点上下时，1 盎司黄金价格为 1717 美元。2013 年 8 月美元指数在 80 点上下时，1 盎司黄金价格为 1282 美元。

从黄金价格的三种变化现象，很容易看出，黄金价格从 930 美元/1 盎司上升至 1717 美元/1 盎司，其背后的原因，是由于市场对于黄金投资需求增长引起的，而黄金价格从 1717 美元/1 盎司下降至 1282 美元/1 盎司，则是由于市场对于黄金投资需求下降或减少而引起的，或是由市场黄金供给增加引起的。

另外，在国际市场上，还会出现某些商品价格与美元币值或美元指数以同一方向发生改变的情况，它们表现为同时上升或下降。如澳大利亚、石油出口国、黄金出口国等国产品在贸易时的表现，当这些资源的市场需求增加时，资源出口国的币值或汇率和出口商品价格会出现同时增长的现象（在价格方程式中，表现为右端的货币指数与商品价格的同时上升）。这些市场现象，虽然反映的也是供求关系失衡的状况，但它还反映着资源垄断的市场特征，也反映了商品供应商对利益最大化的追求。相反，当这些资源的市场需求减少时，也会表现出资源出口国的币值或汇率和出口商品价格同时下降的现象（如 2014 年俄罗斯卢布汇率和出口石油价格的同时下降）。

目前国际市场黄金、白银价格或其他商品现货和期货未来的价格变化，也是如此，这里还以黄金为例，并结合图形来分析商品价格变化规律。这时的黄金价格，我们表示为：

$$黄金(产品形态) \times Q = 美元指数 \times 黄金价格(美元) \times Q$$

或：

$$黄金(重量1盎司,纯度为99.99\%) \times Q = 美元指数 \times 黄金价格(美元) \times Q$$

由此等式可以看出，当市场黄金供求均衡的情况下，美元指数与价格之间将会形成反比变化关系，在某一期间或时点上，由于美元指数的波动，它会引起市场黄金价格的变化。

由以上等式，当 $Q=1$ 时，黄金的供给函数则表示为：

$$P(美元价格) = 黄金(1盎司) \times (1/美元指数)$$

由此得出这时黄金的供求曲线，可表示为图 6-2。

这一黄金的供求曲线图形反映出，在一定情况下，在横轴上的 Q 点上（Q = 1 盎司黄金），由于美元指数的下降，它使黄金供给曲线 S 的斜率 K（1/美元指数）出现增长，这时曲线斜率由供给曲线 S 的 K 增长为曲线 S′的 K′。在纵轴上，1 盎司黄金的美元价格则由 P 增长至 P′，供求平衡点由点（Q_1, P_1）移动至点（Q_1, P′），可以看出，这时的黄金供给量 Q_1 没有发生增长或减少的变化。

在美元指数与黄金价格之间发生的反向变化中，外币对美元标价黄金的数量需求也不会发生变化，也就是说，转换为美元以外的货币数量并没有发生变化，这是因为："美元指数 × 黄金价格（美元）"的乘积没有变化，或者说，在汇率

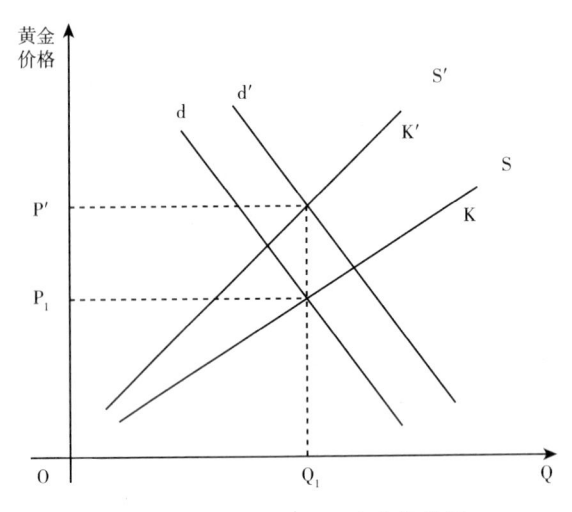

图 6-2 黄金价格与供求变化曲线

与价格相互变化时转换的其他外币数量是稳定的。

图 6-2 还反映出，在横轴上的 Q_1 点上（Q＝1 盎司黄金），当构成供给曲线 S 的斜率 K（1/美元指数）的美元指数变量稳定的时候，这时市场需求如出现需求增长，即使曲线发生由 d 至 d′ 的变化，可以看出，这样也会把供给曲线由 S 拉升至 S′ 的位置，并使黄金价格由 P_1 增长至 P′，这时市场上的黄金供给 Q_1 和美元指数虽然没有发生变化，但是，它却由于市场需求增长而使价格升高了，这就使得人们消费同等数量黄金的价格和成本增加了。

作者注

在市场上，这样的例子是很多的，如 2014 年 4 月底的美国非农数据的大幅向好，市场黄金价格不仅没有出现破位下跌的行情，反而借助乌克兰危机的避险买盘需求推动而出现价格的上涨，从而再次登上 1300 美元/1 盎司的价位，并让黄金多头投资看到了希望。像这样变化的例子，几乎每天都在发生着

由此可知，在黄金生产成本或生产价格稳定的时候，这时美元指数和市场需求的变化，是影响市场黄金价格变化的主要表现因素（注：影响美元指数与需求变化的因素则各有多种原因）。市场需求的增加或美元的贬值都会使黄金价格或其他贵金属价格增长（在现实美元标价的黄金投资中，如何判断美元指数的变化趋势和找出变化的依据，就显得非常重要），相反，市场需求的减少或美元的升值则会使黄金价格或其他贵金属价格下降。

对于由市场需求引起的黄金价格变化，从黄金价格方程式：

$$黄金(1 盎司) \times Q = 美元指数 \times 黄金价格(美元) \times Q$$

也很容易反映出来：当市场对黄金的货币消费需求数量 M 稳定而黄金供给 Q 减少时，即意味着右端"黄金价格（美元）×Q"＝M，也就是 M 不变情况下的 Q 的变小，从而促使"黄金价格（美元）"的增长。

当黄金供给 Q 稳定而市场需求 M 出现增长时，这样，从等式："黄金价格（美元）×Q"＝M，同样可看出，由于 M 的增长和供给 Q 的不变，就会促使"黄金价格（美元）"出现上涨。

在一定时期的黄金市场上，黄金供求与价格的变化，也可用下面的变化曲线来描述（见图 6-3）：

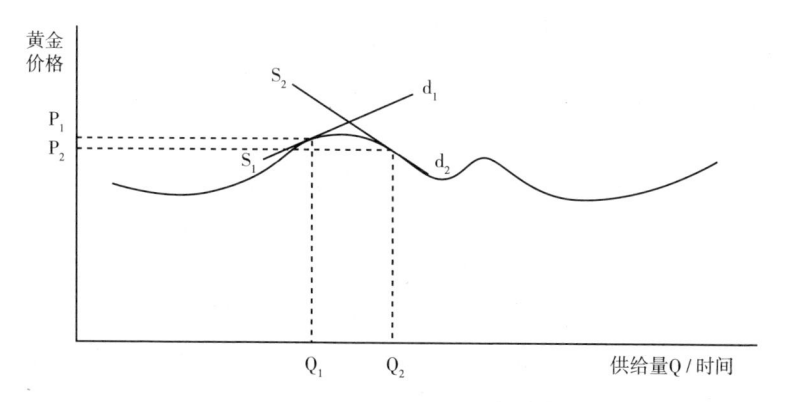

图 6-3　黄金与价格供求变化曲线

结合图 6-3 分析，可以发现，在目前以美元标价的黄金市场上，黄金价格的增长，大多数是由币值的下降或需求的增长引起的（由生产成本增加而形成的价格增长也视为币值的下降），如图中的 $S_1 - d_1$ 直线的上升趋势，有时也会是伴随着币值升值同时出现的。

在黄金价格的下降因素中，主要是由币值的上升或需求的下降引起的，如图 6-3 中的 $S_2 - d_2$ 直线的下降趋势，有时也是由两种因素共同引起的。

对于当前一些投资于市场石油现货、期货交易的投资者，都可以参照以上黄金价格方程式的分析，来进行投资活动。在现实的国际市场上，由于许多商品的供求关系和标价货币的币值时刻会出现不断地变化，这使得商品价格经常会出现上下浮动，它表现的也是商品价格的可逆变化现象。当我们将币值和供求因素对价格变化的影响作用结合价格方程式来表示的话，那么，这时反映石油价格变化的等式，则可表示为：

$$石油(1桶) \times Q = 美元指数 \times 石油价格(美元) \times Q$$

对于 2014 年国际市场石油价格的变化特点，我们这里结合国际市场美元指数与供求关系的变化作一具体分析。由市场公布的数据可知，在 2014 年 7 月 26 日至 12 月 26 日的五个月之内，美元指数从 80.9 上升为 89.8，上升幅度为 11%。这时期的市场石油价格，由 101 美元/桶则下降为 55.9 美元/桶，下降幅度为 44.6%。

如果以 2014 年 6 月的市场石油供求量为均衡水平，根据价格与币值的反向变化关系，那么，在以后的 5 个月之内，当美元指数上升 11% 幅度的时候，其石油价格最多只会出现 11% 的价格下降，也就是降至 89.9 美元/桶，在这时期的市场石油供求数量也不会发生改变。但实际上，在这 5 个月之内，市场石油价格却出现了 44.6% 的下降幅度，由以上方程式可以看出，这一时期的石油价格变化主要是由供求关系引起的，它表现为市场需求的绝对或相对减少，或市场供给的相对或绝对增加。

这时还可看出，等式右端的市场需求数量的减少，它会使左端的石油价格走低（币值上升也会使价格走低），由数据可得，在这期间内，美元升值会使石油价格下降 11% 的幅度，那么，市场需求因素则使石油价格下降了 33.6% 的幅度，由于这两种因素的作用，使得国际石油价格在这一时期下降了 44.6%。在以上的分析中，给出了 2014 年国际市场石油价格下降的原因，为市场的分析和预测提供了理论依据，也为我们提供了市场分析的了理论工具。

以上，我们分别用价格方程式和图形曲线描述了商品在不同市场条件下的商品与币值和价格的相对变化与联系。这种变化过程，也解释着现时的国际现货市场与期货市场上商品的现实买卖价格和未来期货价格形成的原因，价格方程式与图形曲线为商品现货与期货投资者提供着投资决策与具体操作的理论依据，它也是对市场黄金等贵金属交易等大盘蜡烛图（或 K 线图）变化趋势给出的理论解释。

价格方程式所包含的商品价值、货币币值与价格之间的逻辑结构关系，以及演绎和描述的市场上商品的价格变化，也为市场上大宗商品现货和期货的价格指数的形成和变化趋势的预测提供了理论依据，同时给市场上的投资参与者提供着分析和决策的参考依据，这也是这一价格方程式的价值所在，它是每个人、投资机构在金融市场上参与各种投资活动都可以借鉴的参考工具。

第七章

货币汇率

一

汇率的形成与货币的汇率公式

在早期社会，以劳动耗费的时间作为物与物交换的比率是现代货币汇率的原始形式。在以简单劳动为主的社会时期内，由于生产力水平较低，人们还不能利用技术、效率、资本等其他生产要素投入来提升产品的价值，只能够以劳动者的人力投入进行生产活动，一般劳动投入的效率与差异特征是不明显的。在生产同类产品使用的原材料也相近的情况下，劳动投入量以时间来计量，产出数量也表现着与时间耗费相一致的变化。生产函数也表明，早期社会的物与物之间的交换是以投入的时间量作为相互交换的劳动价格或交换比例是合理的，它是能够接近等价交换情况的。

在当时，如果劳动投入的时间相等，那么，商品具有的价值量也近乎是相等的（不考虑自然资源价值的影响情况下），产品的交换主要以农业与狩猎产品为主，这种在原始条件下的商品交换，体现着人类社会第一次社会分工的劳动特征。

随着早期社会的发展，在不同部落之间，也会形成不同生产能力方面的差异，它主要表现在产品数量、式样上的不同，它们反映着不同部落的特色。当不同部落的产品进行物与物交换时（农业产品与狩猎产品之外的物品），可能会出现，一件来自生产能力较高部落的较好物品可以换得较多的生产能力较低部落的一般物品，只有这样，两部落之间的物与物交换才是等价的，事实上，它反映的是复杂劳动与简单劳动交换的特点。这种交换表明，物品中包含的劳动量不是只以劳动时间能够反映的，其中还包含着由效率与质量共同转换的价值内容，这些物品的交换，更多地反映着人类第二次社会分工条件下的劳动产品和交换特征。

正如由亚当·斯密描述的"渔民的一只海狸交换猎人的二只野鹿和困难工作一小时所包含的劳动也许比容易的工作两小时所包含的更多"这个例子，它客观地反映着人类社会生产或劳动的由简单到复杂的发展历程。

在现代生产条件下，人们在社会分工的基础上不断完善着生产的内容，随着生产力的发展与提高，商品的生产能力和生产效率也不断增长。同时，随着经济发展，各国都遇到了生产要素资源短缺、人口数量增加、竞争压力加大、收入增长等现实发展问题，也由此产生了多种因素的经济失衡问题。它们经常表现为一国失业率的增长、货币贬值、物价上涨和汇率的波动现象，这一系列问题也会对一国经济发展和商品贸易产生各种不同的影响，为了解决和应对这些现实经济问题，也需要我们真正认清货币与汇率的本质以及决定一国汇率的主要因素，以利于一国经济的全面和有利的发展。接下来，我们依据等价交换原则，来构建关于两国商品（货币）之间交换的具体表达式，即汇率表达式（注：我们由两国货币表达式的相对比例可直接得出货币兑换比率公式，下面所表述的汇率形成方式，只是要把汇率形成过程分析得更为详细，使大家能够深刻理解汇率的内涵）。

在市场上，每一件商品，它们在不同时间与空间范围内的价值和价格的相对构成都会发生改变，这主要表现为经营环境、消费水平、市场需求等方面的差异，这些客观因素的变化，都会对商品的价值与价格构成产生不同的影响。因此说，不同时间与空间范围内的商品之间的交换价值和内涵是存在差异的，它会使商品给消费者提供的购买力不断在发生着变化。

这里，我们根据现实不同生产条件的情况，利用生产函数来分析商品生产与交换可能发生的变化：

在生产条件统一的市场上，不同厂商生产同一种规格商品的时候，如果厂商的生产环境条件（企业生产、内部布局、运输路径、运输距离、生产要素及价格）和生产效率都相同，但生产员工数量不一定相等，那么，根据生产函数：

$$V = T \times \sum ntEMSL = 货币效率指数 \times Q \times 商品价格 = Q \times 商品价值$$

可知，这些厂商进行商品生产的货币效率指数、产品质量（M、S）及商品价格都是相同的，只是产出数量不同。这些商品在与其他厂商生产的不同商品进行交换的时候，商品之间以价格相一致的水平进行交换的话，这种交换则会是等值的，但在现实中，这种统一的生产条件是不存在的。因此说，在市场上，完全等价的交换是很少的。

在现实的生产条件下，每个生产厂商投入的要素价格、生产能力、环境条件与生产效率都是不同的或是存在差异的。不同厂商使用每一单位货币资源形成的产出价值是不一样的，由于这些客观因素的影响，则会形成厂商生产相同产品时，会出现不同成本或市场价格。客观上，每一种商品的生产都不是随意的，都是按照每一种商品的规定性来进行的，市场商品之间的交换也不是随意的，都需要通过价值的检验（表现为质量或数量的检测等）或价格的比对过程。

无论在国内还是国际市场，商品或劳务交换都是以一定质量与数量的商品形态按商品价值（不是价格）进行等量交换，没有转化为商品价值的劳动投入，原则上不能用来交换的，它只是增加了交换商品的价格。同样，商品也不能随意压低价格进行交换，它会形成对同类产品交换的不利影响，被认为是一种商品在国内或国外市场上的倾销行为，每一个商品都以一定质与量的规定特征在市场上进行交换。任何商品的质（价值）与量（价格）的较大偏离都会受到消费者的质疑或来自于市场监管部门的约束或制裁。

由一般常识可知，商品之间以包含相等的有效劳动与资源价值量或者以等效的商品价值为等价交换的标准，反映着劳动与资源价值转化的规律性和价值的守恒特性，产品形态价值代表了劳动与资源要素投入和有效转化的最终效果。它表现为：具有相同质与量的两个相同商品，包含着相同质与量的劳动与资源价值。

在市场贸易或交换中，在不同的时间和地点，各国相互贸易的商品，有的可能是同质的同类商品，而一般则是不同质的商品。尽管它们来自不同产地和不同的生产工艺，商品中包含着不相同的价值要素，商品也会表现不同的价格，当它们交换时，则就反映了不同岗位之间的劳动交换与合作。来自不同国家的商品在使用不同货币表现的价格进行交换时，需要将本国货币价格核算为对方货币表示的数量。这种货币的兑换，它表现为一种币值的货币向另一种不同币值的货币转换的过程，实质是一种货币的质与量向另一种货币的质与量转换的过程，是一种互惠互利的货币或商品的交换过程。这里，我们结合生产函数等式，就商品交换做进一步分析，下面，是用生产函数表示的商品等价交换的价值等式：

$$V_A = 货币效率指数\ A \times Q_A \times 商品价格\ A(A\ 国货币价格)$$
$$= 商品\ A(产品形态) \times Q_A$$
$$= V_B = 货币效率指数\ B \times Q_B \times 商品价格\ B(B\ 国货币价格)$$
$$= 商品\ B(产品形态) \times Q_B$$

这一等式中，等式两端代表着各种不同形态（不同质）或相同形态（同质）的商品，等式两端的商品，因为具有相等的价值量而使等式成立，具体表现为两端具有相同的使用价值（或效用价值），反映着等式两端包含着相等的劳动和资源的价值量。等式还表现为两端商品具有质与量的互补性的等值效果，如少量的优质产品和较多的一般产品进行的交换，最终使双方以不同质量或数量的差别商品实现价值的等价交换。同时看出，虽然不同国家生产的商品表现着不同的货币的价格，而由等式表明，两端商品在各自价格基础上实现的交换是等价的，等式反映着商品等价交换的基本特征。

容易看出，当两国用各自生产的商品 A 与商品 B 进行相互贸易时，这种等价商品所表现出的不同价格，是在不同货币和生产条件下的合理表现。由于各国在生产技术、生产效率、资源禀赋、要素价格、经济政策与使用不同货币（面额、工资率）存在的差异，会使得同一时期生产的相同价值的商品，会耗费不同的要素成本和用不同货币表现的不同价格。这也是商品或货币在贸易或交换时，为了实现等价交换的基本目的，需要对不同商品或货币核算交换比率或汇率的原因。

由此可知，商品 A 与商品 B 在一般由两国生产的情况下，它们无论是相同的还是不相同的等值商品，它们表现的两国的货币价格（贸易额）一般都是不同的，即：

$$商品价格 A(A 国货币) \times Q_A \neq 商品价格 B(B 国货币) \times Q_B$$

因此，为了实现两国商品货币形式和货币的相互等价交换，商品 A 与商品 B 在 A 与 B 两国相互进行贸易时，就需要对不同货币价格进行交换比率的核算，以保证不同货币价格表现的两国商品实现等价值的交换。同时，也保证不同国家的货币在两国市场消费商品时具有相等的购买力，从而使两国的生产者与消费者的利益都不受损失并从交换中得到好处。

汇率核算就是对每一时期的两国商品与货币之间存在的价值与价格的偏差进行修正。这是因为，在不同时期内，各国社会商品生产的要素投入的价格变量和产出变量都可能发生变化，从而使得两国货币价值或购买力的相对价格也会发生改变。汇率的调整目的，不是针对各自生产成本与商品价格进行的数量平衡，而是使贸易双方通过交换获得的实际资源利益相等。这样，也会使每一个生产者获取的货币收入能够购买到与自己劳动投入相等的实物价值，实现在有效投入上的多劳多得或少劳少得的公平交换。

汇率，也是在商品等价交换的基础上，贸易两国各以一定数量的本国货币代表一定等值商品交换的数量而相对形成的两国货币的数量比率，也就是两种商品在各自货币价格基础上进行等价值交换的数量比率，它既为两国货币兑换的汇率，也是两国商品以价格交换时的相对比率。

由生产函数可知,当任意两个国家或厂商进行商品贸易时,贸易商品之间的相关变量,这时则有:A 国:商品总价值 V_A,商品 A(商品价值 A),数量 Q_A,货币效率指数 A,商品价格 P_A。B 国:商品总价值 V_B,商品 B(商品价值 B),数量 Q_B,货币效率指数 B,商品价格 P_B。

我们知道,在一般情况下,即便两国生产的同一商品,商品价格 $P_A \neq$ 商品价格 P_B(注:只有在两国的货币效率指数相等时,等式才成立)。不同国家或货币地区之间的商品交换,在市场等价交换原则下,它们遵循等价关系:

$$商品总价值(V_A) = 商品总价值(V_B)$$

如用生产函数来表示的话,其等价关系如下:

$$V_A = 货币效率指数 A \times Q_A \times P_A = 商品 A \times Q_A$$
$$= V_B = 货币效率指数 B \times Q_B \times P_B = 商品 B \times Q_B$$

它是表示任意两国或厂商,各自以一定本国货币价格表示的一定质量与数量的商品的等价交换等式。

由这一等式可得:

$$货币效率指数 A \times Q_A \times P_A = 货币效率指数 B \times Q_B \times P_B$$

或有:

$$Q_A \times P_A / Q_B \times P_B = 货币效率指数 B / 货币效率指数 A$$

$Q_A \times P_A$ 与 $Q_B \times P_B$,分别代表着贸易双方各自生产或交换这一数量的商品价值需要的本国货币表示的生产价格或贸易额。由等式可以看出,其比率是由两国生产厂商的货币效率指数(币值)的相对比率决定的,它反映的是一国货币下的平均货币效率水平,也就是一国的币值水平。而 $Q_A \times P_A$ 与 $Q_B \times P_B$ 作为商品生产或交换的生产价格或贸易额,它们与两国的货币效率指数(币值)相对比率成反比变化,也表明两国的商品或货币兑换以这一反比率相交换,这时双方商品或货币相互交换的数量在价值上则是等量的,或相等的。由此,我们得到两国商品价格交换或货币兑换的贸易汇率公式,即:

当把 $Q_A \times P_A$ 与 $Q_B \times P_B$ 两乘式表示为:$Q_A \times P_A = P_{A总}$ 与 $Q_B \times P_B = P_{B总}$ 时,我们得出两国商品或货币兑换的汇率公式,并表示为:

$$P_{A总} / P_{B总} = 货币效率指数 B / 货币效率指数 A$$

或:

$P_{A总}/P_{B总}$ = 货币购买力 B(货币指数 B)/货币购买力 A(货币指数 A)

（公式如表示成过去教科书中常见的形式，则为：$P_{A总}/P_{B总}$ = 货币效率指数 B/货币效率指数 A = e）

其中：$P_{A总}$ 与 $P_{B总}$ 分别代表着等价交换原则下，两国本国货币相互兑换的数量或价格，$P_{A总}/P_{B总}$ 或（$P_{B总}/P_{A总}$）也为两国货币兑换的比率或汇率。

汇率公式既代表着两国绝对购买力平价的关系，也代表着两国的相对购买力的平价关系（一定时期内，一国货币购买力不变而另一国购买力变化，或两国货币购买力同时发生变化）。

作者注

根据生产函数：货币效率指数 A 与货币效率指数 B，由于存在以下的等式关系，即 A 国货币效率指数 A = 1/A 国物价指数，B 国货币效率指数 B = 1/B 国物价指数。这就是过去我们用两国物价指数作为衡量两国汇率的原始依据。在这种关系中，货币效率指数是主动变量，物价指数是被动变量

汇率公式的全部结构为：

$P_{A总}/P_{B总}$ = 货币效率指数 B/货币效率指数 A

= 全要素价值生产率 B×(总工资率 + 总净利润率 + 总利息率
+ 总折旧率 + 总摊销率 + 总税率 + 中间产品和生产费用等成本流量)A/
全要素价值生产率 A×(总工资率 + 总净利润率 + 总利息率
+ 总折旧率 + 总摊销率 + 总税率 + 中间产品和生产费用等成本流量)B

其中，双方货币效率指数的量纲在分式中相互抵消，等式变为比率形式，这里不再赘述。

我们知道，两国货币购买力之比就是决定货币汇率的最基本的依据和条件；汇率的变化也是由两国货币购买力之比的变化来决定的，即汇率的上升或下降取决于货币购买力相对变化的结果，这也是为大众所理解并具有常识性的汇率理论，同时也是符合经济规律的汇率理论。

汇率公式表明，汇率表现的两国货币购买力平价，代表的是现代贸易条件下任一时点上两国的汇率，它既可反映某一期间的不变汇率或固定汇率，也可反映某一时期变化或浮动的汇率。因此，这一贸易汇率公式也可称之为购买力平价方程式，或货币模型决定的汇率公式。

作为汇率公式，它反映着货币及币值形成到相互交换的逻辑关系，是价值规

律的具体表现形式。可以看出，作为构成两国汇率的结构变量也是反映两国生产要素的投入与产出变量，它们反映着两国生产变量与汇率之间的相互关系。

> **作者注**
>
> 由汇率公式证明并得出结论：汇率是两国货币兑换的相对价格，也是两国商品交换的相对价格。货币作为商品的等价物，它具有和商品一致的价值结构

由汇率公式容易看出，汇率中既包含着过去购买力理论的假设条件，也包含着反映实际生产的变量，如国民收入（工资、年薪、经营收入、利息、租金等）、产出效率、生产成本、就业水平、技术创新、产品质量、产出数量、物价水平、货币政策、财政政策、人文价值、资源禀赋、政治经济形势等对汇率变动的影响，也包含了汇率变动对一国市场货币购买力的增加或降低的反作用影响（通过贸易途径）。

可以看出，两国汇率形成与汇率决定理论的成立不需要任何假设条件。两国汇率的计算，理论上是以各国之间国内市场全部相似消费商品的平均货币效率指数或货币购买力指数作为两国汇率测算的依据，这样，它可以最大限度地反映由实物贸易与旅游贸易共同构成的两国商品交换的公平利益。

> **作者注**
>
> 严格地讲，在进行货币购买力的测算时，也应包含不可贸易商品，因为，各国市场上都有来自他国的消费者

对于汇率公式中各变量所表示的含义，这里举例简要说明如下：

在分式中：$P_{A总}/P_{B总}$中，一方代表着一定数量单位的一国的货币，另一方则代表着一定数量单位的它国货币。这里，如果$P_{A总}$代表的是美元的数量，$P_{B总}$代表的是人民币的数量。

如在市场上，某一时期内两国汇率是$P_{A总}=1:P_{B总}=8$，这时，由汇率公式可知：$P_{A总}/P_{B总}=$货币效率指数 B/货币效率指数 A$=1/8=0.125$。这样，等式直接表示：美元兑换人民币的汇率为1美元=8元人民币或100美元=800元人民币。同时，还表明美元币值（货币效率指数 A）=8，人民币币值（货币效率指数 B）=1，也表示着，在两国市场上购买商品时，1美元的购买力是1元人民币购买力的8倍。它还表示着，两国生产一定数量的相同商品的平均要素投入总成本为：在美国生产用1美元，在中国生产需用8元人民币。也表示在美国市场用

1美元购买平均一类商品的话,如用人民币购买相同一类商品则需8元人民币。

这一汇率公式与由两国的货币效率指数直接相比较得出的汇率关系等式也是一致的。同时也说明,两国之间的汇率水平,反映着两个国家社会生产效率的相对水平。

根据市场上对货币价值的不同称谓,汇率公式中也可使用各种称谓的币值名称,如:

货币指数B(货币价值指数B)/货币指数A(货币价值指数A)
=货币购买力B/货币购买力A＝P_A/P_B(比率则为两国汇率)

如:

货币指数美元(美元指数)/货币指数英镑(英镑指数)＝P英镑/P美元

在市场上,如果把A与B两种不同质量的商品相互交换的等价形式用一般公平等式来表示的话,这种物与物之间的交换和汇率公式代表的意义是相同的,即为:

数量A×质量A＝数量B×质量B

等式表示A与B两商品交换的原则是以价值相等为条件的,在交换的实用价值总量一定的前提下,如质量A较好,其所需要的数量A则应较少。如质量B较差,其所需要的数量B则应较多,这是实物价值形态等值交换的例子。在任何实物价值形态的等值交换中,数量与质量关系都表现着互补的增减变化,这与货币价值形态的货币交换的汇率内涵是一致的。例如,在金平价的交换原则下,货币之间兑换或与商品的交换,同样的商品,若以含金量较高的币值货币去交换,则需要支付较少的货币量;若以较低含金量的币值货币去交换,则需要支付较多的货币量。

另外,不同币值之间相互支付或兑换的等式还可以表示为:

货币量_{较少}×币值_{较高}＝货币量_{较多}×币值_{较低}

同时,汇率公式也反映着不同时期货币的兑换关系,对于代表着不同时期的各种货币形式与币值的大小,也用货币效率指数来表示,如:

货币形态与货币效率指数:
$$\begin{cases} 商品等价物 \\ 金(银)币本位制(金或银铸币) \\ 金块本位制(银行券) \\ 金汇兑本位制(银行券) \\ 纸货币(电子货币) \end{cases}$$

在金本位制时期，是用不同黄金含量来规定货币所代表的价值，每一货币单位都有法定的含金量，各国货币之间按其所含黄金重量来确定相互的比价。汇率公式表明，现代纸货币（电子货币）则是以和商品的相对价值形式来作为货币的价值结构形式，从而形成了相对购买力形式的汇率结构。

在金币本位制度下，两国单位货币含金量之比作为两国货币的汇率，也称为铸币平价。例如，在19世纪末期，1英镑金币含纯金量为113格令，1美元金币的含纯金量为23.22格令。这时英镑与美元之间的汇率或铸币平价为：113格令/23.22格令 = 4.8665。即1英镑金币的含金量是1美元含金量的4.8665倍。1£ = 4.8665$，也就是1英镑的金币可以兑换4.8665个1美元的金币。

现代纸货币条件下，两国纸币购买力平价是决定汇率的价值基础。两国市场相对购买力的变化，可通过对两国市场上一揽子商品价格的变化进行测量并核算出来。在实际操作中，即便存在着准确性的差异，它也是现实中唯一正确的和准确的汇率产生方法。在两国提供的商品价值量相同条件下，通过测算两国货币效率指数（即币值指数或纸币购买力，具体测算方法在第十章内容中）和汇率公式的计算，则可得出两国纸货币的交换比率，即两国之间的贸易汇率。

我们需要清楚的是，当两国的货币汇率表示为：1单位货币A = 8单位货币B时，很容易看出，它反映的不是数学意义上的等量关系，而是价值意义上的等量关系。汇率反映的本质是商品之间以价格形式交换的价值相等关系，体现的是商品等价交换的基本原则。也就是说，汇率是以量的差别表现着不同货币质的区别。如1单位货币A = 8单位货币B，它作为价值等量关系，反映的是1单位货币A的币值或购买力为1和与1单位货币B的币值或购买力为1/8时的等价交换的比例关系。这也是汇率公式所包含的等价关系和内涵。

汇率公式也表明，汇率也是商品交换的最小贸易单位的比例。一个国家在一定时期的商品生产活动，社会生产的平均货币效率决定着货币的购买力水平，因此，一国的货币效率指数是决定着对外汇率水平的原生变量。

由汇率公式可知，汇率也是两国价值尺度的相对比率，它反映了两国货币交换的尺度标准。汇率公式不但是一定时期内测度两国购买力和汇率调整的理论依据，并关系着各国贸易的利益和货币资产价格与双方投资的合理收益，也是核算一国贸易或外部投资实际收益的基本尺度。

合理的货币交换的尺度标准是不能随意变化的，它是需在一定时期内，根据对经济运行状态的实际测评才可以决定的。现实中的汇率形成依据、形成机制、评价体系、理论体系与实体经济的情况是脱离的，即便符合也是暂时和偶然的，这是汇率形成机制需要改进的地方。一个合理汇率的形成条件，它是建立在各国正确的商品生产与交换的价值尺度衡量体系和汇率形成机制基础之上的。

汇率公式反映着汇率形成的原始过程，同时表明，汇率最早是由商品的生产与交换的比率开始的，它表现为早期的物与物之间的交换比率（在货币没有出现和效率一致条件下，它表现为劳动投入时间的相对比率），货币汇率正是在这一条件下反映商品交换比率的更为便捷的交换形式。

汇率公式是货币形态相互交换的等式，也是代表着商品形态相互交换的等式。从货币形态上，汇率反映了不同国家货币在价值等价条件下的数量交换关系。从商品形态上，汇率反映着不同货币代表的两种相等价值商品之间的平等交换关系。汇率的每一次变动都代表着相对货币价值或购买力变化的平价调整结果。

汇率公式不只是反映着两国之间购买力平价的关系等式，在一国的市场上，它还反映着不同时期的货币价值或购买力与商品价格之间的变化关系，同时也解释着市场上货币数量变化对货币价值形成的反向影响作用。

汇率公式还表明，汇率水平相对较高的国家，市场价格水平较低，反之，则较高。汇率核算的本质和汇率公式的功能，就是使一国市场上货币的币值与在别国市场上实现币值的一致性，而汇率公式提供的是一种货币兑换核算和调整的方法，也是实现购买力平价或一价定律的目标和过程。实现两国货币等值交换的汇率目标，其意义在于：

第一，为了实现在两国公民过境消费时对不可贸易商品消费的相同购买力。

第二，为了两国实现商品贸易的等价值交换，两者都是在维护商品交换的公平利益。

第三，为了保障一国货币资本对外投资的合理收益水平。

汇率公式是决定两国商品贸易和过境消费在价值基础上进行交换的比率公式。为了实现不同货币价格下的相同价值商品（一定产品质量与数量）在不同国家之间交换和消费的一致性和公平性，等价的汇率是实现公平交换的基础条件，也是在维护一国市场消费者或贸易者的利益。

汇率公式及表示的含义如用图 7-1 表示则为：

图 7-1 直接反映着两国货币相互兑换与调整的等价关系，即汇率是两国货币在等价值基础上的交换价格，既是两国货币的相对价格，也是两国商品的相对价格，没有两国商品的交换也就不存在汇率。

从图 7-1 中可以看出，等价值曲线代表着 A、B 两国商品（货币）交换应满足的等值条件，即由 A 国的货币指数 A 与价格 A 和 B 国的货币指数 B 与价格 B 各自构成的矩形代表着的相等的价值量。在纵轴上，A 国的货币指数 A（币

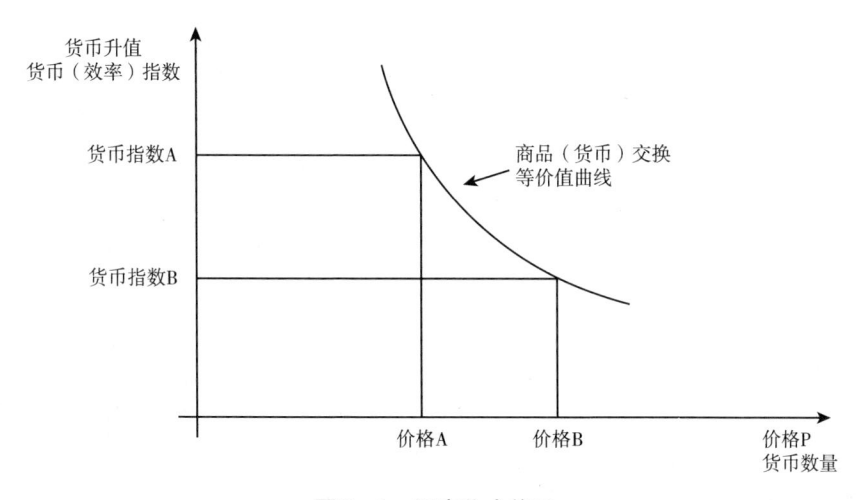

图 7-1　汇率公式关系

值）相对高于 B 国的货币指数 B（币值），反映在横轴上，它们相互交换支付的货币的价格数量则是相反的，即 A 国左端的（价格 A）则小于 B 国右端的（价格 B），这一矩形结构与变化，表现的是币值和价格的互为补偿关系，从而使两国商品（货币）的交换始终维持价值相等的市场交换规则。

这里以实际例子来说明：如果 A 国使用含金量较高的金币（货币效率指数 A）和 B 国含金量较低的金币（货币效率指数 B）进行交换（图中纵轴表示：货币效率指数 A＞货币效率指数 B），那么，这时一定会与图中表示的相一致，即 A 国以少量的金币（价格 A）来换取 B 国多量的金币（价格 B）才能实现等价交换（图中横轴表示：价格 B＞价格 A），这时的交换才能完成，这也是历史上金本位制时期的不同金币之间兑换的汇率原则。这一表现汇率公式与变量关系变化的图形，直观地解释着货币交换与变化的基本原理。

二

贸易汇率与金融汇率之间的关系

在当今外汇市场，无论市场对汇率是否作范围上的细致分类，客观上，市场上也都会存在着贸易汇率和金融汇率的区别，也就是过去的双重汇率的区别。在目前大多数国家都取消了双重汇率的外汇市场上，两国之间实行的单一浮动汇率，实际反映的依然是两国之间的金融汇率的本质。所以，下面对于货币汇率的分析，我们还是把汇率分为贸易汇率与金融汇率并分别来讨论。

对于贸易汇率与金融汇率，无论从它们的形成过程还是从它们的要素结构与表现特征来说，都是存在着一定的差别的，由此，也决定了这两种市场汇率各自独立存在的客观性和合理性。在市场上，虽然它们都是变化的，但贸易汇率在短期内表现为相对稳定的特征，金融汇率在短期内则表现为不断变化的特征，这种不同的表现，反映了两种汇率之间存在的区别。两种汇率存在的联系与区别就是，由以上汇率公式产生汇率的是两国之间的贸易汇率，而贸易汇率则是形成两国金融汇率的价格基础。

由汇率公式可以看出，贸易汇率也不是固定不变的，从理论上讲，它是应随着两国的生产效率水平和币值的变化而不断调整的。但这种汇率的调整变化和目前自由浮动的变化之间是有区别的，前者汇率调整变化的依据是一国的价值尺度，后者汇率浮动变化的依据是贸易收支和供求关系。

在市场上，由于过去没有形成一致公认的汇率决定理论与汇率公式，经济学理论也不能提供出合理的汇率决定依据，从而形成了各国在汇率政策的制定和调整措施等方面的认识误区和混乱，以至于各国之间的货币兑换始终没有形成统一的尺度标准。

随着国际贸易的逐渐开展，各国在各自判断和贸易需求的基础上，各国之间相互先后建立了双重汇率关系，在贸易进程中，一些国家又先后采用了浮动汇率，有的采用了有管理的浮动汇率。从汇率制度发展至今，无论使用哪种汇率制度，许多国家之间的汇率水平都是存在偏差的（汇率之间不是等价的），也就是说，许多国家之间的相对汇率，都是脱离了一国实体经济的客观水平的。究其原因，还是由于贸易理论的缺陷或货币的兑换标准过去没有解决所形成的。

在双重汇率时期：

贸易汇率，也是两国之间银行使用本国货币相互买入或卖出的价格，即官方贸易汇率。它是适用一国商品贸易的企业的汇率，也是指一国进出口贸易商品以及运输、保险、劳务、仓储等一系列费用计价结汇时使用的汇率。

金融汇率，它建立在贸易汇率的起点之上。在金融市场上，其汇率水平及发生的浮动与变化，既反映着两国的贸易汇率和两国的基本面水平，也反映着两国的利率水平以及资本投资、市场的需求与变化。它也是用于国际资金流动、投资、国际旅游业及其他国际间非贸易性收支的计价结汇时所使用的汇率。如两国相互旅游者通过银行购汇得到的汇率价格，就属于金融汇率的价格。

由以上的汇率公式，我们既可得出两国商品贸易的即期汇率，又可预测两国远期的贸易汇率，也就是说，汇率公式既反映现期购买力平价关系，也可反映远期购买力平价关系。而由此得出的这一贸易汇率，它是金融市场上汇率浮动的基础，它也是支撑一国金融经济运行的主要基础变量（在短期国际金融市场和浮动汇率条件下，由于一国市场利率变化引起的资金流入流出的变化，它会对一国金融汇率产生上下浮动变化的影响，但一国的利率变化不会对贸易汇率水平产生影响）。

在市场上，汇率反映着各国之间社会生产效率和货币的购买力特性。在现代纸币条件下，汇率反映着不同国家货币（商品）之间的相对关系与价值尺度之间的变化，等价的汇率，它是两种货币交换的价格标准。在双方贸易交换时，高于或低于这一标准，它就会使一方产生交换的盈余或亏损，伴随着的是财富从一个国家向另一个国家非平衡的转移，产生的是一定的国家利益的收益或损失。因此，汇率反映的是一种客观的价值交换关系，也就是一国劳动价值与资源价值和他国劳动价值与资源价值之间的等量交换关系，所以说，汇率标准不是随意制定的。

在金融市场上，利率是作为一种金融服务和资本要素的价格而存在与表现的。利率的变化，会直接影响货币的流动性和货币的使用成本，也会改变货币资本的收益。从货币币值的角度，它也会使货币产生增值或减值的效果。这种由利率变化带来的使货币增加或减少的"币值"变化，它实际反映的是货币收益的变化。它与市场上货币价值或购买力发生的变化，从本质上讲是不相同的。货币购买力的变化，实际反映的是一国生产效率的变化。客观上，一国生产效率和市场利率变量对于一国货币价值产生的影响，它们是在不同阶段发生的不同变化现象，它还会随着不同的市场环境、投资需求的变化而变化。

在市场上，由于西方市场经济理论的影响作用，自由市场经济模式被作为一种理想的经济发展方式。在20世纪，早就有国家和经济组织设想通过建立由供求关系决定汇率的浮动汇率机制作为平衡国际收支的制度措施，这种设想，随着市场发展逐渐得到各国认可并在市场上实行，各国则相继逐渐取消了原来双重汇率的贸易模式。

从客观上讲，如果仅凭市场供求关系和汇率浮动的措施，来实现等价交换基础上的一国贸易平衡目标，在现实条件下，是非常渺茫的。因为，在商品市场上，各国之间是不具备实现公平竞争的客观条件的，各国所拥有的资源要素条件是不同的。由此说，想要建立一个国际化的市场公平交换体系，如果只依靠供求关系与汇率的浮动是无法实现的。虽然如此，市场汇率的形成机制还是逐步转向了目前的浮动汇率方式，浮动汇率制的正式采用和普遍实行，是在20世纪70年代后期开始的。我国的汇率制度选择，从改革开放以前至今，经历了从单一汇率到双重汇率再到单一汇率的发展过程。

随着汇率浮动制度的逐渐实行,国际贸易并没有实现原来预期的改善贸易收支状况的目标,反而给商品贸易带来了许多风险和负面影响。这其中的原因主要有两点:一是市场不具备由供求关系决定汇率的客观条件,二是取消双重汇率并不能从根本上消除汇率结构偏差问题。

客观上讲,目前市场的浮动汇率,只是人为地把贸易汇率与金融汇率捆绑在了一起,并在此基础上形成了汇率的浮动,它表现出的还是原来金融汇率的特征。这使得浮动汇率下的贸易和原来双重汇率下的贸易条件并没有发生什么改变,也没有使国际贸易中的贸易收支的失衡现象得到明显改善。

我们知道,贸易汇率与金融汇率之间有着不同时间阶段和货币结构上的差异,严格地说,它们是不能够互相混淆的。在目前情况下,这种在双重汇率基础上形成的浮动汇率机制,它给市场也带来了许多新的问题,比如:

(1)它模糊并淡化了一国企业通过生产效率、技术、质量等措施来调整贸易汇率目标的思路,否定了一国实体经济对汇率的客观决定作用,也否定了贸易汇率与金融汇率形成之间存在着的本质差异。

(2)汇率波动频繁,给进出口商带来了价格结算上的风险,因此影响长期贸易合同的签订。

(3)助长国际金融市场上的投机活动,使国际金融局势产生动荡。还会导致各国出现竞争性货币贬值,通过不公平的竞争方式来改善一国的国际收支状况的现象。

这些由浮动汇率机制产生的对发展贸易与金融经济不利的影响因素(虽然可以把汇率浮动当成是投资赚钱的机会),它反映的是浮动汇率机制存在着的缺陷,说明了这一汇率机制并不能完全符合贸易和金融经济发展的条件与需要,也说明了国际贸易与金融理论还有许多需要进一步完善和补充的地方,本书论述和分析的内容就是如此。

面对现实的金融市场,贸易生产企业与金融投资者,对于汇率的浮动与变化,如何判断汇率的发展趋势,并根据市场变化及时采取正确的调整措施,则是非常必要的,也是非常现实的。为此,我们不但需要贸易汇率公式为商品贸易提供理论依据,同时也需要建立反映两国目前汇率浮动与变化的金融汇率公式,用来指导金融市场上的金融投资和决策行为。这样的话,在贸易和金融市场上,我们就可以参照贸易和金融汇率公式中不同的变量结构,结合市场变化进行具体的分析并作出准确的投资判断和决策(金融汇率公式在本章第四小节作具体分析)。

一个符合实践的金融汇率公式，它可以指导投资者，如何从生产阶段来调节市场上的汇率走势，使它最大限度地与实际汇率水平相吻合，并在合理的汇率水平上浮动与变化。这样，它如同搭建了一个经济运行的公共平台，它在维护着市场投资者的合理经济利益的同时，也在促进着国际贸易和金融产业的发展。

实际上，两国汇率的价格标准，主要表现在汇率是否等价或与两国实际经济实现了合理对接，而不体现在汇率是否浮动上面。汇率公式表明，两国之间的贸易汇率等价性的确定需要通过对两国货币价值或生产变量进行实际测算来决定，这是形成两国金融汇率价格的基础，也会是改善国际收支平衡的有效措施。

以上的汇率公式，解答了贸易汇率的形成机理，也为汇率调整以及汇率形成机制的改革提供了理论依据。通过分析可知，对于从事商品贸易的企业和贸易国，首先应当从生产角度来主动调整各自的汇率目标，以便在贸易市场上获得更多的汇率主动性和贸易利益。同时，在金融市场上，还应利用金融汇率理论来指导资本投资活动，以实现更大的经济利益。

三

一国生产力结构与汇率的关系

一国的社会生产效率反映着一国的生产力结构和生产力水平，它决定着这个国家市场上的货币购买力。这时，一国之内反映着社会生产的效率结构与效率水平指标，它也会从一国的货币生产结构与币值水平中反映出来。

汇率反映着两国货币的定性与定量的相对价值关系，在成本一定条件下，它反映着两国的生产效率水平。汇率公式表明，汇率与一国经济变量之间存在着直接的联系。客观地讲，一国的币值与汇率发生的变化，也反映着一国经济所发生的变化。

由汇率公式可知，两国货币指数的变化，代表着两国货币标准的变化，它是决定货币汇率或调整的依据。作为反映着一国货币购买力的货币指数，是在一国实体经济与金融经济发展中需要的重要参考变量，这一变量的精确性和客观性，反映并影响着一国经济的运行状态、运行质量以及对外贸易、对外投资与国民消费或投资的利益。

由汇率公式可看出，两国全部产业生产劳动投入的平均货币产出效率是决定两国汇率的基础，当一国的平均货币效率指数相对逐渐增长时，这时一国的汇率应是相对逐渐升值的。当两国的平均货币效率指数是相对平稳的，这时两国的汇率水平也应是稳定的。当一国的平均货币效率指数相对逐渐下降时，这时一国的汇率则也会是相对逐渐贬值的。

虽然由汇率公式产生的汇率代表的是价格变量，但支撑两国货币兑换比率的却是两国生产要素投入与产出的效率变量，它最终表现为两国相对的货币效率指数。汇率作为两国商品交换的货币表现形式，汇率调整的目的则主要为：(1) 实现国际贸易的公平交换。(2) 调节一国在国际市场上的收支平衡。(3) 调节一国贸易与投资的财富收益，并使之最大公平，它包括商品贸易收益和资本投资收益。(4) 最终目的是改善一国国民的收入和福利水平。

汇率公式把两国的生产变量直接联系了起来，因此说，汇率公式也是一国通过生产性调节一国币值与汇率竞争力及汇率目标的生产模型。

容易看出，在对外贸易中，每一个贸易企业都可通过调整各自的要素结构与要素变量、生产成本与产出效率来实现预期的汇率目标，同时，企业也可以根据市场汇率的变化情况，来探寻使货币主动升值的各种生产因素。贸易企业为了在贸易市场上参与商品竞争的需要，也需要根据当前的市场汇率水平，来调整企业出口产品的汇率竞争力。

汇率公式表明，一国汇率的调整应是以一国的货币生产结构为依据来进行的，具体需从生产厂商的货币效率指数结构中寻找调整变量，主要是以各种生产要素投入与产出变量为调整对象，如一国的人力资本、工资率水平、物质资本、生产成本、生产效率、质量水平、物价水平、利息率、贸易条件、国内生产总值、经济形势等对汇率可能产生影响的参数变量。另外，一国对于国内生产结构的调整，也要从商品的生产规模，生产要素的供给与价格调整、生产效率与产品质量的提高、技术的创新等方面入手。通过提高生产效率、产业技术升级、提升资源利用水平等各种措施的实施，它形成的是使一国货币对外的相对贬值的效果，从而提高了一国货币和商品在国际市场的竞争力，最终实现通过经济结构的调整来达到市场汇率的预期目标的目的。

亚当·斯密作为西方古典经济学家，也是国际贸易理论的创始人，他在劳动价值学说的基础上，从生产成本角度，提出了商品贸易的绝对优势理论学说，以此作为国际贸易生产与分工的基础。他对商品贸易作了精辟的论述，尽管如此，但毕竟处于贸易初期和早期的认识阶段，还存在着许多的漏洞。它不能完全解释现实中存在的贸易现象。

直到后来大卫·李嘉图对国际贸易作了更为确切的论述以后，才使人们对商品贸易有了更加深入的认识。大卫·李嘉图在斯密的绝对优势理论的基础上，提出了比较优势理论，李嘉图指出决定两国贸易的因素是两个国家商品生产的相对劳动成本，而不是生产这些商品的绝对劳动成本。他认为，一个国家在不同商品的生产方面，即使生产劳动成本皆高于他国，但只要在劳动投入量上有所不同，两国也可以进行贸易。

亚当·斯密和李嘉图他们都认为只有生产成本存在的差异才是形成贸易和获取贸易利益的基础，他们都忽略了商品质量或质的差异和市场需求方面对贸易的影响作用。但无论如何，事实都在证明着他们的贸易理论具有的正确性，各国利用自己优势资源和优势产业进行贸易，它使各国劳动资源可以得到有效配置，使各国的福利水平也可得到提高，这一方面会促进国内经济发展速度，另一方面也会提升经济发展的质量。

亚当·斯密与李嘉图在以绝对和比较优势理论论述商品贸易并使商品贸易规模得到了提升以后，并没有阐明在不同货币条件下，两国贸易商品交换比率应当如何确定的问题，也留下了汇率决定的历史命题和生产的比较优势与汇率水平的关系这一更深一层的问题。这后一问题，也就是比较优势理论与两国汇率之间存在怎样的关系问题。对于这一问题，我们通过汇率公式，可以得出明确的解答。由汇率公式：

$$货币效率指数 A(币值) \times P_{A总} = 货币效率指数 B(币值) \times P_{B总}$$

$$货币效率指数 = 全要素价值生产率/(总工资率 + 总净利润率 + 总利息率\\ + 总折旧率 + 总摊销率 + 总税率\\ + 中间产品和生产费用等成本流量)$$

可以看出，当 A 国利用自己的比较优势生产的产品进行贸易时，也说明着 A 国在生产这一出口产品上相比国内其他产品具有较高的生产效率和较低的成本，这时 A 国生产这种产品的货币效率指数就会表现出较高的水平，它相对于本国的平均货币效率水平或币值水平，则就具有较强的外部市场的竞争力，也就会形成较强的汇率竞争力水平。在这时，也意味着利用比较优势进行商品生产，不但能够丰富一国市场上的产品，以较低成本满足市场需求，或者以较强优势进行商品贸易。同样，也会以较高汇率水平从国外市场换回较多的产品。由此可知，利用一国的比较优势进行商品贸易，它能够提升一国的汇率水平与汇率竞争力，从而促进一国商品贸易的不断发展。这就是在比较优势理论基础上开展贸易，对一国汇率和贸易活动产生的有利促进作用。

实际上，在具有比较优势的商品内涵中，还包含着商品生产的质量与技术优势，它也是促进贸易和提升汇率水平的主要因素，尤其是在现代商品贸易中，要比早期的商品贸易表现得更为突出，它是现代生产力发展与竞争表现的主要形式。

通过以上分析可知，一国生产力结构与生产力水平是决定一国货币强弱的根本原因，它具体表现为货币效率指数的高低。这一指数的提高，既会从一国汇率竞争力的提升中表现出来，也会从一国产品竞争力的提升中表现出来，同时会从一国的商品贸易中表现出来。

四

贸易汇率公式对商品贸易的指导作用

历史上的汇率理论提供给我们的汇率预测方式，无论从物价变动因素，还是从利率变动因素对汇率影响做出的预测，许多分析都是模糊的和不确切的。由于在其中缺少了基础汇率及组成变量这种决定市场汇率变化的客观要素的原因，使得这种汇率预测在一定程度上就会经常脱离一国实体经济的真实变化，同时也形成了在调整汇率操作上的难度和混乱，以至于过去的汇率理论，并不能对现实贸易和未来的发展起到任何指导作用。

我们知道，两国货币的基本汇率水平并不是由市场供需关系随意决定的，它实际反映的是两国的生产效率结构和生产力水平，一国的经济变量与它的汇率之间存在着因果关系，这是由汇率公式得到证明了的。在一国实践中，无论它们目前实行的是双重汇率机制还是实行的单一的或有管理的浮动汇率机制，它们都可以借助汇率公式来对商品贸易结构进行优化，或对市场汇率的发展走势进行分析，以实现贸易稳定发展的目标。

下面，我们通过实例并根据汇率公式来分析两国市场上币值与汇率的变化？

【例 7-1】假如某一段时期内，日本市场平均商品价格从初期的 100 日元上升到后来的 150 日元，同期内，美国市场平均商品价格从 1 美元上升到 1.25 美元（两国市场商品结构大致相同），那么，两国汇率则发生了多少变化？

根据汇率公式：P_A/P_B = 货币价值指数 B/货币价值指数 A。可得，日本平均商品价格为 100 日元时，其货币价值指数 $A = 1/100$，美国平均商品价格为 1 美元时，其货币价值指数 $B = 1$。这样，两国在某一初期的汇率则为：货币价值指数 B/货币价值指数 $A = 1/1/100 = 100$，也就是 $P_{A日}/P_{B美} = 100$，即 1 美元 = 100 日元。当日本平均商品价格上升至 150 日元时，其货币价值指数 $A = 1/150$。当美国平均商品价格上升至 1.25 美元时，其货币价值指数 $B = 1/1.25$。

这时，根据汇率公式：

$$\text{货币价值指数 } B \times P_B = \text{货币价值指数 } A \times P_A$$

则有：$1/1.25 \times 1$ 美元 $= 1/150 \times P_A$。这时，可得：$P_A = 120$。由此得知，这时的两国汇率应调整为：$1\$ = 120 \text{¥}$，即 1 美元 $= 120$ 日元。它表示为，由于两国市场出现购买力的变化，在新的币值水平下应当实行的兑换汇率。容易看出，两国汇率的变化，表现为 1 美元兑换日元比原来增加了 20 日元的增长变化，即美元相对于日元升值了 20%。

【例 7-2】假设外汇市场上的最初汇率为 1 美元 $= 8$ 元人民币，由于发生通货膨胀，美国的物价指数由基期的 100 上升至 150，而中国的物价指数则由基期的 100 上升至 120。根据汇率公式计算，人民币与美元的汇率将如何变化？

由汇率决定公式：

$$P_A/P_B = \text{货币价值指数 } B/\text{货币价值指数 } A$$

依据所给条件，如果两国基期的币值指数表示为：美国的货币价值指数 B 和中国的货币价值指数 A。那么，在基期，根据汇率公式可知，货币价值指数 $B = 1$，货币价值指数 $A = 1/8$。

当美国物价指数由 100 上升至 150 时，其币值由基期 1 变为：货币价值指数 $B = 1/1.5$。这时，中国物价指数由 100 上升为 120，其币值由基期 1/8 变为：货币价值指数 $A = 1/(8 \times 1.2)$。那么，由汇率公式：货币价值指数 $B \times P_B = $ 货币价值指数 $A \times P_A$，当 $P_B = 1$ 美元时，则有：$1/1.5 \times 1 = 1/(8 \times 1.2) \times P_A$。$P_A = 6.4$ 元人民币。

由此可知，由于中、美两国市场物价发生了不同幅度的变化，从而使得两国货币的币值也发生了不同程度的变化，表现为美元相对于人民币汇率的贬值，人民币相对于美元汇率升值了 20%，这使人民币兑换美元价格比原先减少了 20%，即 $P_A = 8 - 8 \times 20\% = 6.4 (1.6/8 = 20\%)$。这时表明，两国汇率应调整为：1 美元 $= 6.4$ 元人民币。也就是 1 美元货币应兑换 6.4 元人民币。此例说明，当两国市场物价发生以上的变化时，两国汇率理应作出相应的调整，它满足的是货币等价交换的条件和利益需要。

通过以上两个例子的汇率计算，我们也会发现，在一国经济与贸易发展过程中，如何利用汇率公式来指导调节一国的汇率水平和未来的汇率目标。

以上的两个例子，只是反映了市场物价变化对于一国汇率产生的影响作用，这也是大多数人所了解的。从客观上讲，另一个直接影响汇率变化的因素，即为贸易商品具有的技术与质量水平以及稀缺程度，它们既是影响一国商品贸易的主要因素，也是影响着两国货币汇率的内在因素。

在一定生产要素成本基础上，当企业提供的商品的技术与质量水平以及稀缺程度越高时，其表现出的汇率竞争力也就会越高，这时的货币效率指数也会表现为较高的水平。也就是说，提升本国市场产品或贸易产品的质量与技术等级，就是在提升货币价值，也就会使本币升值，它产生的是相对于外币的相对贬值效果，增加的是本国商品的市场竞争力，这是每一个贸易企业在应对市场汇率变化时都需要采取的必要竞争措施，这也是在汇率升值时应当采取的价值补偿形式的竞争方式，它会比简单的价格或降低成本的竞争形式而获得更长远的利益，同时还会避免出现贸易摩擦或由倾销因素带来的相关贸易损失。

下面，我们再结合实际例子来分析，不同国家货币之间存在的内在质的差别及对汇率的影响作用。作为一般性常识，人们都会明白不同国家商品与货币之间的交换，实质是商品价值之间的交换，但到底是哪些价值要素在影响着货币之间的交换比率呢？它们是如何起作用的呢？

客观上讲，生产中一些生产要素所发挥的价值作用大小，有时是很难界定清晰的，但它们也确实在起着非常关键的作用。这里，我们以现实中的市场现象来说明这些价值要素对货币的价值与汇率所产生的影响作用。

在汇率市场，我国与美国、新西兰、欧元区、英国等国的货币兑换比率均在5倍以上。在以上各国之间，生产大致相同的一揽子商品，这些国家投入使用各自货币表示的生产要素数量，相互均接近于一个大致相同的数量水平（数字水平）。根据统计，以上各国用各自基本单位货币表示的人均年收入大约在30000~50000元，各国数量上相差不到一倍。也就是说，各国劳动者工资率水平大约在：每小时收入＝10~17元/小时，相比之下，在前几年，我国的平均工资率比这一水平还较低一些。另外，各国的利率、税率、利润率水平，平均也处于一个大致相同的范围。由此可以看出，这些国家生产一定数量相似商品的成本总量也会处于同一个水平范围之内（各国货币单位量），而不会出现较大的差别。

那么，我国与这些国家的货币兑换为何会存在5~9倍的差距呢？由货币方程式我们知道，在生产要素投入成本一定的前提下，一国的生产率水平对于币值起着重要决定作用，而在现实中，我国与这些国家之间在平均生产效率上的差距不会有5~9的悬殊倍数。也就是说，在生产成本相似的条件下，以上国家之间只由生产效率产生的差距不会使汇率出现如此大的比值，生产效率与成本并不是使我国与以上这些国家汇率形成较大差距的主要因素。

客观上讲，决定着不同货币之间币值相互差别的，除去一国工资率、生产效率因素以外，还取决于一国货币中所包含的商品技术与质量要素之间的差别。其中，关键的价值要素其实是商品质量（技术）价值要素、服务价值要素、诚信价值要素、品牌价值要素，正是这些价值要素，才形成了商品的独特魅力，从而塑造着不同货币与商品的比较优势，这是形成各国不同货币之间差距的根本所在，也是形成市场不同货币与商品吸引力的原因。

自古天道酬勤，厚德载物，这些社会现象与发展规律，表现在商品市场上也是如此。只有饱含着这些巨大价值内涵的商品才会成为人们梦寐以求的需求，才会成为市场上消费者追求的对象，同时，它也会促进一国币值的稳定以及货币在国际市场上的需求和流通。

在市场上，虽然我国的货币与以上这些国家的货币兑换存在着很大的比例差距，但在货币收入数量水平相差不大的情况下，消费这些国家的商品却使我们需要付出他们支付价格的几倍的数量，相对我们的工资收入占比来讲，这是一个很高的价格水平。虽然如此，却依然阻挡不住人们对这些商品抱有的极大信任和消费欲望，这些国家商品在我国市场表现出很强的竞争力，例如，我国消费者用较高的价格购买新西兰的奶粉（当然，在国际市场奶粉供过于求时价格会降低），用较高的价格购买LV皮包、奔驰汽车、波尔多葡萄酒，甚至乐此不疲（这些商品的价格，相对于我国的平均收入水平是很高的）。

当然，我们也获得了他们提供的商品的珍贵的质量品质、那份天真无邪的诚信、那种由勤奋打造的品牌的价值和由此带来的精神满足。这也是我们和他们在工资率相差无几的情况下，愿意以几倍的汇率代价换取他们货币或商品的真正原因。在此汇率水平之上，好像体现的也是一种等价的交换，但它们这些国家利用精神价值要素却换回了我们数倍的其他价值资源，获得的则是更多的物质资源收益和进口福利，而它们提供的这些价值要素有时却是我们所不重视并也是非常珍贵和应当具备的。

以上这些国内消费者对国外商品的消费现象和这些产品的表现特征，它解释着欧元区和新西兰货币在较高汇率下，它们的产品或货币依然具有较强竞争力的原因，也同样也说明着付出与回报之间存在着的因果关系。

以上，我们分析了两国相似生产成本条件下，汇率差距形成的原因，但并不一定表明在所有产品领域，我国和这些国家之间的汇率差距都存在这么大的比率，例如，在一般工业制品方面，我国贸易商品的汇率竞争力也说明了这一点，在同一汇率水平上，我们一些贸易商品在国际市场上则有着较强的汇率竞争力，出口商品的价格也不低。而有一些贸易商品的竞争力相对则就显得低一些，商品出口受到影响。这些市场现象，实际反映的是不同商品之间存在着的基本价值要素方面的差距，也反映着由于这些价值要素的缺失而引起的价值贬值现象。

在任何时候，市场会永远证明着：质量、诚信、美德、品牌始终是承载财富的价值要素，它们在提升着货币价值的同时，也在提升产品竞争力。同时，也时刻在给提供这些价值要素的个人、企业、国家带来着源源不断地货币和物质财富。

客观上，一国汇率升值，表示着一单位货币和其他货币交换时所获得实际收益的增加。一国汇率贬值，则会使一单位货币和其他货币交换时所获得实际收益减少。

例如，A国与B国两个国家，它们各自生产相似的一揽子商品，如在正常情况下，A国使用2个单位本国货币表示的要素生产8个商品，它形成本国市场上货币指数A（币值指数）等于 8/2 = 4 的购买力，表示一单位货币A可以购买4个商品。这时，B国则使用10个单位本国货币表示的要素生产出8个商品，它形成本国市场上货币指数B（币值指数）等于 8/10 = 0.8 的购买力，表示一单位货币B可以购买0.8个商品。当两国消费者进行货币兑换或进行商品贸易时，这时的货币兑换或贸易交换价格的比率，根据汇率公式：$P_A \times$ 货币指数 A $= P_B \times$ 货币指数 B。当：$P_A = 1$ 单位货币A，货币指数 A $= 4$，货币指数 B $= 0.8$ 时，则有：1 单位货币 A $\times 8/2 = P_B \times 8/10$，$P_B = 5$ 单位货币B。这表示，根据等价交换原则，两国货币兑换或商品价格交换的比率或汇率应为：1 单位货币 A = 5 单位货币 B，意味着两国以这一汇率交换价值是等值的和均衡的，即A国使用1单位货币A与B国的5单位货币B的兑换，相当于相互交换了各自国家的四个商品：A国4个商品 = B国4个商品。这时，如果A国为了增加商品的出口而进行让利销售，它采取了使本国货币贬值的方式，并把原来的对B国的汇率降至：1 单位货币 A = 3 单位货币 B 的水平。那么，这时的两国货币兑换或商品的贸易，就会发生这样的利益变化，A国消费者用1单位货币原来在本国市场或从B国市场消费都可获得4个商品，购买力在两个市场上都是相同的。当A国汇率贬值后，A国消费者用1单位货币在B国只能换3单位货币 B $= 3 \times 8/10 = 2.4$ 个商品。也就是说，A国在汇率贬值以后，其每一单位货币相对于B国它要减少1.6个商品的收益，意味着A国每一个货币都让利了B国两个货币的收益。而B国货币在相对于A国升值以后，在货币兑换或贸易中，其每三个单位货币就可多获得A国1.6个商品的收益，或每一单位货币多增加0.53个商品的收益。这时的两国贸易实际就是不等值的，即会形成：A国4个商品 = B国2.4个商品的不等价交换的结果。

> **作者注**
>
> 这种两国货币表示的成本效率差距，有的主要是由两国生产能力引起的，也有的是由于两国的工资率或货币单位不同产生的，一般情况则是由两种因素共同形成的

也就是说，这种不等价交换的最终表现，它是以实物商品收益的增减变化或从对方的货币数量变化中体现出来的，或是从本国的实物商品收支账户中表现出来，而不是体现于一国的货币收支账户中。有些时候，对一些贸易商品，也会从市场物价的变化中反映出来。事实一再告诉我们，汇率的调整或变化产生的结果是非中性的，它形成的是资源的重新分配。金属货币时期，汇率的改变，它调整的是货币中贵金属如金、银材质的再平衡（也表现商品或资源的转移），在现代纸货币或电子货币时期，则是商品价值或一国资源的转移。因此说，汇率不是随意调整的市场交易工具，其调整的前提或目标是价值交换的等值性或利益的需要。

由此可知，在商品贸易或货币兑换中，任何一方的汇率相对贬值都会使实际利益减少或发生损失，相反，则会使实际收益增加。也因此说明，采用汇率贬值的贸易竞争方式，都是以伴随着实际利益减少为代价的，它既体现在商品贸易中，也体现在金融交易中。

客观事实始终告诫着我们，世上没有免费的午餐。在贸易市场上，不存在随意的价格让利，也不存在随意的汇率变化，这些不同形式的价格变化现象，反映着商品市场的竞争与变化，同时，也伴随着实际财富的转移。

五

金融汇率公式对外汇投资的指导作用

在市场货币购买力价值的基础上，如何通过理论公式来预测金融市场上的汇率的变化趋势？这不但是每一市场上金融投资者的需要，它也是金融理论应该包含的内容，同时，这也是经济专业的学生应当掌握和需要了解的。汇率预测，是指对货币间比价关系的波动范围及变化趋势做出的判断与推测，在不断变化的金融市场上，准确地判断汇率的发展走势，对于一国的商品贸易和金融经济的运行都有着重要指导作用。尤其是对金融市场上的资本投资以及货币期货和汇率期货等金融产品的投资和决策，汇率的走势预测为他们提供着重要的决策依据。

由以上分析，我们知道，金融汇率是金融市场上，货币在一国贸易汇率基础上和在两国货币供给、需求、利率价格、投资等条件下表现出的新的相对价格。贸易汇率价格构成着金融市场汇率价格变化的前提和依据，一国的市场利率、经济运行数据、投资者需求等因素是构成并影响金融市场汇率变化的新的变量，由此也形成了两国在贸易汇率价格上的浮动的金融汇率，即市场上的浮动汇率，在下面，我们还称这一浮动汇率为金融汇率。

客观上讲，两国的实体经济变量决定着两国的基准汇率，而在目前浮动汇率机制的市场上，一些金融市场变量，如利率、流动资本、投机因素却在推动着市场汇率的浮动变化，这种浮动汇率并没有完全反映实体经济的真实变化，也不会使两国实体经济的贸易汇率变量也随之发生变化（而只是人为因素赋予了贸易汇率的浮动）。这里，我们就货币在金融市场上的价值及货币金融汇率公式的形成来作进一步分析。

如果用 R_A 表示 A 国的金融市场货币收益率，即利率（包含着金融服务成本），这里，用 R_B 表示 B 国的金融市场货币收益率，即利率。

---**作者注**---

在金融市场上，R_A 既包含资本的价格（存贷利率），也包含着金融服务的价格（表明金融机构提供的服务性增值），它也是资本与服务的共同价格或收益率

虽然金融服务与资本利率都能够使货币升值，但它们是有区别的，金融服务是金融部门由于向客户提供的服务价值而形成的货币升值，它产生的是金融部门的货币收益，也是客户的成本。资本利率给债权人带来的是货币的增量，产生的是由货币数量叠加（购买力叠加）形成的升值，这时货币提供的是赢利性价值功能。

在金融市场上，一国市场利率上升或下降的变化，会引起一国货币价值的上升或下降的变动，并且，货币币值与利率的变化，它们都会使汇率发生与其相同方向的升降变化。在某一时期，如果 A、B 两国市场的利率都同时发生变化的话，那么，根据第五章中的描述的在金融市场上的货币指数（金融）的结构等式：

$$货币指数(金融) = 货币效率指数 \times (1 + nR)$$

我们知道，这一等式，就是反映着一国金融市场上的货币价值的结构等式。据此，A、B 两国在金融市场上的货币指数（金融）结构则就表示为：

$$货币指数(金融 A) = 货币效率指数 A \times (1 + nR_A)$$

和

$$货币指数(金融 B) = 货币效率指数 B \times (1 + nR_B)$$

由此,两国可以根据这一组等式,在一定时期内依据各自市场相关要素变量(利率、物价、生产率指标等其他经济数据)的变化而作出货币的升值或贬值趋势的调整(在目前情况下,一般主要体现着贸易的需要)。在国际金融市场上,它们则是形成货币之间新的汇率价格的依据。这时,我们根据汇率公式,得出国际金融市场上的反映着金融汇率及其变化的公式:

$$P(金融 A)/P(金融 B) = 货币指数(金融 B)/货币指数(金融 A)$$
$$= 货币效率指数 B \times (1 + nR_B)/货币效率指数 A \times (1 + nR_A)$$

即为:

$$P(金融 A)/P(金融 B) = 货币效率指数 B \times (1 + nR_B)/货币效率指数 A \times (1 + nR_A)$$
$$= P_A/P_B \times (1 + nR_B)/(1 + nR_A)$$

这一公式就是金融市场上的两国汇率决定公式,即金融汇率公式。

其中,$P(金融 A)/P(金融 B)$——两国金融汇率,P_A/P_B——两国贸易汇率。$(1 + nR_B)/(1 + nR_A)$——由两国利率或收益构成的相对变量,R_A、R_B——它们出现的变化,有时也反映着市场对一国货币的避险或信任程度,n——货币投资周期。

在目前互联网交易的基础上,以及在一国金融市场与国际市场接轨的情况下,一国的金融市场也是一个国际市场,人们的外汇买卖都是与国际接轨的,其与外汇投资性质是一样的。

这一金融汇率公式及产生的价格,既是形成金融市场某一货币对的买卖发生时的价格,或者说交易时的即期汇率,同时也是预测货币对未来远期汇率变化的公式。公式中各变量包含着影响市场金融汇率变化的各种因素,也表明了汇率变化的逻辑关系以及如何调整的相应对策。

公式表明,金融汇率是为一国市场利率要素的变化对贸易汇率的影响并调整的结果,它是以贸易汇率为基础的变量,金融汇率的变化反映着两国实体经济与市场的货币供给、利率、市场需求对汇率共同的影响和决定作用。这一结构也说明着,金融汇率是以贸易汇率结构为基础的变化特征,它既反映着购买力对汇率的决定性影响,也反映着市场利率对汇率的市场影响,同时也说明着购买力平价理论和利率平价理论之间的相互关系。

金融汇率公式同时也表现着贸易汇率与金融汇率之间存在的不同增值(或升值)和收益增长方式的区别。因此说,这一金融汇率公式也是反映着由利率平价和购买力平价共同决定的市场汇率公式，它在形式上表现着市场的利率平价的结构特征。

金融汇率公式为金融市场上的投资者提供着投资与决策的理论模型和操作工具，对市场走势和变化进行预测，以帮助或指导个人、贸易企业、资本投资者在市场从事外汇兑换业务、汇率期货、指数期货、商品期货等金融产品的交易，提升投资收益水平。如通过银行进行柜台交易、电话交易、自助终端和网上交易等形式参与外汇投资活动。

另外，通过金融汇率公式，我们可以判断市场利率对于金融汇率产生影响的程度，例如，当A国利率$R_A=5\%$，B国利率$R_B=2\%$时，由$(1+R_B)/(1+R_A)=0.971$可知，这时两国利率的差异对市场汇率产生的影响，其变化幅度大约在2.9%左右，产生的会是使B国汇率下降的趋势。通过这样的分析，就可判断和掌握通过利率调控来对市场汇率干预或限制的幅度。

这一金融汇率公式为我们提供了在金融市场上进行资本投资的预测与决策的依据（市场短期变化更多反映了投机行为与资本的博弈，实体经济变量的变化不会立即从市场上反映出来，汇率每天的浮动，很大程度上体现着市场投机者的预期和市场表现。这一公式之所以作为投资者在汇率市场投资的工具，是因为它的指示作用是符合实际的）。

我们可以利用这一公式，来指导我们在金融市场上的投资与决策。在金融汇率公式的要素结构中，包含着一国实体经济与金融市场上汇率变量构成的全部要素，如一国的产业结构、劳动要素、资源要素、财政政策要素、货币政策要素、技术要素、质量要素、产品要素、价格要素、效率要素、基础设施等各种要素内容，在生产中，这些要素的表现会形成反映经济运行的经济变量，它们反映着一国经济基本面的运行状态。

在一定时期内，一国生产效率、变量和市场条件的变化，例如，一国工资率的上涨、输入成本的上升、资源价格的增长、税率的提高、生产效率的下降、产品质量的下降、利率的增长等要素投入变量发生的变化，都会从一国的货币效率指数（或贸易汇率）下降的变化中表现出来。同时，也会表现为一国市场上物价的上涨现象。

作者注

在生产过程，利率作为一种资本要素的价格，其升降的变化一般不会对市场购买力产生明显的影响。在目前汇率机制下，利率反映在金融市场上的影响要比实体经济中的影响大得多对于市场一些货币政策、投机因素、突发性事件则会从需求角度对一国货币汇率和信誉产生影响,这些市场变量与一国的实体经济在共同决定着一国货币对外的汇率和变化趋势。在实际应用金融汇率公式对汇率未来的变化进行预测时,如对货币期货和汇率期货等金融产品的投资等,则需要根据不同要素变量在金融汇率结构中所起的具体作用和发生的变化,来预测远期汇率的走势。

在现实的汇率市场上,由于存在的各种投机的预期以及各种不确定因素的推测,在这多种因素的作用下,使得市场汇率的变化也是经常出现脱离正常变化的情况。因此说,以上的金融汇率公式,只是提供给大家一个符合客观规律的预测汇率的公式,它为汇率的形成与预测提供着理论依据,提升着投资者预测汇率的针对性和成功概率,从而减少投资者在实际操作中的盲目性,它也为一国的汇率调整提供着指导作用。

在金融市场上,由于市场提供的信息时刻在变化着,每个信息代表的量和反映的强度如果都是不确切的,同时由于汇率市场上投机因素的存在,各种变量的影响也不会明显的或合理的表现出来,这些因素都为市场汇率的合理预测增加了难度。但是,一个正确的理论依据和操作工具必将会提升投资者的决策效果并顺应市场发展的趋势,从而不断提高成功的机会。

对于由金融服务形成的一些市场交换汇率,我们由金融汇率公式做如下分析:

这里以2013年8月12日的市场外汇牌价为例(交易单位:人民币/100美元,人民币/100英镑)

表7-1　　　　　　　　　部分外币与人民币的牌价

货币名称	现汇买入价 金融汇率	现钞买入价 贸易汇率	现汇卖出价 金融汇率	现钞卖出价 金融汇率	发布日期
英镑	943.1	913.98	950.68	950.68	2013年8月12日
美元	610.88	605.98	613.32	613.32	2013年8月12日

(1)表7-1中示出的两国贸易汇率。表中所示,美元与人民币相互之间的现钞买入价和现钞卖出价为:100美元=605.98元人民币,这一汇率水平就是代表着两国贸易的基础汇率,是两国银行之间相互买入与卖出的价格。由汇率公式得出,美元与人民币各自对应的币值分别为:美元效率指数币值=1。人民币效率指数币值=0.1650。

(2)转换为市场上的金融汇率:在我国银行与美国银行通过货币交换各自

获得对方货币以后,各国银行在对方货币价值的基础上又提供了相应的升值服务,并以市场现钞卖出价的价格把对方货币销售给国内需求者。如表7-1中美元卖出价为:100美元=613.32元人民币。这时的汇率水平就不再是两国贸易的基础汇率,而是一国市场的一种金融汇率。美元现钞卖出价表现出的升值是由于金融服务增加价值的原因,这时的美元指数金融 = 美元效率指数币值 × (1 + $R_{中卖}$) = 1 × (1 + (613.32 - 605.98)/605.98) = 1.0121(表示美元指数由于银行提供的服务的原因,其价值比买入时每1美元升值了0.0121,这是由我国银行提供服务产生的产品增值)。这时,人民币指数金融 = 人民币效率指数币值 × (1 + $R_{中卖}$) = 0.1650 × (1 + 0) = 0.1650。它代表的是人民币持有者手中货币的购买力,其中,$R_{中买}$ = 0,$R_{中卖}$ = 0.0121。$R_{中卖}$与$R_{中买}$代表的是我国银行机构和购买者对两种货币交易时提供的服务指数,$R_{中买}$ = 0,表示人民币持有者没有提供货币的增值服务。这时,将它们代入以上的金融汇率公式,求得美元在我国市场的现钞卖出价,即为:

P(金融美元)/P(金融人民币) = 人民币效率指数币值 × (1 + $R_{中买}$)/美元效率指数$_{币值}$ × (1 + $R_{中卖}$)。则有:100美元/P(金融人民币) = 0.1650/1.0121,由此得P(金融人民币) = 613.39。由此得出这时的市场金融汇率为:100/613.39。这一汇率与表中的实际价格是接近一致的。

它说明了美元在买入与卖出过程中表现出的包含着银行提供服务的升值内涵。也说明了这时的美元和人民币之间的汇率都存在着金融汇率的特征,但这与由利率引起的金融汇率的变化是有区别的,利率产生的是收益的价值变化。

这一外汇买入与卖出的例子,反映的是金融汇率的产生和其源于贸易汇率的相互之间的关系。可以看出,由利率给一国货币带来的货币升值和以上的分析是一致的,利率对于货币产生的是使货币数量叠加的升值收益。同时,利率的高低不同,也产生了货币赢利性的价值差异,它改变的是资本的流动性,利率出现的升降变化,则会形成一国货币在国际金融市场上汇率的变化。而在现实的外汇市场上,国际主要货币每天表现出的汇率浮动的变化,一般都不是由利率变化引起的(因为各国之间的利率差在短期内一般是相对稳定的),它一般反映的是资本投资或投机者对不同货币对之间价值相对变化的预期和博弈的结果。

金融汇率公式为一国的金融投资和外汇市场的分析提供了理论依据。尤其是对世界主要货币的走势分析以及外汇期货的投资决策,金融汇率公式则提供了具体的理论分析工具和模型。

通过以上分析,我们应当形成这样一个汇率逻辑关系的认识:商品贸易是货币汇率形成的原因,贸易汇率作为货币兑换的起始标准,它是以商品价值为基础的等价交换的货币交换价格，金融汇率是贸易汇率结构与价格的延伸，它们都是实体经济变量的市场变现形式。

汇率公式的结构，反映着两国货币的价值属性和特征。从理论上讲，汇率也是两国实物商品或服务产品之间以单位货币表现的盈亏平衡点（在商品贸易中还有商品的价格平衡点）。一个国家的货币币值在不同阶段或时期都在发生着不同程度的变化，当这种变化幅度在两国都比较接近时，两国的汇率在这期间是相对不变的。如果一定时期内两国的币值变化不一致，这就使得两国货币的实际汇率会发生改变，这时就需要对两国的名义汇率进行修正或调整。

以上贸易汇率与金融汇率的公式，给一国的商品生产、金融投资、市场决策和汇率的调整提供了客观的理论依据。它们也是指导一国对汇率走势进行预测并结合国内经济与产业结构进行调整，进而实现一国汇率目标所依靠的操作工具。当我们掌握了这些理论与操作工具的时候，面对金融市场上的任何变化，都会使我们变得能够信心十足地去应对各种挑战，使我们能够制定出操作性更强、质量更高、更加合理的经济政策、货币政策、贸易政策等各项政策措施，从而提升一国经济运行的质量和效率。

汇率理论作为经济理论的重要内容，历史上能够被大多数人接受的是货币购买力平价理论，它给出了商品市场上货币交换的依据和符合实际的推理。由于这一购买力理论没有告诉人们，为什么一个相同的一篮子商品，在不同的国家或地区用各自的货币购买，所花费的货币数量会如此不同，我们应做怎样的调整或改变才会更有利。也就是说，不同国家或地区的不同货币的购买力为什么会如此的不一样？都是由哪些因素决定着各国不同货币的购买力？对于这些不能准确回答的问题，使得人们对于历史上这一推测出的正确的购买力平价汇率理论不能给以完全的信赖，也不能够发挥它应有的价值作用。同样，也由于这一汇率理论没有给出购买力形成的原因，这使得它无法作为指导生产的操作工具。

我们现在的汇率公式，它在生产函数的基础上给出了汇率本质性的解释，它可使人们真正清楚、切实明白一国货币购买力的形成和汇率的本质，并用它来指导一个国家的经济调整、宏观决策与贸易生产活动。这样，就可以形成一国从上到下的开展国际贸易的合理分工的生产体系，使一国宏观层面的结构调整、贸易市场预期、汇率目标制定、企业汇率水平、产品竞争力都能够形成统一的整体行动，这样就会使一国的对外经济活动形成一种巨大的凝聚力、创新力、竞争力的发展态势，以实现在保持出口竞争力的前提下，通过商品贸易汇率的升值或在对外价格提升中，使本国的对外贸易、外汇投资与市场外汇收益迈向更高的水平，从而实现本国经济发展、扩大社会就业、生活水平提高的最终目的。

汇率公式为20世纪20年代瑞典经济学家卡塞尔提出的购买力平价汇率概念提供了理论依据，同时证明了汇率和经济变量之间存在的因果关系。这里，对于货币的兑换内涵、兑换依据、兑换汇率的形成，通过汇率公式变量结构与逻辑关系都做了演绎说明。可以看出，汇率是商品价值在交换上的一种表现形式，是商品生产中客观存在着的经济关系，以上只是把事物的结构呈现给大家让结构自身的逻辑关系来说明事物发生的变化。这种结构关系存在于商品生产各个角落的价值关系中。

第八章

物价指数形成机理和物价指数方程式

一
物价指数的形成与物价指数方程式

在一定条件下，一个规定性的商品价值或生产这一规定性的商品价值需要投入的生产要素数量是相对固定的，生产过程中，如果生产要素的价格、组合比例、生产方式与生产效率发生变化，那么，就会直接使生产要素的投入与产出变量发生改变，并最终使商品的生产价格发生变化，同样，也会使商品的市场销售价格产生变化。如果在很大的市场范围内，一种或几种共同性的生产要素的价格或其他生产变量发生变化的话，则就会使一定范围或一国市场上的商品价格跟着发生改变，从而表现为一定范围或一国市场的商品的物价波动，也就会使测量的物价指数发生变动。

为了观察和掌握一国一定时期内经济运行的情况，各个国家都会对本国经济运行进行定期的统计并以各种数据、指标定期公布出来，以供政府各部门、生产厂商、消费者进行调控分析、生产指导和消费参考，如反映一国宏观经济运行的生产总值GDP、物价水平的CPI和PPI等指标，它们是反映着一国的生产、投资、出口、就业、需求的市场变量指标，这些指标的变化，反映着一定时期内经济运行质量、运行效率、货币购买力、市场供给等方面的变化。这些反映市场价格变化的指标，也是人们最为关注经济指标。它直接影响个人、厂商与各经营单位的收益，还会直接影响消费者利益和退休人员的生活质量。因此说，这些指标与人们的生产与生活密切相关。

物价指数是一个与某一特定日期一定组合的商品或劳务有关的价格计量，它表现为某一货币数量值或它们的指数形式,当这些一篮子商品或劳务的价格发生了变化,这一物价指数的数量值也会随之变化,在目前世界各国的统计中,都是侧重于物价指数的相对变化量,并以此作为观测经济运行的评价依据,也就是现在的(PPI 与 CPI),而(PPI 与 CPI)是形成于两个时期内的两组商品或劳务组合的价格总量的比值。人们对于这两个时期的价格总量是多少一般就不关心了,但价格总量则是形成物价指数变化的基础数据和基本变量。

物价指数(PPI 与 CPI)作为反映一国在一定时期内生产者价格与市场消费价格变化的指数或相对数,也就是反映着一国商品的价格函数 $p = f(C、Q)$ 变化的指数。这种市场物价发生的变化与原因,我们从商品价格方程式则可得出具体解释。

根据商品价格方程式:

$$商品价值 \times Q = 货币效率指数(币值指数) \times 商品价格 \times Q$$

当把一国在一定时期生产的商品总量(商品价值 $\times Q$)以单位 1 表示时,等式则变为:

$$1 = 货币效率指数(币值指数) \times 商品总价格$$

等式表明,在一定的产出水平上,一国商品的价格总水平会随着一国平均货币效率指数(币值指数)上升与下降的变化而表现为反向的相对变化。也就是说,在生产要素投入量一定前提下,无论商品价格或币值两变量如何变化,商品产出或市场上的商品总量是一定的或相对稳定的。如果我们把市场上不断变化的商品价格或物价水平,用物价(价格)指数(CPI 或 PPI)来表示,根据以上等式,这时则有:

$$1 = 货币效率指数(币值指数) \times 价格指数(CPI 或 PPI)$$

或

$$1 = 货币价值指数 \times 物价指数(CPI 或 PPI)$$

这就是物价指数的数学表达式,我们把等式称之为物价指数方程式或价格指数方程式。

实际上,一般政府部门定期公布的物价指数是围绕某一基期(一般设为 100)变化的点位指数,还有反映与上期相对变化的百分数,如物价指数(PPI 与 CPI)的环比变化率(或称环比通胀率、环比物价指数)和同比变化率(或称同比通胀率、同比物价指数)。例如,2014 年 9 月的我国居民全国平均消费者

第八章　物价指数形成机理和物价指数方程式　·225·

价格指数（CPI）为：101.6，环比增长率（环比通胀率）为：0.5%，同比增长率（同比通胀率）为：1.6%。在日常生活中，一般人们关注较多或比较敏感的则是同比物价指数，即同比通胀率，因为其反映的物价变化比较直接和明显。

以下为用物价指数方程式描述的市场物价变化图形（见图8-1）：

即物价指数方程式：1 = 货币效率指数(币值指数) × 物价指数(CPI 或 PPI)的变化图形。

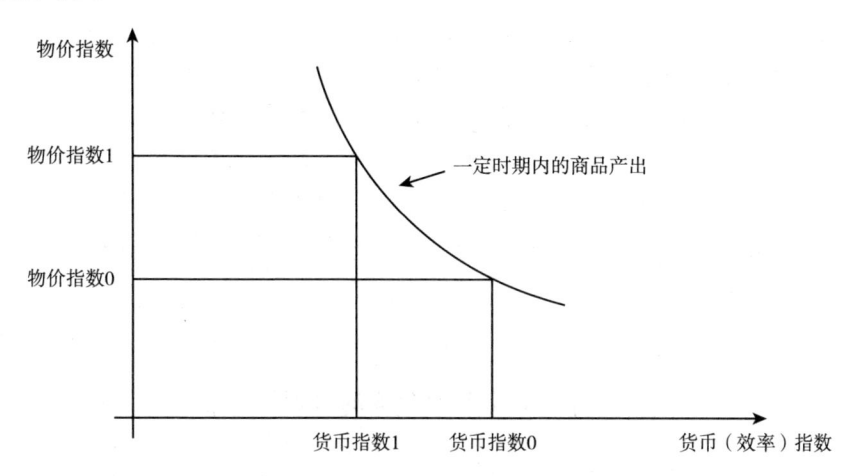

图8-1 物价指数方程式变化曲线

由图中的变量关系也可以看出，一国一定时期的货币指数和市场物价指数构成着相反的变化，即当货币指数（货币尺度）增大时，物价指数（或商品价格）则会下降，反之，则相反。在商品产出一定的前提下（图中曲线表示），当货币指数向右移动时（横轴），表示一国的生产要素的效率提升或成本的降低，这时的市场物价指数则会产生向下移动的趋势（纵轴）。反之，则出现相反的变化。当曲线向侧外移动时，表示商品的产出量增加。如果这时货币指数不发生变化的情况下（币值不变），图中的物价指数也会向上移动（纵轴），表示着商品价格总量的增加，而不是指单个商品价格的上涨。

物价指数方程式既反映着一国一定时期的实际物价水平（或基准物价水平），也可反映在这一物价水平上所发生的价格增长或下降的变化与原因，同时，它也在描述着货币价值形成的过程，并客观地解读着推动一国货币价值发生变化的根本原因。

从原则上讲，在市场需求稳定条件下（如果生产效率也稳定）的同一商品，它的市场价格也应是稳定与不变的。但在现实中，这类商品的市场价格却经常会发生变化。客观上讲，商品价格的增长变化一般都会源于这样几种因素：

（1）是由于资源要素或中间要素价格、工资率、进口原料价格（包括汇率影响）在产出效率没有变化情况下出现的价格上涨，它们形成的是这些单位产品生产成本的增加并推动着市场价格的上升，其中也包含着垄断产品的价格增长特征。这些变化首先表现为币值贬值的特征。

（2）是由于一些商品的供给减少或需求增加而引起的这些市场商品的价格上涨，这种价格上涨的时间一般是短期性的。

（3）是由生产效率下降和生产成本的增加共同形成的价格上涨。

（4）是由于市场通货膨胀（货币贬值）而带动的一般性商品的价格上涨。

对于这些市场上的价格变化，一国如果根据市场秩序原则和价值尺度的交换标准，及时采取应对措施都是可以得到控制的，市场有时没有实现预想的结果，只是说明着我们没有找到正确的方法，合理与公平的市场秩序永远是存在的。

二

通货膨胀率和货币贬值率的区别与关系

由物价指数方程式，容易看出，我们可由一定时期内的币值或币值发生的变化，来求得同期内一国市场物价水平或物价发生的变化。相反，也可由物价水平变化求出市场币值发生的变化。

我们知道，为了评价市场上商品价格或币值的变化，首先是明确某一时期的商品价格或币值水平作为参照的基准，然后将另一时期测算得出的商品价格或币值水平与基准水平进行对比。

而货币贬值率和通货膨胀率则是分别反映着一定范围市场上，不同时期的币值和价格指数相对变化的百分比，它们的变化率在一定程度上反映着市场上货币购买力下降或通货膨胀的程度。

在现实中，对于这两个存在着对应关系的市场指标，有着多个计算公式。而在过去的教科书中，一些计算通货膨胀率和货币贬值率的方法是不准确的，对于两个概念和相互关系的解释也是不清楚的，甚至还混淆了这两个变量存在的不同本质内涵，从而形成计算和操作上的混乱。这里，我们将通货膨胀率和货币贬值率的一般计算公式表示如下：

通货膨胀率 =（现期物价指数 − 基期物价指数）/基期物价指数

它反映着市场上一定数量商品,在一定时期内消费价格上涨的百分比,同时,也反映着物价上涨直接给生产者带来的收益增长的幅度(即便这不一定是一种合理或公平的收益)。

$$货币贬值率 = (基期币值指数 - 现期币值指数)/现期币值指数$$

它反映着一定时期内一定数量货币购买力下降的百分比,也反映着由货币贬值直接给消费者带来的货币支出增加的幅度,也表示现期货币中价值含量减少的幅度。从交换角度讲,它反映的是一种损失率。因此,货币贬值率等式的分母为现期币值指数,而不能是基期币值指数。

根据物价指数方程式,可知:币值指数和价格指数两指数的乘积应等于1(单位1)。即有:

$$基期币值指数 \times 基期物价指数 = 1$$
$$现期币值指数 \times 现期物价指数 = 1$$

如设:基期币值指数 = 1,那么,基期物价指数 = 1。

那么,当某一时期内市场出现货币贬值或物价上涨的情况,这时的通货膨胀率,则可表示为:

$$通货膨胀率 = (现期物价指数 - 基期物价指数)/基期物价指数$$
$$= (现期物价指数 - 1)/1 = (现期物价指数 - 1)$$

由此得:

$$现期物价指数 = 通货膨胀率 + 1$$

同样,这时的货币贬值率,也可表示为:

$$货币贬值率 = (基期币值指数 - 现期币值指数)/现期币值指数$$
$$= (1 - 现期币值指数)/现期币值指数$$
$$= 1/现期币值指数 - 1$$

由此得:

$$现期币值指数 = 1/(货币贬值率 + 1)$$

这时,我们把这一时期内的现期币值指数与现期物价指数两个等式代入以下方程中:

$$现期币值指数 \times 现期物价指数 = 1$$

则有：

现期币值指数×现期物价指数 = 1/(货币贬值率+1)×(通货膨胀率+1)
= (通货膨胀率+1)/(货币贬值率+1) = 1

并有：

货币贬值率+1 = 通货膨胀率+1

由此得出：

货币贬值率 = 通货膨胀率

等式表明：货币贬值率与通货膨胀率，两者之间是存在着因果联系的变量，一方的增长等于另一方的减少，它们的变化幅度大小相等，它们的变化方向相反。因此，市场上商品的通缩率与货币升值率之间的变化幅度，也是大小相等的，变化方向也是相反的。

下面，我们结合两个例题来说明货币贬值率和通货膨胀率这两个指数的具体概念和计算方法。

【例8-1】 如果现在一件商品A价格5元，货币贬值20%以后，这时商品价格应该是多少元呢？

下面，我们结合物价指数方程式，来分析在以上货币贬值后的商品价格和通货膨胀率是多少。

由物价指数方程式：1 = 币值指数×价格指数，可知，币值与商品价格成反比变化关系。货币贬值前币值为1的话，价格指数也为1。货币贬值20%后，币值指数这时则为：1-20% = 80% = 0.8。由物价指数方程式则有：1 = 80%×物价指数，得出变化后的市场物价指数 = 1/0.8 = 1.25。这时容易得出，货币贬值20%以后，商品的价格应该是：5×1.25 = 6.25。

这时：

商品的通胀率 = (现期价格水平-基期价格水平)/基期价格水平
= (1.25-1)/1 = 25%

货币的贬值率 = (基期币值指数-现期币值指数)/现期币值指数
= 1-0.8/0.8 = 25%

由此可知，货币贬值率(25%) = 商品通胀率(25%)

我们还会发现，随着币值和商品价格之间的反比例变化，两变量的乘积则不会改变，即：

0.8(币值)×1.25 = 1 或 0.8(币值)×6.25 = 5

由此表明,这时的市场上,一定数量的货币消费的增加,并没有带来实际商品的增加,消费者用 6.25 元货币购买到的商品和原来用 5 元货币购买到的商品数量一样。

【例 8 – 2】如果现在一件商品 A 价格 5 元,通货膨胀率为 20% 后,商品价格应该是多少元呢?

这里,我们由通胀率概念直接得出变化后的商品价格 = 5×(1 + 20%) = 6 元

而由物价指数方程式:1 = 币值指数 × 物价指数,物价指数 = 1.2,可得,1 = 币值指数 ×1.2,由此得出的币值指数 = 1/1.2 = 83.3%,表明一定数量货币的购买力下降了 16.7%。其货币贬值率 = (1 - 0.833)/0.833 = 20%。由此得出,货币贬值率(20%) = 商品通胀率(20%)。

这时有:0.833(币值)×1.2(价格指数) = 1

或:0.833(币值)×6 元 = 5

结果表明,这时消费者用 6 元购买到的商品和原来用 5 元获得的商品一样。

通过以上的分析,我们知道了通货膨胀率和货币贬值率之间存在的内涵上的差别和相互关系,这对于正确理解商品的价值与价格关系是很重要的。

三

如何应用物价指数方程式指导生产与调控市场物价

物价指数方程式反映着一国物价指数形成与变化的机理,函数等式表明,货币效率指数作为反映实际生产运行的经济变量,也是与物价指数存在着对偶结构和因果关系的变量。货币效率指数作为反映着生产要素投入与产出的效率变量,它也是生产运行中的起始动态变量,同时也是反映产品价格形成的原生变量。因此,它是引起市场物价指数变化的主动性变量,它对于市场的物价变化起着决定性作用,并解释着价格变化的原因,物价指数是与币值变化相对应的表征性的价格变量,反映着商品价格的变化趋势和变化率的大小,同时是以货币反映一国一定时期内经济运行与变化的表现形式和指标。从货币角度,等式则反映着币值对于价格的影响作用。一国市场上商品的价值与价格的特征,通过直觉或使用或对比能够感觉出来的直观信息在市场上表现出来(一般情况下,反映工业产品价格的变化指数称为生产者价格指数 PPI,反映市场商品消费价格的变化指数称为

消费价格指数 CPI，物价指数反映着市场上商品的价格水平，它们反映的都是一定时期内市场上商品的价格状态或变化率。在 PPI 与 CPI 相互之间，它们没有本质区别，两个指数反映的只是不同时点上和价值条件下的价格变化，但 PPI 则始终是 CPI 形成的逻辑前提）。

货币效率指数（币值）的变化含义，它反映着货币表示的一定数量要素投入与产出之间的效率变化，也反映着一定数量货币中所包含的商品数量的变化。货币币值是以基本单位货币来表现购买力变化的指数，也就是以价格为基数的反映实物价值变化的指数，它与以实物为基数的物价指数构成对偶的相反变化关系。

物价指数的变化幅度，它意味着由于货币币值或市场需求的变化而引起在使用货币购买一定量商品时，货币支付数量的变化幅度。当物价指数上涨时，它表示货币增加支付的幅度，反之，表示货币减少支付的幅度。在现实经济中，人们对于物价指数的功能了解相比于对货币价值指数要多一些，我们可以通过物价指数的变化趋势来决定或调整经济决策或投资行为，并对各种实际资产或市场价值出现的变化进行数量的核实。但人们对于货币效率指数具有的对市场上经济变量的调节功能并不了解，而它却是一国经济的经济绩效的尺度变量，是调节一国生产的投入与产出的效率指数，它直接表现为货币购买力的变化。货币效率指数和物价指数都是反映和调节一国经济运行的实物与价格变量和产出变化的平减指数（或增减指数）。

对于一国一定时期内市场物价的稳定和调控，政府相关部门或生产厂商，需要规范市场秩序并制定合理的市场规则，根据物价指数方程式的变量构成，可以看出，市场物价的稳定与调控，主要从稳定要素价格和调整币值结构（效率结构）着手，在具体实践中，需要落实好货币作为市场价值尺度的职能，根据以上分析，我们得出稳定和调控市场物价的以下基本措施：

（1）由货币价值尺度结构和职能可知，货币尺度是生产的尺度，也是进行分配的尺度，同时也是市场交换的尺度。如何使之真正成为生产、分配、交换的价值尺度，是实现市场物价稳定的关键措施之一。从生产角度讲，它要求把市场不同行业和生产企业的货币效率指数调整到一致或接近的水平。从分配角度讲，它要求每一种要素的有效投入和它的实际收入相等。从交换角度讲，它要求商品与消费之间价值与价格的交换要相符。这些因素构成着稳定物价的秩序条件。

（2）严格价值与价格的一致性等价交换原则，制定相应合理的价格反垄断措施，禁止垄断性生产要素或中间产品和原材料的随意或不合理的涨价行为，例如，我国房地产市场上作为主要要素的土地供给价格的无序增长，它客观上成为了推升商品房价格上涨的主要供给因素。在实践中，社会各部门应全力维护等价交换的市场秩序，使收入与产出保持同步增长，同时，努力降低生产成本，提升各要素的生产效率和商品质量，严格货币资本的质量管理，提高资本使用效率，合理利用汇率尺度，保持较小顺差的进出口商品贸易规模，努力减少与调控由国外市场的输入成本上升而形成的不利影响作用，这些措施将会使币值稳定在一个合理的购买力水平之上，也就会使市场物价水平保持稳定。

（3）鼓励市场的公平竞争，创造公平竞争的市场环境，最大程度的降低一国市场的生产和经营的成本，提升全社会的整体运行效率。

可以看出，物价指数方程式中包含的变量关系，对于一国的货币与财政政策的实施和一定时期的物价的调控措施的制定，具有重要的和具体的指导意义，它为一定时期的市场物价预测与调控提供了理论依据。

第九章

名义 GDP 与实际 GDP 的本质

一

一个世界通用变量：GDP 的函数表达式

一国在一年内（或一定时期）所生产的最终产品和劳务的市场货币总价值，我们称为国内生产总值——GDP（Gross Domestic Product）它源于从市场实际价格的统计，也称其为名义 GDP。

在生产过程中，由于存在着生产要素的无效投入或生产成本的价格变化因素，所以，GDP 不一定反映的是商品实物产出的实际总量或变化情况。对于 GDP 所反映的一定时期内生产的实际产品总量即全部产品的质量与数量，它们是 GDP 的价值内容或"价值之锚"，它们是用实物量纲来表示的，我们称其为 GDP 的产品形态，也是一国生产的商品总量的别称。当一年生产的名义 GDP 和 GDP 的产品形态相吻合时，这时的名义 GDP 也就是人们所说的货币形态的实际 GDP。

由此说，GDP 反映着三种价值形态，即产出的货币价值形态（也反映着收入价值）和产品价值形态与生产要素的输入形态，日常表现出的则只是货币与产品的两种价值形态。其中，它反映的产品价值形态在一定条件下是相对稳定的，而它的货币价值形态是不稳定的，也是容易变化的，因而才形成了货币的实际 GDP 和名义 GDP 之分，但从属性上它们都是相同的，它们都是货币价值变量。因此，我们在表述实际 GDP 时，必要时也需要说明，GDP 是货币形态的名义 GDP 或实际 GDP，还是 GDP 的产品形态，因为它们的单位量纲是不同的。同时还因为，GDP 的产品形态是我们目前经常讲述的或听到的名义和实际 GDP 的价值内容。如果没有这个产品形态的价值内容也就不存在人们常讲的名义和实际 GDP 这两个货币经济变量了。

当使用生产函数描述一国的生产活动时，由于：

V = 货币效率指数 × 名义 GDP(PQ) = 商品价值 × Q(GDP 的产品形态)

所以有：

货币效率指数(币值) = 商品价值 × Q(GDP 的产品形态)/名义 GDP(QP)

由此表明，这时的货币效率指数，它代表的是由一国 GDP 的产品形态与名义 GDP 共同构成的一国货币的价值与价格的相对结构和币值水平。在某一时期币值相对稳定的情况下，名义 GDP 就等于货币形态的实际 GDP，这时，名义 GDP 与其所反映的产品形态价值则是相吻合的。

这样，我们从生产函数公式中，可得出一国或地区的名义 GDP 函数表达式，即：

名义 GDP(PQ) = 商品价值 × Q(GDP 的产品形态)/一国平均货币效率指数
$$= (1/一国平均货币购买力指数) \times 商品价值 \times Q$$
$$= 一国商品的平均价格水平 \times Q$$
$$= \sum P_1Q_1 + \sum P_2Q_2 + \cdots + \sum P_nQ_n$$

容易看出，它表现的是由一国生产函数转换而成的 GDP 函数表达式，直接反映着一定时期内一国生产的商品数量、质量与价格总量的全部特征。

由生产函数中要素投入组成可知，一国名义 GDP 的价格组成，实际应为如下形式：

名义 GDP = 总工资额 + 总净利润 + 总利息 + 总折旧 + 总摊销 + 总税收额

作者注

由于目前一国自然资源的有偿使用制度，在一般 GDP 总量中，它都会包含着一国财政获取的自然资源收益，反映在生产投入及以上表述中，则为生产的总摊销（在现有会计科目中，并没有严格细分），它反映的是一国自然资源（包括进口资源）的投入或消耗量。同时，这里也指出，在过去的经济学教科书中，对于 GDP 价格构成的表述是存在缺项的，或是表述不严谨的，它与生产实践也是不相符的。因为，在一国 GDP 的价值统计中，都包含着一国财政由自然资源直接获取的货币收入，它反映在厂商生产函数的要素投入构成中，有的是作为成本投入单列为摊销内容的，还有的是包含在中间产品的价格中，它们反映的是一国自然资源的投入或消耗量，它们并不在折旧和税收项目之中。

因此说，一国在一定时期通过劳动创造的财富或增加值并由此实现的货币净收入，实际应表述为：

一国一定时期由劳动实现的增加值或货币净收入 = GDP − 总折旧额 − 总摊销额

它表明，一国一定时期由劳动投入实现的增加值或货币净收入，等于一国生产的 GDP 减去一国这一时期全部物质资产投入（折旧）和自然资源耗费后的货币额，它代表着由一国劳动投入直接创造的价值量。可以看出，这一收入反映着一国劳动实现的实际收入总量，而反映一国自然资源财政收入的总摊销额，并不是由劳动创造的价值，它在社会的二次分配中并不是全部或平均的。

在以上 GDP 表达式中，（商品价值 × Q）代表着一国一定时期内实际生产的产品形态的总数量 Q，它也反映着一国在一定时期内对商品的实际需求与变化。

一国平均货币效率指数（货币币值）=（产品产出流量）/（总工资率 + 总净利润率 + 总利息率 + 总折旧率 + 总摊销率 + 总税率）（流量形式）。当我们对这一指数进行实际计算与分析时，应与生产要素投入与产出的实际内容和数据相吻合。

以上的 GDP 表达式，它的数学形式还可简单表示为：y = kx，其中，y = 名义 GDP（国内生产总值），其代表着一定时期一国用货币表示的商品产出的价值总量。k = 1/一国平均货币效率指数（币值）= 平均价格水平。商品平均价格水平既代表一定时期内商品的平均价格数值（P），也可称为价格系数。k 在一国商品供给曲线（y）的坐标图中表现为曲线的斜率，其斜率大小与变化和一国币值大小与变化成反比，同时表明，当一国的币值增大时，也就是货币尺度增大时，一国在相同数量产出基础上的产品，这时的 GDP 数值则会变小，反之，GDP 数值变量将会增大。斜率的变化也表现为人们经常关注的 CPI 的变化。x = 商品价值 × Q（GDP 的产品形态），它是以产品形态为表现特征的自变量。当 Q = 1 时，函数也就表示为一个商品的价格函数，在市场需要的范围内，Q 代表着生产的数量边界，由此也表明，GDP 的函数表达式反映着一国微观经济向宏观过渡的过程，也就是说，微观生产函数与宏观生产函数之间不存在本质区别和界限，作为微观经济与宏观经济之间的相互关系也是如此。

这一 GDP 的数学等式（y = kx），也直接反映着一国物价指数与一国 GDP 之间的相互关系，由此可看出，物价指数（CPI）作为反映一国商品的平均价格水平或变化趋势和变化率的变量，它和一国生产的商品总价格（名义 GDP）之间都存在着正比率的变化关系，物价指数平均水平及其变化都会转换为 GDP 总量和增长或下降的变化特征。例如，当物价指数代表的一国一定时期商品的平均价格（P）变量并相对稳定时，则会形成一国相对稳定的名义 GDP 的总量（PQ）。

当物价指数代表的一定时期内商品的平均价格发生变化的情况下，这时就会表现为一国名义 GDP 总量发生增长或减少的波动。

由函数表达式可以看出，函数表达式反映了一个国家的三个主要经济变量之间的相互关系，它们代表着一个国的所有劳动者、企业、政府服务生产的全部商品的数量与货币价值量的总和以及加权平均的平均效率水平，即国内生产总值（GDP）、实际商品总量、平均购买力水平（平均货币效率水平）。一国的实际 GDP 取决于一国的全部生产要素变量的投入与产出，这些变量之间的相互作用与变化关系则在解析关系等式或变量中得到确定。

我们知道，名义 GDP 反映着一国在一年内（或一定时期）所实现的全部商品的货币价值产出，它又等于一国使用全部要素的货币投入。其中，对于源于国内的生产要素一般是可控的变量，而一些来自于国际市场的生产要素一般是不可控的变量，如我国进口的资源类产品，像石油、矿石、天然气、煤炭等原料，这些进口产品的价格变化，它们在一定程度上会引起我国 GDP 的变化。

通过 GDP 的函数表达式和市场定期公布的数据变化，我们可以及时发现或寻找经济运行中一些关键要素变量的运行情况，并将对这些生产要素变量进行及时与合理的调整，从而实现经济的增长与发展目标。例如，生产效率的调控、要素价格的调控、市场秩序的调控、产业政策的调控、货币（汇率）政策的调控、财政政策的调控等。

如果用图形来反映 GDP 函数表达式所描述的变化趋势的话，下面的图 9-1 与图 9-2 则会给出更直观的经济变量之间相互关系的图形解释，图 9-1 与图 9-2 分别反映着一国在一定时期内不同币值市场条件下的名义 GDP 与实际 GDP 的不同变化曲线。

> **作者注**
>
> 以下图 9-1 与图 9-2 并不是真正意义上的一国生产函数曲线或 GDP 变化曲线，它们只是演示图

从图 9-1 中可以看出，一国的货币购买力曲线是呈一条水平的直线（与横轴平行），并没有出现上升与下降的变化，这时 GDP 的产品形态变化曲线也是呈逐渐上升的直线，其斜率大小反映了经济增长的速度，这时的名义 GDP 与实际货币 GDP 则表现为一条统一的和 GDP 的产品形态直线呈平行的逐渐上升的直线，整个图形反映了一国在这一时期的物价平稳和经济投入产出稳定增长的市场特征。同时也说明，当一国经济的货币增长幅度和实际产出的增长幅度一致的情

况下（在图中表现为两条平行向上增长的直线），这时一国市场上的单位货币的购买力是稳定不变的（图中表现为一条平行的直线）。但这一时期的国民收入（货币形态与实物形态）则是同步增加的。

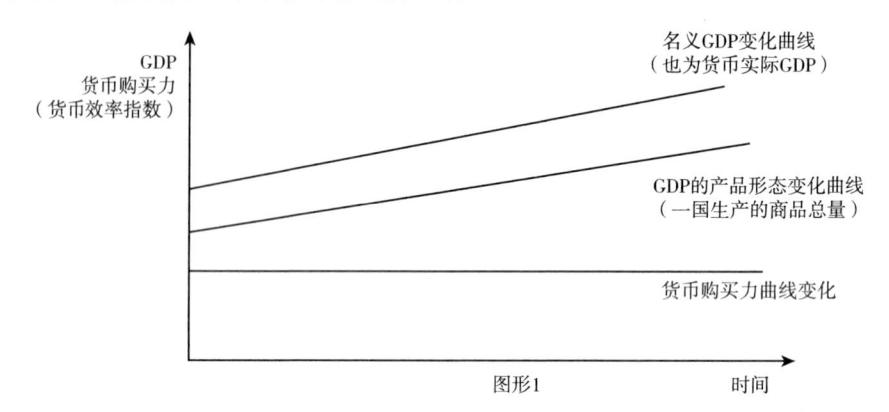

图 9-1　一国货币购买力在一定时期内相对稳定以及经济逐渐增长的变化情况

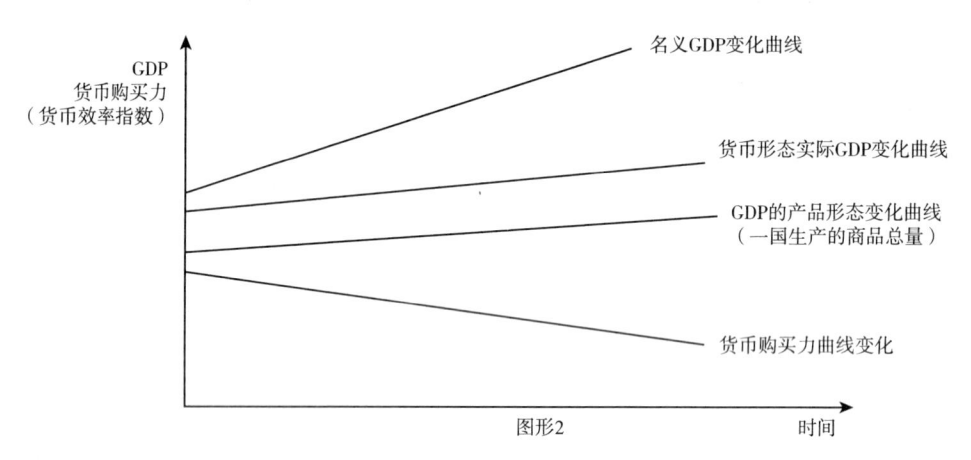

图 9-2　一国货币购买力在一定时期内逐渐下降以及经济增长出现不同变化的情况

从图 9-2 中可以看出，一国的货币购买力曲线是呈一条逐渐向下的变化直线，这时 GDP 的产品形态变化曲线虽然也是呈逐渐上升的直线，其斜率却比图 9-1 中 GDP 的产品形态曲线下降了，它意味着这时的增长幅度比图 9-1 中反映的经济增长幅度下降了，但是，这时一国名义 GDP 的变化曲线斜率却明显大于 GDP 的产品形态变化曲线的斜率，也意味着货币 GDP 的增长幅度远大于 GDP 的产品形态的实际增长。同时，也出现了名义 GDP 和货币实际 GDP 的分离现象，这时的市场则会表现为物价上升或货币贬值的特征。这种情况还同时表现为，人们手中的货币收入增长要大于实际产品收入的增长。图 9-1 与图 9-2 也都是反映着一国市场上在一定货币价值条件下的商品价格和商品价值（质量与数量）的供给变化。一国 GDP 的变化曲线就是一国的商品供给曲线，曲线的绘制鉴于在前面章节中已经论述，这里就不再重复说明。

通过两个图形的演示，在于说明一国市场主要经济变量之间的关系，并解释不同 GDP 概念所代表的含义，它使我们能够更好地理解 GDP 形成的本质和与实际产品变量及货币价值（购买力）变量之间的客观关系。

GDP 的产品形态与名义 GDP 相对变化的本质意义还表现为：GDP 的产品形态与名义 GDP 是代表着一国货币结构的产出（分子）与投入（分母）相对变量的不同价值形态的宏观经济变量。名义 GDP 中包含着实际产出的财富 GDP，它反映着一国全部要素资源投入的总量。当一国生产的总产品数量与质量不变的情况下，这时名义 GDP 的增加，意味着生产成本或资源耗费与损失的程度比过去增加了，也表示着生产效率与产出数量的下降。如果在一年中，一国 GDP 的产品形态与名义 GDP 发生的是同幅度变化，则意味着一国生产成本或资源耗费与损失的程度和产出相比并没有发生变化，即表示投入与产出的相对效率没有发生变化。而当一国生产的总产品数量与质量不变的情况下，这时如果名义 GDP 减少了，它会直接表现为市场物价下降，这种情况只会出现在生产成本或资源耗费与损失的程度比过去减少以及生产效率提高的情况下。总之，一国 GDP 的产品形态与名义 GDP 的相对变化反映着一国社会生产能力的变化，它直接表现为货币购买力或币值的变化。

通过一国生产函数可以发现，当一些国家在一年中生产的商品价值总量一致的情况下（注：这些商品的价值形态不一定相同），由于不同国家的货币面值及工资率差异较大，这会使得各国生产的货币产值 GDP 之间形成较大的数值上的差距。生产函数也表明，一国的生产活动是以商品的使用价值为直接目的的，货币形态（GDP）只是财富生产的衍生变量，它是为获取实际财富而服务的。同时表明，一国应以最少的货币投入来获取最大的实际财富的产出，一国一年中创造的实际财富不只以 GDP 数量来表示，它还与一国货币效率指数相联系。它们都反映在一国生产函数之中，在实物商品产出量一定的时候，当一国货币效率指数出现下降（货币贬值）而 GDP 实现增长的情况下，它反映的是一国生产要素资源投入浪费增加的特征，反之，则相反，这就是 GDP 函数表达式对于 GDP 给出的诠释。

由货币表达式可知：

货币(币值) = GDP 产品形态 / 名义 GDP

它表明，一国的货币的价值，是由一国的最终产品和全部货币投入之比决定的，在纸本位货币条件下，一国货币具有的价值或购买力，是以本国生产的商品为代表的实际财富价值来为一国的货币作为价值支撑的，等式也为各国货币币值相互比较提供着依据。

在历史上货币实行金本位的时期内，实行金本位的国家，一国货币对外的价值是以一国的黄金储备作为货币发行的价值基础和价值支撑的，并由此确定货币的含金量和货币对外交换的汇率基点，这时，一国每一单位货币的价值可表示为：

$$货币价值(货币含金量) = 黄金储备/货币发行量$$

自从金本位体制终止以后，各国货币的价值储备就表现为当今的纸货币与市场商品的相对价值形式了，从此也形成了一国的新的货币价值构成与交换体系。由货币结构可知，当一国的社会生产效率都处于一致的理想情况下，这时一国货币具有的价值，也可表示为：

$$货币(币值) = GDP(产品形态)/名义 GDP = 商品价值1/商品价格1$$
$$= 商品价值2/商品价格2 = \cdots\cdots = 商品价值n/商品价格n$$

可以看出，这一等式表明，在理想条件下，一国的基本单位货币的价值等于每一个商品的单位价格中包含的价值量，或等于每一个商品单位价格提供的价值，也表明每一个商品之间提供的购买力都是相等的。也就是说，货币的购买力或币值水平，表现为商品的价值与价格的相对比率，同时也表明，每一商品的价值与价格结构都从局部范围反映着一国的币值与汇率水平。

同样，在金本位取消以后，市场的黄金产品则只是货币价值包含的所有价值形式中的一种容易保存和稳定的商品或价值形式而已。而过去黄金储备作为一国用以平衡国际收支，维持或影响汇率水平并作为金融资产的功能，以及在稳定国民经济、抑制通货膨胀、提高国际资信等方面的特殊作用，已经被现在的一般商品的价值形式取代了（黄金所占比重相对少多了）。在纸币条件下，货币表现的与商品的相对价值形式，由于存在的测量上的不精确性，这使得人们对货币价值的认识也变得模糊起来，因为现代货币中包含的商品价值比起金币的含金量来讲是不容易确定的，也是容易变化的。尤其是在货币具有统一的形态，人们无法识别货币具有的价值含量的情况之下。要实现和保持一国货币价值的相对稳定，从根本上，也就是需要保持一国货币价值体系的稳定性，它是以一国整体要素效率结构的效率稳定性为基础的，货币价值体系是由一国的生产体系与货币管理体系共同构成的，而不是只由货币管理手段决定的，货币的内在本质与结构是不会由人为的意愿在生产体系以外随意改变的。为了保持一定时期内的币值稳定，在具体操作中，这就需要利用货币价值的尺度标准来规范人们的生产与分配和交换的等价交换秩序，在社会生产与意识形态领域，需要建立货币参与的生产、分配与交换的定性与定量计量的监督体系，在生产实际中，还需要树立货币价值与价格的尺度标准的交换概念，认清货币结构与商品的价值与价格内涵相一致的本质，这是提高一国货币市场体系运行质量的基本措施，也是实现一国货币价值对内与对外长期稳定或调整的基础条件。

二

GDP 价格平减指数的本质

由 GDP 的生产函数，可以看出，货币效率指数即是反映着名义 GDP 所包含的实物价值存量或增减变化的指数，它又自然地肩负着一国名义 GDP 中实物价值变化的平减核算和调节的功能，它以一国的币值变化为表现特征。过去，我们把物价指数作为反映着市场价格变动和 GDP 的价格平减指数，它核算的只是 GDP 的价格数量变化，从中，我们还看不出实际产品发生的变化，（价格平减指数实际应称为价格增减指数，它只是反映价格增长或降低的变化，在这里，我们仍延续过去习惯而称其为价格平减指数）。

从物价指数方程式可以看出，货币效率指数作为反映货币中实物价值变化的平减指数，是决定着 GDP 价格平减指数（物价指数）变化的对偶形式变量，它是人们一直寻找的那个引起价格平减指数变化的"源头"。它从生产过程解释着 GDP 价格平减指数的产生与本质含义。由此可知，现在目前一些经济书中所说的实际 GDP，实质上是指某一基期内生产的全部产品的价格总量，同样还是这一基期时期的名义 GDP。从客观上讲，以价格反映的实际 GDP 的价值内容，如果是在没有价值尺度约束下，它始终会存在着价值与价格的脱离机会的，其本质表现的还是价格变量，它终究是不稳定和变化着的货币量值。本书所指 GDP 的产品形态则是名义 GDP 中所包含着的实际产品总量，是名义 GDP 的产品载体形式。

货币效率指数作为反映价格中实物价值变化的平减指数，这一指数变量的使用价值在于，它可以核算某一基期内一国投入一定数量生产要素所生产出的实际商品总量或变化量，或者预计生产同样多的商品需要投入要素资源的货币总值。通过测算可了解现在的产出是比过去增加了还是减少了，其增加或减少的幅度或数量大概是多少。也就是使用了一定规模的用名义 GDP 表示的生产要素资源，根据货币效率指数预计，实际生产的商品比基期为标准的商品数量水平是增加了还是减少了。同样，它还可以用来测算由一国生产效率变化而增加或减少的资源耗费，也是测算由于进口产品汇率升值（外方升值）而使资源减少或输入成本增加的总量。货币价值指数也反映着本期和历年各期的币值或物价的变化幅度。因此说，货币效率指数所表达的含义以及具有的功能，它要比价格指数更全面和更方便，主要还体现在它对一国 GDP 变量的调节和生产的指导功能。如当一国货币效率指数从某一数值：货币效率指数 = 0.4 下降至 0.2 时，表示这时市场货币和某基期相比货币贬值（购买力下降）了 (0.4 − 0.2)/0.4 = 50%。如果核算成相当于基期时的 GDP 实际产出时，则有：现期 GDP × 50%。这样直接的换算，要比使用价格指数的核算就更直接一些。同样，如果表示为：生产的总产值（或 GDP）× 货币效率指数，这一乘式表示现在一国生产的商品的实际数量（商品价值 × Q）。

结合物价指数方程式，我们有：

货币效率指数 × 名义 GDP = 名义 GDP/物价指数 = 商品价值 × Q（GDP 的产品形态）。或者，货币效率指数 = GDP 的产品形态/名义 GDP = 总产品/总价格。当货币效率指数 = 1 时，则有：名义 GDP = 货币实际 GDP = GDP 的产品形态。货币效率指数 > 1 时，则有：名义 GDP < GDP 的产品形态。货币效率指数 < 1 时，则有：名义 GDP > GDP 的产品形态。伴随着这三种情况的变化，则表现为市场上物价水平的稳定或变化或货币购买力的稳定或变化。同时，它也表示着一国的汇率水平或应作出相应的调整。

三

GDP 流量与存量之间存在的相互关系

一般在由时间计量的数量关系等式中，我们经常使用或见到这样的关系等式，如：

流量 × 时间 = 存量，速度 × 时间 = 运动距离

这种计量关系等式，反映着事物变化的基本逻辑关系。

同样，在一国一定时期内，GDP 流量与存量之间也存在着如下的等式关系：

每月的 GDP 平均产出量(流量) × 3 个月(时间) = 每季度的 GDP 产出量(存量)

每季度的 GDP 平均产出量(流量)×4 个季度(时间)
= 一年的 GDP 产出量(存量)
一国每年的 GDP 平均产出量(流量)×5 年(时间)
=5 年以后实现的 GDP 产出总量(存量)

从以上等式中，我们可以看出，作为反映一国一定时期内实现的商品和服务价值产出的 GDP 变量，在每一时点上，它既是一个流量变量，也是一个存量变量。当 GDP 作为流量时，流量的量纲是包含时间单位的，当 GDP 作为存量时，存量的量纲则不包含时间单位，这时它反映的是一定时间内的总量变量。在数学关系上，这些变量的量纲之间也满足了以上的关系等式。

流量与存量是国民经济统计中的一对非常重要的概念。无论 GDP 作为流量还是存量，它们只是反映了 GDP 在某一时点上的绝对与相对的数量变化特征，而不会改变 GDP 代表的一定财富产出的本质。也就是说，在每一个时点上的 GDP 变量，它既是一个期末量，也是一个起始量。这一特性表明，某一期末形成的存量都是源于期内聚积的流量。某一期末的存量，又是下一时间顺序流量的起始量。

在某一时点上，无论 GDP 是作为流量还是以存量出现，两变量之间都应当满足以下基本等式关系：

GDP 作为流量时：

流量(GDP)×时间(后期时间) = 存量(GDP 期末存量)

GDP 作为存量时：

存量(GDP) = 流量(GDP 前期流量)×时间(前期时间)

在有些经济学教材中，关于在 GDP 流量与存量的概念上给出的定义，笔者认为，有以偏概全，不能自圆其说之嫌。因为，这一概念定义使得 GDP 的流量与存量之间，不但不能满足以上这种简单的数量逻辑关系，与其反映的客观实际相矛盾，这样，就增加了人们对 GDP 流量与存量的在概念理解上的困惑，也给我们学习经济学增添了不必要的麻烦。

四

认清 GDP 本质，提升一国经济运行质量

一国在一年中实现的名义 GDP，反映的是全部生产投入的货币计量的价值，

也就是一国货币表示的生产要素投入的总量，同时还是反映着一国全部产出的货币价值总量。由一国生产函数可知，货币效率指数是决定并反映着由产品形态GDP与名义GDP构成的相对指标及变化的效率变量。在生产中，我们可以根据生产要素组成结构与生产的货币效率指标，对可利用的国内或国际市场上的各种资源要素进行有效合理的配置，在国内市场消费、投资和贸易增长需要的目标基础上，促使生产投入与产出效率最大化，从而实现经济总量与收入增长的预期目标。

一国的名义GDP作为数量指标，有些时候，它并不能准确地反映实际的经济成果。我们知道，名义GDP只是代表着一年中或一定时期一国生产的物品和劳务的用货币表示的价值数量，也就是一国生产投入的以货币表示的全部生产要素的总成本或总价格，对于GDP发生的波动或出现的数量偏差，其中的原因，通过生产函数分析，我们就可以得到答案。例如，由于生产函数反映了每一个时间阶段的名义GDP和产品形态的产出，其中的货币效率指数，代表着一国社会的平均价值生产效率，也是反映一国生产的质量指标。这一效率水平的高低，关系着一国实际投入的货币表示的全部资源（名义GDP）最终生产了多少数量与质量的产品，即（GDP的产品形态），如三十万亿元的要素投入（GDP）是生产了二十亿个产品还是三十亿个产品。

现在，我们清楚地知道，一国经济一年中实际产出的财富总量多少，不只取决于一国投入的资源总量GDP的规模，还取决于一国币值表示的要素资源投入的效率水平，即货币效率水平。这一效率水平，也决定了一国的货币价值或购买力水平，也就是一国货币的"含金量"水平。这一效率水平的高低与稳定程度，也直接影响着一国的社会福利与社会发展目标的实现。货币效率结构表明，社会财富不是随意被劳动生产出来的，它们是按照市场需要的和产品生产的内在规定性进行生产的，它时刻体现着劳动投入与生产方式的行为边界。一国货币效率结构既反映着要素的生产效率，又反映着要素的组合效率，既反映着实际产品的产出，同时还反映着一国生产要素使用或投入的集约化程度。

人们将GDP视为是20世纪最伟大的发明之一，GDP显示着一国实现经济价值数量的全貌，它作为货币表示的数量指标，它形成于货币的数量统计之中。在历史上，GDP只是作为统计数字和表征变量定期向社会公布的，经济学家并没有揭示它与商品之间还存在着的那种深层的逻辑关系，这也是伴随GDP发明而留下的遗憾。正是由于这个原因，人们对GDP的认识，存在的只是一种数量上的概念，而对于GDP所包含的价值内容和本身不断变化的原因，以及一国商品与GDP之间存在的价值转换的函数关系，则并不清楚。

在现实经济中，由于没有给出这一经济主要变量的合理解释，以至于使得一个地区、国家对经济发展与增长目标的制定和调整，始终处于一种不规范的盲目追求数字增长的状态之中。当在一国市场而没有价值尺度对于商品生产与交换进行约束的情况下，一国商品生产的 GDP 表现的数量形式也就不能准确反映一国经济运行的真实情况。一般表现为，同等数量的物质财富产出，在不同时期内，会呈现出 GDP 数量上的不同变化，这种数量上的差距，反映的是与 GDP 作为宏观定量变量应同时存在的定性变量与衡量尺度的缺失，这也是 GDP 作为各国重要经济变量在反映实际经济状况时所表现出的缺陷的地方。

对于 GDP 的历史遗留问题，我们通过生产函数关系，把一国商品在生产与交换中向 GDP 价格形式转换的关系，用币值（货币尺度）变量把它们联系了起来，得出了 GDP 的函数表达式，从而给这一世界经济中各国普遍使用的重要经济数据和各国的实际经济建立起了相互连接的理论公式，使人们能够通过 GDP 函数表达式，即可认识 GDP 的生产过程。

由表达式可知，GDP 作为反映着一国或地区经济发展规模的量化指标，它是一个数量统计指标，而不是反映宏观经济的衡量指标，衡量经济发展（衡量生产、交换与分配）的指标是以货币为代表的价值尺度（具体以货币结构为表现形式）。

GDP 的函数等式，揭示了 GDP 的内在关系，也使 GDP 自发明近一个世纪以来有了证明自己出身的逻辑关系等式，这将使 GDP 发挥它比以往价值表现功能更大的宏观指导作用。

GDP 的函数等式，也揭示了 GDP 的本质，它会为各国的经济增长和未来的发展提供更具针对性的、高质量的、美好的设计与规划的数据蓝图。在此基础上，人们则可以通过 GDP 函数表达式（或生产函数）来指导一国的商品生产活动，从而生产出在一定名义 GDP 总量基础上的预期的满足人们需要的社会产品，它会使 GDP 指标更为精确，并指导一国的经济在有秩序、有质量、有速度、有目标的基础上实现稳定的增长。

在市场上，一国经济深化改革的具体行动，主要表现为对一国产业结构进行调整和产业的升级改造方面，反映在一国的经济指标中，则会从一国 GDP 函数表达式的变量中表现出来，如名义 GDP 的增长幅度，实际产品质量与数量产出的增长（商品价值×Q），货币购买力（货币效率指数）是否稳定或提高。这些生产变量构成着与 GDP 总量或变化的函数关系，给我们提供了生产与调控的数量依据，它使得我们对于经济运行的把握和调控更有针对性，也会使得我们对调控预期和目标更有信心。

通过以上分析我们知道，一国在一年中生产的财富商品是由社会的平均货币效率指数（币值）和名义 GDP 总量共同反映和决定着的，也就是一国在一定效率基础上生产的商品的质量与数量的总和，这种商品形态的价值总量可表示为：

$$V = 商品价值(产品) \times Q$$
$$= 货币效率指数(币值指数) \times \{商品价格 \times Q(名义 GDP)\}$$

等式表明，无论一国经济结构如何，GDP 规模与发展水平处于哪一个阶段，只有在一国市场物价稳定和一定数量与质量商品实现了与 GDP 同步增长的基础上，这时的 GDP 的增长，才能够反映一国 GDP 的实际增长。

在不同货币条件下，一国一定的实际产出量与用不同货币 GDP 表示的产出之间会表现出不同的数量特征。生产效率的提高不但受客观生产条件的约束，同时还受到消费速率的约束，生产效率与消费速率都是反映着商品与货币相对流动快慢的指标。一国的生产效率，主要取决于劳动者、企业相互协作的速度、质量及服务营销形成的社会协作效率，它们构成了社会商品生产与流动的基础条件。

一国市场上商品消费速率的水平，是影响着商品生产与交换效率的需求条件。当消费者的消费速率提高的时候，就会表现为商品消费的增长，从而带动商品生产效率的提高。一国商品消费的需求条件，其中包括：代表着消费能力的货币收入条件，对产品需要的质量与服务条件，对产品需要的价格条件，满足个人爱好的效用价值条件，消费者对商品的信任条件，以及时间条件、环境条件、制度条件等内容。这些需求条件所处的状态，直接影响或决定着一国一定时期的经济运行或增长速度。例如，当一国市场上的商品，由于出现或存在以次充好、掺杂使假等人为因素形成的质量问题以及诚信缺失的时候（它使货币产生贬值结果），它会使人们对市场产品产生疑虑，并使人们的消费变的谨慎或者不敢消费市场产品。这样的话，则会直接引起市场消费速率的下降，从而形成市场上一些商品的积压或滞销，进而使生产投入不能形成有效的价值产出，它不但使得生产效率下降，同时造成资源的损失和浪费，最终影响一国的经济与收入的增长。相反，那些市场上质量优异并得到人们信任的商品（它使货币产生升值效果），则会让人观赏之后就有想要购买的欲望和动机，它时刻吸引着人们手中的货币与之交换，从而产生使消费增长的趋势。

无论在任何地方和任何时候，商品质量和信誉的提升始终是促进市场消费和商品流通的主要因素，也是拉动一国经济和实现 GDP 增长的主要因素。其他消费条件，如消费价格、消费时间、环境条件等，它们也都是影响市场消费增长的客观条件，同样也是促进经济增长与发展的要素条件。在一国经济发展过程中，只有当市场上商品最大地满足不断增长的消费需求的时候,才能够形成经济的稳定增长。

在一国经济发展中,生产效率与商品质量的提升,始终是实现一国 GDP 稳定增长的主要途径。一个生产力水平和生产效率较高的国家,它们的经济特征,也将会从商品的设计、生产、服务、诚信、标准、质量、价格等方面反映出来,即便是生产的一般性商品,它也会带给人以质量上乘、稳定可靠、做工精良、真诚服务、价格合理、消费满意为特征的产品印象和情感享受。每一产品透露出的细腻品质,都会反映着一个民族用心劳动的意识与专心的态度,同时,也映射着一个民族的勤劳朴实的工作品质,它谱写的是人类劳动的幸福画卷,这也是人类憧憬的终极目标和现实所在。

第十章

经济秩序与价值尺度

一

经济秩序与价值尺度是保障经济运行的必要条件

秩序是事物存在的基本条件,它是指在自然进程和人类社会进程中都存在着某种程度的一致性、连续性和确定性的标准与规范。

秩序可以分为自然秩序和社会秩序。自然秩序由自然规律所支配,社会秩序由反映自然规律的社会规则所构建和维系着,它指人们在长期社会生产与交往过程中形成的相对稳定的关系模式、生产与交换秩序和社会公共规范,在商品市场上,它们主要以经济秩序为表现特征。经济秩序作为市场公共原则,它存在于人们生产与生活的各个方面,比如像社会管理秩序、生产秩序、工作秩序、经营秩序、交通秩序、价格秩序、公平秩序、金融秩序、贸易秩序等,它们是规范人们从事生产与交换的尺度标准,是保障市场经济运行的必要市场条件。

经济秩序是建立在一国或国际统一的一系列经济法律、政策规定、技术标准、价格标准(包括形成机制)货币标准(价值尺度)生产要素等市场要素条件之上的。如公司法、产品质量法、劳动法、会计法、物权法、证券法、固定资产折旧规定、税法、基准利率水平、汇率兑换标准(目前处于缺失状态)货币标准(目前处于缺失状态)等。这些市场法律规定和标准构成着一国市场运行的秩序要素,是维护市场公平交换的基本保障。

就目前各国市场的运行状态而言,还存在着许多包括商品质量、价格、诚信、服务、公平、效率等方面的失衡问题,它们使市场物价变得起伏不定,社会失业增加,企业停产倒闭,劳动者收入减少,消费者利益受损,并给大众消费者的正常生活带来不同程度的影响。究其原因，主要是因为作为秩序要素的尺度缺失或不完善造成的，同时也反映着市场经济理论的滞后因素。

价值尺度分为物理尺度与货币尺度，物理尺度是衡量实物产品规定性的尺度标准，货币尺度以货币为表现形式，是衡量市场商品价值（商品）交换的尺度标准。货币是作为价值尺度，是货币具有的尺度属性的职能表现。它是维系商品市场上的交换秩序、价格秩序、价格标准、生产秩序、工作秩序稳定运行的制度需要，也是实现社会分工与要素分配和商品等价交换的必要的尺度标准（注：在下面的表述中，价值尺度则指货币尺度）。

在商品市场上，无论是在一国市场还是在国际市场，商品之间的相互交换，都要遵循等价交换的基本原则，并在一定的市场秩序条件基础上，通过一国货币媒介或价值尺度的量度来实现。

在一个具有完全竞争条件的商品市场上，由于很少存在生产要素和商品的垄断现象，在这时的市场上，可以最大限度地实现价值与价格之间的等价交换，根据西方经济学理论，这时的市场，它则具备了由供求关系决定的价格形成机制的条件，这时的货币主要履行的是它的媒介职能。

在一些生产要素不能满足市场需求的条件下，这时的市场，客观地讲，如果没有价值尺度的约束，市场供求关系的失衡就会引起市场交换关系的失衡，并会使等价交换关系发生扭曲，市场就会不断出现价值与价格的严重偏离现象，市场价格就不再是反映商品价值的真实价格，这也是现实中普遍存在着的市场现象。因此说，在一些要素资源稀缺并不能满足供给的市场上，价值尺度同它的媒介职能一样，都是不能缺少的市场要素条件，进一步讲，价值尺度也是预防市场通货膨胀和经济危机的前提条件。也就是说，这时的市场价格机制，应采取由价值尺度衡量下的价值决定价格的价格形成机制。

自然资源作为人类生存与生产必不可少的物质基础，这些资源的原始物质形态虽然不包含人类的劳动，但当资源具有了货币形态即价格的时候，这时的资源也就成为代表劳动投入数量的实物表现形式即为物质资本，这也是在资源有偿使用的情况下，自然资源价格所代表的含义。在此基础上，原始资源则具有了物质形态和货币形态以及相对尺度的表现特征（相对尺度：物质形态与货币形态的相对关系），这一由资源价值与价格构成的相对尺度和货币尺度在结构上应是一致的，这也意味着，作为资源价值与价格之间的原始尺度关系一经确立，在一定时期内也是不能随意变动的（因为资源的价值在相当时期内都是稳定的）。

另外，在一国市场上，资源要素的收益也是应遵循收入与投入的等价原则的。如果市场资源的价格允许随着需求和单边的利益追求而随意的变化，这种贪婪的价格也就会将那些正义的价值挤出市场。它首先形成的是由稀缺资源垄断而产生的暴利，其次是坐享其成的利润收益，并由此带来市场交换的两极分化。这种现象，也在时刻践踏着价值尺度所代表的公平。

这些单边逐利现象，反映在市场上，表明我们在时刻违背着价值与价格需相符的这一正确的市场交换规则。价值决定价格理论，从本质上讲，它反映着市场公平交换原则（也反映着投入与收入的因果关系），它体现着商品生产的基本规律，也是历史上亚当·斯密、李嘉图、马克思等人所坚持的基本思想，这一原则是正确的，也是公平的，但它是在正确的市场秩序、一定的道德水平上、一个去除贪婪的市场上才会实现的。

我们知道，价值决定价格作为市场机制，尤其是在自然资源不能满足完全竞争市场要素条件的一国市场或局部市场上，它将是对供求决定价格的市场机制的合理补充，并由此实现市场交换的最大公平，也将会最大限度地实现一国市场要素价格形成的公平、稳定和要素合理流动的目标。这是一个国家在市场价格机制建设中，需要认真、合理和科学对待的。

以土地要素为例，它是每一国家经济发展必不可少的资源要素，在土地资源相对稀缺并有偿使用的政策前提下，如果不能制定稀缺资源要素或资产价格形成与增长的市场统一管理标准，就会产生由这些资源垄断和需求竞争形成的额外机会价格。同时，形成土地要素价格的失衡，并会直接传导至下一产业，导致如商品房价格的单边快速增长、商业店铺租金上涨的情况，它们会在破坏一国价格形成的公平机制的同时，直接或间接引起其他经营商品价格不合理的增长，这些都是消费者感受最直接的。

土地作为稀缺要素，其价格增长早已超过了合理水平，这种现象，在土地资源稀缺的国家都普遍存在着，同时，它也是一种对市场经济认识上存在着的过于简单、不全面和不严谨的反映。这种对于市场价格形成机制理解上的"放手监管"现象和做法，将会使一国市场上的效率和公平处于一种失衡的状态之中，这对于一国经济的发展是不利的，也不会取得经济发展的预期效果。

面对稀缺要素市场存在的问题，每个国家都需要利用法律法规和价值尺度来规范市场运行秩序，应规范市场稀缺资源要素价格的失衡现象。例如，确定一定时期内稀缺资源作为要素投入时的价格水平或标准，参照生产企业折旧规定，制定这一时期市场上土地和房产（商业店铺）要素供应的摊销或折旧期限、摊销或折旧比率，并以此形成市场土地与商品房的价格和出租的收益价格或增长的标准。同时，市场租金价格又是未来生产或使用者会计账目中的摊销或折旧成本，它也是市场上开展经营活动的基本要素和成本支出。

第十章 经济秩序与价值尺度

> **作者注**
>
> 利率、摊销或折旧率、摊销或折旧期限、税率是形成房产租金价格的主要依据。虽然法规对商业企业有折旧的规定,但并没有被合理的执行,或被供求关系决定价格的理念替代了

根据价值尺度的一般要求,商业服务业的资产折旧和生产制造业的资产折旧,它们适用的折旧法规应当是一致的(房产折旧或土地摊销),它们体现的都是资本再生产过程中,物质资本向货币资本转化的表现形式。

也就是说,一国资产折旧法规对于一般生产企业和商业企业的规范上应是统一的,这样,它将形成市场上一项资产的系统性和连续性的价值等值转移的公平效果。在生产中,资产折旧作为资本投入和转换形式,它们在一定时期的实际折旧额和使用成本(或机会成本)就是形成产权所有者租金收益的依据,如用等式表示则有:

$$
\begin{aligned}
\text{产权所有者的租金收益} &= \text{产权所有者实际支付成本} + \text{利润} \\
&= \text{服务业资产折旧(投入)} \\
&\quad + \text{利润(一定利率范围的利息成本或收益)} \\
&= \text{生产企业资产折旧(投入)} \\
&\quad + \text{利润(一定利率范围的利息成本或收益)}
\end{aligned}
$$

> **作者注**
>
> 等式表明,商业租金收益增长率应与资产折旧率变化幅度相一致,市场上的实际情况是,一般店铺租金增长幅度远大于实际折旧投入的增长幅度

容易看出,在以上等式中,对于生产制造业与商业服务在同类资产折旧(投入)标准的统一和市场效果,既符合生产要素的投入与收入或分配之间相互等价的基本交换原则。同时,也满足会计制度的收入与投入(包括实物形态)之间的配比原则的要求,这一资产要素的投入与收益等式,它使这些稀缺资源要素价格的形成有了参考标准和依据。这样既会平抑市场上的物价波动,也会促进市场交换的最大公平。

除此之外,对于市场上不具备垄断属性的生产要素或产品价格的形成,一般还是依靠市场功能自行调节,这时,生产企业可通过要素替代、组合、效率等方式来调节产品生产并参与市场上的竞争。

在市场稀缺资源要素的价格形成和供给秩序确定以后,企业自身的生产能力

则成为决定产品提供的购买力和产品价格水平的关键因素了。在各国之间，由于各国生产力差异、物价的不规则变化、国际市场因素的相互影响，也使得一国生产效率水平经常发生波动，并表现为一国货币价值或购买力水平的不断变化，由此形成了各国之间货币相对的变化汇率。

市场汇率同样也存在着失衡问题，目前的汇率，大多是通过外汇市场平台由买卖双方在供需博弈中形成的浮动汇率（浮动汇率也是有尺度与浮动依据的，浮动也是从某一水平开始的）。这种汇率的形成方式与频繁的变化和贸易真实汇率有时是相脱离的，此时的汇率水平，一般并不能准确反映货币之间的真实价值，也不能说明商品或货币之间兑换的理论根据，因而，也就不能保障贸易交换的公平。

另外，目前的汇率决定方式，并不能给一国提供一个长期指导和调整汇率的正确措施，这对于一国的商品贸易，往往不能给出一个指导性的生产和调节手段，来实现商品贸易的预期目的。由于目前汇率形成机制存在的标准缺陷，它使贸易过程不可避免地存在着一定程度的盲目性、不确定性、风险性、投机性、贸易摩擦等不利因素。这种脱离实际汇率的频繁变化，只会给投机者、资源垄断者带来机会和利益，使汇率市场经常出现不符合实际的非合理变化，有时还会使某一货币汇率产生超范围的波动，从而给其他贸易国家带来经济上的损失，也会对本国经济造成不利影响。

市场上的交换失衡，在其他方面，还表现为劳动的价值交换、资源产品的价值交换、商品的价值交换、各种金融产品的价值交换的随意性等方面，这些市场现象，在一定程度上背离了以价值为基础的等价交换的尺度标准，无故增加了生产或消费成本，从而形成市场上物价水平的经常性的变化，并使价格水平的增速超出价值的增长幅度，这种市场价格秩序的随意性是形成一国市场秩序混乱和物价不合理波动的主要原因（进口输入因素只是一部分）。

二

价值尺度职能履行方式和生产要素投入与公平分配的条件

纸币作为现行的货币，它在执行货币的价值尺度职能。在现行的货币制度下，纸币的这一职能，是从货币取代黄金的流通手段职能以后逐步发展起来的，纸币现在是以商品为本位的货币。严格地讲，在市场上，任何货币和商品之间出现的价值交换偏差，都反映着商品价格的上涨或下降的变化。

货币作为价值尺度，代表着价格标准，它包含着由价值与价格相对量构成的量度关系，价值尺度既是一个单位量，也是一个尺度量（在金币时期，它表现为一个单位金币包含的含金量，在纸币时期，它表现为一个单位纸币具有的商品购买力）。

在生产与交换中，价值尺度标准，又分为生产和交换不同阶段的表现形式。在生产过程，它表现为一国平均单位货币要素投入的产出效率标准，在交换过程，它表现为一国平均的货币购买力水平，它是由生产投入形成的市场交换时的表现特征。因此，在纸货币条件下，我们可用平均货币效率指数或货币购买力指数来代表一国价值尺度的量值标准。

价值尺度具有衡量和表现商品价值的功能，它不但是把商品的价值表现为一定的价格，使价值表现一定的数量形式。实际上，价值尺度主要衡量的是商品价值与价格之间的相对尺度关系，也就是衡量价值与价格之间的等价关系，以使价格与价值相吻合，这也是价值尺度所衡量的主要目的和价值所在。货币的这种职能内涵，也是过去经济理论关于价值尺度在其职能表述上存在遗漏的地方，这里的叙述，也是对过去内容遗漏的补充。

价值尺度衡量价值的职能，它在商品生产与交换过程不同阶段的履行方式是不同的，具体表现如下。

（一）价值尺度在生产阶段的职能表现

在生产阶段（包括服务产品、金融产品的生产），价值尺度表现为生产时的效率标准，它反映的是价值尺度的执行和调节功能，是价值尺度在生产阶段表现出的职能特征。它表明，市场上的交换标准源于生产的效率标准，生产投入是交换的基础。由货币结构可知，作为衡量一国商品生产与交换的价值尺度不是凭空产生和随意制定的，它代表着一国一定时期的生产投入与产出的平均效率水平，价值尺度也是这一平均效率水平的具体表现形式，同样，价值尺度作为一定时期的计量标准，它也会随着一国生产力结构与生产力的发展而变化。

每一个劳动者都是参与社会分工与生产的最小生产单位，也是经济价值生产中的最小经济"细胞"，劳动者在社会分工的不同工作岗位上，生产着相互交换的社会产品。

价值尺度作为生产过程的效率尺度，它反映着生产要素向商品价值转化的能力，是一定时期内进行商品生产的起始效率标准。在生产中，一定的货币效率水平，它取决于厂商的生产要素配置、生产要素集约化、生产要素总投入以及本期内的生产管理、生产效率与生产能力的总体协作水平。为了稳定或逐渐提高货币效率水平，它要求在生产过程中，生产要素的组合结构以实现最优化和使用成本最小化为措施，努力提高产品质量和生产效率，同时，努力使要素收入增长和效率提高保持同步水平，也就是使投入量与产出量保持同步水平。这些具体措施，不但是提高产品竞争能力应当采取的方式，它体现的也是价值尺度的调节功能，它产生的是市场币值短期稳定和长期购买力逐渐提升的趋势。

如同新中国成立初期，纺织战线提倡的"纺纱工作法"，其工作方法主要有六项内容：使产量增加、原料节约、成本降低、机器寿命延长；节省劳动力，提高工人看台能力。这些工作方法及形成的产出效果，都可从货币效率指数的变量结构以及效率指数增长的变化中得以体现出来。它反映着每一个劳动者在一定时间使用一定生产要素投入创造的产出量。这种工作法的推行，也是在建立一种生产效率和工作方法的标准。任何工作或劳动的标准，都是用于比较的一种大家均可接受的方法或尺度。工作标准一般会包括工作速度、操作技术、产品质量、成本投入、工作时间、产出数量等方面的规定内容。这些工作劳动的标准是决定商品价值标准并实现等价交换的基础条件，也是货币价值尺度中所包含的内容。

生产投入与产出的相对变化直接影响着商品价值与价格的相对关系，这一相对关系，时刻反映着商品之间的交换和价值尺度之间的吻合或偏离状态，由以上分析可知，这一相对关系，主要取决于商品生产阶段的价值尺度的调控水平。

（二）价值尺度在交换阶段的职能表现

在交换阶段，价值尺度代表着交换时的商品质与量的规定标准。所有商品和劳务的价值都可以用这个尺度基准来衡量，它要求商品之间的交换遵循等价交换的原则，同时，每一商品或生产要素的价值与价格都应相符。在短期的市场上，它还会表现为货币购买力的稳定特征。在国际市场上，它表现为两国货币的汇率与两国的货币购买力相吻合。

一国货币的购买力或物价水平，不但取决于一国的生产效率水平，也取决于一定价值尺度统一约束下的公平环境，在一定程度上，它也体现着一国的劳动以及按劳分配的公平制度，这些因素，都是实现市场商品等价交换的前提。在市场上，只有实现等价交换，才能使商品生产和商品交换正常进行，只有最大地维护每个生产者、消费者的利益，才能形成公平的竞争环境，从而促进经济快速、健康的发展。

等价交换的本质是劳动有效投入的等量交换，在人类早期的生产活动中，它表现为以劳动时间投入决定的物与物交换比率的等价交换特征。在货币产生后的同一货币条件下，商品之间等价交换的实现，就变成了商品价值与价格均衡相符条件下的货币与商品之间的等量值交换，在不同货币的市场上，它表现为不同商品价格或货币之间以一定汇率的交换。

等价交换首先表现为按劳分配的原则，就是每个具有劳动能力的劳动者通过劳动获取的分配收入，它是按照每个人提供给社会的劳动支出的数量和质量来进行分配的。在统一价值尺度的规范下，这一劳动投入与分配关系可简单表示为：

$$投入 = 产出 = 收入$$

市场上的等价交换是在一定的均衡状态下实现的，即一国的劳动者都在一致的货币效率水平上向市场提供着产品，也就是需要在这一效率基础上，来满足市场消费者的需求，这时候，市场交换就会最大程度地接近或实现等价交换的状态。这时的市场物价将是平稳的，商品生产和消费与货币的流通也是均衡的，市场商品没有短缺和积压，农业生产的减产与丰收可以通过国内或国外市场及时调节，这时，劳动者收入也会在产品生产效率的增长基础上实现增加。这一等价交换条件的起点也是从每个生产者投入与产出的质与量的平衡开始的，它是实现市场商品价值与价格平衡（表现为与币值相符）货币收入平衡（等价交换的按劳分配原则）商品生产与流通平衡（没有积压短缺商品）和等价交换的前提条件。

货币方程式作为一国的货币量化模型，为价值尺度的履行提供了量化依据。在这一约束条件下，如果每个生产者提供的货币效率指数水平都是一致的，这时，它表现为单位货币的生产要素提供的产出价值或单位价格中包含的价值量和单位消费支出获得的效用价值彼此都相等，也就是说，消费者所选择的商品效用与所支付每单位货币获得的效用和生产投入产生的效用都相等。为了实现这种等价循环的目标，劳动与其他要素投入和产出之间的尺度调节或相互秩序约束，就成为劳动与其他要素价值实现向价格转化和价值与价格之间实现等价的条件。在市场上，任何生产要素价值与价格之间的偏离都会使货币效率指数发生变化。比如，商品价格随意提升，工资不合理的增长等，这些都会使劳动投入与劳动收入发生不一致的变化或不等价的交换，由此产生的是财富的不合理转移。

价值尺度的市场调节功能，是商品经济运行规律的客观要求，它使人们的财富收入在正常的生产经营的利润水平和相互等价交换的条件下获得真实增长，而不是在损害他人利益的不等价条件下获取收入的增长。在一个能够完全竞争的市场上，即市场上存在着许多买者和卖者的竞争，每种商品或生产要素，无论是投入品还是产出品，都能够根据需要进行调整使用，使生产和消费在任何时点上都可以实现供需均衡，这时，市场竞争自动发挥着价值尺度的调节功能，使得价值与价格的偏离程度和波动范围最小化（现实中的市场条件与理想竞争条件都有很大差距）。

在一个不能完全竞争的市场上，市场自身的价值尺度的调节作用是较弱的，再加上相关政策和价值尺度约束的淡化，使得市场上商品价值与价格的偏离程度和范围就会大一些，物价就会出现较大的波动，从而提高了大众消费群体的生活成本。

由一国的不同资源禀赋以及市场因素形成的各种失衡现象，在一定时期内，它还会形成社会的两极分化倾向，并带来各种社会矛盾。为了避免这些社会现象的发生，就需要相应的政策措施和价值尺度对不具备市场条件的产业市场进行规范和调节，以使市场上价值与价格的偏离不超出价值尺度的合理波动范围，使一国的市场经济能够稳定、健康、公平地发展。一个合理的价值尺度标准与良好的经济秩序，是预防经济失衡与经济危机的有效措施，也是提升经济发展质量的有效的措施。

（三）同一产业或生产岗位上的生产要素投入与公平分配的条件

价值尺度在市场上的职能，也包含着对生产要素投入与收入分配的衡量内容，客观上讲，有什么样的生产，就会有什么样的交换，市场上不存在凭空而产生的交换，生产是交换的原因，它决定着交换结果。

按劳分配原则，是生产要素分配的基本原则（资本投入也是劳动投入的表现形式）。劳动要素作为生产投入的关键要素，劳动价值的等价交换是以劳动投入与产出及收入相等为表现特征的，在这一基础上形成的劳动价值与货币的等价交换，用生产函数表示为：

$$
\begin{aligned}
\text{劳动投入价值 } V &= \text{工作时间} \times \text{劳动价值生产率} = \text{劳动产品或劳务总产出} \\
&= \text{工作时间} \times \text{工资率} \times \text{货币效率指数（劳动）} \\
&= \text{货币工资收入（出工数量）} \times \text{货币效率指数（出力表现）} \\
&= \text{实物工资收入（有效产出量）}
\end{aligned}
$$

等式表明，一个劳动者投入的劳动价值总量，等于转化成它生产的产品数量总和，同时，等式也反映了劳动量的投入量与生产效率和实际产出之间的关系。（它也反映了全部生产要素共同投入与产出特征，劳动投入融合在其中），劳动者投入由货币表示的要素数量则等于它获得的工资收入价格，说明了劳动的实际报酬等于劳动的实际贡献。

在一般情况下，等式反映着劳动者人力资本价格与工资收入之间的等值特征，也是人力资本价值向人力资本价格转化的表现。

在理想状态下，每个合格劳动者的货币总收入与它生产的总产出是对应着或等值的，总产出与总收入相对的度应等于货币效率指数即一国价值尺度结构中质与量交换的效率标准，它代表着一国标准劳动力的效率投入标准，它体现的是按劳分配的以价值尺度为标准的等价交换原则。根据等价交换原则和生产函数可知，在以货币分配形式下，满足一个劳动生产过程与公平分配的两个条件分别是：

（1）要素投入的效率条件（即指：劳动出力的效率特征）：

货币效率指数(每一要素提供) = 社会平均货币效率水平 = 币值水平

或：

货币效率指数(劳动要素) = 货币效率指数(资本要素)
= 货币效率指数(服务要素)
= 货币效率指数(其他要素)

可以看出，这一效率条件，是反映和衡量不同生产要素投入与产出是否一致的基本等式，在这一等式下，它形成的是一种社会性的公平交换和比较关系，也就是实现人与人之间劳动投入的相互比较和公平交换上的基本尺度。

（2）每一要素投入的收入或分配条件（即指：劳动出工的数量特征）：

要素总投入(货币形式) = 要素总产出(货币) = 要素总收入或总分配(货币)

在实际中，一般要素投入量或收入分配的计量都是以货币来表示的，如：工作时间×工资率，折旧率或摊销率×时间，利率×时间，等等。

由以上分析可知，这两个条件还需满足生产函数的等式关系，也就是实际产出通过由生产函数表现出来，这时，它反映的将是每个劳动者付出一定数量和质量的劳动之后，它们获得的实际收益（商品或服务）和劳动付出数量应是相等的。

作者注

这是每一种要素分配都需要遵守的条件，它需要对每一要素的投入或实际贡献进行核算，避免要素之间因投入计量偏差而导致收入分配上的失衡这两个条件是社会分工协作下，对于具有正常劳动能力的劳动者实现公平分配的基本条件。

在相等的生产条件下，对于由于个人能力差异产生的产出与收入失衡状态，可通过技能培训、文化学习、激励机制等提高生产效率的方式来调整，对于非正常劳动能力差异产生的产出与收入失衡状态，则可通过福利与相关政策手段来弥补（如一些福利企业、最低工资政策、税收调节），以满足社会生产与交换的均衡条件，它体现的是社会制度的正义、慈善与道德的内涵。

一个劳动者的投入—产出—收入平衡等式，也是反映一国货币价值尺度约束下的劳动者投入与收入分配的均衡等式，它包含着劳动投入量、产出效率与公平分配的因果条件，即一个人劳动实现的产出量是他收入的公平条件，一个人劳动付出的投入量是他产出量的公平条件，一个人拥有的资源是他投入的公平条件，这些因果关系反映着自然界中物质守恒的客观规律。

根据以上公平分配条件，其他生产要素如资本、土地等，它们的收益，也都是应按照其投入、产出与收入的平衡原则进行分配的，即资本折旧投入（或土地摊销）产生的价值：

V = 工作时间 × 产品价值生产率(资本投入)
　= 工作时间 × 资本折旧流量(或土地摊销流量) × 货币效率指数(资本)
　= 资本总收益 × 货币效率指数(资本)
　= 实物产品收入

同样，不同生产要素之间提供的效率，同样也需满足价值尺度的约束条件：

产品或服务总产出/工资收入 = 产品或服务总产出/资本收益
　　　　　　　　　　　　= 产品或服务总产出/税收收入 = 货币效率指数

等式表明，当每一单位货币的要素投入与产出和收益都需相等，否则，其他要素的收益就会受到损失。也意味着，每种要素相互之间的投入与收入比率是相等的，它们之间的分配也是公平的。（这时，它满足了价值尺度条件，即每一要素的投入产出效率相等原则。同时表明，价值尺度是一个尺度的连结，它要求每个节点的"尺度"都相等）。

这时，我们发现，这一等式，它作为生产要素投入的生产效率条件，它也是实现生产要素最优组合的条件。但在现实中，实际情况与这一要素最优组合往往相差很大，主要体现在一国土地要素价格增长速度远超于劳动要素价格的增长幅度，从而形成了一般劳动收入增长与一些商品价格增长之间的巨大偏差，在一些生产者占有了要素价格增长的利润后，也在一定程度上扩大了社会收入差别或分化现象。

> **作者注**
>
> 生产要素的最优组合，就是能以既定的成本生产最大产量或者以最小的成本生产既定产量的生产要素投入的组合。在西方经济学教科书中，其表示方式为：$MP_L/P_L = MP_K/P_K$，其中，P_L 为劳动的价格（工资率），P_K 为资本的价格（如利息率或租金等），MP_L 和 MP_K 分别表示劳动和资本的边际产量，这里不多赘述

在以上，我们论述的是在一种产业或工作岗位上生产要素投入与收入之间实现公平分配应满足的条件。下面，我们还要对不同产业之间的投入与分配进行分析。

（四）不同产业或生产岗位之间的生产要素投入与公平分配的条件

一国之内，由于不同地区与不同产业之间存在的不同要素资源和生产能力方面的差异，从而形成了它们之间不同投入水平、经济增长和收入水平上的差距。从生产角度讲，为了缩小这种经济增长和收入水平上的差距，促进不同产业劳动者之间收入上的最大平衡，各产业之间在效率上也需满足价值尺度条件（以三大产业为例），即：

货币效率指数(农业) = 货币效率指数(制造业) = 货币效率指数(服务业)
= 社会平均效率水平

同时，不同产业之间生产要素投入数量上也需满足：

农业生产人均全要素总投入 = 制造业人均全要素总投入
= 服务业人均全要素总投入
= 社会平均收入总水平

以上是不同产业之间实现收入水平和经济均衡增长的前提条件。

这时，各产业在满足生产要素投入数量和效率条件的基础上，它们实现的社会总产出，由生产函数可知：

V = 一国总产品 = 一国产品总价格(GDP) × 货币效率指数(平均)
= (农业总投入 + 制造业总投入 + 服务业总投入) × 货币效率指数(平均)
= (劳动总收入 + 资本总收益 + 税收总额) × 货币效率指数(平均)
= 劳动总收入 × 货币效率指数(平均) + 资本总收益
× 货币效率指数(平均) + 税收总额 × 货币效率指数(平均)

＝商品价值×Q

其中，一国生产的产品货币总价值(GDP)＝劳动总收入＋资本总收益＋税收总额＝农业总投入＋制造业总投入＋服务业总投入＝一国总投入。

以上等式表明，这时一国的全部生产要素实现的收入分配，是一个实现了货币形式与实际财富的均衡与公平的分配结果，不同产业要素之间分配也是均衡的。换句话说，在以价值尺度为标准的生产与交换或分配的条件下，上述全部要素的实际报酬恰好等于整个社会的总产品，或者说，全部产品正好足够分配给每个生产要素，不会多也不会少（从分配角度，它与西方经济学称为的欧拉定理是一致的。但上述生产条件比欧拉定理更具有客观性和公平性与实践性，因为欧拉定理成立的条件即完全竞争的生产要素市场条件是很难满足的，尤其是在人口众多且自然资源匮乏的一些发展中国家）。

由此表明，市场商品等价交换目标的实现，必须使得价值与价格的交换符合价值尺度的标准，它是以投入与产出的等价转换和按劳分配及要素的等价交换为基础的，它体现着价值链的循环运动过程，每一阶段的价格脱离价值的变化都会通过循环反馈回来。价值尺度不只使商品价值有了价格形式，它还约束着价值与价格的相对关系，同时还约束着要素投入与价值产出的比率。

在理想的市场条件下，一定商品价格中包含的价值量，与购买这件商品支付的货币数量中包含的价值量应是相等的。也就是说，这一商品单位价格与单位货币中包含的价值是相等的。这时，作为价值尺度单位的货币和商品的每一价格等份之间则存在着等值关系。人们在这时候的消费才是货币真实购买力的体现，如果这种情况能够在很长时间保持的话，则会在同期市场上呈现物价平稳的特征，这时，也就不会出现物价上涨的可能。

价值尺度是一国在经济发展过程中，实现市场商品供需均衡、价格均衡、货币均衡、收入均衡目标条件下的要素或商品价值与价格的等价交换的标准（它们遵循等式：投入＝产出＝收入）。

在现实市场条件下，构成价值尺度的各种生产要素变量之间经常发生不规则变化，这使得生产与交换的尺度经常脱离着价值尺度的标准水平，这是源于人们在没有遵循的生产与交换尺度和约束下的自发行为的结果，只有当一个明晰的、公平的、效率的价值尺度建立起来并为大家所认识的时候，如同度、量、衡标准的统一给社会的发展和人们带来利益的时候，也是利用价值尺度调整下的实现一国长期稳定目标或预期调整目标的时候。

从理论上讲，在价值尺度的约束条件下，由此形成的市场整体效率或币值水平，它会形成完全竞争市场上的公平效果。利用价值尺度对市场交换的规范，是人类经济发展、文明程度、社会进步、公平环境、价值理念发展到一定程度上的必然选择。是人类实现度、量、衡制度以后的最终的价值计量目标。它关系着一国按劳分配原则下的公平交换与要素分配的质量，也关系着一国收入水平差距的调整效果。当一国的生产在个人努力与社会提供的生产条件下，能够最大限度地在同一投入和产出与收入水平上生产的时候，才是人们的收入水平差距最小的时候。

价值尺度作为生产与交换的尺度，是实现人类三大产业即农业、制造业、服务业均衡发展的调节尺度和标准，它要求各产业或行业（农业、制造业、服务业）劳动与资源的投入以最优的配置来实现投入、产出、分配的最佳均衡状态，即使各个产业部门运行在一国的最佳平均货币效率水平上（平均货币效率指数＝农业产品产出/农业劳动与资源投入＝工业产品产出/制造业劳动与资源投入＝服务产品产出/服务业劳动与资源投入，也反映了一国三大产业效率决定着一国的货币价值或购买力水平）。

由于我国资源条件的限制，农业劳动生产效率相比工业、服务业生产效率差距较大，据近几年有关统计，农业生产效率仅为工业的18%左右，服务业的23%左右，由此反映了在农业增长方面存在的差距问题。在我国，为了增加农民收入，促进农业的发展，国家采取免除农业税的补贴政策。在这方面，各个国家对农业经济也都采取补贴政策，尽最大的满足同等收入水平和价值尺度基础上的市场交换条件，最大程度地降低不同产业发展之间的不平衡现象。

价值尺度也是一国区域经济发展的均衡尺度，它是调节经济落后地区的经济指标尺度，促进生产要素资源的合理分配和使用，最大可能地提高落后地区的生产能力，使其达到一国的平均生产效率水平，缩小和发达地区收入水平上的差距。一国不同区域理想的经济平衡状态应满足：

A地产出水平/A地劳动与资源投入＝B地产出水平/B地劳动与资源投入
＝…＝N地产出水平/N地劳动与资源投入

等式表明，只有每一价值环节的生产要素的投入与产出都能满足价值尺度的规范条件时，这时生产的商品，才可以实现商品价值与价格的相对吻合。这时，市场上的商品物价水平则会实现相对稳定的状态，市场商品和公共福利产品供求平衡，没有过多引起的积压，也没有出现短缺现象，金融供求均衡，市场利率均衡，商品之间的交换接近等价交换的水平。只有在这样的生产条件下，才能够最大程度地实现社会劳动的等价交换，才能够使大多数的劳动者和消费者的利益得到保障。

通过以上分析，可以知道，价值尺度作为社会分工生产与交换的价值计量工具，它产生的是市场的公平与效率的结果。客观上，价值尺度只是调节、影响与衡量人们实际收入水平的效率和公平尺度，并不决定人们的实际收入水平。在任何时候，决定着社会实际收入水平的关键条件都是劳动及资源要素实际投入数量的多少，收入与投入始终成正比例关系。

价值规律作为商品经济的基本规律，同其他任何规律一样，是客观的，是不以人的意志为转移的，也是人们从各项经济活动的必须遵循的原则。它要求人们在生产过程中按照价值在不同阶段的转化形式，把它们统一在价值运动规律的过程中，确保价值生产与交换的公平。生产中的分配与交换原则，就是价值规律要求商品交换遵循的等价交换原则的具体内容。它体现了价值转化的等价形式，也是维持商品生产与交换的基本要求。

以上，我们给出了要素投入与公平分配的尺度标准，但在实际中，对于不同要素投入的测量是有误差的，具体地说，对于要素投入与产出的测量，许多情况下很难得到准确的结果。所以，要做到利益公平或准确的分配实际上是很难的事情。虽然如此，当我们在有了公平分配的标准以后，我们就可以以这一标准为依据，对一国由劳动与资本各要素投入生产的社会财富以及在生产要素的收入分配上，实现最大程度上的公平目的。

当前，社会经济发展的趋势是精确化、客观化、公平化，这也是经济发展的客观目的。要实现这一目的，不但需要有正确的、精确的、系统的、科学的生产理论为发展依据，还需要有市场秩序与价值尺度的规范，才能够实现经济发展、质量提高、生活幸福的目的，这一切都是建立在一国的社会文明、生产力水平、生产秩序、公平秩序、价值尺度基础之上的。

由于各国的资源禀赋条件方面的差异，不同地区的经济状况会呈现出一定的差异。也表现为不同区域的货币效率上的差异，它是不同生产创造能力和效率差异的综合体现。一国的货币效率指数水平反映着一定时期内一国的货币价值或购买力，也是决定各国之间货币汇率的内在条件和依据，同时也是实现一国经济内部均衡和外部均衡的主要操作依据。因此，货币效率指数作为一国的可调控的重要经济参数和衡量商品价值的经济变量，是关系着一个国家社会劳动分工的等价交换、社会分配、物价稳定、公平原则、国际交换的尺度变量。

在国际贸易一体化的形势下，实行各国货币效率指数统一测算与标准的制订，是未来开展国际商品贸易和实现公平交换的基础，也是确保国际贸易秩序和稳定发展的得力措施。

三

价值尺度基准的测算

价值尺度基准的测算，也是一国对一定时期（基期）经济发展水平和能力的测算，某一基期水平，代表的也是一国这一时期的生产、交换的经济指标。我们知道，价值尺度以一国货币为表现形式，它具有价值与价格的相对结构，代表着一国生产要素投入产出的效率水平，也反映着一定时期内的货币购买力。由此说，价值尺度的基准，它表现为某一时期一国的平均货币产出效率或货币购买力，也是评价一国不同时期货币购买力及其变化的参照基点。

对于一定时期一国的平均货币效率指数或货币购买力以及变化的测算，与目前各国测算物价指数或购买力平价的基本方法是一致的，都是需要将测算的某一时期（某年）的数据变量和由此得出的货币效率指数或货币购买力设为基期数据（这一指标代表着同期的生产效率标准，即价值尺度基准，它反映着在一定时期一国货币的价值和具有的购买力。如市场上的货币指数，它应在一定水平或范围内波动，这"一定水平"就是指货币的价值尺度基准）。然后，再测算后来不同时期的数据变量（报告期）和指标，据此与基期数据和指标进行对比，即可得出报告期与基期的相对指标及变化幅度。同样，在各国统一测算标准的基础上，我们可以得出各国的货币效率指数或货币购买力在相同基期的相对指标（汇率）或相对购买力（汇率）以及不同时期的相对变化比率。

测算一定时期内一国的平均货币效率指数或货币购买力，它是选择一定范围与数量的"一揽子"标准商品作为基期样品，也就是以一定数量的商品价值为基准，以这些数量商品的总价格为测算数据（与测算货币购买力选择"一揽子"商品是一样的）。这是依据商品具有的价值与价格的货币属性，来测算这些市场商品价格或变化时对应的币值水平或变化量的过程。在一国之内或不同国家之间相互对比的两种商品，质量应当相同或接近一致，它包括商品质量、所在地点、服务质量、服务环境、品牌影响力都应是相同的。为了确定各国货币相互兑换的标准，各国之间也都应以相同的货币单位作为固定成本或基准来进行"一揽子"标准商品购买能力的测算（现实中，即便各国在商品消费与结构方面存在着各种差异，但这也是测算或比较不同货币购买力的唯一正确方法）。下面我们做具体测算的分析。

例如，设某一时期内（某年）为测算基期，选取一定数量与范围的商品作为一国测算货币效率指数或货币购买力的样本，这里按商品供应市场的权重选

10000个不同商品为基数,并假定这些商品的价值指数为10000(选多少商品只是根据需要,数量多时则精确一些),计算出它们的总价格,如果为1680000元人民币,那么,根据纸货币的价值与价格的关系,这时,货币效率指数 = 10000/1680000 = 0.00595。它表示某一基期内的货币效率指数为0.00595,即一元人民币在市场上可以购买其中平均的0.00595个商品,也表示一元人民币表示的生产要素投入,可以生产10000个商品中的平均0.00595个商品。

为了方便使用和观察,如果我们把某一基期的货币效率指数0.00595对应标记为100点指数形式的话,这会给这一指数的使用带来许多方便。例如,在后来某一时期内,我们还选10000个与基期同样的商品,计算它们的总价格,如果变为2560000元人民币,这时货币效率指数 = 10000/2560000 = 0.00391。表示现在的货币效率指数为0.00391,即一元人民币在市场上可以购买其中平均的0.00391个商品,也表示一元人民币表示的生产要素投入,可以生产10000个商品中的平均0.00391个商品。可以看出,在后来第二个时期测算时,每单位货币的购买力平均减少了0.00204个商品(0.00595 - 0.00391)。即单位货币购买力由基期的100减少了34.2至现在的65.8(0.00391/0.00595)。也就是说,一国的货币产出效率在从测算的基期到后来第二个时期这一时间阶段内,从基期的100下降至现在第二个时期的65.8的水平,也表明,一国的货币购买力由基期的100下降到了现在的65.8的水平,即从基期到后来第二个时期货币贬值了34.2。在这时候,市场上商品的价格水平,一般会随着货币效率指数的下降变化而出现价格升高的现象。本例反映着从基期到这一时期的物价上涨的趋势。

以同样方法,可以测算不同国家在一定时期内(或基期)的货币效率指数或购买力,通过比较得出国家之间同期的相对汇率。然后,测算以后不同时期的各国的货币效率指数或购买力,得出各国即期的相对汇率以及各国汇率升降变化的幅度。

这时,在不同国家、同一时期内选取一定数量的相同范围的相同产品作为测算的基数,在任何时期得出的货币效率指数点位,都代表着所测时期一国的货币价值的水平。

上面的例子中,如果在基期与其他时期内所测得的货币效率指数点位是某一年中两个国家的货币指数,根据汇率公式,这时两国的货币汇率则为:0.00595/0.00391 = 1.5217,或:100(以一国货币效率指数 = 0.00595时作为基期和基准指标,用100表示)/65.8(则表示另一国同期货币指数 = 0.00391时的对比指标为65.8) = 1.5197。

根据测算得知,两个国家在这一年的货币汇率应为1:1.5217。这个由一国的货币效率指数作为各国货币之间相互比较的通用指数,是决定国际商品贸易或货币兑换的基本依据,也是衡量与调整商品贸易条件的基本尺度和主要参数。在实际测算数据时,也可直接将两国规定的"一揽子"数量的相似商品及双方价格相对比较即可得出汇率结果。

如果把一定时期的货币效率指数点位,作为同期内价值尺度定性和定量的标准,它的量纲为:实物数量单位/单位时间/单位货币/单位时间。表示单位货币中包含的产品数量。

那么,当把一定的货币效率指数点位作为一定时期内的价值尺度的量化标准时,并以百分数形式来表示时,即把某一基期的货币效率指数设为100时,表示单位货币中所包含的价值量是100,如其他某一时期测得的货币效率指数为90时,则表示单位货币中所包含的价值量是90,相比基期下降了10个点位,意味着货币贬值了10%。在电视节目中,经常报道的美元指数反映的内容也是如此(如2012年9月17日美元指数为78.94,它表示比1973年基期美元指数100点位的水平,下降了21.06,意味着货币贬值了21.06%,虽然美元指数形成的方式和我们的不同)。

可以看出,这种货币指数的表示方法,它让我们使用起来更为方便,我们可以将市场上某一时期的商品价格使用这一指数方便地换算为基期时的价格。价值尺度是商品价值与商品价格之间进行相互转换的工具,同时用来对各国货币进行比较度量和核算汇率。

货币作为价值尺度所表现的购买力,它在短期内应是稳定的,在长期内,由于现实中人们并没有按照价值尺度的规范来操作,这会使得价值尺度结构中的某些变量出现变化失衡现象,这样,价值尺度的标准就会产生不断地改变,从而使它表现出的购买力也会不断变化。

客观上,价值尺度规范了价值与价格的交换标准,在现代纸币并开始使用电子货币的市场条件下,价格标准的测度和价值尺度职能的履行是非常必要的。它不但关系着一国生产与交换的市场公共秩序,也直接关系着国际贸易与货币兑换的公平环境和贸易双方的利益。

四

建立一国市场价值交换监督体系的现实意义

纵观世界经济发展历史,可清晰地反映出,任何国家经济的稳定增长与和谐发展的运行轨迹，都是在良好社会氛围和市场秩序基础上实现的。社会氛围是指社会的生产与生活环境，市场秩序是指一定条件下的市场行为与规范，它们直接关系着一个国家经济发展的最终效果。

经济秩序建立的最终目的，是为了保障一国经济发展能够按照生产与交换的经济规律有效运行，使一国经济实现增长稳定、物价稳定、收入稳定增长、公平交换与分配、生活提高的发展目标。要实现这样的目的，只有在一国的法律秩序、经济秩序、财政政策、货币政策、分配秩序等制度因素并成为人们自觉遵守的基础上，才会成为现实的。这样的目标，来源于一国全体公民一定秩序下分工协作的劳动公平交换，也来源于人类那种天然的相互尊重和相互服务的善良与美德。

在所有的经济名词概念之中，当属等价交换和价值尺度的概念较为模糊了，在一般人们的认识中，这两个概念只存在于名词解释的层面上，而没有具体的现实意义，也没有在商品生产与交换活动中，表现出任何具体经济特征或联系。人们之所以形成这种印象，则是由于过去对价值尺度结构和属性不了解而已。也是因为这个原因，才使人们长期忽视等价交换原则和价值尺度的存在价值。以至于从现象出发并片面地认为货币自身（纸币）就是价值尺度，买卖双方以价格达成的数量交易就是等价交换。实际上，价值尺度是连接并度量着双方交换的质与量的标准，人们从外表上看到的货币，只是价值尺度的表现形式，货币的面值，并不能反映价值尺度的全部内容。在纸币条件下，价值尺度存在于商品与货币的相对价值关系的稳定状态中。在市场秩序并不完善的现实中，买卖双方只有在一定条件下（或偶然情况下）达成的交换价格才是等价的交换。

市场秩序是价值交换的必要保证。在市场交换秩序不能受到约束的时候，比如，一部分人在商品需求出现突然增长变化，而有的人则会采取趁机提价的办法，而一些经济学者则把这些经济现象纳入了经济学规律的范畴，实际上这是不符合经济学本义的，因为它违背了价值交换的本质含义。

经济学是揭示价值生产与交换的科学理论，同时也是揭示等价交换价值规律的普适理论，客观规律是正义的、中性的和客观的。它不会为个别的不合理的经济现象提供支持，或者说不能将一些不合理经济现象都划归为必然发生的客观规律现象。例如，据过去报道，一国发生地震后，社会秩序依然良好；尽管货架上的日用品出现了短缺，商店门外购物排队的人越来越长，可超市依然没有提高价格，许多人于是觉得经济学规律错了。另有一部分人说，在危机到来的时候，不仅应该鼓励"不提价"，而且应该谴责甚至动用法律来禁止"提价"，因为提价就是趁火打劫和发国难财。同时，还也有的人提出来，说成本增加或者价格升高可以促进流通为由来为提升价格者遮掩。

根据商品交换的等价原则，商品的等价交换是没有条件的，是在任何条件下都应该遵守的交换原则，它是以商品价值为等价交换条件，商品价值是价格存在的基础，价格则是价值的表现形式，它随着价值的变化而变化。一个社会分工交换制度的存在，它要求生产者既要维护自己的劳动，同时也要尊重他人的劳动。一国的价值尺度是本国市场等价交换的标准，也是两国进行商品贸易交换的尺度标准，它不但是维系一国市场经济平衡的秩序条件，也是维系世界经济贸易平衡的基本条件，这是经济学和价值规律赋予价值尺度的基本职能。

在现实的市场上，人们往往只从个人利益的角度出发，而不是从公平的角度考虑，当市场出现有利于自己利益的交换条件时，就会违反交换秩序，借机提高商品价格，从而赚取更多的利润。我们应当清楚，这种行为，不是经济规律合理的必然现象。它本质是违反价值规律的行为表现。因为，当市场出现对于经营者有利的条件时，生产经营者的经营收入一般会随着销售量的增长而增加，这时的利润会同时增加并比其他时期还要多，如果这时再提高价格，他就会获取比他投入的价值还更多的额外收益或利润，而其他消费者就会因此付出比正常情况下更多的成本或劳动代价，这种交换的结果是不等价的，这不是经济学规律的本质内涵，而是违反经济规则的表现。而那些当市场出现有利于自己交换的条件却不随意涨价的行为，但他还是由于销售增加而增加了利润，才正是表现着经济学规律的价值行为。

经济秩序和价值尺度所反映的内容，从本质上讲，它们都是反映着事物不同的秩序存在形式，它们在一定意义上存在着一致性特征，都是商品生产与交换和价值运行的秩序构成条件，是形成商品价值的标准和秩序要素。同样，在商品生产中的质量标准、技术标准、计量标准等构成产品价值的物理尺度要素，它们以形成产品的物理属性为表现特征，也是构成商品价格和交换的基础条件，只有实现了商品在一定价格和汇率水平上的国内市场或国际贸易的合理交换，才是一国商品生产和价值计量的最终归宿和目的。

一定时期内的价值尺度标准，是一国生产能力和价值计量体系运行的市场体现，它反映着一定时期内一国货币价值的强弱，是各国之间核算商品贸易与货币交换的标准。

当构成着一国货币生产结构中的全部生产要素变量，都以最优状态为社会提供着满足生产需要、生活需要、安全需要、交流需要、尊重需要等不同层次需求的物质与精神产品的条件下，即每个生产者都努力使各自产品价值和社会价值最大化，这将极大地促进市场秩序的稳定与和谐的程度，在这样的情况下，每个消费者都可通过交换获得最大的满足,也意味着,市场经济以最优效果实现了个人幸福并促进社会整体幸福的目的。这也是在目前市场条件下,构建以价值尺度为依据的市场价值监督体系的根本目的。

经济秩序存在于社会的各种制度、政策、规定和人们的行为表现之中,经济过程每天运行在这些形式和秩序范围内,经济秩序的形成与建立反映着一个国家的经济发展历程,它是由一个自发的不规则的逐渐向着规则的合理的完善的状态发展过程,体现着一个发展中国家的经济向着健康、质量更高层次迈进的趋势。从人类第一部《汉穆拉比法典》开始,标志着人类进入了经济秩序社会,在这部法典里,商业内容的法规占据了较大的分量。其中明确了像销售、租赁、易货、贷款、抵押、土地的交易都要按规定签订合同。条文中规定了劳动的交换内容,无论以何种形式雇工,报酬都由法律规定,雇主不能少给一个钱。土地出租的租金由双方同意的合同规定,若遇上天灾粮食歉收,法典规定:佃户可以推迟支付租金。对于销售诈骗、卖假货都被视为对公众的冒犯,被视为犯罪行为。在这部法典的条文中,包括了现代的民商法和劳工法、社会法等丰富的内容,这些都证明着这个民族在商业智慧和理解能力上的杰出水平,它也是人类第一部商业法典,体现了社会的进步和文明,为当时经济的繁荣发展奠定了基础,为其他国家经济秩序的建立提供着历史参考依据。

在中国经济发展历史上,从秦朝时期统一度、量、衡开始的经济秩序的建立,使一国有了标准的度量准则,为人们从事经济交流活动提供了便利的条件,对于以后的商业经济发展都起到了巨大推进作用。人类进入现代社会以后,商品经济在更大范围上得到了充分发展,随着各国商品生产和商品贸易规模的逐渐扩大,全球经济却经常出现失衡的现象,并使一些国家不断出现物价上涨、就业失衡、投资风险增大、收入没有保障等现实经济问题。虽然形成原因来自多方面,既有市场价格机制错配的问题,也有经济理论混乱而没能提供正确市场指导依据的原因。但主要反映的还是市场价值监督体系缺失的问题。

这是人类社会发展到今天,世界各国在实现了物理尺度与单位标准基本统一的基础上,努力构建各国商品(货币)生产、分配、交换的统一尺度标准,从而实现各国之间商品(货币)贸易的公平目标而共同面对的问题,同时,这也是各国在生产、贸易与投资时所需要的基本市场条件。

第十一章

商品贸易与贸易收益

一

贸易与汇率

贸易源于商品的产生与利益需求,这里所说的贸易,是指不同货币地区和国与国之间的商品交换。随着世界经济的不断发展,各种商品、服务贸易与投资活动成为各国发展经济的主要形式,货币作为商品交换媒介和投资的表现形式,它给人类生产、交换和经济往来带来了方便,也促进了商品的生产和经济的发展,各国之间货币与商品的交换也成为国际市场上的主要贸易形式,汇率作为由货币来表现两国商品交换的尺度,它提供着国与国之间相互贸易的标准。

不同货币之间的交换比率,代表着不同国家货币之间进行交换的标准。在此交换标准基础上,一国商品的价格则转换为它国货币的价格形式,或者本国货币转换为它国货币的资产存在形式,这些也都是商品贸易的不同表现形式。

(一) 目前汇率形成和汇率与贸易关系认识上存在的问题

在由供需关系主导的国际市场上,并没有形成一个稳定与公平的市场交换秩序,既存在着价格形成和交换的随意性和偶然性,也存在着市场交换机制的随意性,这使得国际市场商品价格经常处于波动状态。

同样,各国间的汇率也经常出现波动的变化。根据等价交换原则,无论一国的汇率制度是选择完全浮动汇率、管理浮动汇率、还是选择爬行钉住汇率或其他汇率机制,但有一点应是统一的,也就是各国之间货币汇率都应当满足等价交换条件，这是货币兑换的基本原则和前提。现实市场上各国汇率不能满足货币等价交换的原因，一些因素是由汇率形成机制的问题引起的，它表现为目前的浮动汇率与其他汇率形成机制之间存在着缺乏等价对接标准的缺陷（浮动汇率机制只是反映着市场相对变化的状态，而不能反映实际的状况。因为它没有参照标准，也不能消除各种不合理因素的干扰，包括不能消除一些国家货币或商品性货币的垄断性问题）。

浮动汇率机制把由投入与产出决定的代表着一定货币购买力的货币作为"拍卖品"参与市场上的现货交易（它在一定程度上融入了主观和各种不确定性的因素），并把不同交易者在外汇市场上进行投机和讨价还价形成的价格一并作为了商品贸易汇率。这种情况，它会使一国贸易汇率发生不同程度的扭曲，这从事实关系上，也否定了贸易汇率具有的相对稳定性和客观性的属性，这种在没有货币尺度标准约束和在价格错配基础上形成的汇率与贸易，由此产生不等价结果也属于必然之中的了。

在贸易中，由于双方都不能提供货币（商品）交换的价格依据，双方谁也不清楚交换是不是等价的，交换是赔了还是赚了，通过交换得到的商品比原来多了还是少了。这种状况，决定了当前各国在贸易时存在的盲目性和不确定性。由于市场提供的许多贸易数据，也都是基于推测和出于并不严格与正确的计算得出的简单结果，也使得这些数据的参考价值大打折扣。

目前，市场上这种贸易汇率形成机制存在的问题，极大地扭曲了商品贸易（或货币）汇率的本来面目，它也不能反映贸易汇率和实体经济之间存在的联系，这种将贸易汇率与金融汇率本末倒置的混淆做法，也把人们对货币汇率的认识带到了混乱状态之中。以至于各国在汇率问题上各持己见，各自采取似是而非的汇率调整方案与措施，发表着各种各样的汇率见解。

汇率，伴随着贸易而产生，汇率理论也随着货币兑换发展起来，在这一漫长的历史过程中，始终没有哪种汇率理论将人们的观点统一起来。各种货币也始终是在不断地争论和不断探索中相互买卖着。由于理论上没有给出不同货币之间兑换的合理解释，大家对汇率的认识，则只是停留在了货币现象的层面上，并被这种表面现象迷惑着。

同样，对于汇率变化对商品贸易收益而产生的影响作用，经济学家也没能从理论上找出汇率和贸易收益之间存在的内在关系。也就是说，谁也没能确定汇率对贸易的实际影响是怎样的，以及怎么样才能够实现贸易的真实盈利？

因此，在人们从事国际贸易生产和经营过程中，也就增大了生产与经营的盲目性、不确定性、风险性和决策难度。由于正确的贸易理论的缺失，也使我们无法制定出一国贸易行业与企业的合理创收方式和贸易收益目标以及未来发展规划，同样，这也影响着一国经济发展的进程。

客观地讲，对于过去贸易实践中遗留下的各种疑难问题，能有机会探讨分析也是很难得的事情，对此，我们也将深入剖析并解答。

在当今条件下，一国在一年中实现的全部经营收益，其中也包含着通过国际贸易获得的部分，对外贸易是构成一国在一定时期内生产经营活动的重要内容。在一定汇率条件下，一国在经常项目、资本项目的贸易收支状况，反映着一国由贸易产生或带来的物质产品或外汇的真实收益的多少，对外贸易的收支状况，直接影响着一国经济的最终成果。一国在一定时期内实现的贸易收益是在一定贸易价格和汇率基础上并通过贸易收支状况反映出来的，一国的贸易额、贸易价格与汇率这三个变量共同决定着一国商品贸易获取的实际收益。

在贸易市场上，不同货币之间的兑换汇率，它是两国产品相互交换的货币表现形式，反映着不同货币的属性和决定这种属性的投入与产出的效率特征。汇率是一定时期的两国商品与货币交换的尺度和标准，它规定着货币交换的条件，也就是不同货币交换所依据的价值相等条件。汇率虽然可以作为调节贸易收支的工具，但是，汇率的调节却不是中性的。严格地讲，任何方向的汇率超调都会带来收益上的不同转移。

在市场上，每个人都希望自己的劳动产品能够交换更多的其他产品，而不是相反。当他的产品在市场上交换到了更多数量的其他产品时，预示着他的产品在交换中升值了。这时的劳动者是满意的，因为他投入的劳动得到了更多的回报，给他节省了自己生产其他产品时需要增加的劳动投入。同样，当他的产品在市场销售不好的时候，那么劳动者只能以自己较多的产品来换取他人较少的产品，这时他的劳动产品在交换中相对贬值了，实际获得的收入减少了，这会使他为此付出更多的劳动。每个人都希望自己的劳动产品或资产升值，没有人在自己的劳动产品、资产出现贬值时高兴。这些都是普通的贸易常识。

市场的等价交换原则，也是维护双方利益交换的公平原则，它反映着事物平衡和转化的基本规律。事物运动的平衡状态都是等量交换的结果，不平衡的状态一定是存在多与少的不平等交换的原因，不会出现无缘无故的增加或减少。一个人不付出牺牲的话就什么都得不到，为了得到想要的东西，就需要付出同等的代价，这就是等价交换的通俗解释。但真实的商品经济并不是完美的，许多时候并不具备公平交换的客观条件。尽管如此，人们还是需要在这一交换原则下进行生产和交换，因为，等价交换是维持自然界与经济价值守恒的基本价值规律。在这一原则下，我们付出的必会在某些方面得到补偿，我们得到的又必然会付出某些代价作为偿付，以此实现经济的循环运行。

在各国市场上，各国也没有一个完善的与公平的价值计量体系，商品的交换都存在着价格表现上的随意性，这些现象都会从市场上价格的变化中反映出来。客观上，只有在劳动者生产能力、资本使用、生产效率、经济秩序、公平机制相同的理想条件下，即全部实现了均衡相等的生产与交换条件时，才会实现商品与货币的等价交换。

在现实中，由于客观存在的劳动者生产能力的差异与资源配置上的区别，无论采用任何生产与计量分配方式，都无法实现单位劳动报酬与产出在质量和数量上的绝对一致性，也就是说，一般的劳动者提供的产品都只能近似地满足等价交换的条件。

这里以一个劳动的例子来说明：在相同工作时间和同等报酬（如每人均为10个货币的报酬）条件下，A、B、C三个人做同样的工作或生产同样的产品，很可能出现A劳动生产了11个产品，B劳动生产了10个产品，C劳动生产了9个产品。

或是他们三个每人都生产了10个产品，但是，由于A的劳动技术熟练使得产品质量很好，他的产品值11个价值，B的劳动产品质量差一些值10个价值，C的劳动产品质量一般只值9个价值。

在企业的老板那里付出的成本是一样的，每个人都是10个货币。而实际上这三个人创造的财富价值是不同的。劳动者A的投入产出是11个产品或价值/10个货币，单位货币产出是1.1个产品或价值，劳动者B的投入产出是10个产品或价值/10个货币，单位货币产出是1个产品或价值，劳动者C的投入产出是9个产品或价值/10个货币，单位货币产出是0.9个产品或价值。

由于A、B、C三个劳动者消耗的成本是相同的，这些产品在市场上以相同价格出售的情况下，产品本身提供给消费者的效用价值是不相同的，产出多的或质量好的提供的效用价值较高，如劳动者A提供的产品，其产品中包含的劳动量或价值则高于消费者消费的货币中包含的劳动量或价值。消费者就会感到物有所值或便宜。产出少的或质量不好的提供的效用则差一些，如劳动者C提供的产品，其产品中包含的劳动量或价值则低于消费者消费的货币中包含的劳动量或价值。如果这时劳动者B的生产效率与社会效率是一致的，那么，他的劳动产品提供的效用价值或劳动量和消费者消费的货币中包含的劳动量或价值是相等的，表明劳动者B提供的产品与货币的交换是等价的，也表示他的货币效率指数与社会平均货币效率指数是相等的且等于1。劳动者A提供的产品使消费者的购买力提高了，他的货币效率指数大于1，劳动者C提供的产品使消费者的购买力减少了,他的货币效率指数小于1。

以上的例子,反映了一个小范围内的生产劳动的差别,它也是一个地区、国家投入产出水平的局部表现。在不同国家之间,这种劳动与产出之间的差异性则要更大一些,从而形成了不同国家之间不同的财富生产和生活消费水平,使不同国家的货币表现着不同的商品购买能力,同时在各国货币兑换时表现为不同的汇率水平(其中包含着不同货币面值的差异)。在正常情况下,经济发达国家由于生产力水平相对较高,财富生产能力较强,人均收入水平都比较高,当它们的货币面值和工资率与发展中国家相差不大的时候,这些发达国家的汇率水平则会比较高(日本由于货币面值较大,因此,日元相比其他货币汇率较低)。相比之下,一般发展中国家与经济落后国家的生产力水平都是较低的,它们的人均收入水平也比较低,它们的货币币值和汇率水平一般也是较低的。

在当今市场条件下,经济活动遍布每个角落,商品贸易成为每个国家的必不可少的生产方式,各国之间的汇率及变化直接关系着贸易国的收益。如果一国在一定时期内生产与消费比较稳定,物价没有发生明显的波动,这时市场币值也是稳定的,如果相互贸易国家的经济形势也是稳定的,物价也没有大的变化,按理说两国的汇率也就不应该变化,这是由货币购买力决定汇率的基本特征。但在目前浮动汇率的市场上,汇率是每天都在变化的,也就是说,各国的贸易收益都是存在变数的,都不是精确固定的。

而面对浮动汇率的市场机制,如何确保一国贸易的真实收益不受损失,这时,汇率是否满足两国货币等价交换是关键,汇率作为货币交易价格,真实的汇率水平是保障贸易合理收益的前提条件。同时,它也是维护贸易国家生产者和消费者的共同利益,使每个人、企业不会由于贸易和货币兑换而受损失,最终实现贸易预期收益的基本措施。

一国通过贸易实现的收益多少,不仅反映在一国实现的贸易额上,其主要从最终实现的商品(或资源)形态价值的剩余上反映出来。也会从消费者能够用一定数量货币在市场上购买到较多的国外优质产品,以及使一国的消费福利水平实现较大提升等方面表现出来,这也是一国开展贸易的根本目标。

一般均衡汇率,也是指与两国实体经济水平相一致的真实汇率,如此说,均衡汇率则反映着一贸易国家货币的币值与他国货币的币值相等值的比率,也是两国货币购买力实现了等值交换的汇率,也可以说,均衡汇率代表双方货币满足了等价交换的条件。由汇率公式我们知道,两国的均衡汇率是由两国货币效率指数的相对水平决定的,即:

$$货币效率指数 B / 货币效率指数 A = P_A / P_B$$

我们知道，汇率公式反映了决定两国汇率的均衡条件，代表着两国商品实物或服务贸易以单位货币汇率表现的盈亏平衡点（同时还存在着商品贸易的价格平衡点，或称为贸易收益的盈亏平衡点），两国汇率在一定时期内的均衡状态，也反映着两国的生产与交换市场的均衡和稳定状态。

在这一状态下，两国的商品贸易和相互之间的旅游消费都处于等价交换的水平。也只有在汇率均衡等值的基础上，并在两国贸易货币收支均衡（没有顺差与逆差）的情况下，它体现为两国实现的贸易收益也是相互均衡的。从汇率公式反映的汇率均衡条件来分析，处于汇率均衡状态的两国贸易，无论是发达国家还是落后的国家，它们都能从贸易中得到效用补偿，从而弥补各自在某些商品生产方面存在的差距或空缺。落后国家或资源优势国家可能利用资源来换取发达国家的优势产品，以弥补自己国家技术能力的不足，发达国家也借自己的产品优势换取需要的资源产品，贸易双方产品虽然存在着形式上的不同，但在汇率均衡的状态下，当两国贸易收支实现均衡的时候，它们通过贸易各自获得的实际效用或实际价值是相等的，也就是说双方实现了贸易收益的平衡。

（二）市场上汇率的变化与表现特征

在经济发展过程中，没有两个国家货币相对汇率是固定不变的，由于决定一国货币购买力大小的生产力水平和生产条件是不断发生变化的，从而使国家间的汇率不会固定和停留在一个水平之上。因此，各国都应根据本国经济不同阶段的购买力水平和变化，对本国汇率作出合理调整，以使本国经济在贸易中不受损失，并同时促进经济的均衡增长。

对于货币或汇率的升值，如果是由于本国货币购买力的增长而做出的调整，那么，这种汇率的升值调整就是正确的。它反映着一国社会生产效率以及生产能力的提升，体现着一国经济增长和生产方式的改善，也体现着市场商品供应的相对增加。

如果市场上商品在价格下降或价格不变的基础上质量或数量有了增长的变化，也意味着本国货币的升值和货币收益的增加，这是货币升值的市场表现特征。这时的货币或汇率，也应该作出升值的调整，它可使本国货币或商品从国外市场上换回更多一些的产品，也就是一个单位货币可以从国外或地区购买东西或商品比过去增加了。因为这时本国的出口商品和本国市场商品同样也满足了外币现在购买力的水平，也是比过去增加了的购买力水平，这是一个公平与等价的贸易或货币兑换过程。

如果这时货币在兑换中不能够升值,这就会使本币从国外市场获得的商品收益相对减少,而使外币在本国市场上的购买力相对增加,它产生的是一种本国物质利益的损失,这种利益损失,是由于本国货币所放弃的升值收益而产生的。与这时本国货币收益相对减少相对应的则是国外货币收益的同时增加,这种增加是国外消费者从商品进口和来本国消费时的市场上获得的。

一国汇率的表现,还会出现另一种情况,就是一些国家在经济发展初期,由于市场竞争、鼓励出口政策等因素,在伴随出口与就业增长的同时,产生了大量贸易顺差以及经济失衡现象。同时,在国内市场上,市场物价呈现长期增长趋势,社会实际收入水平小于货币收入增长水平,一国的效率提升被货币收入增长抵消了。对一个贸易国家来讲,一国市场上呈现出的物价上升走势,它客观地反映着由国内生产和国际贸易共同形成的市场结果,其中也会包含着汇率低估的因素,无论这种低估有关部门是否清楚,或是偶然的。这种市场结果,它都会使一个贸易出口国的资源产生额外流失的损失,同时也会消减由一国社会生产效率提高而产生的财富收益。

在这种贸易形势下,如果逐步适当的调整与提高本国货币对外的汇率水平,在不影响本国商品对外出口的情况下,则是对一国提供商品价值的能力以及贸易条件的合理调整,它促使的是货币收支与资源收支的相互平衡,维护的是一国的资源收益,从而使贸易收益实现合理增长。

这时,将汇率调整到一个新的合理的均衡状态。即便是通过货币的对外升值可能会在短期内减少一国一部分生产效率水平较低企业的出口规模和生产机会,在正常情况下,它是可以通过提升企业创新能力与生产效率而使出口形势得到扭转的,是可以利用生产手段重新获得商品出口与就业增加目的的。这也是现代经济环境中,相对于企业生存应采取的生产方式和必要措施,它对于企业技术升级和产品的更新将产生促进作用。如果不是采取积极地竞争方式,而把一国的一部分就业机会建立在贸易低价获取的大量货币顺差,舍弃商品贸易的资源获取和改善生活的本质目的,以及长期维持在低效率的简单投入的生产方式上,那么,它也违背了国际分工要求的努力创新、厉行节约的生产与效率原则下的商品贸易和效用最大化的目的。

这种汇率下的贸易是以牺牲出口国利益及资源转移为代价的,也是一种不符合国民利益和贸易目的的交换,这种不平衡的利益交换也是不能持续下去的。现实的商品贸易和社会就业是建立在国际竞争环境的基础之上的,它反映的是一种效率与公平的市场机制。此时的汇率升值,反映着一国贸易出口利益的合理回归，也是汇率向着均衡水平的移动，它是一国汇率随着生产力的提升的市场表现。

一国货币或汇率在国际市场上的贬值，如果是由于本国实际经济偏离均衡状态（指某一基期水平，如出现物价上涨）而对市场上货币汇率作出的调整，则这种调整就是客观、公平与合理的，也会促进商品的出口。但同时也会产生负面的效果，就是每一单位货币从国外或地区换回物品或商品比过去的减少。从客观上讲，任何国家都不愿本国货币贬值，它是一种经济衰退或竞争乏力的市场表现，而出现货币贬值的情况，一般是由一国生产要素条件、生产效率、社会分配等一些因素的不合理变化引起的，这时会表现为一国生产经营成本出现上升，生产效率下降，并会伴随着市场上商品价格增长的现象出现，从而使货币购买力下降。

这种货币购买力的下降，会给前来本国消费的它国消费者带来比过去减少的货币购买力（汇率不调整的情况下）。另外，在物价上涨基础上进行商品贸易，也会使出口产品竞争力下降，还可能会出现贸易的逆差以及产品出口下降和工作机会减少的趋势。因此，这时对一国货币汇率做出对外贬值的调整，使其与实际购买力水平相一致，这种调整则是合理的，同样，这也会提高产品在国际市场上的竞争力，改善贸易收支状况和增加就业机会，在短时期内，这种调整措施有时候是必要的，因为，它可以迅速改善当前贸易形势，对于一些商品出口的促进作用是显著的，但这种作用只是暂时的（因为别的国家也会采取贬值手段）。那么，在长期中，则就需要通过提升生产效率与创新技术或调整产品结构来促进产品出口和就业机会的增长，因为这些方式是不容易效仿的，也是最能够形成市场竞争力的。

合理与准确的汇率调整并不影响一国市场物价和贸易的平衡，也不会使国内的资源产生新的流失，它首先维护的是国内生产者的利益，同时也维护了国外消费者的利益，这种汇率贬值的调整，只是反映着出口企业资源使用的低效率与较高的生产成本以及市场物价形势，这时的低效率只影响着生产成本，是一种回归均衡过程的调整。

我们知道，汇率的调整是有边界的，如果汇率贬值低于实际的均衡汇率水平的话，它直接产生的是使贸易商品或资源流失的损失，伤害的是一国整体经济及消费者的实际利益。同时它还会面临汇率倾销的不正当竞争的国际制裁或干预，实质是一种错误的贸易经营策略，也是得不偿失的商品贸易。

在经济发展中，由于各国存在的不同发展水平与资源条件上的差距，因而在贸易市场上，始终存在着高端技术产品与资源产品的市场垄断和一般低端产品的市场竞争的两种局面。这种两极产品之间的不对等贸易形势，必然会产生一种不等价的和不公平的贸易竞争特征。由于这些原因，使得在贸易市场上，始终存在着一般性商品的价格竞争，也存在着稀有性商品的价格的垄断现象，伴随着出现的就是贸易收支的失衡现象。

在目前汇率浮动的市场上，同样也存在着双边汇率失衡现象。它一方面表现为部分发达或资源优势国家的强势汇率特征，另一方面则表现为一些发展中国家的弱势汇率特征。这种两级现象，都是脱离了本国客观汇率水平并处于失衡状态的市场表现，它们有的是从利益角度不愿改变目前的状态，有的是从经济认知层面出发而采取的汇率策略，而无论哪一种情况，它们都没能对自己所做出的选择给以理论上的解释，接下来，我们将具体分析汇率在不均衡状态下的利弊关系。

对于一些实力雄厚的发达国家，它们利用自己在国际上的地位优势，为获取世界范围的更多财富的目的，更愿意长期追求和保持一种超出均衡汇率水平的强势货币效应，即币值高于实际水平，以通过在国际市场上的商品或资源贸易获得更多的收益。原则上，任何国家都应该根据本国的实际货币价值水平或贸易收支来调整汇率水平，但一些发达国家更多的是出于实际利益和政治因素的考虑，并不愿做出对自己不利的实际应该做的事情。因为它们切身感受到强势货币给它们带来的利益要大于损失，也不愿放弃工作一天就可以从国际市场换回在国内需要工作好几天才能够获取的真实财富，这种没有代价的享受他人提供的无偿服务的待遇，使他们乐此不疲。有时甚至觉得由此产生的国内失业也是值得的，但有时也会从增加就业的角度主动降低汇率水平，或者要求它国提升汇率水平（如果当降至低于均衡汇率某一限度，并在贸易额度较大的情况下，则会使国民利益在贸易中受到伤害）。

如果只从贸易收益上考虑，在不影响出口的前提下，维持高汇率对于出口国来讲是非常划算的事情，它直接产生的是物质资源或产品的额外剩余，而这正是每一个经济体想通过相互贸易或生产投入最终得到的结果，它直接提升的是国民的真实福利或实际收入。

在正常情况下，为了维持高汇率以及低失业率需要付出的代价则是生产的高效率、产品不断创新以及人力资本和物质资本的持续投入。由商品价格方程式：

$$商品价值 = 货币效率指数(币值) \times 商品价格$$

可以看出，在出口商品价格不变的时候，在一个较高的汇率水平下（币值较高），则可以获得比正常汇率下更多的商品价值的进口。一个较高的汇率水平，一般情况下，都是以商品价值（以产品质量、技术、功能、品牌、稀缺性、资源价值等价值要素优势为基础的）的增长或垄断或低成本作为支撑的，这是由高汇率垄断获取超额利益的基础条件。

另外，在某些历史时期，一些高汇率国家是利用它们在国际上的地位优势或垄断优势来维持高汇率水平，这时，它还不需要过多的产品创新或要素投入就能获得这一丰厚回报。但是，在当今的汇率竞争市场环境下，任何国家要想在高于均衡汇率水平之上来实现贸易收支的均衡都是有困难的，比如像美国、英国、欧元区、澳洲等国家，虽然它们不乏众多的优秀公司或一些贸易产品始终保持着平衡或顺差状态（这些公司的货币效率水平较高，有的依靠的是技术、质量、品牌，有的则是依靠的资源，如农业资源、石油资源、矿业资源等），但是，这些国家的大多数贸易企业并不具备超出均衡汇率的技术与效率水平，因此，也就使得其中一些国家在各自汇率水平上形成的贸易收支，总体上还是表现为一定的逆差，或在市场需求旺盛时出现一时的顺差。

从以上情况来讲，并不能说这些国家的贸易商品不具备市场竞争力，而只是反映了它们在一些领域的生产力与它们的汇率水平还存在着一些差距。尽管如此，在贸易历史上，还是有像德国、日本等其他一些国家的厂商，在国际贸易中以较高汇率或在汇率不断升值的情况下，而实现了贸易均衡和一定的顺差目标，其共同特征表现为，它们的贸易厂商都是依靠高质量产品和比较优势的货币效率条件实现的。

另外，强势货币的好处还在于，当一国币值在高于正常水平下的时候，它使得一国一定数量的资本对外投资比在币值正常情况下获得更多资产的购买力或更多的资产投资股份，从而获得更多比例的投资收益，这对于任何投资者和它的国家来说都是有利的。

但在现实中，也确有不少的国家，为了追求贸易平衡或贸易顺差，它们有的选择的是降低汇率的贸易方式，也就是采取低于均衡汇率的竞争手段，即使本国币值低于国内实际水平，以此来推动贸易商品的出口增长。在这时候，如果一国的贸易商品，在技术含量、利润与价格都较低，并且汇率也在低于均衡汇率水平的条件下，这时的商品贸易，就会产生使本国资源（自然资源和劳动耗费）额外流失的现象，得到的只是已经缩水的贸易顺差或外汇储备，或者是换回了不等价的贸易商品。

通过这种贸易方式积累起的外汇储备，伴随的则是财富资源的悄悄地转移或消费者利益的无形让渡，它造成国内市场的资源的损失，甚至还会引起一国在一定时期内的物价上涨现象。虽然低汇率的竞争方式存在这些不利因素，但这却是一种能让人偷懒的、简单的、省力的贸易方式（是以利益牺牲为代价）。在这样的汇率条件下,外贸公司出口的越多,本国利益相对于进口国利益的不等价程度越大,以至于本国获得的真实利益要小于一国出口投入的资源成本,而出口数量或进入本国购物的外国消费者越多,本国对外的利益补贴也越多。因此说,在市场产品没有较高利润或价格支持下的低汇率竞争,其结果是以一国国民的消费利益和资源的减少为代价的。这种贸易方式,是一种弊大于利的商品贸易,它反映的是一种无奈之下的或逃避竞争的贸易现象。

客观上,在汇率低于一国均衡汇率的基础上,如果贸易商再以商品价格低于商品均衡价格出售的话,那么,就会由于汇率与价格同时降低的原因,从而使一国贸易商品中包含的一部分要素资源作为礼物免费送出了。

在贸易市场上,一国汇率的变化会给不同贸易对象带来不同的收益变化,对此,我们需要认清一些变化的内在原因,而不能被某些现象所迷惑。例如,当一国货币或汇率出现贬值的时候,一般出口企业在国内都会表现出所谓增加的货币兑换"利润",这种兑换"利润"的出现,实际上是由一国外汇银行为出口企业垫付了效率损失成本所致(汇率贬值意味着一国生产效率降低),并不是由货币贬值而带来的"盈余"(在世上,任何事物贬值都只能带来损失,不会带来盈余或利润)。而由一国外汇银行垫付的这种损失成本(也是贬值国的损失),当在本国进口商品时,它则转嫁给进口贸易企业以及本国市场上的大众消费者,它表现为进口企业换汇时所增加的进口货币成本,这部分增加的货币成本,它将转换为国外出口商的新增利润,并在本国进口商品时转移至国外,最终成为国外出口商的新增收益(货币升值必然会带来收益增长)。这一垫付成本在进口国市场上,它就又转换为进口资源或商品价格的增长形式,在市场上最后由消费者买单了。对此,如果从货币相对升值的贸易国角度来分析,情形则正好相反。

总之,一国货币对外贬值效应,在本国市场,从货币层面上,它总体形成的是市场零和游戏的效果,改变的是本国市场上财富的重新分配,在国际贸易市场上,它表现为贬值国财富向升值国的财富转移。

由以上分析可知,对于偏离均衡状态的低价产品与低汇率的商品贸易,一国为此付出的代价,是劳动者实际收入的减少或者资源流失的损失。它们在促进着贸易的货币顺差增长的同时,也在延迟着一国国民实际幸福指数与生活水平的提升速度。同时,当一国币值在低于正常水平下的时候,它也使得一国一定数量的资本对外投资比在币值正常情况下获得减少的资产的购买力或减少的资产投资股份,从而减少了资产投资总量或股权比例和未来的股权收益。

虽然在一些情况下,一些发达国家也通过汇率贬值的方式来提升商品出口的竞争力,实际上,它们的汇率水平一般还没有降低至低于均衡汇率或实际汇率的水平，它们减少的只是收益水平，并没有降至使本国资源出现净损失的程度。

在市场上，任何人将自己的物品贱卖出去，产生的都只能是由于收益减少而带来的损失，不会产生更多的或增加的利润剩余。每一个商人无不愿意在价格增长时销售商品，而不是相反，即便是价格降低可以带来更多的销售量，那也不是商人的本来意愿，因为在有的时候，它并不能带来最终受益的增加，这种结果，在国际贸易中也是如此。

但在国际市场上，每一贸易商面临的变数还要复杂一些，他们要面对商品价格和汇率价格两种价格的变化，在汇率影响下，有时以货币形式反映的贸易利润与实际收益是相脱离的，也就是说，一国商品贸易由货币表现的利润就不一定能如实反映实际收益的变化，在一定情况下，还可能会表现为一国资源的净流出。实际上，这一现象的背后，反映的是汇率对于一国贸易收益的影响作用，同时也反映着两国汇率是否均衡的问题。

我们知道，一国相对于另一国的货币汇率，它们也是两国生产指标的比较变量，即便在一定情况下需要保持或调整至某一水平状态，作为贸易管理部门与贸易生产企业，也需要清楚汇率与两国贸易收益之间存在的内在联系，以及为了避免利益损失而应采取的调整措施。那么，汇率变化对于贸易收益将带来怎样的变化和应当采取怎样的调整措施？我们将在下面章节中，给出具体和详细的理论解答。

二
贸易理论模型——商品贸易方程式

我们知道，汇率是两国相互贸易的主要贸易条件，也是两国货币或以货币表现商品价格时相互交换的尺度标准，它代表着两国货币和商品等价交换时的单位价格之间兑换的标准比率（在准确核算的条件下）。这里，我们通过生产函数和汇率公式把贸易商品联系起来，一起分析汇率作为贸易条件与商品贸易之间存在的内在关系。下面，是两国汇率公式和一定数量的同一商品由不同货币来表达的生产函数等式：

汇率公式：

货币效率指数 B(货币价值指数 B)/货币效率指数 A(货币价值指数 A) = P_A/P_B

生产函数：

$$V = 货币效率指数\,A(币值) \times 价格\,A \times Q$$
$$= 货币效率指数\,B(币值) \times 价格\,B \times Q$$
$$= 商品价值 \times Q$$

这一生产函数等式，反映着在不同币值条件下，一定数量贸易商品和两国价格或贸易额之间的等价关系。在此等式中，V——反映着两国相互贸易实现的商品价值总量（等式描述着一方为出口（如 A 方），另一方为进口（如 B 方）的贸易过程，等式也是商品的等价值交换形式），式中也反映着双方的贸易额，货币效率指数 A 与货币效率指数 B 分别代表着两国的币值，价格 A 与价格 B 分别代表贸易商品在交货地点的由两国货币表示的商品价格，Q——代表着贸易商品的实物数量，（价格 A × Q）与（价格 B × Q）分别为用两国货币表示的贸易额。

接下来，当我们用一国的币值（货币效率指数 A 或者货币效率指数 B）对以上生产函数等式进行约分时，这样，就会把生产函数的价值形式的等量关系转换成了与之对应的价格形式的等式关系，也就是把币值与价格之间的等式关系转换成了汇率与价格之间的等式关系（这里，我们用货币效率指数 B 对以上等式进行约分），这时，对于约分后的函数等式符号我们用 Vtr 表示，（函数符号 Vtr 中的 tr 为贸易（trade）单词的前两个字母，它表示以 Vtr 作为商品贸易函数的函数符号），由此我们得出以下的关系等式：

$$Vtr = 货币效率指数\,A/货币效率指数\,B \times 价格\,A \times Q$$
$$= P_B/P_A \times 价格\,A \times Q = 价格\,B \times Q = 商品价值 \times Q/货币效率指数\,B$$

由商品价格方程式可知：商品价值 × Q/货币效率指数 B = 价格 B × Q，容易看出，以上等式中的（商品价值 × Q/货币效率指数 B）和（价格 B × Q）是互为相等的关系，因此，我们把（商品价值 × Q/货币效率指数 B）这一项，从等式中舍去不予显示，这样，我们得到下面的函数等式：

$$Vtr = (货币效率指数\,A/货币效率指数\,B) \times 价格\,A \times Q$$
$$= P_B/P_A \times 价格\,A \times Q = 价格\,B \times Q$$

这一等式，是由两国的生产效率指数（币值）汇率和价格变量构成的等式，它反映着一国在一定汇率条件下，一定实物单位数量和价格表示的贸易商品向外币价格转换的数量关系，也反映着一国的贸易商品供给与他国货币需求之间的等价交换关系，也是反映汇率与两国价格之间关系的表达式。具体地说，它是一国当出口商品或进口商品时，在不同汇率条件下，一国贸易价格或贸易额转换为他国价格或贸易额的关系等式，我们称之为贸易方程式，它为两国的商品贸易提供了理论模型。

(一) 贸易方程式的基本结构

这一贸易方程式,包含着汇率和价格之间的关系结构,反映着一国商品价格通过汇率向不同货币转换的等价关系,也反映着一般商品贸易的汇率与价格和价值之间相互影响的内在变化规律。

在贸易方程式中,Q——贸易商品以实物计量单位表示的数量。P_B/P_A——两国汇率比率,货币效率指数 A/货币效率指数 B——两国币值的比率,是两国汇率(P_B/P_A)变化的决定变量,在等式中,它们按照汇率公式始终保持着对应变化关系,即:

$$货币效率指数\ A/货币效率指数\ B = P_B/P_A$$

当货币效率指数 A/货币效率指数 B = P_B/P_A = 1 时,表示两国币值相等时的货币为一比一的兑换比率,这时,从等式也可看出国内外价格是相等的,这时的贸易方程式变为了一国内的生产函数。(价格 A)与(价格 B)分别为用出口或进口国与进口或出口国货币表示的商品价格。货币效率指数 A 与货币效率指数 B 分别代表着出口或进口国与进口或出口国的币值指数或币值大小,也反映着一国的平均货币效率水平。

(二) 贸易方程式的基本性质

(1) 作为贸易方程式(Vtr),它是建立在生产函数(V)之上的,在它们之间,存在着如下关系:Vtr = V/货币效率指数。同样,贸易方程式也是以价值为基础的交换等式。

(2) 一国币值或汇率的升值,在升值国货币价格或贸易额不变的情况下,会形成他国价格或贸易额的增加,伴随的是给升值国带来商品或资源收益的增加,而与此对应的贸易国则发生相反的变化。

(3) 一国币值或汇率的贬值,在贬值国货币价格或贸易额不变的情况下,会形成他国价格或贸易额的减少,伴随的是给贬值国带来商品或资源收益的减少,而与此对应的贸易国则发生相反的变化。

(4) 一国币值或汇率稳定的情况下,一国贸易商品出现的价格或贸易额的增减变化,与一国商品贸易实现的贸易收益成正比例。

(5) 汇率与价格决定和影响着实物单位商品贸易量的价格变量,它们共同决定着贸易商品交换的价值量，它们是决定贸易商品实际价值的必要贸易条件。也就是说，一个商品在本国市场上，只需表现本国的货币价格，在贸易出口时，它需要表现两个价格（统一货币区除外，如欧元区），一个是本国货币价格，一个是汇率折算价格，这两个价格则共同决定着商品价值的交换（汇率与价格调节或共同约束的是商品的价值，也改变着一定贸易商品的外币贸易额）。

（6）在出口需求增长的情况下，如果出口国币值或汇率与本国商品价格或贸易额出现同时增长的现象，它给出口国带来的是叠加的增长收益，由此给进口国带来的则是与此相对应增长的成本支出。那么，在出口需求减少的情况下，如果出口国币值或汇率与本国商品价格或贸易额同时出现下降的现象，它给出口国带来的是叠加的减少的收益，由此给进口国带来的则是与此相对应减少的成本支出。

（7）在商品供求均衡以及汇率与两国购买力吻合条件下，两国贸易商品的价格或贸易额和价值的贸易之间是相符的，而此时的汇率、价格或供求关系各自的独立变化，都会改变它们之间的平衡关系，并使贸易价格或贸易额与贸易应得收益之间出现不平等现象。

由贸易方程式可知，在商品贸易中，汇率与价格直接影响着外币表示的价格或贸易额，并间接约束或表现着贸易商品的自身价值量。虽然双方贸易的商品形态的实物量既不会无故减少也不会无故增加，但贸易价格或汇率的变化却会使贸易商品的自身价值被放大或缩小，并以外币价格形式表现出来，从而改变贸易商品的最终收益，这是我们大家必须清楚的。

等式还表明，在双方均衡汇率与价格的基础上进行的商品贸易都是等价的。当两国各自在实现贸易货币收支平衡的情况下，通过贸易实现的资源利益和效用价值也是平衡的，是一种实现了货币形态和资源形态统一形式下的贸易平衡，这种贸易会同时促进两国市场的稳定与繁荣。

由贸易方程式，也容易看出，汇率作为两国货币等价交换的比率，它是决定两国贸易的充分必要条件。汇率作为贸易方程式的构成变量，它也是两国平均货币效率的相对变量，它以汇率形式调节着两国的相互贸易，促使双方的贸易保持等价与均衡的状态，这种效率传导形式的等式，确定了汇率作为构成贸易均衡条件和贸易均衡等式构成变量的价值内涵。因此，汇率是商品贸易的内部变量而非外部变量，汇率以间接形式反映并调节着商品价值或贸易数量，价格则以直接形式反映并调节着商品价值或数量。汇率与价格都是构成商品贸易的充分必要条件和计量变量，它们都是决定着贸易商品价值或贸易收益平衡的必要变量。

由贸易方程式表明，汇率作为贸易条件，它的变化，直接影响着商品贸易的收益。因此，一个均衡与准确的汇率标准，维护着贸易双方的公平利益，同时也会促进贸易国的经济发展。但不均衡的汇率或不等价的汇率，即便是在贸易收支平衡的情况下，也会给贸易国双方带来不相等的物质性财富利益，即存在一方向另一方转移利益，表现为资源收支的不平衡，使一国在贸易中资源出现盈余（不专指物质资源形式，还包含劳动资源），而另一国资源则会出现减少。

在过去经济书中所指的"贸易条件指数 TOT"，只是一种模糊的比较变量，没有和商品贸易构成因果形式的联系，因而它也就不能作为直接的贸易条件变量来对贸易的各个环节进行调控，也不能作为实际贸易的操作变量，而只能作为贸易的参考变量。这使得所谓"贸易条件"不能成为有用的贸易参数。这一贸易参数，也只是反映着相对贸易国家的产品水平的变化趋势，只能作为两国产品相对变化的观测指标，对贸易并不能形成实际指导意义。

三

汇率变化对贸易收益的影响与量化分析

在贸易市场上，一国的汇率与商品价格之间的相互作用关系，反映在贸易方程式中，它们一般会有这样几种变化特点：（1）各自独立的变化；（2）两者相反的变化；（3）两者表现出相同方向的变化。

无论怎样变化，它们显示的，都是向着市场供给或收益最大的方向的调整。例如，在供求平衡情况下，当美元指数或汇率升高时，对于用美元标价的国际石油、黄金等贵金属商品的一些供应厂商，为了不使销量减少或其他货币购买的价格不变，它们则会降低这些商品的价格，这时市场上就会表现出美元指数和价格之间的反向变化。

而当市场需求较强时，美元指数与汇率出现升高，一些供应厂商为了追求更大的利益，这时并不会降低商品的价格，这样就会引起其他货币投资的价格上涨。有时，甚至还会出现美元标价商品的价格的同步上涨。而当市场需求较弱时，其价格变化则相反。

一些大宗商品，如石油、矿石、黄金产品，在市场需求出现增长和美元汇率升值时，这些商品用美元标示的价格，也出现增长的情况，这些现象，反映着卖方在追求更大的贸易收益。在这种情况下的贸易，就会出现额外支付或利益的转移，汇率升值国由此可获取更多的贸易收益，而由汇率相对贬值引起的货币支付或损失就会增加。

第十一章　商品贸易与贸易收益　·283·

下面，我们利用贸易方程式来定量分析，汇率变化对贸易收益产生的影响作用。由以上分析中，我们知道，在偏离均衡的强势汇率和弱势汇率的情况下，都会产生不同的利益转移现象（不等价交换的现象），这里，我们结合贸易方程式来分析由汇率变化给两国带来的贸易收益转移和相互变化，贸易方程式如下：

$$Vtr = 货币效率指数 A / 货币效率指数 B \times 价格 A \times Q$$
$$= P_B / P_A \times 价格 A \times Q = 价格 B \times Q$$

在均衡（等价）贸易情况下，等式中的汇率与商品价格及其他变量都处于均衡的状态，这时候，公式中各变量我们可表示为：货币效率指数 A（均衡），价格 A（均衡），P_A（均衡），货币效率指数 B（均衡），价格 B（均衡），P_B（均衡），Q—代表出口商品数量。

作者注

A 国贸易额（均衡）= 价格 A（均衡）× Q，B 国贸易额（均衡）= Vtr（均衡）= 价格 B（均衡）× Q

当一个拥有产品与资源优势的国家 A 国，为了追求更大的贸易利益，它把汇率调整到超出均衡水平的强势汇率的水平，即将汇率 P_A（均衡）升高至 P_A（升值）水平，这时 P_A（升值）数值对外显示变小（对外升值），货币效率指数 A（均衡）也提高至货币效率指数 A（提高）的水平。

由贸易方程式可知，A 国作为出口国时，由于其货币汇率的升值（即由于货币效率指数 A 提高，使得（货币效率指数 A × 价格 A × Q）出现增长），容易看出，它意味着出口国商品的价值增加（实际出口数量没有变化），这时会使等式："$P_B / P_A \times 价格 A \times Q = 价格 B \times Q$" 出现增长的变化。

如果出口商品的外币贸易额在升值前表示为 Vtr（均衡），升值后为 Vtr（升值），那么，这时则会有：

$$Vtr(升值) > Vtr(均衡)$$

它表示为：出口国的汇率升值，一是使进口国货币表示的每一商品的价格升高（价格 B），二是使进口国货币表示的贸易额（价格 B × Q）出现增长。

这时出口国货币贸易额虽然不会变化，但进口国货币支出量却增加了。这种不同的变化，会给出口国带来由于汇率升高而增加的一定数量的国外货币表示的收益（它是外部资源收益的货币表现），这些增加的收益变化，用贸易方程式计算时，可表示为：

$$\text{Vtr A(增加)} = \text{Vtr A(升值)} - \text{Vtr A(均衡)}$$
$$= P_B(均衡)(1/P_A(升值) - 1/P_A(均衡)) \times 价格 A(均衡) \times Q$$

作者注

将各变量代入贸易方程式即得，这里是以出口国的贸易额与汇率结构表示的

由此等式得出的数值，它代表的是进口国货币的增加量或新增贸易量，也是出口国的新增外币收益，接下来，我们把这些外币收益折算为等量的出口国的商品，它代表着出口国在换取同等数量外币时由于升值节省下的真实财富，如此，我们对于汇率作为贸易条件的理解或认识，将有一个深刻的印象。

客观上，在两个相互贸易的国家之间，一国的汇率升值或贬值会引起许多因果关系变量的变化，例如，在一国出口量（实物单位）或出口额不变的情况下，出口国汇率升值率（或贬值率）＝进口国贸易额增长率（或降低率）＝出口商品数量相对增长率（或降低率）＝出口国增加的收益率（或减少的收益率）。这些等量变化关系和产生的影响作用，一般是不容易察觉的，而它们作为因果变量又都是客观存在着的，我们由一个变量的变化率，就可知道有关变量发生的变化。

由以上分析可知，在以上条件下，出口国由汇率升高而增加的外币收益率（或商品收益率），则为：

$$增加的货币收益率 = 新增收益（新增外币贸易量）/原外币贸易量$$
$$= \text{Vtr A(增加)}/\text{Vtr A(均衡)}$$
$$= P_B(均衡)(1/P_A(升值) - 1/P_A(均衡)) \times 价格 A(均衡)$$
$$\times Q/P_B(均衡)/P_A(均衡) \times 价格 A(均衡) \times Q$$
$$= P_A(均衡)/P_A(升值) - 1$$

那么，在这一强势贸易汇率之上，相对于均衡汇率时所增加的商品收益量（实物数量单位），由算术等式计算的话，可表示为：

$$新增商品收益 = 增加的货币收益率 \times 商品贸易数量 Q$$
$$= 增加的收益率 \times Q = (P_A(均衡)/P_A(升值) - 1) \times Q$$

以上，我们在出口商品或出口额不变的情况下，首先，我们用进口国贸易额的增加，说明了出口国由汇率升值而产生的外币收益；接下来，我们又用新增的商品收益来反映出口国由汇率升值带来的实物收益，这种增加的实物收益，在价值上，也等于当进口国（B国）向A国出口同等贸易额的商品时多支付的实物价值。由以上分析得出的收益等式，将成为我们后面分析时的理论工具，也会使

我们的分析结果更为精确。

对于以上由汇率升高（币值升值）产生的增加的贸易收益，也可通过下面的汇率公式与贸易方程式的函数图形反映出来（见图 11-1 和图 11-2）：

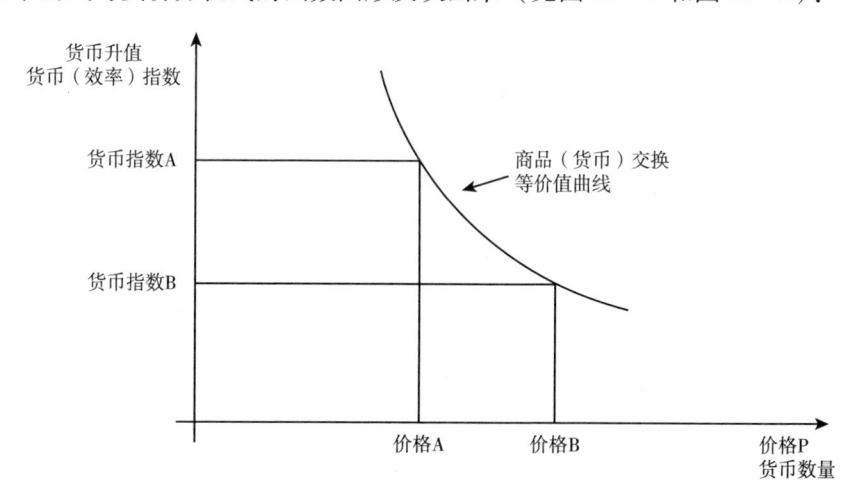

图 11-1 两国货币汇率变化曲线

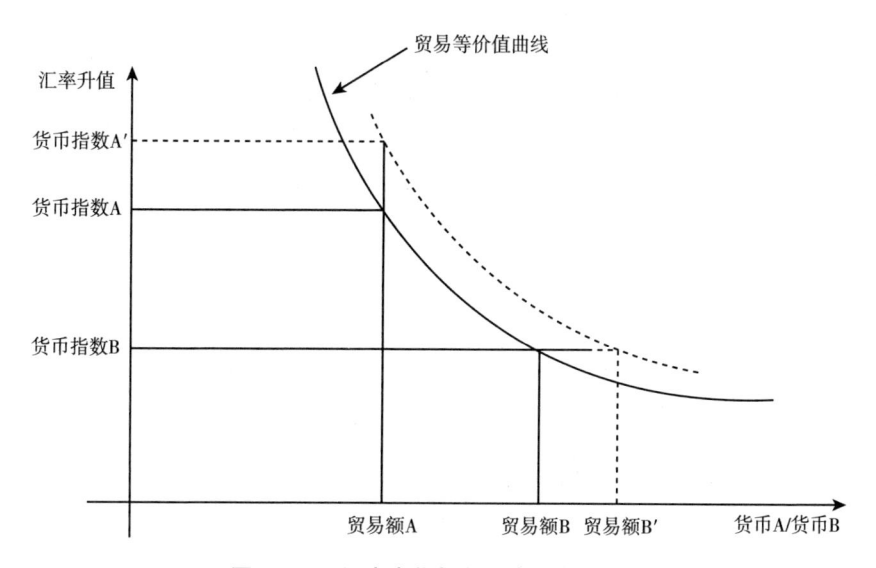

图 11-2 汇率变化与贸易收益变化曲线

贸易收益变化曲线描述着一国一个贸易企业的贸易方程式的运行轨迹（它也是两国生产函数之间的交换曲线），它反映着一个企业、国家的商品贸易，当

两国汇率变化时而引起的收益变化。由贸易方程式:

$$Vtr = 货币效率指数 A / 货币效率指数 B \times 价格 A \times Q$$
$$= P_B/P_A \times 价格 A \times Q = 价格 B \times Q$$

我们知道,货币效率指数 A 与货币效率指数 B 分别是和 P_A 与 P_B 在汇率公式中存在着因果关系的变量。在以 A 国为出口国的情况下,当 A 国汇率出现升值时,在汇率变化曲线上表现为横轴上(价格 A)向左的移动,其数值变小。同时意味着 A 国币值升值,即表现为纵轴上的货币指数 A 向上的移动,其数值变大。

这时,这一汇率升值变化,反映在贸易收益曲线上(见图 11-2),则表现为纵轴上的货币指数 A 向上移动至货币指数 A′,从图 11-2 中可以看出,即便 A 国贸易额 A 不发生变化,这时出口国的商品出口价值则也发生了增长的变化,它表现为,图中由货币指数 A 与贸易额 A 组成的矩形增长至以货币指数 A′为高的虚线位置,商品等价值曲线也向外扩展至虚线的位置,它表明出口国商品价值的增加。这种由价值增加产生的收益则会以进口国资源或贸易价格增加表现出来。根据等价值交换的贸易原则,由于出口国商品价值的增加,在进口国币值没有变化的情况下,也就是 B 国货币指数 B 没有变化的时候,进口国进口这些增加了价值的商品,就需要多支付一定数量的货币,也就是增加的贸易额。

从图 11-2 中横轴上可以看出来,这时进口国支付的价格从贸易额 B 向右移动至贸易额 B′的虚线位置,表示进口国货币价格的增加,其增加额为:(贸易额 B′- 贸易额 B),它表示着进口国由于进口出口国增加的商品价值而多支付的货币成本,它多支付的实际资源则为虚线增加的矩形面积部分,这一面积表示为:

$$(贸易额 B' - 贸易额 B) \times 货币指数 B$$

对于以上由 A 国汇率升值而增加的以收益等式和矩形面积两种形式表示的资源收益,它们在数量上应当是相等的,即:

$$Q \times (P_A(均衡)/P_A(升值) - 1) = (贸易额 B' - 贸易额 B) \times 货币指数 B$$

它表示 A 国增加的收益等于 B 国的增加的支出,也就是一国收益的增加等于另一国利益的减少。

以上函数图形描述的就是汇率变化对于贸易收益产生收益影响的关系原理,它反映的是贸易方程式的运动轨迹。这里借助于图形对函数进行表述,主要是为了更好地通过汇率和贸易方程式的函数关系来揭示汇率变化对贸易收益产生影响的内在关系,使人们能够从本质上认识商品交换的存在的客观规律。

通过以上分析可知，伴随着出口国货币或汇率的升值，出口国从国际市场获得了资源增加的收益。这表明，在进口国贸易额没有发生变化的情况下，出口国可以用比汇率升值前少一些的商品换回等量的外汇，因此，一般情况下，强势汇率国家通过贸易获得的是在相同贸易额下的本国更多的福利增加。

那么，在贸易时，如果A国采取汇率贬值的方式进行贸易的时候，由贸易方程式可知，出口国汇率，这时从P_A（均衡）下降至P_A（贬值）水平，这时P_A数值对外显示增大（贬值），意味着货币效率指数A（均衡）从均衡水平下降至一个效率较低的货币效率指数A（降低）水平。这时A国作为出口国，商品贸易额（价格A×Q）如果没有发生变化，以及进口国币值没有发生变化，即进口国货币效率指数B（均衡）没有变化时，那么，由进口国货币表示的贸易额（价格B×Q）则会降低，如果两国贸易商品的品种、数量也没有改变，这时候，出口国的贸易额虽然没有变化，但进口国的货币支出则减少了。这时的贸易，将会给出口国带来由于汇率降低而产生的一定数量的国外货币收益的减少或损失，并表示为：

$$P_B(均衡)(1/P_A(均衡) - 1/P_A(贬值)) \times 价格 A \times Q$$

同时给出口国带来用出口商品表示的数量减少的收益：

$$[P_A(贬值)/P_A(均衡) - 1] \times Q$$

由此可知，在出口国汇率贬值条件下，当进口国的贸易额没有改变时，出口国则需以比汇率降低前出口较多的商品或资源才能够换回与原来相等数量的外汇。也等于说，进口国使用同样多的货币数量就可换回由于出口国汇率降低而比过去较多的商品或资源，从而在商品进口中得到更多的贸易利益。

一个国家在国际市场上，它可以通过降低汇率或商品价格而轻松地实现外汇数量或商品出口的增加，并可在短时期内实现贸易的顺差，但是，它为此付出的代价是一国的资源流失和一国的福利损失。

【例11-1】一个国家的货币与美元货币在某一时期内的均衡汇率为6.1240∶1。如果这一国家的货币相对美元出现贬值，双方的汇率变为6.1253∶1。那么，由以上分析可知，当这个国家向美国出口商品的价格和数量（如Q=10000）在不变的情况下，这个国家由于汇率贬值而产生的减少的贸易收益，用以上等式可表示为：

$$(P_A(贬值)/P_A(均衡) - 1) \times Q = (6.1253/6.1240 - 1) \times 10000$$
$$= 2.12(个)产品$$

这一结果表明，在出口产品价格和实物数量不变情况下，当汇率贬值幅度为[(6.1253 - 6.1240)/6.1253 = 0.021%]的时候，如果要实现与原来一样的外汇收入的话，这时就需要给进口国比原来多送出2.12个产品，即实际出口10002.12个产品。与此相对应，进口国在此次相对升值的贸易中，就会得到2.12个产品的增加的贸易收益。

相反，当出口国汇率相对美元在升值相同幅度的情况下[(6.1240 - 6.1227)/6.1240 = 0.021%]，这时，出口国在向美国出口的贸易额和出口产品数量（Q = 10000）不变的情况下，这个国家由于汇率升值而产生的增加的贸易收益，由以上等式可表示为：

$$[P_A(均衡)/P_A(升值) - 1] \times Q = (6.1240/6.1227 - 1) \times 10000$$
$$= 2.12(个)产品$$

由此可以看出，在贸易出口额与数量不变的情况下，一国汇率升值或贬值的同时，它会给出口国或进口国带来增加或减少数量上相同但变化相反的贸易收益。同时表明，汇率并不是调节贸易收支的中性工具。

由以上分析，很容易看出，汇率变化会给一国商品贸易收益带来不同程度的影响，这里，我们将利用贸易方程式进行具体演示分析。如在2014年6月以后，由于俄罗斯卢布贬值和国际石油价格下降，给俄罗斯石油出口带来的经济损失，下面，我们只作某一期间内的数据分析。

【例11-2】根据市场公布的数据，2014年前8个月，俄罗斯的石油出口日平均为420万桶。下面，我们以2014年9月1日和11月3日这两天的市场经济数据为计算与分析依据，看一看这两天之内的石油损失变化情况，这些经济数据如下：

9月1日：美元指数 = 82.75，卢布兑美元汇率：1卢布 = 0.0268美元，或：1美元 = 37.31卢布，石油国际价格：95.96美元/桶（3580卢布/桶），石油出口日平均为420万桶。

11月3日：美元指数 = 87.14，卢布兑美元汇率：1卢布 = 0.02321美元，或：1美元 = 43.08卢布，石油国际价格：80.54美元/桶。

贸易方程式如下：

$$V_{tr} = 货币效率指数A/货币效率指数B \times 价格A \times Q$$
$$= P_B/P_A \times 价格A \times Q = 价格B \times Q$$

这时，如果："价格A"代表由卢布表示的石油价格，"价格B"代表由美元表示的石油价格，P_B/P_A则代表美元兑卢布的汇率，Q表示俄罗斯每天出口的石油数量（420万桶），那么，在11月3日的石油出口量，与9月1日的相同出口量相比，俄罗斯的石油出口损失分为两部分：一是由石油价格下降直接产生的收益损失，二是由卢布汇率贬值间接产生的收益损失。

（1）由石油价格下降直接产生的收益损失。

这一损失，直接表现为贸易收益的减少，这时将以上数据代入贸易方程式，可以计算得出9月1日的石油出口贸易额为：

$$Vtr = P_B/P_A \times 价格 A \times Q = 价格 B \times Q$$
$$= (1/37.31) \times 3580(卢布) \times 420(万桶)$$
$$= 95.96(美元) \times 420(万桶) = 4.0303 亿美元$$

11月3的石油出口贸易额，如果在卢布汇率不贬值和只是价格下降的情况下，这时为：

$$Vtr = P_B/P_A \times 价格 A \times Q = 价格 B \times Q$$
$$= (1/37.31) \times 3005(卢布) \times 420(万桶)$$
$$= 80.54(美元) \times 420(万) = 3.3826 亿美元$$

由此得出11月3日一天的出口收益，由于市场价格下降的因素，相对于9月1日的出口收益减少了大约为：4.0303 - 3.3826 = 0.6477亿美元（约24亿卢布），约合：24亿卢布/3580卢布/桶 = 67万桶。

（2）由卢布汇率贬值间接产生的收益损失。

在11月3日卢布汇率贬值为1美元 = 43.08卢布，以及石油价格降为"80.54美元/桶"的情况下，俄罗斯石油出口由卢布贬值带来的外汇收益变化，我们通过贸易方程式计算得出，同样，我们把以上变量代入贸易方程式中，则有：

$$Vtr = P_B/P_A \times 价格 A \times Q = 价格 B \times Q$$
$$= (1/43.08) \times 3005 \times 420 = 69.75 \times 420 = 2.9296 亿美元$$

可以看出，在出口量420万桶不变，俄罗斯国内石油价格还需维持3005卢布/桶的情况下，这时一天的外汇收益只有2.9296亿美元。

这样，一天的收益就比贬值前减少或损失了：3.3826亿 - 2.9296亿 = 0.453亿美元。这时，如果为了实现和卢布贬值以前相同数量的外汇收入（3.3826亿美元），那么，只能是依靠增加石油的供给量Q，来补充由汇率贬值带来的卢布增加的支出，按当时的"3005卢布/桶/43.08卢布 = 69.75美元/桶"的价格，俄罗斯的石油出口量就需要达到：33826万/69.75美元 = 485万桶，也就是需要每天增加石油出口：485 万 – 420 万 = 65 万桶。

这时的贸易方程式则变为：

$$Vtr = P_B/P_A \times 价格 A \times Q = 价格 B \times Q$$
$$= (1/43.08) \times 3005 \times 485 = 69.75 \times 485 = 3.3826 \text{ 亿美元}$$
$$= 69.75 \times (420 + 65) = 3.3826 \text{ 亿美元}$$

由此可知，汇率的贬值意味着俄罗斯每桶石油价格的再次降价，致使换回同等外汇时，比贬值前每桶需多出口 15.5% 的石油 [(43.08 – 37.31)/37.31]，也就是使石油每天多出口了：

15.5% × 420 = 65 万桶，约合：3005 卢布 × 65 万 = 19.5 亿卢布的价值

这就是由卢布贬值产生的收益损失，它因此带给其他石油消费国家每天总共 65 万桶的收益增长，也是其他汇率相对升值的消费国家获得的福利。

由以上分析，我们得出，俄罗斯在 11 月 3 日一天的石油出口收益，与 9 月 1 日相比，由于石油价格下降和卢布贬值的原因，使得俄罗斯石油出口产生的收益减少的损失为：

24 亿卢布(降价损失) + 19.5 亿卢布(汇率损失) = 43.5 亿卢布

相当于一天白白多支出了：

67 万桶(降价损失) + 65 万桶(汇率损失) = 132 万桶石油

以上由卢布贬值给俄罗斯带来的石油出口损失，只是由卢布汇率贬值引起损失的一部分，汇率贬值给俄罗斯带来的损失还不止这些，因为，由卢布贬值产生的收益减少，它还表现在俄罗斯其他商品出口的外汇收益减少方面（或进口收益减少方面）。这些在出口贸易上产生的损失，它既会反映在经常项目的账单中，也会反映在俄罗斯的商品市场上，它会表现为进口商品的价格同时增长，还会表现为国内市场物价的逐渐增长方面。

这种国际石油价格大幅下跌与卢布的大幅贬值，给石油生产国带来的损失是显而易见的，相对于俄罗斯来讲，由于伴随着卢布汇率的大幅贬值的原因，所以，它由此产生的贸易损失将会更多。严格地讲，在国内市场币值稳定的情况下，如果短期内，一国货币汇率出现 10% 以上的意外波动时，尤其是在一些非市场合理因素干扰的情况下，一国货币当局就应该采取干预措施（即由一国政府名义来制定并公布汇率水平，最大程度将由于市场炒作或投机因素给汇率带来的扭曲降至最低，因为这时，只用外汇储备干预外汇市场有时并不能达到预期效果），以此避免汇率贬值给一国带来经济和贸易上的损失。对于卢布汇率此次的

贬值幅度，客观地说，这样的变化已经超出了本国货币的实际水平（意味着一国效率的大幅下降），是不符合经济实际运行与变化的正常规律的。

另外，两个相互贸易的国家，在没有核算汇率变化是否与实际相符的情况下，当一国汇率出现相对升值的时候（实际币值并没有变化），这个升值国家通过贸易也会获得比升值前较多的交换利益，也就是说，它们出口或进口和升值前相同的货币贸易额都能够换回比以前数量要多的商品。而出现相对贬值的进口或出口贸易国家，则会产生比相对贬值前减少的交换利益。

对于以上偏离汇率均衡状态的相互贸易，相对强势汇率的贸易国出现的逆差机率较大一些，相对弱势汇率的贸易国出现的顺差概率则较大一些。

在市场上，还存在着通过垄断产品价格的提升或一般产品的降价而形成的不等价交换现象，一些企业利用市场需求的变化，任意抬高或降低贸易产品的价格，由此产生的也是贸易收益的变化。

在贸易上，还经常出现一国的汇率和贸易商品价格同时增长的由稀缺性形成的垄断贸易现象，出口国企业借此机会谋取超额的经济利润，同时给进口国带来国内利润向出口国的大量转移，伴随着这种进口成本的大幅增长，从而形成进口国家市场上的物价上涨，使得进口国的企业和消费者的利益受到极大的伤害。同样，这些具有垄断产品国家的汇率，也会随着市场对这些产品需求的降低而出现贬值现象。这些现象，主要表现在以矿产、石油、煤炭、黄金等资源性产品的贸易中（像澳大利亚、尼日利亚、巴西等矿业、石油出口国的汇率表现特征）。

在汇率评价与标准缺失的国际市场上，一些国家通过汇率超调而形成的不等价交换并获得额外收益或利益损失，这取决于贸易国生产能力的强与弱，也取决于一国的国际市场的垄断势力。理想的商品贸易应是源于一国由劳动创造产生的价值内容，而不是依赖于一国出口自然资源的价值。无论如何，在贸易出口不受影响的前提下，汇率升值给升值国带来的始终是收益和福利。

由以上分析可知，在贸易市场上，升高与降低汇率和升高与降低商品价格的性质是一样的，都是对实物商品价格的涨价与打折。当商品价格不变时，汇率升高与降低的相对幅度，就是收益增加与减少的幅度。而由此增加与减少的贸易收益，就是汇率相对变化幅度乘以商品贸易额前后变化之差，这是很重要的结论，也是进行贸易需要掌握的基本常识。

由贸易方程式可以看出，商品贸易的等价交换，它不但需要满足汇率与不同货币贸易额之间的等式转换关系，它还需要满足两国贸易的汇率均衡和价格均衡的条件。汇率与价格是与商品贸易相对应的对偶性条件，这与商品在国内市场上交换需要的币值与价格的对应条件也是一致的。

因此说,在分析与评价一国贸易实现的实际收益时,如果只用一国货币来表示的收支状态,是不能够真实反映商品或资源的收支情况的。商品贸易获取的实际收益,它是在两国汇率和平均商品价格水平与贸易额总量的基础上形成的。只要汇率不是处于均衡的水平,这时以货币形式所表现的数量收益,就不能代表实物贸易也实现了同样的收益,它也会存在商品或资源的亏损或盈余的贸易情况。

在过去以黄金平价为贸易结算标准的时期内,黄金的成色与数量是统一的(即币值与价格的统一)。市场上,黄金的获取与商品的交换都维持着最大的公平,贸易额也能够较准确地反映商品与黄金的交换量,这时金平价的规定与结算也是精确和容易测定的,一国商品贸易的盈余或亏损很容易从黄金的数量上反映出来。

我们已经知道,在纸币条件下,两国的汇率与商品价格或贸易额共同决定着贸易商品的交换价值与变化,现在的贸易公式则给我们提供了判断与核算商品贸易实现盈余或亏损及变化的操作工具。

那么,为了能够评价一国贸易实现的真实收益,接下来,还需要统一汇率的正确核算办法并确定各国的基期汇率,然后根据某一时期汇率上升或下降的幅度,以及同期的贸易商品的价格和贸易额的实际变化,由以上贸易方程式或贸易收益等式,来计算和评价贸易收益实际发生的盈余变化。

在现实贸易中,人们关注的只是货币收支平衡的表面状况。由于过去贸易理论没有给出商品贸易的可操作的实践方法,也没有形成一个将生产、价格、汇率、贸易额等贸易变量统一起来的理论公式,人们始终不清楚汇率与价格和贸易商品之间存在的逻辑关系。因此,也就形成了人们对贸易相关变量理解上的混乱。同样,由于过去也没有给出对贸易与效果进行评价的依据,也不能对贸易效果作出精确的分析,所以,对于一国贸易的实质效果的评价,人们就不是很关注了。另外,它也给各国在贸易的具体实施策略上留下不知不觉的疑难问题,也使得由贸易引起的摩擦问题不断发生,同样,人们在不断解决旧问题的时候,也会不断地遇到新的问题,对此,当我们在阅读了本章的内容以后,对商品贸易存在的疑难认识问题就会迎刃而解。

四

如何提升贸易商品与汇率竞争力

在国际贸易中,汇率更多地作为调节贸易收支的平衡工具,由于过去贸易理论上的缺陷，贸易厂商并不能把实际生产变量和汇率联系起来，这使得人们不能准确把握生产与汇率的关系。

由汇率公式可知，汇率是通过两国的生产变量即货币效率指数把两国的生产厂商相互联系与相互比较并由两国货币来表现的贸易变量。在此基础上，任何厂商都可以根据市场上汇率的变化来调整自己的投入与产出关系，实现提升汇率竞争力的目的，以适应贸易市场上不断出现的价格、汇率方面的变化。

对于当前国际贸易条件及汇率不断变化的情况，一国从事商品贸易的生产者和管理部门，都应当熟悉并掌握商品生产与贸易理论的本质内涵，从根本上弄懂商品生产、交换（贸易）商品价值、商品价格、货币价值等概念与变量的形成以及相互作用关系。它们是反映一国经济运行的主要变量，也是构成两国贸易关系的变量。

汇率作为两国货币或商品交换的尺度，汇率的精确性影响着贸易的收益和公平。事实上，只有各国在建立了精确的价值计量体系的时候，并在一定的汇率基础上开展贸易活动时，才会实现贸易的最大公平，才会减少贸易收支的不确定性和市场风险，从而实现一国经常项目、资本项目收支的实际利益上的平衡，而不只是一国货币记账形式的收支平衡。汇率目标是反映一国对外贸易的经济目标（真实汇率水平确定后，它在市场上的变化幅度，短时期内一般不应当出现较大的波动）。

现在的国际贸易环境，由于存在着的不合理的汇率形成机制的原因以及各种对汇率的干扰因素，这对于各国汇率的相互均衡产生着不同程度的扭曲，汇率过度和过快频率的变化，也会给生产经营企业带来一定程度的经营风险。这也是现实情况下，各贸易国及其出口企业面对市场不断变化的汇率进行干预或自我调整的原因。

汇率的绝对升值是一国货币效率水平提高以后，反映在贸易市场上的货币现象，也是为了实现新的要素收支平衡而采取的提升收益的具体措施，这是汇率升值的本质含义。

作者注

目前市场上的汇率变化不全是反映和来源于实际经济的变动，很多成分是由市场的额外因素形成的

在以纸币为媒介的贸易市场上，一国货币的价值，是以一国在一定时期内全部要素的货币投入和全部产品产出之间的相对价值来体现的，它也反映着一国一

个单位货币要素投入与产出的平均效率水平。所以说，一国的货币价值与汇率水平，反映着一国一定时期的平均生产效率，反映着一国生产要素具有的生产能力，而不是取决于某些外部因素与货币政策的原因。

从生产效率方面讲，实际汇率升值的国家表示资源的利用是经济的，生产效率是增长的。汇率贬值的情况则相反，贬值的国家表示资源的利用是不经济的，生产效率是相对低的。等价的汇率它使两国在交换中相互获得的利益是相等的。通过公平贸易，两国消费者都是受益的。在商品市场上，任何生产企业，无论在国内还是在国际市场，都应在竞争中谋取发展，否则，都将被其他更具优势的企业挤出市场，市场始终体现的是效率与创新，这也是自然发展规律在商品市场上的具体表现。

一种产品提供的购买力增加的性质，反映的是市场竞争给生产者提出的效率要求，也代表着生产者的利益诉求，它不是对所有生产者或所有方面都不利的。无论在国内市场还是在国际市场上，每一个商品生产者的生产条件各不相同，都会面临着不同的竞争与市场环境，也都面临着提升效率与价值竞争的压力，同样，也都面临着新的机遇和需求。

汇率都是与实际经济相联系的，贸易企业不能忽视创新能力、生产效率、技术水平等生产因素对于汇率波动具有的正面的防御作用，而把贸易的利好决定机会寄托于市场汇率的变化。我们需要认识到，在任何时候，汇率作为反映两国相对效率水平的客观性质是不会改变的，汇率波动对贸易厂商产生的不利影响，在一般情况下都是可以通过生产调整克服的（出现大的变化政府应采取干预措施）。

一个厂商只有正确面对市场各种变量的变化，才能够作出正确的决策。长期中的市场经济变量的变化与表现，代表着自然事物发展以效率、质量、技术为内涵的竞争规律，它不是以个体逃离发展规律的意愿为转移的。

一国商品的特征，都会从产品的质量、技术含量和价格方面表现出来，这些直接感受和观察到的外部特征，也直接表现着一国币值水平的信息。这些信息虽然不能提供不同市场货币之间的准确汇率水平，它也会反映出不同时期的货币购买力的差异。这虽然不是用数字直接反映一国货币具有的价值，但产品却依其自身特征，用以客观的和隐蔽的方式，来反映着一国市场币值的水平，同时，也反映着一国产品与汇率的竞争力。

在市场上，每个厂商都可通过提高商品质量和生产效率与降低成本的方式，来使消费它的货币购买力增加，这种客观价值的提升使得商品的价格变得更有吸引力，它给消费者带来的是物美价廉的商品，也会给厂商带来不断增长的利润。

如果产品转向国际市场，它也会因为产品具有更高汇率竞争和质量技术水平，从而形成在国际市场上的竞争优势（假如厂商使用自己的货币和对方贸易者的货币进行交换，厂商就会主动提高自己的货币汇率使它和较多的对方货币交换，因为厂商知道，高汇率下的货币这时会代表较多的产品和利益，一个国家的贸易也是如此）。

一般具有汇率优势的产品，它们都不容易受到市场汇率变化的影响（像美国的苹果手机、英特尔芯片、文化产品、飞机、医药产品、农产品，德国汽车、机床，瑞士手表等）。

每一产品的汇率竞争力，都可通过产品的生产要素配置和生产效率的调整得以改善。对于这一生产调节过程，我们下面结合汇率公式做一简单分析，汇率公式如下：

货币效率指数 B(货币价值指数 B)/货币效率指数 A(货币价值指数 A)
$= P_A/P_B$

其中，等式左端为生产调控变量，等式右端为价格表征变量。

面对现市场上汇率的不断变化，生产厂商可以参照汇率公式，并根据市场汇率的变化来调整货币指数结构中的相关变量，其本质是如何改变商品价值与价格之间的相对比例结构，从而提升企业的汇率竞争力。

面对市场竞争，厂商需要根据现有要素资源，来制定长远发展目标，通过提高创新能力和生产效率，为增强产品竞争力和提升汇率目标创造条件。汇率公式表明，生产效率、产品质量与汇率升值或贬值的变化方向是一致的，即汇率升值或贬值意味着生产效率、产品质量增加或下降。在目前浮动汇率机制下，对于市场汇率的变化或未来变化趋势，虽然每一次波动不一定是实体经济引起的变化，但生产厂商可通过调整货币生产结构及效率指数来提高出口产品的汇率对接水平，通过对出口产品价值与价格相对变量进行调节和补偿（也体现着等价交换原则），实现提升汇率竞争力的目的。

作者注

汇率 P 升值时在汇率公式中显示数值减小，贬值则增大

由汇率公式可知：当市场上 A 国汇率出现升值变化（汇率 P_A 数值减小），也就意味着是 A 国商品生产的生产效率提高了。在实践中，A 国的出口企业则应借机采取措施来提升生产的货币效率，具体措施为：努力提高生产率，降低生

产成本，提升产品质量或技术含量，改善产品性能，增加产品的功能价值，提升服务质量等，这些措施，也是相对于生产效率较低的出口企业对于汇率升值（货币升值）进行的价值补偿。

从价格角度讲，依据企业生产最小成本法则的一般原则，在最小成本的基础上力争实现产品价值的最大化，从而使产品的利润收益最大，这时，产品转换的外币价格也将是合理和具有竞争力的。如果以上的分析还不具体或笼统的话，那么，我们可利用贸易方程式再作一些详细的分析，使我们在面对汇率变化的情况下，能够采取正确的应对措施。贸易方程式如下：

$$V_{tr} = 货币效率指数 A / 货币效率指数 B \times 价格 A \times Q$$
$$= P_B / P_A \times 价格 A \times Q = 价格 B \times Q$$

当市场上的出口国 A 国汇率出现升值变化时（即 P_A 数值减小），它意味着 A 国的货币效率指数 A 的提高或增大，在出口商品价格（价格 A）和数量（Q）不变的情况下，这时如果贸易进口国的货币效率指数 B 及汇率（P_B）不发生变化的话。从贸易方程式中，可以看出，左端两项变量的数值或数量会同时增加，从而使得最右端外币表示的总价格（价格 B × Q）会随之增加。这时表示着，出口国的商品由于汇率升值的原因，同一商品价格出口到国外市场以外币表示的价格增长了，这时，如果出口国的商品与价格不做相应调整或出口商品提供的消费者剩余较少的话，此时外币价格增长就可能会使出口国的商品出口受到影响。因此，在这种情况下，为了保持出口商品的竞争力，并使出口商品总量不受影响，就要对出口商品做出价值或价格的补偿或调整。

对此，贸易方程式给我们提供了价值补偿的理论依据。下面，我们从外币表示的价格不变和价格增加两种情况来做如下补偿或调整的措施分析。

由贸易方程式容易看出，无论外币价格变化与否，汇率升值则意味着一国货币效率指数变量的增长。对于出口国汇率出现的升值变化，出口企业需要根据自己产品的需求情况，主要考虑是对产品的外币价格进行补偿，还是给予产品价值上的补偿。无论怎样，这都需要对生产投入进行调整，以实现汇率变化以后商品贸易的均衡或不受影响，并以此维持商品在目前汇率条件下的竞争力水平。汇率升值下的两种补偿方式如下：

（1）如果企业决定采取的是外币表示的价格不变的出口方案，这就是给予产品的价格上的补偿，也就是不让外币价格出现增长。那么，在商品质量不变的基础上，就需要降低本国出口商品价格（价格 A），这时的货币效率指数 A 提升的实现（汇率 P_A 数值减小），则需要从提升效率与减少要素使用成本开始。减少要素的投入成本，就是降低代表要素投入的函数值，即要素投入总成本：

$$C = T \times L \times (工资率 + 净利润率 + 利息率 + 折旧率 + 摊销率 + 综合税率 + K_1 + K_2 + \cdots + K_n)$$

> **作者注**
>
> 在降低投入成本时，其前提是不改变或降低商品质量

由货币效率结构可知，降低生产成本，一般是以提升生产效率与调整要素成本结构两种方式同时来进行。提升生产效率是以增加单位时间产量从而实现单个产品成本降低的目的。调整要素投入成本结构是通过控制生产过程的消耗、浪费、损失以及调整要素使用的组合比例、提高集约化程度等减少无效支出的形式来实现，它同时反映着一国社会各生产要素之间提供的要素质量、技术、效率、价格、服务的综合水平，这些变量直接影响着生产成本和产出效率。

经过以上调整，它产生的直接效果是使每一产品中包含的工资含量、利息、折旧和摊销额、税金、其他生产费用（不含原料费用）出现相对的下降。从而使投入（成本）函数的货币总值减少，最终降低出口商品的生产价格（价格A），从而实现外币表示的商品价格不变。这种降低出口商品价格的方案，是在企业提升的生产效率上实现的，它反映着生产这种商品的合理效率水平，也是对以前落后生产效率的补偿。如果出口企业在不对生产效率作出调整而直接降低出口商品价格（价格A）并且还有盈利的话，则说明了企业早已是在较高生产效率上运行着的，这时的降价则是企业采取的让利措施，反映着企业具有较高的生产创造能力以及产品较高的竞争力。

（2）如果企业采取的是外币表示的价格增长的出口方案，也就是在出口产品不是降低价格的方案。那么，在出口的商品以及商品竞争力较弱的条件下，这时，就要对这种出口商品外币表示的价格（价格B）的增加进行价值上的补偿。由货币效率指数A的提升（汇率P_A数值减小）表明，这时，它需要从货币效率结构的产品价值增值开始，也就是从提高或改善产品质量与价值功能方面入手。因为当出口商品价格不变时，其企业货币效率结构的要素成本部分（分母部分）是不变的。这样，货币效率指数A的提升只有通过产品质量或价值功能的增值来实现，即以此价值补偿外币价格的数量增长，也就是说，它是依靠提升产品质量与功能来实现货币效率指数增长的补偿目的的。

由于商品的质量与功能（M）或服务（S）价值的提升，则会弥补由汇率升值使外币价格升高的支出成本，也会最大保持出口商品的竞争力。如果经过一定

的调整，出口企业的货币效率指数 A 增长较大的话，还会使出口国的贸易商品获得更大的出口增长和贸易利益，而不会因为一时的汇率升值受到影响，这种变化，取决于出口企业生产技术升级、创新能力与产品价值提升的总量水平。

如果企业具有的汇率竞争力很强的话，这时它就不用作补偿或平衡性的调整，因为产品竞争力并不会因此而降低。也就是说，出口企业在不对生产效率和出口商品价格（价格 A）作出调整并且也不会影响商品出口。这反映了企业具有较高生产效率、技术和产品垄断力，产品也提供着较多的消费者剩余价值，产品的市场需求潜力也是较大的。

对于汇率出现的升值变化，在贸易双方协商的基础上，出口企业当然也可采取让商品价格少降一些和外币价格少长一些的折中措施，这样则可以减少产品调整的难度。

以上我们分析的是，当一国汇率升值的情况下，出口厂商采取的提高产品竞争力的具体措施，也是一般情况下，没有特殊地位或优势的出口贸易企业面对升值所采取的补偿方式，也是一种体现着公平交易的调整方法。那么，对于市场上一国汇率出现贬值时，出口贸易企业应根据自己产品的实际价值和具有的竞争力，在不影响出口的基础上，适当提高商品的出口价格以实现贸易收益的平衡或不受损失。

对于一些生产效率和创新能力相对较低的出口企业，当汇率升值变化时，则需要对决定着汇率水平的贸易生产条件（货币效率指数）作出合理的调整，以弥补由于价值效率差距而产生的汇率升值后的价值与价格的失衡现象。如不作生产效率的调整，在出口商品外币价格不变的情况下，这些出口企业就会产生无效成本对利润的侵蚀。

对一些生产效率较高并具有较强创新能力的出口企业，在汇率变化时，一般不会受到较大的不利影响。这些企业的产品在任何销售市场都有着很强的竞争力，它们在市场上都有着一定的品牌影响力，比如像波音公司，惠普公司，英特尔公司，麦当劳公司，可口可乐公司，华为公司，微软公司，海尔公司，戴姆勒－奔驰公司等。

通过分析可知，汇率的升值一般不会影响高附加值产品的出口水平，相对于升值高附加值产品自我调整的空间要大一些。而只会影响低附加值产品的出口水平，相比其调整的空间也要小一些。

根据以上例子和分析，我们对汇率和其对贸易的影响一定会有一个深入的了解，一个厂商、国家只有通过调整生产结构与创新产品来实现商品贸易的预期目标，任何寄予市场的偶然机遇和市场变量的改变都会昙花一现。在竞争条件下，市场不存在对厂商任何时候都有利的变量,人们寻找的机遇和有利变量都在他们的创新能力之中,并随着这种创新能力的变化而改变。就如同欧元区的欧元汇率一样,欧元汇率的水平不是对于所有欧元区国家或厂商都是有利的,但也不是对欧元区所有国家或厂商都不利的。目前的欧元汇率对于生产与创新能力相对较强的德国、法国、荷兰、芬兰等国是有利的,而对于生产基础设施相对较弱的希腊、葡萄牙、西班牙等国则是不利的。它体现着经济发展过程中欧元区各国具有的不同比较优势的差异。同样,任何一个国家的对外汇率也都是如此,它永远不会符合所有生产者与产业的水平,它需要企业不断地提升创新能力,调整产业结构,努力塑造企业与产业的比较优势。只有企业实现了本质性的发展与提升,到那时市场就会给它们提供更大的机会和份额。

一般地讲,发展中国家从事国际贸易的企业一般起步都比较晚,企业的规模、生产能力与制造水平也比较低,尤其是与发达国家的生产企业之间存在着较大的差距。唯一没有差距的是以自然规律提供着的市场公共平台,它只依照效率与价值的规律给竞争者提供贸易机会,无论谁最大地利用社会资源并转化成市场需要的人力资本,并利用了人类的诚信美德为别人提供了最大效用享受,谁就会成为贸易市场上最受欢迎的销售员。

商品贸易同国内的商品的交换是一样的,都是获取财富的方式,但它又比国内的贸易增加了更多的风险和不确定性。贸易路途的遥远、商品的竞争、结算周期的延长以及各种市场因素的变化,都会给商品贸易带来一定困难,尤其是现在国际市场由于贸易竞争引起的贸易摩擦、经济形势引起的需求变化、汇率形成机制引起的汇率波动等因素存在的形势下,使得商品贸易的投入成本也变得不可预测,从而加大了贸易企业的风险。这对于一些发展初期的中小企业更是如此,这些因素,也成为它们对于未来贸易担忧的原因。而那些竞争力较强的发达国家的企业,它们都拥有无论从企业的生产设备、人力资本、产品结构、创新能力还是产品品牌以及销售渠道等方面的多种优势,相对来说,这些国家的产品在国际贸易中则就具有更大的回旋余地。但无论怎样,一种商品要想在市场上立足,都是通过商品的质量、技术与服务的提升来实现的,也是实现贸易收益增长的前提条件。通过前面的分析,并结合货币效率结构公式,我们可得出如下结论。

在贸易中,每一商品提供的使用功能、质量、服务、价格、品牌的综合价值特性决定着商品自身的竞争力,它会以一国货币价值的增长或降低的变化表现出来,这种货币价值的增长或下降,反映和决定着一国商品汇率竞争力的上升或下降的趋势。同时,这些因素,也是决定着商品价格与效用价值的因素。因此,生产效率、产品质量、服务质量、品牌价值的提升和生产成本的降低都会使一国商品的汇率水平或竞争力得到提高，反之，则会使商品的汇率水平或竞争力降低。

客观上，每一商品价值的提升，依靠的主要是企业自己拥有的生产设备、人力资本、创新能力、销售渠道、服务方式、产品品牌等方面的要素投入，这些要素在很大程度上决定着产品的购买力特征，也为企业产品价值和汇率竞争力的提升，预留了很大的调整空间。相比利用提升生产率降低成本的竞争方式，它们则具有不可复制的竞争力。

因此，对于市场上汇率的变化，一个企业或一个经济地区，只有通过提高生产效率、产品质量、技术创新与服务的方式作为应对汇率升值的措施，努力为贸易创造有利的条件，才是最有效的应对办法。这是生产力发展与效率提高的必然结果，也是市场消费的必然需求。

另外，在一些自由贸易的市场上，市场的汇率变化，许多情况下，它会直接影响市场上商品的价格。如在我国的香港市场上，由于市场上存在着多种货币的流通和交易，汇率的变化，也反映在每天的商品销售或投资交易的价格上，商品也会表现出不同货币的不同价格。这种每天都在发生着的真实的商品贸易，也为我们提供了对市场贸易进行分析的实际模型。

如果各国或地区的相对汇率真实地代表着它们的客观水平，并都是在共同尺度下形成的贸易价格（不存在汇率不合理的竞争），那么，汇率变化就不会对各自市场价格和流通产生不利影响。这时，市场上存在的只是由于不同商品差异而形成的不同需求偏好引起的商品流动，而不是由于商品之间存在的不等价交换而引起的商品流动，政府部门也不会采取其他的汇率过度干预措施，消费者在市场上消费都会购买到成本接近的相似商品。

但现实中，市场汇率并没有反映实体经济的真实水平，从而形成着商品的不等价的贸易。汇率经常出现的不合理的变化，也常常给各国或地区市场带来价格和流通的不平衡的变化，从而形成地区或一国市场物价的不合理波动，给地区或一国市场消费带来不利的影响。针对地区或一国市场汇率的不正常变化，则需要采取合理的调控措施，以最大限度地避免由汇率变化可能给市场带来的风险。

假如，一个自由贸易地区的对外汇率由于外部因素发生了相对贬值的变化，由于这种变化并不一定反映着本地实际经济的变化，这就需要本地部门根据实际情况作出应对措施，以防止外部市场的不准确的经济变量给本地市场带来负面影响，确保本地市场的物价、流通的正常秩序，同时保护本地贸易和市场消费者的利益。

鉴于此，对于这一地区市场汇率的变化，本地部门应根据本地农业、制造业、服务业的实际运行状态是否发生了和汇率一样的绝对变化，而采取相应措施。例如，如果本地市场是在出现生产或经营成本上升的情况下，而耦合了对外汇率下降的情况，这时候，就不需要行政手段去干预汇率的这种变化，因为市场汇率的贬值反映了实际经济的变化趋势，它表明本地经济在产出效率方面可能出现了问题。在此时，一般还会出现市场物价的上升现象，这时汇率下降，对于本地的商品的流通或出口将会是有益的。

但从另一方面讲，这时汇率出现的贬值，反映出的问题是不乐观的，说明经济运行出现了下滑。这时政府部门，就要从这一现象中，找出具体问题所在，拿出解决和调整经济的具体措施，通过提升生产效率来降低生产经营成本，以产品质量的提高来实现竞争力的增长，最终促使经济和市场汇率的回升，在此调整基础上形成的对外汇率，对于提升本地经济与贸易利益是有利的，它也会带来更多的经济收益。

如果这一地区的实际经济没有发生和外部因素引起的汇率贬值相符的情况，即在本地实际经济情况没有出现异常变化并稳定的情况下，本地部门则要采取干预汇率贬值变化的趋势，避免由于汇率贬值给本地经济带来的贸易损失。同时，还需以本地的制造业和服务业竞争能力作为稳定与提升汇率目标的客观条件，为应对市场汇率变化和竞争打好基础。

我们知道，汇率作为相对经济变量，汇率有着各自的客观性和独立性。它是建立在各国生产要素投入与产出结构的共同性和要素变量的差异性的基础上。这里，我们结合一国的货币效率结构，来对一国的生产要素变量与差异以及具有的比较优势进行分析，这样就能够了解并掌握一国人力资本、物质资本、货币资本、要素结构、要素价格等资源要素的成本水平，以及由这些生产要素的效率、质量、技术、服务构成的汇率竞争能力，并理解如何从根本上改善生产贸易条件的具体措施，这是一国货币对外汇率形成的原始基础。这里把货币结构表示如下：

$$\text{货币} = \text{全要素价值生产率（产品流量）}/(\text{工资率} + \text{净利润率} + \text{利息率} \\ + \text{折旧率} + \text{摊销率} + \text{税率} + K_1 + K_2 + \cdots + K_n)$$

$$= \text{货币效率指数（币值指数）}$$

这一货币结构，代表着一定时期一国生产要素的投入与产出的效率，反映着一国经济运行的效率和质量以及综合生产能力，决定着一国货币具有的价值及对外汇率升值或贬值的变化。我们知道，一国货币的升值，表现为用相同货币能够购买到的一定质量的商品比过去增加了，反映着一国生产者使用一定数量生产要素的产出效率比过去提高了，也代表着各种生产要素集约化程度的提升和生产成本的降低，这些都是形成货币升值或实现币值稳定的内在因素。

它也表明，市场上不存在没有根据的变量与变化，每一种变量的背后，必然有支撑它的一种原因，这是自然规律决定的。汇率的升值，是因为存在着生产要素产出效率提高的前提因素。这也是我们在面对汇率升值的情况下，应当采取提高生产要素效率的合理措施的客观原因。这一结构告诫我们，面对于汇率的升值，每一生产要素违背货币升值增长趋势的调整，包括使人力资本、物质资本、货币资本、要素价格、税收、货币政策等要素成本增长的变化，都会使单位要素的生产效率降低或生产成本增加，进而降低商品在市场上的竞争能力，并会使贸易商品的竞争力向着下降的趋势变化，也会使经济受到负面影响。例如，当本国汇率或货币升值后，一国实施的货币宽松政策引起的货币投放增加，工资价格与生产资料价格的不合理增长，技术升级的放缓，实体经济向其他产业的转移，这些因素都会使商品的生产成本上升，从而降低产品与汇率竞争力。

> **作者注**
>
> 它会带来市场上汇率的贬值，但在实体经济系统内，始终需要的是严谨的货币投入措施，以提升货币效率

那么，在汇率升值的情况下，如果使贸易出口继续保持不受其升值的影响，这时，出口企业的价值效率提升也就成为必要的条件了。具体的讲，对于从事出口贸易的企业和关联企业，都应主动采取提升产品质量的措施，增加产品的竞争力，降低生产成本，树立良好品牌，发展高档次、多花色品种、实现产品更新与品牌共同成长。相关贸易企业也要分担困难，员工也要积极配合，进行有效和合理的调整。

在政策方面，还需要有合理的货币和财政以及出口政策的支持，严格实施谨慎的货币政策，提高信贷质量，限制资产的价格上涨。

在贸易中，市场汇率是重要的关键变量，从客观上讲，汇率或货币的真实升值则一定是由于一国社会总体效率提高而产生的效果。相对于一个贸易企业来讲也是如此，面对汇率的升值，每一生产要素的投入都需要做出相应的价值效率的改善，这也是生产要素与结构调整的具体内容，也是稳定汇率或货币升值的具体措施。

在一国市场上，如果伴随着生产效率和产品质量提高而形成汇率升值并表现出物价降低或购买力增加时，这时，我们也不能将它视为经济萎缩的现象而做出违背经济规律的不当决策。应当慎重审视并享受这种由于购买力增加而带来的物

质福利，并在这种较低的物价环境下寻求增加收入的措施。因为，高质量的经济增长正是在这种环境下实现的，而不是在物价通胀的失衡环境中实现的。

在商品贸易中，相对发达的国家依靠技术与知识的进步而获得了社会分工的地位优势，它们占据了产品或产业链的关键环节，从而获取了世界贸易与投资收益的主要份额。例如，像德国、日本、美国、法国等以技术产品出口为主的国家。它们的出口产品在技术与质量方面占有一定的发展和领先优势，为一国汇率的升值提供了客观条件，也以此获得了贸易的更大收益。

一国的商品贸易，一般是以一国贸易经常账户记录的货币收支来表示的，由于现实经济中存在着的物价、汇率的变化的不确定性，以及贸易中存在的不等价交换的汇率比价，从而使得以货币表示的商品贸易量并不能准确地反映贸易商品实际发生的变化，也不能据此评价出贸易的盈余或亏损。因此，在贸易中，各国应当主动确立汇率目标，生产企业也应当主动预防汇率波动与可能带来的不利影响，力争使本国市场避免受到外部环境可能带来的利益损失。各国应鼓励企业积极采取先进的生产方式，调整生产结构，加大技术创新，提升贸易商品的竞争力，同时在保持贸易平衡或顺差的基础上，逐渐创造汇率升值的趋势和客观条件，以实现本国市场商品的供需平衡和国际贸易收益的稳步增长。

五

一些历史上的汇率事件产生的影响与启示

市场上不等价的强势贸易，一般发生在具有强势贸易产品的国家，例如，像有着丰富资源的矿产品、石油资源、煤炭资源或其他优势地位的国家（如强势汇率使它们可以获得较多的贸易利益）。当市场对这些资源的需求增加时，这些国家的汇率，也会随着需求的增长而表现出增长的趋势，有时还会出现较大的变化增幅，并同价格增长一起获得了超额的就像前面描述一样的经济利益。这些国家在获得巨大收益的同时，伴随的是给它的贸易国或消费国带来巨大生产成本或利润的转移的代价，它还会推动市场物价的增长，从而使它国市场货币出现相对贬值，伴随的是使它国由汇率相对贬值引起的财富流失。

在国际贸易中，还存在着一些发达国家由商品和技术为支撑的表现为强势汇率的贸易垄断现象，它与其他资源垄断或地位垄断形成的贸易存在着本质上的不同。这种强势汇率的特点，是建立在一国较高生产效率与制造业水平和高质量与技术产品基础之上的。

在较长时期内表现出的强势汇率或强势货币，它们都有共同的表现特征，就是这种汇率水平中都包含着较高的交换利润。一种具有较强购买力的货币，它显示的是一个国家商品具有的较高技术与质量水准，也反映着一国具有较高质量的物质资本（强势汇率与处于不断升值的货币汇率之间反映的本质是有区别的，汇率的强弱不以当下是否升降为特征的。而处于升值阶段的汇率有的可能是贬值的汇率或弱势汇率的回升表现，这时汇率仍然可能是处于较低的水平）。

如同 19 世纪的英国，它以自己先进的工业产品如纺织产品、煤铁、纺织、机械设备和其他国家的工业原料、粮食、咖啡等食品进行的贸易，因而获得丰厚的贸易利益。现代的德国、美国、英国、法国、日本的商品贸易特点，也是如此，它们都表现着以先进技术与质量为内容的汇率特征。汇率的强势与弱势，其本质反映的是各国生产的商品价值与价格之间的结构差距。这种差距，更多的反映的是一国生产能力和劳动质量的特征，它是一国民族特色与品性的体现。

在这种基础上形成的强势汇率，它给出口贸易国带来了丰厚的贸易收益，这种贸易收益在实现的同时，也为进口贸易国提供着实际价值，它也表现为贸易利益的双向流动和对等交换。在一国汇率升值的过程中，同时伴随着对产品价值的补偿，它在一定程度上，也反映的是等价交换的商品贸易过程。

这种以质量和技术为基础形成的强势汇率与货币特征，具有较强的汇率竞争优势和升值空间，也就更具有在长期贸易中以及升值条件下的获利能力。汇率公式已经表明，当一国的生产效率和出口企业的价值创新能力始终能够提升时，那么，即便是在贸易遇到较大的汇率升值压力下，也会使不利的贸易形势得以扭转。

就近代的例子，对于刚才所说的较大的汇率升值情况，在世界贸易史上比较有影响的，如像著名的纽约"广场协议"，这是许多人都知道的。我们不妨以此为例，来看一看，这一历史汇率事件对当事贸易各国产生的实际影响和给予我们的启示。

20 世纪 80 年代，在纽约广场饭店，由美、日、德、法、英等国签署了《广场汇率协议》。当时，由于美、日、德、法、英五国关于汇率协议的签署，使得在（1985 年初至 1987 年底）三年的时间内，日元（250→120）、马克（3.15→1.56）、法郎（2.67→1.26）兑美元的汇率分别升值了 50% 和英镑（0.884→0.531）兑美元升值 40%，在这种短时期内出现的汇率大幅调整，对于出口贸易，客观上对于每个升值国家来讲都是有些被动的，这对它们贸易出口的压力都是很大的。而实际发生的情况是怎样的呢？这些国家又是怎样应对的呢？下面，我们将进行逐一的分析。

首先看日本的情况,在广场协议签订之后的五六年时间内,日本的出口贸易并没有停滞,日本对美国的贸易顺差也没有减少,而是大幅增加了。日元升值并没有使本国的电器、汽车、机械等产品失去竞争力,它们由于采取了积极的产品质量、效率、创新等调整措施,反而使日本在新的贸易条件下提高了国际竞争能力,也没有为美国产品打开日本市场留下空间。

那么,德国的情况怎么样呢?在广场协议签署以后,马克兑美元汇率持续着上升趋势,德国马克从1985年的1马克兑0.3165美元升值到1995年的1马克兑0.7120美元。但是,汇率升值的巨大波动在未来几年贸易中对德国的产品出口影响并不明显,并没有达到美国预期的效果。在马克升值的较长时期内,德国出口在经历了短暂调整后,德国的对外贸易均为顺差,在1985年德国出口突破500亿美元之后,自1988年以后进出口贸易额稳定在1000亿美元以上。也正是在马克升值的推动下,德国取代了美国成为世界最大的贸易出口国。德国经济也没有因为马克升值而一蹶不振,反而,还使得出口贸易得到了进一步的扩展和提高。

从日本和德国在汇率大幅升值情况下的对外贸易的实践表明,如果企业、政府面对一国汇率升值能够采取正确有效的应对措施,即便是在本币出现较大升值情况下,也并不必然出现出口贸易大幅度下降的结果。因为,就汇率的本质来讲,它是反映两国实际经济水平和生产能力的由货币来表现的相对价格变量,外部因素对汇率引起的任何变化,都不会改变一国实体经济对这一相对价格变量的决定和调整作用。

事实上,美国通过"广场协议"对汇率进行的人为的价格调整,并没有实现预期的目标,也没有出现它们预想的通过汇率的贬值来使贸易逆差得到扭转的局面。贸易实践表明,一般人们只注重汇率表面上发生的变化,以及汇率对贸易的价格影响作用,并不清楚真正能够决定汇率变化的"那只手"在哪里,从而无法进行贸易的有效调整。如此"广场协议",即便是只是作为权宜之计的话,但贬值国由于这种利益让渡付出的代价也比调整生产和提升竞争力的代价要大得多。下面,我们看一看在广场协议后日本和德国面对汇率升值采取了哪些措施以及通过升值获得的增加的贸易利益。

在日元升值形成的出口压力下,日本企业采取了一系列的应对措施,它们把日元升值的压力转化为努力提高自身生产率和产品科技含量的动力。首先,通过产品升级和生产流程合理化的革新,增加廉价零部件进口、减少能耗等各种合理化措施,提高生产率和产品的科技含量等;其次从全面提升产品质量入手,以绝对高质量赢得市场,使得国际客商在明知价格提高时仍然愿意购买,并在汇率升值的基础上，保持了出口贸易的顺差形势。

德国面对于马克的升值，德国也是不情愿的，但德国借马克升值的机会大量购买相对廉价的美国的先进机械设备，扩充实业投资。德国始终坚持了抑制通胀的货币政策，防止资金投放过度而形成资产价格泡沫，并使资金主要用于支持实体经济的发展。为了提升出口企业的竞争力，它们立足于制造业的优势，提高产品质量，创造品牌重新占领市场、开拓新市场，保持了出口产品的竞争力，从而成功应对了汇率升值产生的出口压力，并取代了美国成为世界最大的贸易出口国。

事实表明，日本与德国在汇率升值过程中采取的措施及形成的效果，印证着一国生产要素的效率、质量与创造能力对于一国汇率的决定性作用，说明了生产竞争力的改善才是推动汇率升值和贸易增长的根本原因。汇率的贬值只是作为了一种价格手段，它对贸易条件的改善及对贸易的调节作用是有限的。日本与德国应对汇率升值的例子，也说明了以高质量产品与技术创新为基础而形成的强势汇率具有的弹性空间和竞争力，这种以质量与技术为基础的贸易，也是每一个贸易国在长期贸易中以及升值情况下实现获利的前提。

这一事件告诉我们，汇率的升值不是必然的使出口贸易受到不利影响，它还可能会给出口国带来物质利益的增加。在一定条件下，它也可能会使一国的出口贸易受到影响，即使贸易出口数量减少，或使一些贸易企业倒闭。那么，这些种情形是在什么条件下出现的呢？

一般地讲，汇率升值后出现出口量下降或企业倒闭的情况，是在企业生产成本不能下降、产品质量不能提高、产品没有竞争力的条件下才出现的，而这些并不是由汇率升值必然导致的结果，因为对于有些产品，即使汇率不升值这种现象也可能会出现。

客观上，一国出口贸易形势的变化，一方面取决于汇率升值阶段与真实经济的吻合程度，如果汇率处于低估状态的情况，则升值就不会对贸易出口产生出口压力。另一方面，取决于汇率升值阶段，一国对社会整体要素和企业生产、技术、产品的调整速度，以及企业针对汇率升值所采取的产品价值补偿和措施调整的效果。如同日本与德国那样采取正确的调整措施，一般就不会使商品贸易受到影响。

另外，在汇率升值情况下，影响商品贸易的因素，还有一国的财政和货币政策，客观上，它要求这时的财政政策和货币政策能与货币升值相吻合（它要求信用资本使用或投放产出的效率更高。日本在面对"广场协议"汇率升值过程中，由于采取了不合理的货币扩张措施，实施了与货币升值相反的货币政策，正是由于这种低效率和错误的货币扩张措施,从而推动了市场物价的增长)。

下面,我们看一下在"广场协议"实施的过程中,美国、日本、德国它们都是获得了哪些贸易利益(这里没有考虑由相互持有对方金融资产而产生的"协议"损失或盈余,这是由"协议"带来的直接后果,它已经超出了正常投资的市场合理波动范围,理应由各国政府部门解决,如原金融资产按原汇率兑换,从而避免非个人行为产生的财产损益)。

在协议签署的三年内,美元兑日元(250→120)、美元兑马克(3.15→1.56)分别贬值了 52.0% 和 50.5%。这时,如果德国与日本和美国的贸易进出口额和三年前相同的话,我们看一下德国与日本在和美国贸易时获得的贸易收益情况。

(1)德国与美国的贸易:为了清楚了解每一步的含义,我们还是结合生产函数和贸易方程式进行计算分析:

生产函数:$V = 货币效率指数_德 \times 价格_马 \times Q = 货币效率指数_美 \times 价格_美 \times Q$
$= 商品价值 \times Q$

贸易方程式:$Vtr = 货币效率指数_德 / 货币效率指数_美 \times 价格_马 \times Q$
$= P_美 / P_马 \times 价格_马 \times Q = 价格_美 \times Q$

($P_美$、$P_马$——分别代表美国货币美元与德国货币马克表示的汇率价格,价格$_马$、价格$_美$——分别代表德国马克与美国美元表示的商品价格,货币效率指数$_德$——德国货币效率指数,货币效率指数$_美$——美国货币效率指数。Q——代表贸易商品数量)

那么,由于汇率变化,德国出口相同贸易数量(Q)与贸易额(价格$_马 \times Q$)的商品换回的美元数量或产品数量就要发生变化,由于美元兑马克(3.15→1.56)贬值,使马克升值了 50.5%。双方贸易变量变化如下:

马克升值前,$P_马$(均衡)= 3.15,美元兑马克汇率:$P_美/P_马$(均衡)= 1/3.15。
马克升值后,$P_马$(升值)= 1.56,即美元兑马克汇率:$P_美/P_马$(升值)= 1/1.56。

作者注

这里美元汇率 $P_美$ 的贬值变化,是通过马克汇率,即:$P_马$(均衡)= 3.15→$P_马$(升值)= 1.56 这一数值变小的变化来表示的,在我们阅读时需注意

这意味着德国的货币效率指数$_德$(或购买力)比以前提高了,即从升值前的货币效率指数$_德$(均衡)= 1/3.15 = 0.3174,提高至升值后的货币效率指数$_德$(提高)= 1/1.56 = 0.6410。

这样，货币效率指数_德（或购买力）前后发生的增长变化为：

货币效率指数_德（提高）− 货币效率指数_德（均衡）= 0.6410 − 0.3174 = 0.3236

如正常升值的话，它表明德国利用提高效率和质量与技术等措施使其相同贸易额（价格_马 × Q）中包含的价值增加了，也意味着出口量增加了。

在当时，为了应对"广场协议"的被动升值，德国也是采取了给商品增值的措施。这样，由于产品质量与技术含量的增加和成本的相对降低，则又形成了德国的货币价值指数的增长，并满足了汇率升值条件，使得对汇率升值的价值补偿或使产品的价值剩余满足或甚至超过了汇率升值的水平，它产生的是使德国汇率相对贬值的效果，这样就增强了汇率升值下的产品竞争力。

根据生产函数，在汇率升值情况下，德国出口贸易额（价格_马 × Q）时所增加的收益为（根据前面的收益增加等式）：

$$V_德（增加）=（货币效率指数_德（提高）− 货币效率指数_德（均衡））× 价格_马 × Q$$
$$= 0.3236 × 价格_马 × Q$$

如果，德国汇率升值前的出口商品用 $V_德$（均衡）表示的话，那么，升值前的原贸易量则表示为：

$$V_德（均衡）= 货币效率指数_德（均衡）× 价格_马 × Q$$
$$= 0.3174 × 价格_马 × Q$$
$$= 商品_德（均衡）× Q$$

德国商品出口增加的收益率则表示为：

$$新增收益率 = 新增收益/原贸易量 = V_德（增加）/V_德（均衡）$$
$$= 0.3236 × 价格_马 × Q/0.3174 × 价格_马 × Q$$
$$= 1.0195$$

由此得出，德国出口增加的由出口商品表示的新增收益，这时表示为：

新增收益 = 新增收益率 × 原贸易量 = 1.0195 × 商品_德（均衡）× Q

它表明，在汇率升值后的德国商品，德国每出口一件商品（Q = 1 时），则相当于比过去升值前多换回 1.0195 件出口商品的收益，它是源于美国进口时货币支付的增加，也是美国因美元贬值在进口德国相同数量商品时，而增加的本国商品出口的代价。

另外，通过两国贸易方程式：$P_美/P_马 × 价格_马 × Q = 价格_美 × Q$。其中，$P_美 = 1$。可求得马克升值后，德国通过贸易由美元表示的增加的收益数量，即：

增加的货币收益 = $P_{美}(1/P_{马}(升值) - 1/P_{马}(均衡)) \times 价格_{马} \times Q$
$= P_{美}(0.6410 - 0.3174) \times 价格_{马} \times Q$
$= 0.3236 \times P_{美} \times 价格_{马} \times Q$

其表示升值后引起的进口国价格支付增加的变化，也表示美国因为汇率贬值50%在进口德国产品（贸易额：价格$_{马}\times Q$）时而多支付的美元数量是德国出口额的0.3236倍。

如果用美元货币变化进行比较的话，则有：

增加的货币收益/原贸易额 = $0.3236 \times P_{美} \times 价格_{马} \times Q / P_{美}/P_{马}(均衡)$
$\times 价格_{马} \times Q$
$= 0.3236 \times P_{马}(均衡)$
$= 0.3236 \times 3.15 = 1.0193 = 101.93\%$

它表示美国在进口德国同等数量商品时，由于德国汇率升值50%，美国因此比马克升值前多支付了美国原贸易额的101.93%的美元货币。这种由美元贬值引起的支付成本的增加，它会通过贸易商品直接表现为国内市场物价的增长。

对于美国的出口贸易，随着美元贬值，它还表现为从其他国家进口原料时的价格上升，进而增加美国出口厂商的生产成本。如果在不减少利润而提升价格的情况下，这会使由汇率贬值产生的出口商品价格下降空间减少，由此也就不会较大改变美国出口商品的国际竞争力。

（2）日本与美国的贸易：日元升值后，日本与美国的贸易发生了很大变化。我们还是结合生产函数和贸易方程式进行计算分析：

生产函数：$V = 货币效率指数_{日} \times 价格_{日} \times Q = 货币效率指数_{美} \times 价格_{美} \times Q$
$= 商品价值 \times Q$

贸易方程式：$Vtr = 货币效率指数_{日}/货币效率指数_{美} \times 价格_{日} \times Q$
$= P_{美}/P_{日} \times 价格_{日} \times Q = 价格_{美} \times Q$

由于美元兑日元（250→120）贬值，使日元升值了52.0%。双方贸易变量变化如下：

日元升值前，$P_{日}(均衡) = 250$，美元兑日元汇率：$P_{美}/P_{日}(均衡) = 1/250$，日元升值后，$P_{日}(升值) = 120$，美元兑日元汇率：$P_{美}/P_{日}(升值) = 1/120$。

这意味着日本的货币效率指数$_{日}$（或购买力）提高了，即从升值前的货币效率指数$_{日}$（均衡）$= 1/P_{日}(均衡) = 1/250 = 0.004$，提高至升值后的货币效率指数$_{日}$（提高）$= 1/P_{日}(升值) = 1/120 = 0.0083$。在升值前后，货币效率指数$_{日}$（或购买力）发生的增长变化为：

（货币效率指数$_日$（提高）- 货币效率指数$_日$（均衡））= 0.0083 - 0.004 = 0.0043

它意味着升值，是由日本提高生产效率与产品质量和技术含量使得贸易商品（价格$_日$×Q）中包含的价值增加的结果，也意味着出口价值量的增加。因此，日本采取的应对汇率升值的价值补偿正是满足了汇率升值条件，如果这种补偿可能会超过汇率升值水平的话，这样会使得产品竞争力并不会因为汇率升值而降低。

由生产函数可知，日本出口可换回增加的新增收益：

$V_日$（增加）=（货币效率指数$_日$（提高）- 货币效率指数$_日$（均衡））× 价格$_日$ × Q
= 0.0043 × 价格$_日$ × Q

如果，日本升值前的出口商品用 $V_日$（均衡）表示的话，那么，升值前的原贸易量则为：

$V_日$（均衡）= 货币效率指数$_日$（均衡）× 价格$_日$ × Q = 0.004 × 价格$_日$ × Q
= 商品$_日$（均衡）× Q

其商品出口增加的收益率表示为：

增加的收益率 = 新增收益/原贸易量 = $V_日$（增加）/$V_日$（均衡）
= 0.0043 × 价格$_日$ × Q/货币效率指数$_日$（均衡）× 价格$_日$ × Q
= 0.0043 × 价格$_日$ × Q/0.004 × 价格$_日$ × Q = 1.075

由此得出，日本出口增加的由出口商品表示的新增收益：

新增收益 = 增加的收益率 × 原贸易量 = 1.075 × 商品$_日$（均衡）× Q

它表明，日元升值52%后，日本每出口一件商品，可以换回比升值前多出1.075件出口商品的收益，即出口一件商品的总收益为2.075件。它是源于美国进口时货币支付的增加，也是美国因美元贬值在进口日本与原来相同数量商品时，而增加的本国商品出口的代价。

同样，从日本出口的贸易方程式：Vtr = $P_美$/$P_日$ × 价格$_日$ × Q = 价格$_美$ × Q。可求得在日元升值以后，日本通过贸易获得的由美元表示的增加的收益量，即：

增加的货币收益量 = $P_美$(1/$P_日$（升值）- 1/$P_日$（均衡））× 价格$_日$（均衡）× Q
= $P_美$(0.0083 - 0.004) × 价格$_日$（均衡）× Q
= 0.0043 × $P_美$ × 价格$_日$（均衡）× Q

这一结果表示，出口国货币升值后引起的进口国货币支付增加的变化。表示美国因为汇率贬值52%，在进口日本产品（价格$_日$（均衡）×Q）时而多支付的美元数量是日本出口贸易额的0.0043倍。

如果用美元货币的前后变化来比较，即由：

$$增加的货币收益量/原贸易额 = 0.0043 \times P_美 \times 价格_日（均衡）\times Q/P_美/P_日（均衡）$$
$$\times 价格_日（均衡）\times Q$$
$$= 0.0043 \times P_日（均衡）= 0.0043 \times 250 = 1.075$$

它表示美国在进口日本同等数量商品时，由于日本汇率升值52%，美国因此比日元升值前多支付美国原贸易额107.5%的美元货币。

同样，这种由美元贬值引起的美元支付成本的增加，它会通过贸易商品直接表现为美国市场物价的增长。

对于德国、日本的进口贸易，随着美元大幅贬值，它还表现为从美国或其他国家进口原料时的价格大幅下降，进而减少德国和日本出口厂商的生产成本，如果在不减少利润而降低价格的情况下，这样就会使由于汇率升值产生的出口价格上涨幅度减少，这时也就不会较大消减德国和日本两国出口商品的国际竞争力。这也是德、日两国在汇率升值时并没有削弱两国市场竞争力的内在原因之一。

根据以上分析可知，德国与日本在广场协议的汇率被动升值中，两国获得的利益是丰厚的。广场协议并没有改变贸易形势的最终结果，也没有影响德、日两国的顺差局面，反而提高了德、日两国的出口竞争力，德、日两国为此付出的是高质量的投入，得到是成倍的利益回报，美国付出的是资源减少的代价，得到的是昙花一现的转机。

美国在广场协议实施的设想目标中，寄予以汇率贬值来扭转过去贸易形势对本国不利的逆差局面，它们没有从自己的经济竞争力与结构的改善上来寻找解决的办法，而只是想依靠改变贸易交换的价格变量来使贸易供求关系发生根本性的变化，并认为广场协议能够帮助它们实现扩大出口并实现贸易收支平衡的预期目的的。

这样的思路，如果是在德国与日本对现有产品的生产不作任何调整的话，希望可能是很大的。但是，面对于汇率的大幅升值，由于德国、日本贸易企业采取了从生产投入调整和价值补偿方式来提升汇率竞争力的有效手段，它又形成了使德、日两国汇率相对美元贬值的效果。这种以技术和创新为手段的对生产成本、效率、技术、质量的调整，形成了商品新的贸易条件和市场效果，使得美国以汇率贬值的调整方式来实现设想的贸易平衡目标就成为了泡影。

广场协议的实施，也反映了美国对于经济调控措施选择方面存在的认识差距和对外部市场条件的依赖性。通过以上对德、日、美三国贸易的分析，客观的数据证明了这样的结论，任何以贬值汇率的方式来调节贸易平衡的目的，都将会为此付出直接利益损失的代价，而由此产生的负面影响则是长久的。

德国与日本企业利用技术与创新等价值方式对贸易商品采取的调整措施，它有效改进着贸易的供求关系，继续维持了它们的贸易顺差局面，也扭转了汇率升值给两国贸易出口带来的不利影响。美国在与德国和日本的贸易博弈中，并没有实现通过降低汇率价格达到预期的市场贸易目标。事实证明，德国与日本所采取的价值调节贸易的方式，要优于美国所采取的价格调节贸易的方式。

就"广场协议"的签订，其反映出的问题不只在汇率调节的问题，它反映出的问题是多方面的，也是深远的，而且这样的问题还依然存在着，它就是至今人们对日本采取应对"广场协议"的决策和结果，存在着的认识误区。它主要表现在，许多人甚至包括经济理论界的人士，将"广场协议"实施后产生的物价上涨归结为日元升值的原因。对于"广场协议"后日元升值以后并伴随着日本市场物价上涨的真实原因，也是我们在这里需要澄清的一点，就是日元升值不是造成物价上涨的原因。

当时物价上涨的原因，则是由日本错误的货币政策与银行操作方式违背汇率升值逻辑而造成的，是由它们所犯的这一低级错误所产生的结果。事实上，物价上涨与日元升值之间不存在正面因果关系，并且，一国货币汇率与国内物价之间存在的是反向变化关系，即一国汇率升值时，它通过贸易所起到的是降低一国物价的作用，而不是相反。

在广场协议实施后，日本贸易企业的反应和决策是正确的，它们顺应了日元升值的客观要求与逻辑规律。例如，贸易出口企业按照货币升值的要求，采取各种措施来降低生产成本，提高生产效率和产品质量，增加产品附加值，甚至有的采取降低工资报酬和利润的办法来减少成本或价格，这样的措施，给予了产品很大的价值补偿，极大地推升着日元升值条件下的竞争力。

相比之下，当时的日本货币当局却没有做出正确的应对之策，由于采取了宽松的货币政策和没有控制好一国的货币投放，在大量的房地产投资、城市的住宅开发、饭店、高尔夫球场等各种投资项目需求增长的同时，吸引了大量银行资金的流入。在这样的时期，也就从客观上背离了汇率升值条件下的金融正确操作方式，进而导致了日本国内出现汇率升值下的以房产、土地、股票为代表的物价上涨的异常经济现象。

这一历史题材也提示我们，任何情况下的经济决策都要符合经济规律，并按照经济规律去行事（由于在当时人们不清楚或还没有汇率决定的精确理论的指导，出现这种决策是不可避免的），否则，必然会出现事与愿违的市场结果。虽然以上的贸易方程式与贸易汇率公式都对汇率变化时的贸易企业如何调整和操作给出了理论依据，为一国以后应对汇率变化提供了具体操作措施和方法，但"广场协议"作为历史事件所提供的深刻教训，也是我们以后在面对本国汇率升值时需要汲取的。

一种货币与商品在市场价格稳定的情况下，汇率升值就是意味着货币与商品价值的增值，反映着一国生产劳动与价值产出效率的增长，也意味着利得。汇率贬值就是一国货币与商品的打折，它缩减的是货币与商品中所包含的价值，反映着一国生产投入与价值产出效率的下降，或者人为因素的利益让渡，无论哪一种情况，汇率贬值都意味着所得利益的减少。从总体上，在贸易平衡状态下，汇率升值对一国整体利益和本国国民是有利的，这种利益的获取并非是免费的，它是建立在一国一定的生产效率、技术水平与商品质量基础之上的。

那么，大家既然知道一国货币升值或汇率升值对于一国是有好处的，它意味着在贸易额相同的基础上，可以换回比以前增加的商品或资源。可在现实中，为什么却存在着贸易企业与一些国家不愿意汇率或货币升值的现象呢？

这是因为，货币升值意味着一国要素投入与产出的提升和生产成本的降低，也预示着贸易商品价值垄断性的提高。这种情况下，它增加的是贸易企业或一国生产技术与质量提高的难度，需要一国要素资源质量以及企业创造力的提高，也正是因为在技术交流与合作扩大的形势下，各国都存在着技术创新和产品垄断能力提升的困难。同时，各国都面临着产能过剩、就业压力和市场竞争加剧的形势，也为了保持一国产品在国际市场上的价格竞争力，才形成了现实中各国都不愿使本国货币升值过快的意愿，这与商品市场上价格竞争的本质表现是一致的，它反映的也是当今世界经济发展的竞争趋势。

另外，汇率升值对于一国的贸易企业会产生一定的经营压力，因为这需要它们付出更多的技术与人力资本投入，同时意味着需要提升生产效率和降低生产成本，有时可能还会影响它们当下的收入。因此，从企业自身角度讲，一般贸易企业是不愿意本国汇率升值的。

在未来发展过程中，随着自然资源逐渐减少及垄断性的增加和生产效率与技术水平的提升，以及社会工资收入水平的增长，各国之间的货币汇率会随着各国不同的生产要素投入与产出的变化，而发生不同的变化。

以上的贸易方程式为贸易企业提供了参与市场竞争的汇率调整与核算的操作工具，企业可以利用这些操作工具来提升产品的汇率与价值竞争能力，力争使商品的价值与价格计量更加精确化，也使贸易商品的汇率与价格的计量更加精确化，这些都是实现贸易收益最大化的基本保证。它将帮助贸易企业在商品质量、信誉、服务、品牌价值的基础上，最终实现一国对外贸易的稳定发展、增加社会就业和促进经济增长的目的。

为了推动世界贸易的发展，各贸易组织与机构始终在不断完善和制定各种新的市场标准，像商品的质量、数量、标准、价格的规定是否符合 WTO 的相关规定和要求，以及一国的汇率是否与实际水平相吻合等。还有各种法律规定与计量内容也更为精细，以此来维护国际贸易的最大公平和利益，这也是未来贸易的发展趋势。

由以上分析可知，一个劳动力资源丰富的发展中国家的商品贸易，在一定程度上，其劳动力资源虽然丰富，或者具有一定的贸易规模，但是，如果一国汇率以较低水平并持续较长时间的话，这些劳动资源获取的收入也不一定会使它们富裕起来。因为，在此基础上，它们获得的增长的收入可能同时会被物价的增长侵蚀掉，从而会减少实际收入的增长。在任何情况下，通过贸易实现的实际收入的增长，都是在通过贸易获取的商品或资源的不断增加中完成的，它体现的是贸易的实际收益增加，而不只是体现于实现的贸易额上。一国贸易企业通过贸易生产实现的收入，它包含于生产函数中，也反映在贸易方程式中，它们是一种因果对应关系，任何投入的增加都会在最终产出和收益中表现出来，任何利益的让渡也会在收益的减少中反映出来。

在一般国家自然资源不足或不能满足需要的条件下，利用一国劳动资源优势开展国际贸易，则显得尤为必要。它主要体现在劳动资源的价值创造能力，劳动创造的新的价值功能或使用价值是对自然资源价值的补充，也是使用劳动提供的价值对资源的补充和置换。劳动质量越高，其交换的其他资源也越多，劳动质量的提升也意味着劳动资源的相对增加。而由劳动质量产生的经济增长，它是建立在永不枯竭资源之上的，它产生的是长久的经济效益，这在国际贸易中表现得尤为突出。事实证明，以廉价成本利用国际市场资源来弥补国内市场的资源需要，这是实现经济发展和提高一国生活与收入水平的有效途径。这一贸易目标的实现，是在一定的优质产品和合理的汇率或价格基础上完成的，它所反映的是商品生产与贸易的客观规律。

第十二章

如何实现一国经济的平衡发展

一

实现一国经济平衡发展的条件和意义

在一国中，不同的城市和地区，虽然都处于同一市场机制的发展环境中，由于这些城市和地区，存在着地域和自然生态环境与生产要素禀赋条件上的差别，从而使得它们各自在经济发展水平上存在着很大的不同。在我国经济发展中所反映出来的情况，这种差别也是明显存在着。例如，在我国东部地区和西部地区、南方地区和北方地区之间所表现出的 GDP 规模和质量上的差别，以及从居民收入和企业利润等方面表现出的差别，或是从世界一些地区之间表现出的这种差别，都是比较明显的。这些差异特征，它们都不同程度地反映着经济发展中存在的要素禀赋的失衡问题。

纵观各国或地区经济发展过程，不同市场上存在的失衡问题是多方面的，主要表现为要素供给、供求关系、收入分配、收入水平、商品质量、市场物价、公平诚信等方面的问题。从本质上讲，它反映的是一国或地区局部市场上存在着的生产要素投入、产出与收入分配等方面的失衡现象，当然，它也反映着一国社会调控和政策方面的问题。

如果将市场上的要素供给、物价变化、收入增长等变量和一些部门采取的调控手段相比较，可以发现，我们面对市场上反映出的许多经济问题而采取的一些调控政策和具体措施，距离市场经济规律的要求，还存在着一定的差距，还有许多需要发挥经济智慧的地方，也存在着许多可以加大调控力度和继续完善的各种政策与措施空间。

由于过去的经济学理论没能很好揭示经济内在规律的原因,这使得人们面对经济运行中出现的问题不知从何下手,也就不能制定出有效的经济调控措施。如果从目前经济运行状况来讲,还不能说明经济发展已经走上良性循环的轨道,预期并不是明确和乐观的。因为,无论是从微观还是宏观层面上,各国经济发展以及国际贸易和金融市场的运行状态,都还存在着许多的不确定性和盲目性的特征。实践证明,如果没有正确的治理措施和行为尺度与秩序条件,经济运行也就不会无故地出现好转。

西方经济学理论设想的市场经济是一种理想的市场交换机制,这种市场交换机制可以孕育最大的效率和公平,它可以给市场供给与需求双方都能带来公平的收益,也会实现社会财富最大的满足。在现实中,这种市场机制目标的实现,是在一定的市场要素条件下才可以实现的。这一定的市场要素条件,首先是一国需要具备丰富的生产要素资源,其次是具备完全竞争的市场机制,它们是实现商品生产完全市场化的基本条件。

在这样的市场上,生产要素可以满足无限供给的市场竞争需要,即能够满足市场供需平衡的条件。在这一条件下,就不会产生资源或相应产品的价格垄断,也就不会产生由于垄断而形成的不公平的市场交易,从而实现市场交换的最大公平,使人们能够通过不同的劳动投入而获取财富创造的公平机会,也意味着可以最大程度遏制市场上的投机和不劳而获的机会,这种客观条件,也就自然成为避免出现经济失衡的保障因素。

因此,只有满足了市场经济(或自由市场经济)条件,才可以不用对市场要素与产品价格采取干预的相关措施,并能够通过竞争方式来实现市场价格的供给与需求的平衡。

在现实经济中,显然不存在或无法找到满足这一理想市场机制的客观条件。但是,经济学所设想的市场的效率与公平目标,无论每个国家的社会制度是否相同,资源要素条件是否完备或充分,作为实现一国市场的效率与公平目标,都应当是每个国家所追求的共同目标。

为了弥补这种现实与理想市场环境条件之间的差距,在实际中,每一个国家都在努力创造有利的要素、生产和交换的市场环境条件,例如,经济体制的改革、经济政策的优化、财政政策的完善、货币政策的调控、生产结构的调整、增加教育与科技投入、鼓励劳动创造与就业、市场经济相关法律、创造社会公平环境、稳定市场物价等一系列相关措施。这些都是在为一国经济的均衡发展创造着有利的环境条件,也是在创造着和市场经济具有相同环境的市场条件。

作为生产要素供给的数量与质量,它决定和影响着一国一定时期内经济发展的质量与数量水平，一国生产要素投入与产出的相对变化决定着一国市场商品价值与价格的相对变化，也是影响一国经济运行均衡变化的主要因素。这些影响因素，在市场上，会以不同的市场价格特征、收入特征、效率特征、消费特征等形式表现出来，从而形成不同城市与地区经济特征的差别。

在现实中，经济失衡也是经常发生的市场现象。这种失衡因素和现象，它们存在并产生于生产与交换的每一个环节之中，也就是说，经济失衡是从每一个生产与交换的价值失衡开始的，而市场上供求关系的变化也会加剧这种失衡变化的幅度。

从客观上讲，按照生产顺序，经济失衡首先是从要素供给与需求失衡开始的，一国资源要素的供给状况是决定一国经济发展的客观条件。在现实中，每一个国家都会面临生产要素供需失衡的制约，尤其在人均要素资源相对稀少的发展中国家更为突出一些。具体表现为，在这些国家市场上，都普遍存在着自然资源供给与需求失衡、土地要素价格失衡、产业结构失衡、工资增长失衡、收入分配失衡、资本与资产价格失衡、生产效率失衡、国际收支失衡、进口原料（商品）价格失衡、汇率失衡、GDP增长速度失衡、人口增长与社会就业失衡等现象。

另外，也有许多经济失衡，则是由于生产与经营秩序混乱和价值尺度的缺失引起的。由此产生的直接结果，则是扭曲社会分工下的市场公平环境，进而导致市场物价的无序波动或上涨，给大众消费者带来利益上的伤害，使人民群众的生活质量受到不利的影响，同时也使经济运行受到影响。

如上所说，对于一些经济失衡现象，无论是由于资源要素的供给因素引起的，或是由人为因素和评估标准引起的，还是由于理论层面没能提供正确的依据和引导所造成的。从客观上，它们都产生了一定程度上的不公平的社会影响，形成了商品不等价交换的现象，并在一定程度上给消费者带来了利益上的伤害。

因此，为了避免或调节市场的经济失衡，就需要我们以一定法规和价值尺度对市场秩序进行规范，它不只是体现在生产系统内部，它也表现在生产要素的供给市场上，如土地要素、其他资源要素的规范等，它既包括这些要素供给的质量、数量与期限的规定，也包括要素供给的合理价格的规定。这是在资源要素不能充分供给条件下，实现一国市场公平交换和供求均衡的市场必要条件。

对此，我们以房地产市场为例，结合货币结构来做"经济失衡"的具体分析：

货币 = 全要素价值生产率/(总工资率 + 总净利润率 + 总利息率 + 总折旧率
　　　+ 总摊销率 + 总税率 + 中间产品和生产费用等成本流量)

　　 = 全要素价值生产率/(劳动总收入 + 资本总收益 + 摊销总额 + 税收总额)

　　 = 价值/价格

从这一结构中可以看出，当在某一种要素的产出效率或价格失衡的情况下，就会使整个指数结构受到影响，并会使产出效率发生增长或下降的变化。也就是说，如果从宏观上讲，无论是生产成本发生增长或下降的单边变化，还是价值产出发生增长或下降的单边变化，最终都会使一国币值发生变化，或使市场物价发生变化。例如，一国市场的土地和房租（商业店铺）价格，如果出现不断增长的变化，使得它们在作为生产要素投入时，就会形成效率或其他要素收益出现失衡的变化现象，并使这两种要素（土地和店铺）提供的币值指数不断下降，同时，这两种要素也将成为推动市场上物价上涨的起始因素。

容易看出，这两种要素的投入，在以上结构中，是以折旧（房租或商业店铺）或摊销（土地）形式表现的。如果这两种要素价格不断地增长，它们就会不断侵蚀其他要素的利益，或侵蚀市场消费者的利益（产品价格增长时）。

在前一种情况下，其要素价格上涨侵蚀的主要是劳动者的切身利益或者是经营者的收益。当劳动者利益受到伤害时，则可能会造成员工的流失或跳槽。当经营者利益受到损失时，则可能会导致经营困难或企业倒闭（或关门）。相对两者来讲，劳动者的利益伤害要大一些。

对于商品的生产、交换和收入分配，在前面章节，我们已经给出了生产要素投入、产出和分配的基本条件和关系等式（第十章以公式形式证明了公平分配的前提条件）。也就是要素投入与收入分配原则应同时满足两个条件：

第一，每一种要素的投入与收入分配的数量公平原则：

$$要素投入 = 要素产出 = 要素收入$$

等式反映着等价交换原则，即投入是收入的前提，投入等于收入体现着公平交换，产出是投入的结果，也是收入分配的条件。

第二，不同要素之间的效率公平原则：

$$劳动者货币效率指数 = 管理者货币效率指数 = 资本货币效率指数$$
$$= 社会平均货币效率指数(价值尺度)$$

这两个条件表明，在不同生产要素实现了生产效率一致的前提下，每一种生产要素都可以按其投入的数量多少来进行等量的不多也不少的分配。它形成的是生产要素投入的"多劳多得，少劳少得"的分配结果，这时候，每种要素都可获得和自己付出都相等的收益。

根据收入与投入（成本）的公平原则，就以上土地和房产（商业店铺）两种要素的投入而言，它们的投入与收入，也应满足数量公平原则和效率原则。也就是说，一国资产要素通过投资获取的全部收入应等于它的全部投入。

在市场上，虽然存在着土地位置和房产（商业店铺）质量上的差异，但它们作为生产要素，从投入特征上来讲，土地和房产（商业店铺）的物质形式和货币形式的投入或转移应当是统一的。它们作为生产要素投资时，是以摊销和折旧的资产消耗形式出现的，并以货币价值投入反映在企业会计的账目中。在各国会计制度中，对于资产摊销或折旧的期限和成本生成也都作了具体规定。作为土地和房产（商业店铺）出租的价格，反映着在使用寿命期限内，由摊销或折旧投入产生的成本或代价。同时，它们也是市场上土地和房产（商业店铺）作为生产要素投入而获取收入或租金的依据，它体现的是投入等于收入的公平交换原则。

依照价值链的转换的因果关系，土地与房产要素价值的摊销投入或折旧投入成本向市场价格的转移和它们物质形态的摊销或折旧期限，应最大限度地保持一致，即商品房租金价格与商品房折旧期限成本相一致，也就是应与企业会计账目和折旧或摊销的具体规定相吻合，从而实现资本要素价值转移的连续性和公平性与客观性。

目前的房地产市场，人们在土地要素不能满足供给的情况下，也是在房地产需求不断增长的情况下，土地要素进行着没有约束的交易。这使得一国土地和房产（店铺）这些具有资源属性的稀缺要素价格和折旧期限或折旧额或摊销量，可以随意量化并计入成本。由此形成了这些稀缺要素价格形成或供给的混乱，同时也破坏了价格秩序的均衡，它在鼓励市场资本投机的同时，也打击着生产企业的劳动创造和生产投入的积极性，同样，也给许多市场经营者带来了经营上的困难。

由于这些要素价格形成和折旧期限与摊销管理上的失控，以及资本价格增长在没有尺度约束的情况下，从而直接导致了以第三产业为主的经营成本的不断上升，如表现为一些商业街区和商场超市的商品价格不断上涨。有的地方，在不足百十公里的范围内，相同商品的价格相差十倍的程度，这种严重的商品价格失衡现象，极大地影响了社会大众消费群体的生活质量。

以上反映的情况，都是由于土地要素的稀缺性引起的。一般来讲，当资本投资于实际价值的时候（这里价值不是指货币形式，是指效用价值或事物的有用性），才能够产生更多的财富，当资本源于价值的时候，资本才更有价值。否则，就会造成资本的浪费或货币的贬值。

作为一定时期内的土地价格，它既应当反映投入土地的货币成本，也应当反映土地价值的客观属性。土地中所包含的货币投入（或价格）在一定时期和土地一样，应当是相对稳定的（在土地相对丰裕的社会阶段，土地使用权获取不存在机会成本），其价格则不能是随意变动的，它反映着土地价值与价格相统一和稳定的客观性质。这种价值与价格的统一性，既符合经济发展规律，也符合客观发展规律，这也是土地作为生产要素投入和保持商品房的价值与价格相对吻合的前提条件。而一国市场上土地价格出现单边增长的现象表明，它既是引起市场商品房价格失衡的逻辑起点，也是一国对市场商品房价格进行调控的源头，这也是由土地要素具有的不能满足市场充分供给的稀缺性决定的。

作为土地资源，它是维持人类生存的基本要素，也是发展经济和改善民生的主要要素，每一公民都有享有这一要素的合理权益。这也是土地自身的属性决定的，即便在资源稀缺和实行有偿使用的政策前提下也是如此。

为了实现一国社会收入的公平分配，客观上，它需要以正确的经济理论为依据，客观地界定劳动价值、自然资源价值的属性与它们价格的形成和与收入之间的关系；合理制定符合经济学规律和经济发展的经济政策、市场规则和市场监管措施。同时，还需要构建符合市场经济规律的一系列经济调控、法律法规、尺度调节、资源价格规范、公平分配秩序等这些市场运行的要素条件。

客观规律要求我们，越是在资源稀缺的条件下，我们越应当创造公平的市场竞争环境，使每一个生产者以最高效率或合理成本来安排投资规模，在确保投资者合理利益的基础上，为市场提供质量尽可能好的、数量尽可能多的消费产品，并最大限度地满足一国的消费者的需求。这方面，它既包括一般生活用品的需求，当然也包括像房产这样的生存必需品的需求。这不但是经济发展的客观要求，也是目前在自然资源约束条件下的客观要求。

在当今，虽然各个国家所采用的经济制度存在各种差异，但在构建市场效率和公平秩序方面都具有统一的共识，也都把市场环境和经营秩序作为了影响经济发展的要素条件。各国无论采取任何经济调控措施，如控制物价上涨、提升效率、降低成本、利率市场化、汇率市场化等，反映在市场上，它们都体现着一个共同的市场目标，也就是为了实现一国市场上商品价值与价格的均衡目标或公平交易目标。这一市场目标，也体现着一国努力实现按劳分配的公平内涵，也是实现一国经济平衡发展的目标。

二

欧元区的经济平衡分析

由不同国家构成的同一货币地区市场，则属欧元区了。2008年美国爆发的金融危机，同样给欧元区经济带来了很大影响，也使得欧元区存在的历史问题得以显现，各国不得不重新审视这些现实问题。欧元区存在的问题，从本质上讲，主要是区内各国之间贸易和一些国家对欧元区外的汇率失衡问题，欧元区的经济失衡，它与一国各地区之间出现的经济失衡是一致的。所以，这里以欧元区为例进行经济平衡的分析，这与探讨一国的经济平衡是一样的。

欧元统一货币区的建立，为区内各国之间的商品贸易和货币流通提供了极大的方便，由于货币的统一，使各国之间相互拥有了一个扩大了的发展经济的市场空间，也为商品贸易和流通创造了便利。欧元区货币统一的含义，意味着各国使用等值的同一种货币相互交换，也意味着各国实行统一对外的汇率标准，还意味着各国应以同一的生产力水平和生产效率进行商品生产与销售的市场接轨。

它还面临着：一些国家将会面对由于逐渐形成的平均货币工资水平而带来的问题，以及由不同国家生产力差距带来的问题，还有提高经济质量的问题，社会就业与增长问题，对外贸易问题，如何实现社会收入增长问题，市场物价稳定等一系列问题。尤其是对经济实力相对较弱的成员国家，它们在新的市场环境下遇到的困难会相对多一些。因为，欧元区相对于经济实力较弱的成员国来说，从市场条件、货币政策、生产条件、贸易条件的相对适应和调整的幅度要大一些，它们需要一个较长的调整过程才能适应新的经济环境，这也是需要欧元区共同解决的实际问题。而这些问题，主要反映的是各成员国生产力水平和共同面对同一汇率时存在的差距。

欧元区面临的这些问题，主要源于以前各国的生产力差距。各国在进入欧元区之前，并没有把它们之间存在的生产水平上的差距调整到共同的汇率水平之上（欧元区共同对外的汇率水平），也没有对于决定着各国汇率水平的生产力结构在进入新的市场环境之前，做出具体的调整规划，或对经济进行深入整改和完善提高，而这些正是各国实行统一货币需要的客观条件。

从客观上讲，欧元区的一部分国家，在开始的时候并不具备进入的客观经济条件，它们也不十分清楚进入统一货币区应当做好哪些准备工作，或者并不清楚对一些经济问题或有关产业该如何做出调整。

如此欧元区的诞生，也归咎于最优货币区理论存在的约束条件上的漏洞和缺陷的原因，因此，这不是欧元区成员国的错误。

作为最优货币区理论的所谓的统一货币区标准，实际就是依据五个和统一货币没有强制约束关系的指标，即通货膨胀、债务、就业、利率、赤字，而这些指标都不能体现进入统一货币区的货币指标特征。也正是由于没有统一货币的货币尺度的理论基础作为依据，才使一些不符合条件的国家实现了成为欧元成员国的愿望，而欧元正是在这样的拼凑中诞生的。

当欧元货币正式实施后，由于在汇率决定的实际问题上没有一个正确的认识和理论依据的支持，一般国家对汇率统一后的调整问题、效率接轨问题、收入增长问题都不可能结合各自实体经济水平而做出正确的和应有的调整，也就不能实现各国在进入货币区一段时期以后，真正使欧元区范围的币值水平实现客观上的一致性和统一性。这使得在欧元区各国经济经过几年的磨合与调整过程以后，欧元货币区还依然停留在货币形式统一的基础上，而并没有实现欧元区货币本质上的统一。也是由于这方面的因素，使得欧元区在金融危机的冲击环境下，将一些成员国在经济发展中存在的原始根本问题得以暴露出来。

当时的各国，只是在一种美好愿望的规划下匆忙上路了，一些国家并没有打好进入货币统一区的基础，它们带去的只是对未来的希望。

下面，我们根据统一货币的基本要求，结合各国商品贸易时的不同贸易条件，来分析各国参与市场竞争应采取的经济措施和调整思路。

在货币统一的欧元区，各国之间汇率 $P_B/P_A = 1$，没有了货币交换的比价，区内各国之间的贸易方程式都可用同一货币下的生产函数来表示。

这时，区内各国之间的贸易与竞争则只是表现为商品的性能、质量和价格形式，这与一国企业在同一市场上的竞争是相同的。在由过去最优货币区理论基础上产生的欧元区，实际上是一个没有货币尺度约束形成的统一经济区，它混淆了不同国家之间汇率水平差距，使得一些国家的出口产品在价格虚高之上失去了自己在竞争力有限的情况下，利用汇率来调整出口产品价格的手段。

因此，对于一些经济实力相对较弱国家加入欧元区，由于它们在生产力水平上存在的差距，也使得这些国家在欧元区市场以及外部市场的出口贸易都处于弱势地位。同时，也由于一些国家在进入欧元区以后没有及时调整好产业结构和竞争力的问题，使得这些经济相对落后国家没实现生产能力的真实提升和经济本质性的增长，进而影响着这些国家的贸易出口和财政收入的增长。

而欧元区的相对发达国家，如德国、法国、芬兰、荷兰、卢森堡等国则利用了各自经济上的竞争力优势，在统一货币与汇率的市场条件下，获得了在欧元区内以及外部市场出口贸易的更多利益。以德国为例，在金融危机发生后的近几年里，德国为了实现经济稳定发展，更好地促进经济均衡发展和营造公平的竞争环境，积极创造就业机会，反对行业垄断，努力提升本国的竞争力，对于国内某些方面可能出现的失衡现象，如面对市场上出现的房租上涨趋势，它们颁布了新的房租法。其中，对房租的涨幅做出了明确的限制，"法规要求3年内租金涨幅不超过15%，新法规还延续了以前的有些规定，例如房屋租金应该按照各地政府的'指导价格',超过这一价格的20%,算是违法行为,租房者有权将房东告上法庭;超过50%的,房东被认为赚取暴利,并承担相关法律的责任。"由此可见,德国作为公认的高度的市场经济国家,它们面对市场上房产资源的失衡,出台了相应的法律规定来维持市场交换的公平秩序,这些都为实现市场经济与自由竞争提供了客观条件,也是在一国资源不能充分满足市场供给条件下采取的必要规范措施。它们以严谨的价值与价格的均衡目标构建着市场运行秩序,从中也反映出德国对于发展市场经济表现出的全面的、严谨的和深刻的理解力。

正是因为德国在发展市场经济中表现出的创新机制、竞争机制、市场交换的公平机制,才使得德国在历次经济环境条件发生重大变化时,都能够处变不惊地应对并实现预期的经济目标。如在20世纪80年代面对在美国签署的"广场协议",由于德国采取了合理的面对汇率大幅升值的货币政策措施,从而取得了当时国内市场比日本市场更为理想的效果。

我们由生产函数得知,在欧元区市场上,一个经济相对优势国家A国与经济相对弱势国家B国,它们的生产能力是存在差距的,生产效率水平也是不同的,即A国的平均货币效率指数A≠B国的平均货币效率指数B,并且,A国的整体货币效率水平要大于B国的整体货币效率水平。同样,两国的工资率与税率水平一般也会是不同的。在同一市场上则会表现出,A国生产企业生产的同类商品的价格(成本)在市场上一般则会低于B国生产企业的价格(成本),或者是同一价格水平下A国生产企业的商品质量要好于B国的生产企业的商品质量,或者,A国的商品还有可能表现出较强的市场垄断性。这样的话,在统一的市场与汇率条件下,B国的生产企业的商品就会失去市场竞争力,也会使商品在欧元区以外的出口受到影响,这时出现贸易逆差的概率就大一些,伴随着贸易形势带来的不利影响,还会产生国内生产企业的收入减少,工人失业增加,社会福利下降等其他社会问题。这时,A国企业的情况正好相反,它们会在市场上占据较强的市场地位,商品则会表现出较强的竞争力,它们在贸易中形成的出口概率也大一些,企业在市场上获得的份额与收益也就多一些。在这种形势下,这些经济强国的就业机会就会增加,社会福利与财政收入也会保持在一个较好的水平。由此形成的结果,将是欧元区各国经济的分化趋势,以及各国之间收入水平上的差距。

对于这种统一货币区出现的两极分化的经济现象,并不是欧元区建立和货币统一的初衷。欧元区的设立与原始目标,是为了使欧元区范围内的国家都能够在一个扩大了的市场范围内实现共同的经济增长与繁荣发展的目的,减少各国之间相互贸易与交往的经济成本,使各国在统一货币下加大合作机会,以实现各国生活消费水平的共同提高。

但是，由于一些国家在进入欧元区时，并不具备进入统一货币区的经济实力与客观基础，同时，也由于最优货币区理论存在的没有技术性约束条件的缺陷（最优货币区的理论条件都是笼统、模糊和不精确的），致使在这一理论基础上建立起来的欧元区，出现后来的经济发展问题则也是必然的结果。

我们知道，建立一个由不同国家构成的统一货币区，意味着一个新的货币秩序、生产秩序、市场秩序、交换秩序、分配秩序、政策秩序等经济秩序的建立，它表现为不同的地区经济、产业经济、家庭经济向着新的商品市场和经济秩序中的转移，也意味着成员区各国的货币价值或市场购买力相等，这是使货币区能够保持稳定存在的基本前提。货币统一区不只是货币形式与范围的统一，它是在一个经济运行秩序的对接和统一的币值水平基础上构建起的货币体系。这是货币能够在货币区各国均衡流通和均衡交换的客观条件，否则，货币在货币区各国的流通就会出现失衡现象。

由货币结构可知，建立一个由不同国家组成的统一货币区的基本条件，主要取决于成员国是否具备同一币值上的生产效率条件。进入货币区各国要达成基本理论上的共识：在货币区内，无论大国还是小国，无论各国的平均工资率、税率、利润率相差多少，它都需各国满足货币结构保持一致或相等的条件，即：

$$货币效率指数 A = 货币效率指数 B = \cdots = 货币效率指数 n$$

这是每一个成员国在货币区长期立足的基本约束变量和条件指标，它也是实现未来共同增长和不断进行调整的动态指标。

它具体要求为：在共同市场条件下，各国必须认识到，经济强国由于具有较强的生产力水平，它可以利用本国的生产优势，并以较高的价值生产率（表现为产品质量与数量）工资率、利润率、税率水平来实现这一效率指标。相比之下，一般经济较弱国家则只能在努力提高现有生产率的同时，以较低的工资率、利润率、税率水平来实现这一共同的效率指标，这是实现统一市场下的客观经济尺度和客观需要，而非人为因素提出的要求，它代表着人力资本与收入水平应当保持一致的交换原则。也就是说，一国的收入水平要和它的产出水平相符合，一国收入水平的提升，要建立在产出水平提高的基础之上，也就是必须建立在和社会生产效率保持同步增长的基础上，它反映的是市场的基本价值规律。

进入这种统一货币的国家必须能够提供与这种货币购买力相等的价值商品，才能够保证商品与货币的交换是等价的，它是各国商品参与统一市场竞争和相互贸易的基本条件。如果不能满足这样的条件也就不会形成货币区经济的实际统一效果。

因为，在一个统一的货币区市场上，各国之间经济的竞争也就是各国收入的竞争，发达国家可以利用自己的生产效率优势提高收入并保持物价的稳定。经济水平相对较弱的国家则会时刻面临提高收入的竞争压力，而较弱的国家由于生产效率的差距以及在通过增加劳动时间提高收入又有限的情况下，使得它们在提高收入的同时，也会使得货币效率出现下降，并使这些国家的生产成本处于较高的水平，这样就会形成市场物价的上涨，从而影响一国产品竞争力以及贸易收支状况。

通过以上对欧元区的分析，将会有这样的结论：一个商品市场的运行取决于支撑这一市场的经济秩序，货币也只能在这个秩序中起作用，一国的社会生产效率与币值水平是决定货币在各国均衡流动的基础。在一个统一货币区市场上，各成员国都要根据各自生产结构和生产力水平，控制好本国的工资率、利率、税率等收入性指标的增长幅度，努力提升生产力水平，充分发挥互补优势，使各自的货币效率指数统一在货币区共同水平之上，只有如此，成员国才能够在货币区的商品生产与贸易共同市场上站稳脚跟。

如何实现欧元货币的稳定和竞争力的提升，首先，货币区应根据各国生产力水平、工资水平、财政支出等指标制定出各成员国的生产效率、工资率、税收水平的具体指导方案，以此作为各国目前与今后调整的目标，也是以后各国在加入货币区后进行再调整的方向。进入货币区的各成员国，应努力实现在单位货币要素基础上的价值产出平均一致或接近的水平，也就是各国货币效率水平的一致或接近的水平，这是在统一货币条件下使用货币的客观条件，它同时是各国在统一货币市场上公平竞争和确保货币稳定与产品竞争力的条件。

货币效率指数作为统一货币的尺度指标，即是进入统一货币区各成员国都应具有的生产效率指标。作为统一货币区，如果没有一个货币尺度的定量的概念上的约束，或者只是停留在非关键宏观变量的调节基础上，欧元就不会实现稳定和真正统一起来，各国的收入也就不会实现均衡的增长。在一个新组建的市场上，共同的货币效率指标是实现统一货币的前提，它也表现为各成员国的商品都能够提供相同水平的购买力，它是统一货币区各成员国的生产与交换的标准，也是货币统一的客观依据和标志，它维护的是货币区的整体利益，也是成员国稳定发展与提高的基本条件。

作为欧元区的成员国，应对本国目前的生产率、工资率、利润率、商品质量、商品价格等市场变量，根据它们与商品形成的市场表现加以调整和改进，以使确立的工资率、利润率、质量、价格能够满足市场商品竞争力的需要（如果过去是通过汇率转换产生的工资率等指标，并不能反映实际的生产水平）。对于价格偏离市场需求的商品，就要从生产的工资率、利润率水平或者从生产效率、商品质量等方面进行调整，以提升商品在市场上的竞争力。这些具体措施，虽然是各国在进入统一货币区与在新的工资率、新的利率、新的税率等新的生产变量条件下需要做的核算工作，但也是各国目前在市场竞争中需要不断调整的内容。尤其对于生产力水平较低的国家，它们需要大幅度地提升生产效率，并以此为基础来提高本国的收入水平和购买力水平，以及提升在欧元区市场和统一区外部市场上的商品竞争力。

在各国生产力水平接近条件下构成的统一货币区，各成员国利用各自不同的优势进行互补性的商品贸易，力争实现贸易收支的平衡，各国市场上的商品表现着相同或接近的购买力水平。这种局面的出现，是依赖于各国生产要素的流动以及人力资本、物质资本不断投入和生产效率与收入分配的增长相一致的基础上实现的。也就是说各国的生产率与工资率、利润率、税率等要素价格构成的相对变化不但决定着一国的实际收入水平，也影响着一国的购买力水平或汇率水平。

从以上分析可以看出，过去的最优货币区理论提出的货币区五个准入条件，由于理论本身存在的关键条件的缺陷，因此，它不能保证可以构建一个高质量并能够实现稳定运行的货币区。这是由于，其货币理论的每一个准入指标，都不能构成衡量各国实际生产能力和具有约束生产能力的尺度标准，也没有一个指标能够反映货币区统一汇率水平并为各国共同参照的生产指标。货币区的五个准入条件都只是政策性和宏观的指标标准，还不能成为货币区各国实现经济效率相互对接以及指导实际操作的理论依据。客观上，根据生产函数可以得知，最佳货币区应当满足的关键条件应是：各成员国实体经济部门在一定时期内都能提供相等货币价值的生产与消费的具有相同或差别的商品，即实现各成员国生产的货币效率指数相等的一致性尺度条件，它表示为：

$$货币效率指数 A = 货币效率指数 B = \cdots = 货币效率指数 n$$

它是欧元未来走向稳定的必要条件，当然，其理想条件则是在各成员国人均收入都相差不大的基础上而实现的这一尺度条件。对于欧元统一的条件，如图 12-1 所示。

从图中反映出，真正意义上的欧元统一货币区，反映在图中代表货币指数的纵轴上则为货币统一指数，说明各国的货币效率达到了接近的水平，反映在代表

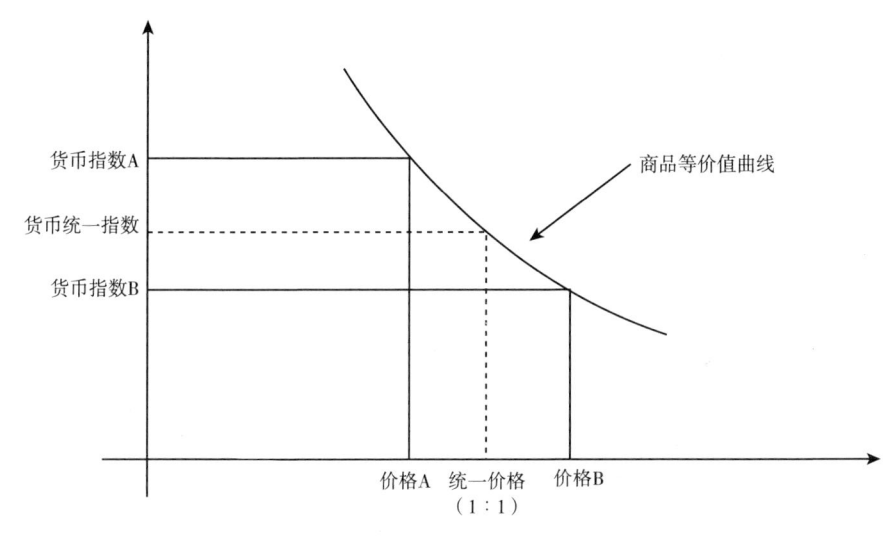

第十二章　如何实现一国经济的平衡发展 ·327·

图 12-1　欧元区货币统一与标准化条件

着价格的横轴上，各成员国货币之间的交换价格或比率才是1:1，也就是统一价格。对于这一统一价格的实现，生产力水平较弱的国家，一般只有采取提升生产效率与创新能力来提高一国的货币指数（而采取降低收入或一味降低成本的办法是不能持续的），经济发达国家可适当采取增加货币收入，也就是增加成本的办法来降低一国的货币指数，这是不同国家通过不同的方式来实现的币值的价格统一目标。

在币值统一条件下，如果欧元区想达到收入水平接近的效果，那么，对于经济发展落后的国家，它们需要在生产效率与创新能力快速提升的基础上，逐渐增加收入才能会实现。同时，完成这一发展目标，它也需要欧元区各国的相互支持与协作，当这一目标实现的时候，那将是一个理想的欧元货币区。

以上对于一个统一货币经济区的生产效率、创新能力、货币币值、工资率增长、利润收益等投入、产出与收入变量的调整和平衡分析，它既是欧元区各国之间实现经济平衡与对外平衡的理论根据，同样也是一国之内实现各地区经济平衡与对外平衡的理论根据。

由于过去货币区理论存在着不严谨的缺陷，它给在这一理论下形成的欧元区留下了许多原生性问题，各国如何协调和解决欧元区面临的问题，直接关系着欧元的稳定与发展。由以上分析可知，在现实情况下，它们需要调整各自经济结构和投入产出效率，只有当欧元区各国提供的货币效率比较接近的时候，也就标志着欧元实现了市场上的货币形式与生产力的统一，市场也会反映出欧元区与外部市场的汇率统一，并会从欧元区市场的货币稳定性和汇率的稳定性上表现出来。欧元区也只有以此为基础，才会树立起欧元的良好信用。

由此可见，货币尺度也是未来世界其他地区建立统一货币区需要的必要条件，同时表明，货币代表的人类生产或劳动的本质属性，它不是以人的意志为转移的。

三

关于我国自贸经济区发展的分析

上海自由贸易区的建立，对于我国经济和贸易发展有着重要的影响作用。根据前面的分析，我们需要认识到，自贸区只是提供了一个更为宽松和优越的生产平台，它给予了进入园区的生产经营企业特殊的政策优惠、便捷的服务，使每一个生产经营企业能够以较低成本开展商品的生产和贸易活动。但仅此条件，并不能确切实现自贸区设立的发展目标，即以相同投入成本实现比其他经济区尽可能多的社会收益，以及提升贸易竞争力、扩大就业机会、引进国外先进技术与管理经验等目标。

就自贸区提供的优惠条件而言，它只能是从服务方面、政策方面、基础设施等方面来搭建开展商品贸易的平台，其产生的作用主要体现在产品生产和贸易的便捷与成本降低，它提升的是贸易企业在一定时期的相对汇率和产品竞争力，它并不能直接改变贸易区企业自身的生产与创新能力。企业的贸易创收能力，主要取决于企业的技术创新水平，这是企业实现收益或利润增长的主要因素，它主要表现为企业产品和他国产品的交换能力，以及产品的市场竞争力。这也正是实现企业与自贸区发展的根本因素。自贸区的优惠条件只能使企业体现较多的相对收益或利润，并不能提升企业由价值创新带来的获利能力。

自贸区为每一个生产企业提供了生产与经营的优惠条件，它产生的市场效果是价格竞争优势，它提供着延续我国贸易中利用价格竞争的可能。由前面的分析可知，这种价格竞争的趋势对于一个国家来讲是存在损失的，对企业长期发展也是不利的。

对于自贸区的成立，人们不能只看到它提供的政策优惠、便捷的服务和较低的贸易成本，这些因素并不能改变通过商品贸易创造收益的本质内涵。一个企业的发展与创收和国家的发展与强盛，在任何时候和任何情况下，都只能依赖自力更生、艰苦奋斗的创新能力，这是提升一国汇率竞争力、产品竞争力、贸易收益水平的主要措施与途径,也是企业、国家长期稳定发展所依赖的客观条件。

从这一角度讲,自贸区与其他地区之间没有根本差别。自贸区的发展,同样需要建立市场的秩序标准,确保区域经济的均衡的发展,在市场资源存在客观失衡的前提下,也就需要相关政策规定来保证市场的公平环境。在自贸区的发展环境上,同样需要维护好土地、房产等要素供给的价值与价格的均衡条件,有效遏制这些垄断资源的价格不断增长现象,也就维护了市场的公平秩序,并会促使人们的收入与经济增长最大可能的源于劳动创造和合理投资,而不是源于投机活动,这也是实现区域经济增长和物价稳定的基本前提。

对于已经成为新的广东、天津自贸区或未来其他自贸区也是如此,任何贸易企业都不可把环境优惠条件作为发展经济的主要依赖因素,从而放弃以技术积累与创新为基础的发展前提。否则的话,在未来发展中,就会形成一国商品对外贸易时,由相互价格竞争带来的不利影响,从而使一国的出口目的和获取的实际利益大打折扣,这样的话,也就失去了设立自贸区的本来意义。

客观事实向我们表明,市场经济活动不是主观随意的,它是客观的,也严谨的,我们应当按照客观经济规律去行事。

第十三章

如何实现经济调整目标和国民收入倍增计划

一

经济调整目标与内容

商品生产过程所包含的人与自然之间和人与人之间的价值结构关系,从人类第三产业出现至今,这种价值结构关系始终是一致和统一的,也始终包含在商品的价值结构中,它体现着社会分工与生产目的的统一性和唯一性。在生产过程中,它表现为产业结构和生产关系的统一。在产业分工上,它表现为农业与制造业和服务业的统一。在商品的价值结构上,它表现为农产品与工业产品和服务产品价值的统一。虽然各产业表现的经济内容各不相同,但它们的生产经营活动,则都可以用统一的生产函数来表示。

在发展过程中,每个国家与地区各自在不同资源禀赋条件下,逐渐形成了各自不同的产业分工与不同的生产能力,也形成了各国与地区之间的产业结构的、技术的、质量的、币值的、规模上的不同差异。

随着现代技术的发展,生产力水平实现了很大提高,人类已经摆脱了生产能力不足的困扰,市场商品日益丰富。在一国的市场上,人们可以方便地购买到世界各地的商品。由于生产技术的推动,几个人可以生产出过去几百人才能够生产的商品,一个小国可以生产出比一个大国还要多的财富,这些都是得益于生产方式的改变和生产效率提高的原因。

随着经济发展与社会进步,一国的消费水平和文明程度也在逐渐提高,对于生产与服务的需求,也在不断地提高。经济发展也不断从速度发展逐渐转向质量增长的方向上来，并满足着市场消费水平不断增长的需要。

一国全部的生产活动，表现为一国的全部社会分工和个人、企业、政府部门的各种劳动投入形式，它们分布在了由一国的农业、制造业、服务业组成的全部产业中，由此形成了一国全部物质产品和精神产品的产出。尽管一国社会劳动分工存在着这样和那样的不同和差别，并由此形成了不同产业和地区之间的经济上的差距，这些差距和不足都可通过产业的调整或在转型中得以改善或平衡。

一国的产业结构，一般地讲，虽然都会包含着传统的农业、制造业、服务业的产业内容，但这些产业在一国的投入、产出与收入的总量中，它们之间所占有的比重是不相同的，也是在不断发生变化的。

尤其是在当今高新技术、信息技术、金融产业、电子商务等新兴产业不断发展的条件下，这些新兴产业的发展，对于一国经济产出和国民收入的增长，起到了很大的推动作用，也在不断改变着一国经济总量与产出结构的组成比例。

同时，新兴产业的发展，也给传统产业带来了非常明显的影响，使一些传统产业的生产经营感到了空前的压力，这对价值生产效率较低的农业产业，它进一步加大了与农业产业收入增长之间的相对差距，同时也促使着农业产业劳动者向其他行业的转移。

在不同的城市与地区，也会由于它们具有的资源禀赋条件的不同，以及不同分工与生产力水平之间的差距，使这些城市与地区之间，在经济发展速度、质量和收入增长水平上形成一定差距。

在国际市场上，由于贸易和金融市场上的不断竞争，由此而产生的贸易、金融账户的收支平衡问题，由人才竞争与资源竞争而引起的人力资本与资源流失问题，由技术与资本垄断带来的利益和经济增长问题，这些都会影响一国经济发展的效果。

在这样的前提下，一国产业结构调整和转型则成为经济发展的必经之路。从发展角度讲，产业结构的调整与转型，也是社会生产力发展的必然趋势，它决定和影响着一国的未来经济发展速度和国民收入水平。

一国经济的调整，从总体上讲，它是对本国农业、制造业、服务业三大产业的发展进行调整与平衡的过程。主要措施和目标，就是在提升三大产业创新能力、生产效率与收入水平的基础上，来降低各产业之间在发展中存在的差距，从而实现一国经济发展的平衡和人民生活水平的共同增长，以及一国生产制造、贸易与金融竞争力提高的目的。

一国对经济结构的调整，需要了解目前经济运行中存在着哪方面的问题，以及与其他各国存在哪些差距，需要解决的主要问题有哪些，形成这些问题的原因是什么，在准确掌握了这些需要解决和调整的具体问题之后，我们还要具有对一国经济进行调整所需要的有效工具、具体措施和相应的资源要素条件，这些条件，是最终实现经济调整目标的客观条件。在此基础上，我们还需要对现有要素资源与调整内容进行分析，从而制定出科学合理的调整规划、具体措施和目标。

客观上讲，一国经济目标的重新规划，只有在一个精确、合理、条件具备的前提下形成的规划和目标，才有可能使规划和目标成为现实。所以，经济调整的规划和目标必须是清晰、具体和客观的，实施过程也必须是认真和扎实的，否则的话，这种调整就不会达到预期的经济效果。

我们所需要的调整工具，就是对经济调整进行分析、指导、预测和评价的理论依据，这一理论工具，就是反映着商品生产与交换规律的生产原理和数量模型，它们提供了经济转型与调整的理论依据，并从整体上指导着各种要素的配置与数量和质量的投入，也评价着经济调整后的产出。同时，还给出了具体的操作办法，使我们最大限度地避免调整的盲目性和风险性，以确保经济调整目标的实现。

除此之外，对于经济调整的具体措施，一般情况下，一国政府部门还会根据市场运行状态而采取使用财政政策和货币政策以及有关经济法规等不同的政策工具来进行调控，以期实现预期的经济发展目标。

生产规律提示我们，在商品市场上，商品不是被随意生产出来的，经济增长与调整目标也不是随意能够实现的，它们是在最大的满足生产函数所包含着的生产、交换、分配的要素投入、产出与交换条件的基础上完成的。

当我们对现有要素资源进行梳理后，就需要制定出具体的、清晰的和可行的经济调整的规划和目标，在经济规划中，一些反映一国经济的主要生产与市场调整目标，它们会以不同经济指标反映出来，具体应包含以下各项指标和内容（见表13-1）。

表13-1　　　　　　　　　　各项指标和内容

经济指标内容	效率指标	技术指标	质量指标	GDP指标	币值指标	政策指标
生产综合指标	各产业生产效率实现均衡增长	高新技术水平与创新能力提高	商品质量明显提升	以产品质量和技术创新为前提，拉动GDP的合理增长	依据：一国平均货币效率指数，进行投入或生产	促进市场效率与公平最大化提升社会就业率水平
收入分配指标	实现收入水平与生产效率同步增长	收入与技能水平相符	收入与质量投入水平相符	与要素投入和产出保持一致，缩小社会收入分配差距	依据币值尺度进行分配和交换	调节高收入与弱势群体之间的收入平衡

续表

经济指标内容	效率指标	技术指标	质量指标	GDP指标	币值指标	政策指标
国内市场指标	缩小地区之间和产业之间效率差距	产品技术性能提高	产品质量水平提高	提升市场消费水平	物价稳定	提升市场物价监控与监管的水平
国际市场指标	缩小与发达国家之间的生产效率差距	一些技术达到世界水平	一些产品质量达到国际水平	缩小与发达国家之间收入水平的差距	提升汇率竞争力水平	促进国际贸易收支最大平衡

作者注

在经济发展的任何阶段，确保本国市场币值稳定和外部市场的一致性，是实现市场效率与公平的基本条件，货币作为一国的价值尺度，它不但是一国实现经济发展对内与对外的主要尺度，它也是经济发展和经济调整中生产和交换与分配的运行尺度

表13-1反映的是通过经济转型与调整过程，一个预期的各项经济规划指标和所达到的目标水平，它包含了宏观经济调整的全部内容和目标，具体地说，它是生产者和职能部门共同调整的具体内容和目标。

二

生产要素投入与配置的调整

一国经济调整与转型的过程，具体的讲，也就是对各产业存在的落后的产能、技术、产品、设施、资产、要素资源等进行淘汰、增效、创新、改造、提质和重组的过程。同时，也是对一国人力资本、物质资本、金融资本、产业结构、基础设施、市场条件、政策措施等生产要素优化和提升的过程。

按照投入与产出的生产顺序，经济调整是从生产要素投入调整开始的，它包括了生产要素的质量与数量和结构的调整。由于生产函数中生产要素变量的引入，这使得关于生产要素在经济增长中的相关作用研究变得非常容易。接下来，我们结合生产函数和以上经济指标来具体分析，一些生产要素不同特性和一些经济指标相对于市场商品供给的影响作用，从而发现对生产要素调整的具体范围与内容。

在生产函数中，货币效率指数，作为反映经济运行和生产函数构成的效率变

量,是决定着一国币值水平的主要经济变量。它既是反映着一国平均生产效率的指标,也是反映着一国经济发展质量和数量水平的变量,这一货币效率指数,也是一国进行经济调整的生产尺度。

在经济调整的指标上,货币效率指数的变量结构,给我们提供了市场要素与产业调整的依据。这会使我们对于经济转型与调整采取的措施,变得更为合理和精确,减少盲目性与风险性,更能够符合经济规律的发展趋势,并有利于经济转型和调整目标的实现。

生产企业或政府部门可根据不同要素变量在货币指数结构中所发挥的作用,并结合经济调整规划与目标水平,进而确定在经济调整过程中,需要调整的生产要素或产出的价值标准、效率水平、要素(或产品)价格、技术水平、质量水平、收入增长等具体指标应达到的目标水平。

由货币生产结构:

货币 = 全要素价值生产率($\sum ntEMSL$)/(总工资率 + 总净利润率 + 总利息率
    + 总折旧率 + 总摊销率 + 总税率 + 中间产品和生产费用等成本流量)
    = 货币效率指数

我们很容易看出,它体现着生产要素的生产能力与交换的价值与价格结构。

在结构的分母组成中,它代表着全部生产要素的价格和投入组成结构,是企业进行投入核算的货币价格变量,也是本级生产的人力资本的货币投入、物资资本的货币投入、货币资本投入、外部原材料与中间产品的货币投入以及政府服务以税收形式的投入等要素构成的总成本。

在结构的分子组成中,反映着由生产要素投入而生产出的商品总量。其中还包含了无形生产要素投入的文化、服务、道德、诚信、品牌等价值内容。

由货币结构可以看出,当生产的商品的数量与质量没有变化的情况下,如果某一生产要素的市场价格发生了增长的变化,例如,工资率、利息率、税率、原材料或中间产品、生产费用等,都会使这些商品的生产成本增加,也意味着单位货币的要素效率下降。这时,它可能会减少企业的利润(在不转移成本的时候),或促使商品的价格增长。

如果某一要素价格变化只是以较小的幅度并发生在较小的范围内,那么,这时产品价格变化就不会是明显的或不变的,就是说要素价格变化不会对市场形成任何影响。如果某一要素价格变化是以较大的幅度并发生在较大的范围内,那么,就会形成成本转移并使产品价格也发生较大的增长变化。这时候,很可能会产生由此要素带来的下游客户产品价格的连锁涨价(一国市场上,一国应对稀缺资源要素价格形成实行控制,前面已经阐明,这里不再赘述),并向市场的其他环节扩大,进而形成大范围内的价格上涨。当前类似的情况是较多的,也是经常发生的。如同国际市场上铁矿石、石油、天然气等产品价格变化的情况,这些产品价格上涨的变化,对于进口国消费市场物价的影响是巨大的,并在一定程度上推升了进口国市场物价水平的上涨。

同样,在生产效率与产品质量及利润收入没有改变的情况下,如果这时的人工成本即工资率发生了增长变化,它意味着,这是在没有产出增长基础上出现的劳动要素的价格增长,它直接产生的只是生产成本的增加,这也是直接导致市场产品价格上涨的主要因素之一。如果当工资成本上涨幅度较大的时候,那么,即便是利润收入作了减少的调整,那也会使得市场产品价格出现增长的变化。

作为资本要素与政府服务投入回报的利息与税收的利率与税率价格的变化也是如此。利率与税率的价格变化也直接影响着企业生产成本的变化。从货币生产结构可以看出,在产出不变的情况下,这两项成本的增长,它直接产生的效果是使货币的币值下降或者购买力的减少。相反,这两项成本的减少,直接产生的效果是使货币币值增加或者购买力的提高。利息作为生产投入的资本要素使用成本,企业应根据生产能力与规模规划资金使用的数量与期限,尽可能使资金的使用效率最大化,同时也促进着社会资源利用与效用的最大化。

作为资产折旧与摊销的成本,代表着物质资本要素在生产中投入的货币表示的数量,其货币量值或价格的变化则会直接体现在产品的价格中,这些要素投入量的变化反映着企业使用物质资本的集约化程度、资本质量、资本价格、资本数量等资本投入数量与效率特征。

对于这种固定资产要素的投入,从生产效率角度出发,每一厂商都应使投入的资本要素实现最大化的价值产出。在资本的使用方面,应遵循节约的原则,努力提升资产的单位时间的利用率水平,最大限度地减少土地、厂房、设备、设施等资源的闲置状态和占用数量,比如,通过采取提高生产项目的占地容积率(集约化程度),提高生产厂房、机械、设备的质量,提升厂房、设备的使用率,最大限度地降低物质资本投入使用的货币价格。从而实现企业每一单位资本效用的最大化的产出目的。

生产效率作为动态生产指标,其在生产中的运行状态与变化,也直接影响着货币价值结构的变化。比如,当企业的产品在使用一定资源不变条件下,其产品生产规模不断扩大时,也就是生产率提高的时候,也意味着单位要素生产的价值增加。

它增加了市场商品的供给,同时,企业的生产成本也会逐渐降低,产品价格也会出现逐渐趋于降低的水平。如果企业在这一生产效率基础上，加大产品的质量与技术升级的投入力度，提升产品质量与技术水平，则会使消费者的产品购买力在价格基础上，进而获得由质量提升带来的币值的进一步提高。

还有另外的情况，如果企业生产率的提高是随着生产投入的增长而增加的，或者说生产率的提高是由增加投入而引起的，那么，它形成产品生产成本降低的效果或者产生的货币效率变化就不一定是明显的，或者是不变的。这种生产率的提高也就不会产生使货币价值增加或产生提升汇率的效果。

一般意义上的劳动生产率的变化，其影响的主要是货币购买力产品构成的数量价值，而产品质量和技术的提高则影响着货币购买力构成的质量价值，一国产品的质量与数量价值共同构成了货币价值以及汇率竞争力的本质内容。

由以上分析，我们可从中了解不同生产要素与生产指标的价值作用。生产要素是商品价值形成的源头，一国经济调整也应是从生产要素的生产和调整开始，生产要素质量与数量的提高与调整是商品质量与数量提升的物质基础，也是经济调整的前提。

在实际中，生产要素的生产调整范围主要表现在：自然资源的调整，如石油、煤炭、金属矿藏、水、土地开发、生态环境等。物质资本的调整，如新技术、新工艺、新材料、新的机械与设备、交通基础设施等。人力资本的调整，如基础教育与培训，人力资本开发与培养，身体健康水平的提升等。还有金融资本的调整，如货币资本的存储与投放的质量和效率，股票市场的融资与效率、货币政策等，以及经济政策要素的完善与调整，经济秩序的建立等内容，这些都是一国经济调整的基本内容。它们就如同土地与种子，它们的生产与调整决定着未来的收获。

在生产过程中，生产要素投入的质量，决定着商品产出的质量，每一种要素变量的不同参数性质也都会对产品产生不同的影响，它们会表现为有形的、无形的、质量的、技术的、价格的、效率的、循环性等不同特征，最后转换为产品价值的表现形式，这些要素也通过产品的交换转换为新的货币形式，也是生产要素的收入分配形式。

当今世界经济的发展，各国利用不同特质的生产要素资源，生产着千差万别的产品，也形成了各国不同的贸易差别和收益。客观上，各国都可根据货币生产结构中的要素参数变量与价值功能和实际生产相对应的要素变量，来对这种生产要素变量进行目标调整，以使生产要素的产出尽可能地达到或接近预期的产品目标。

在实际生产中，人们利用现有的人力资源、社会资本、市场环境，并通过一定的生产方式来实现经济高质量发展的过程，它反映的也是全部要素资源的生产能力的提升过程，同时也是一国劳动者的智慧、品质、素养、价值理念等人力资本要素价值的表现过程。这些人力资本价值要素是构成一国经济发展的关键和重要的生产要素，它们更多的代表的是民族的品性和价值，这种民族品性带来的是对一个民族的尊敬，也是一个民族的荣耀。一国经济发展过程，不只体现在物质发展的水平上，更主要体现在人力资本的发展水平上。高质量的经济社会，一方面是商品交换的高质量，另一方面是人际关系交换的高质量，它体现的不但是经济发展的物质目标，也是社会发展的意识形态目标。

（一）人力资本要素的调整

在生产要素的优化与调整过程中，人力资本的提升过程，则是实现各产业转型升级的关键因素。人力资本水平决定着产业发展与升级的水平，人力资本是价值创造的源头，也决定着一国经济发展的客观条件，这已经成为一般性的常识。

一国生产所投入的要素资源，人力资本是唯一可以储存和再生与增长的资源要素，相比其他不可再生资源它又是最廉价的资源要素。在人类社会经济发展过程中，人力资本的提升与增长，对于各个时期的经济增长与发展都起着关键的作用，历史经济发展的过程证明着，一国经济发展的成功与否，主要取决于人力资本投入的质量与数量，而不是一国拥有自然资源的丰瘠或其他资本形式的多少。

人力资本作为人类自身特有的资本存在形式，它既表现为凝结在人体中能够使价值迅速增值的知识、技术、体力和再生能力的总和，还表现为一般形态所不具有的道德的、人性的、智慧的、思想的、感情的、慈善的意识价值形式。也正是这种内在的价值形式形成了人力资本价值具有的珍贵性和特殊性，这些也是形成人类需要的服务产品与精神产品的价值要素。

一定高质量的人力资本与价值要素的生产与调整，主要依赖于一国的教育质量、科研水平以及企业自己研发与创新能力及资金投入力度，一国在高等教育（或职业教育）阶段的教育质量与技术水平则决定着一国高质量人力资本具有的基本水平。因此，努力提升一国高等教育与科学研究（或职业教育）的质量水平是培养一国高质量人力资本要素的客观基础。而生产企业通过技术研发与创新培养积累起来的人力资本则是具有专业化和市场化的资本要素，也是一种实现了从理论到市场转化的人力资本要素，它是对于公共教育生产的人力资本要素的价值补充和质量延伸。

在具体的人力资本生产与培养过程中，一国的教育尤其是高等教育学校，都应当在现有可使用资源的基础上，最大限度地提高教育产品的价值生产效率，提高教育产品的质量水平。在有限的教育时间内，筛选优质产品与价值增值要素，淘汰普通意义要素的重复生产，实现以最小成本给受教育者提供出高质量的、专业的、前沿的、客观的、市场需要的资本要素，使每一个受教育者都能通过自己的学习劳动而形成较高的资本积累和价值增值效率。真正使个人的资本价值要素实现数量与质量共同提升的效果，并达到在实践中能够指导实践和解决实际问题的学习目标。

人力资本是经济发展的关键要素，人力资本的结构与质量水平则直接形成了市场经济的竞争力量，无论对于高技术产业、科研部门，还是一般生产企业都是如此，人力资本是起着决定和影响着这些部门发展的主要因素。因此，它们也会把人力资本的提升与培养作为自己的一种经营战略措施，在这方面，科研部门和企业都会加大人力资本的投资与培训力度，以提升本部门的价值生产率以及产品的创新与经营水平，从而实现经济高质量的增长目的。

以上人力资本要素的生产与调整，无论产生过程有何差别，其目的都是为了提高生产者的价值生产效率以及产品的生产能力。因此，在人力资本重新投入或调整以后，其产生的价值效率应需满足：生产者使用和以前相同成本，其产出效率大于以前的效率水平，生产效率增长幅度反映着由人力资本的提高而产生的价值效率的增长效果，也代表着个人劳动能力的增长，同时也是劳动要素实现收益增长的前提。

当一国公民通过基础教育、职业培训、高等教育的学习和培养以及由企业的专业培训学习以后，他们的劳动生产能力如果都得到了大幅增长，这时，将会使一国的生产效率得到大幅提高，市场一些商品的价格水平也会因此出现下降的趋势，同时形成的是社会总产出的增长。人力资本的调整，主要体现在它们的创新能力上，从而能够创造出质量和性能更好的产品，进而提升本国商品的服务能力和国际市场的竞争力。

由以上分析可知，对人力资本要素的生产与调整过程，也是要素市场价格的形成与调整过程，所以，这一过程也要求要素价值与价格相吻合。优质要素同样应当体现在具有较高的质量和相应的价格（或使用成本）上，并在相同条件下，比其他同类要素创造出更大的价值产出。以上是对人力资本进行投资的基本要求和目的。

（二）货币资本要素的调整

在经济发展过程中，货币资本要素作为经济运行过程中生产要素投入的货币表现形式，也是特殊的生产要素。它可能来源于一国的信贷市场，也可能来源于股票市场上的融资，或者来源于合伙人的股权融资或自有资金。

当货币资本作为生产要素投入到生产过程的时候，如果企业的价值生产效率高于产业的平均水平，那么，资本要素则会形成较高的价值产出，使得货币资本的效率大于产业的平均水平，意味着企业向市场提供着物美价廉的产品，它产生的是市场上较高的货币购买力。也就是说，这一货币资本的市场配置效率是符合资源合理使用条件的，对经济的运行效率起到了促进作用。相反，如果生产企业的价值生产效率低于产业的平均水平，那么，资本要素则会形成较低的价值产出，从而使得货币资本的效率低于同类产品的平均水平，也就意味着企业将以较高的价格向市场提供产品，它形成的是市场上较低的购买力。也说明着，这一货币资本的市场配置效率不是最佳的。资源配置效率不但反映着资本投资者的投资水平，也代表着融资市场上股民或者股东的投资取向。

在一国的信贷市场上，作为每一个信贷资金的提供者，无论是国有银行，还是其他金融机构或企业，它们都是一国社会生产分工中的组成单位，也是社会产品或要素的生产企业。其生产的信贷资本的性质和实体商品是相同的，都是商品价值的不同表现形式，金融企业或部门都应以高效率和低成本为需要资金的企业提供所需资金的价值服务，这不但是货币资本需求者的生产需要，也是货币资本管理部门的生产需要，同样是社会生产分工中效率原则的共同需求。

从市场角度，资本供给的效率化，也是实现经济的高质量发展和社会分工协作的客观要求，资本要素的效率产出同样应满足条件：

$$货币效率指数 = 产品产出/资本投入（资本收益 = 时间 \times 资本 \times 利率）$$
$$= 产品产出/劳动收入$$

可以看出，它满足的是一国市场同一价值尺度的生产与交换的公平条件。它说明资本要素的交换或贷款发放，也是受产品生产的效率、质量、周期约束的。资本要素的利率高与低，影响着产品生产的成本和效率，同样也影响生产企业与资本的收益。当资本利率较高的时候，它使企业生产成本上升及效率下降，当资本利率下降的时候，它使企业生产成本减小并促进效率的提高。同时也表明，对于一国的金融服务企业应以尽可能低的资本价格提供资本要素，并通过合理规模使资本收益最大化，这也是一国货币政策的基本调控目标。

等式同时表明，对于一国的产品生产企业，应以较高的生产效率来使用资本要素，同时使价值产出最大化。如果信贷资本的投放没有达到应具备的平均效率与质量条件，例如，一个生产效率较低企业得到超过其使用能力的货币资本，这笔资金则不会形成相应规模的产品产出，它就会增加企业的生产成本，或者使市场上的消费成本得到了提升，也就会形成市场产品的增长小于货币数量的增长现象。当这种偏离达到一定的范围和规模以后，也就会形成一国市场物价的上涨现象。

在现实中，由于货币资本增加产生的物价上涨或经济失衡现象不断地出现在我们的生活中，这些都是违背经济秩序以及失去价值尺度约束而产生的结果。我们知道，劳动投入是商品形态（价值）的生产过程，也是商品货币形态（价格）的生产过程，每一货币资本都是源于实体经济的产出，是实物资本的储存形态。

因此，货币资本不能被随意地增加和使用，每一个国家的金融管理部门或企业都应当保管好这一由劳动投入积累起来的社会资本，使它用在最需要的地方，并使它在不断的增值过程中发挥出最大的效益。让它不但表现为货币形式的产出最大化，更主要的是反映在社会真实财富的产出最大化。

（三）生产要素的配置调整

生产要素作为人们进行生产经营活动所需要的社会资源，也是维系一国经济运行过程中应具备的客观条件。

生产要素的使用和配置不是随意的，它是由一定生产力水平和社会制度属性与社会发展目标决定的。在市场经济中，一国应使社会成员站在同一起跑线上，让每一社会成员在生产要素的使用面前机会平等，尤其是在涉及公民生存必要的生产要素方面，必须使社会成员享有平等的权利，在这方面，也在一国之中，土地要素的配置表现得尤为突出。

一般来讲，市场决定资源配置是市场经济的一般规律，市场经济本质上就是市场决定资源配置的经济，但是，这种资源配置方式是有前提条件的，即对于能够满足市场无限需求的资源要素，资源的使用才适宜由市场来决定配置。而对于一国相对稀缺的资源要素，或是不能由外部市场来调剂的资源要素，则就不适合完全由市场来配置，例如，一国相对稀缺的土地资源。

在现实情况下，一国土地资源的最优配置方式为：市场在资源配置中起基础性作用，同时需要政府依据价值尺度来对土地资源配置、价格形成、使用、转让进行监督和约束。这是价值规律或价值尺度的基本要求，同时也是一国发展市场经济的必要保障。

那么，对于一国土地资源的配置使用，相对于它在一国基础设施和公益资源方面的功能和用途，国有成分与私人成分配置上的不同比例，它将反映并影响着一国的社会性质和发展方向。从原则上讲，土地资源的最优配置比例，应当能够最大的保障社会全体成员以最低成本或价格享受使用这种稀缺要素的合理权力，同时又不使少数人坐享这种稀缺资源要素而牟取暴利的机会，从而避免出现一国经济发展的两极分化社会现象。

在国家层面上，从经营角度讲，对于土地资源的使用或占有应主要集中在：一国的铁路、公路、水路、能源、水利、医疗、教育、生态资源、其他公共设施等方面，并应占有它们需要的土地资源配置的绝对或主要比例。由于一些建立在土地资源基础上的公共设施，本身具有客观上的市场垄断性质，因此，它们只有在一国的统一管理、运营、公平与效率目标前提下，才能够使全体公民公平享有一国公共设施和资源所提供的价值；才能够公平享有一国的经济发展成果；才能够保障一国公民的最大利益；才能够实现一国的社会发展目标；才能够直接体现一国政府的意志和人民的意愿。这种资源的配置，也是符合市场公平与效率发展需要的，对发展市场经济也是有利的。

在个体层面上，生产要素配置也是必不可少的，它关系着一国公民的生活与生产的生存与发展的需要，从此角度讲，个体的生产要素的配置也不能是随意的，它们作为一国经济发展与社会分工的组成部分，其与一国经济发展目标是一致的。因此，个体层面上的生产要素的配置原则和目的，它需要在促进一国社会的最大效率和公平基础上，以实现国家经济和个人收入的不断增长为目的，而不是相反。

总之，在经济发展中，政府的职责是：保持宏观经济稳定，加强和优化公共服务，保障公平竞争，完善市场机制，维护市场秩序，推动可持续发展，促进共同富裕，弥补市场失灵，这些都是市场经济发展必不可少的要素条件。

三

宏观经济各产业之间的平衡调整

当今的商品生产活动，反映着人类生产劳动的主要内容，它们是构成各种社会活动的主要方面，也是维持人们生活与消费的物质来源的主要方式。一国的商品生产能力决定了一国的生活消费水平，也决定着经济发展水平，它表现为一定时期一国的实际财富产出和实现 GDP 总量。

当今的经济发展，每一国家和地区，经济发展的质量与规模都存在着各种各样的差距，它们虽然表现为市场上不同的商品与价格特征以及经营方式上的差异性,但主要还是反映着不同生产要素以及不同生产方式的价值差异性的区别上。不同品质的生产要素构成了不同品质的商品特征,从而形成了市场上同类的不同质量的商品或不同类的商品。

市场现象表明,市场经济竞争的本质就是生产要素与生产方式的竞争。一国一年中实现的经济总量GDP,代表着一国全部产业生产的商品的货币数量形式,也反映了一国使用的劳动与其他资源要素的总量。一国各产业在一年中的全部投入和产出的实物与货币价值总量,我们可用不同产业的生产函数综合表示为:

V农 = 商品价值(农业) × Q(农业) = 货币效率指数(农业) × 商品价格(农业) × Q(农业)
  +   +   +   +
V工 = 商品价值(工业) × Q(工业) = 货币效率指数(工业) × 商品价格(工业) × Q(工业)
  +   +   +   +
V服 = 商品价值(服务) × Q(服务) = 货币效率指数(服务) × 商品价格(服务) × Q(服务)
  ‖   ‖   ‖   ‖
V总 = 商品价值(总量) × Q(总量) = 货币效率指数(平均) × {商品价格(平均) × Q总}(GDP)

这是以各产业生产函数反映的一国生产投入与经济产出的GDP关系图表。我们从中可以了解到,构成一国经济内容的三大产业的生产总规模或调整的结果(有的地区或国家的农业生产是通过贸易实现的),它们直接反映着一国社会产出的数量、质量、价格以及货币购买力的水平。

这些经济变量的变化及其所处的状态水平,它们代表着这一时期一国经济发展的总体效果。并会从一国的商品市场上或从国际贸易经济变量中反映出来。一国各产业存在的差异,也会从各产业不同的货币效率结构与指数水平上反映出来,每一产业货币表示的生产效率结构中,包含着各自不同的生产要素资源投入和产出特征,也代表着不同产业的要素与资本的质量和产出水平,同时反映着各产业之间存在的差距。

同样,产业生产函数中的变量参数,也反映着这一时期对于各产业生产要素的调整,生产结构的调整,生产方式的调整,相关政策的调整等一系列调整措施实施后而产生的经济效果。其间,对于一个资源要素对国际市场依赖程度较高的国家来说,国际市场资源供求的变化也会对国内的生产产生不同程度的影响。这时,为了实现经济质量与数量的增长,以及面对经济的竞争趋势,则需要对不能适应发展的产业或企业进行不断调整,以提升它们的竞争力和经济增长能力。

对于现代经济的发展趋势,人们已经认识到,农业作为一个国家社会生产的原始产业,早已不能够支撑和满足一国经济增长与发展需要了。由各国第一产业

第十三章 如何实现经济调整目标和国民收入倍增计划

统计报告数据可知，在各国每年实现的经济产出总量中，农业产出的比重越来越小，从事农业劳动的人口也在不断减少，许多地区也早已没有了农业产业。从农业发展的未来趋势中，我们也会预见我国农业产业的未来发展趋势。同样，作为第二产业的制造业和第三产业的服务业在一国经济发展中的作用，也在逐渐地发生着变化，制造业在市场竞争的环境下，正经历着调整与升级的过程。

服务业也在竞争中不断完善着自己，新的服务方式和经营手段使得这一产业在不断地发展壮大。农业、制造业、服务业作为支撑我国经济的三大基础产业，要实现它们在效率、产出和收入的长期同步的发展与增长，则需要对各产业要素资源与生产结构进行不断地调整，才能实现一国经济在质量与数量上的增长目标。

产业的发展与调整，它是需要通过生产要素结构调整并依靠科技进步和提高劳动者人力资本质量来实现。这一目标的实现，它既取决于先进设备、先进技术与人力资本的增值投入，也取决于生产要素和生产方式的调整。当各产业在努力实现公平和均衡发展目标的时候，它们一方面需要尽可能地满足生产与交换的公平和效率条件：

$$货币效率指数(农业) \approx 货币效率指数(制造业) \approx 货币效率指数(服务业)$$
$$\approx 货币效率指数(一国平均水平)$$

同时，也需要最大满足产业之间投入与收入均衡增长的要素投入条件：

$$农业生产人均全要素总投入 = 制造业人均全要素总投入$$
$$= 服务业人均全要素总投入$$
$$= 社会生产平均要素总投入$$

这两项条件虽然在前面论述过，这里还是要强调一下。效率条件反映的是产业的投入和产出与收益的一致性，它代表着投入与产出的效率生产条件，也代表着生产要素按贡献大小取酬的分配条件，它是实现社会的公平交换与分配的基本条件。

要素投入均衡增长条件是实现各产业之间产出和收入均衡增长的基本条件，也是缩小产业之间收入水平差距的客观条件。这两项条件是决定产出与收入平衡和公平分配的基本生产条件。

一国的平均货币效率水平，它形成于一国的生产与流通过程中，反映着一国的币值水平，也是一国生产的效率尺度，它也会通过一定时期的市场价格水平反映出来。一国的商品生产，只有以这一效率尺度（也为价值尺度）为标准，市场物价才不会随着收入的增长而发生变化（指同种商品价格），市场商品的价值与价格也会是相符的。在价值尺度衡量条件下，市场交换与收入分配才是公平的，劳动者使用收入分配的货币来交换商品与获得的实物价值才是等价的，他向市场提供的劳动产品的价值与价格也是等价的。

另外，我们通过货币效率指数与结构变量可以看出，为了实现不同产业的比较理想的或者比较接近的生产效率目标和比较接近的收入水平，这意味着需要将不同产业之间的要素组合生产能力提升至相同的生产水平上来。这样，也就需要加大相对弱势产业的要素投入力度，并通过调整生产方式，提高生产效率，来实现效率的一致性目标，从而为社会公平交换与分配和缩小收入差距创造基础条件，以使经济实现稳定均衡的增长目标。

促进各产业的效率条件平衡发展，使各产业收入水平在逐步缩小差距的基础上实现共同增长目的，是每一时期经济增长的主要任务。客观条件下，一国各产业在经济发展中所拥有的资源条件是不相同的，它们都会受到由于要素资源不能满足增长需要的发展限制，这不但影响着一些产业生产效率的提高，也影响着收入水平的增长。

我国农业产业在这方面表现得非常明显，农业土地资源要素的不足，极大地制约着农业生产者的收益的增长，每个生产者拥有的土地资源不能支撑劳动更多的投入（从农业货币效率结构则可反映出来，现有土地要素耕种面积不能增长，一个农业生产者使用单位要素形成的产品质量与数量的增长空间是很小的，由此便不能以产出大幅增长来拉动生产者的收益增长）。因此。在经济发展过程中，对于一些要素资源不能够满足经济增长条件的相关产业，则需要对要素资源或生产方式进行不断地调整，并最大可能的为这些产业或生产者的生产发展和收入增长提供相应的生产要素条件，为他们提供和创造可以帮助他们实现劳动投入与创造财富的生产环境和机会空间，引导他们向能够吸收更多劳动投入的产业转移，这是使各个产业和劳动收入差距逐渐缩小并实现收入共同增长的客观前提，也是一国实现经济持续增长的必要条件。

这一经济目标的实现，是建立在劳动者、企业的人力资本的生产能力以及其他生产要素提供的生产能力增长的前提之上的，这也是实现全要素生产能力提升与经济增长的客观条件。

(一) 农业产业的调整方式

人类的农业生产方式，经历了漫长的发展过程，在这一传统发展过程中，劳动者积累起了丰富的生产经验，并达到了目前的农业生产历史上最高的土地产出利用水平。但随着各国人口的不断增长和经济增长的需要，现有的生产水平仍然不能满足收入增长以及需求增长的需要。同时，又由于农业发展受到土地要素条件的约束，使得各国在农业生产发展中，都必须采取新的生产方式来弥补由于自然条件不足对于农业经济发展的不利影响。这种新的生产方式，主要表现在以提高土地质量、土地产出率、劳动价值生产率、资源利用率的具体措施上，进而实现一国农业有限的可耕地面积的农产品总产出最大化，农业人均收入的最大化，资源使用成本或资源耗费最小化的目的。

先进的农业生产方式，不但是在一国土地资源约束下需要的生产方式，也是现代经济发展竞争条件下需要的生产方式。它要求在农业生产过程中，大力推进农业科技进步和创新工作，加强农业资本与技术的投入力度，按照高产、优质、生态、安全的生产原则，努力使增产与增效相结合、农机与农艺相统一、品种与耕种相配套、生产与生态相协调，提高土地、资本、肥料、水力等资源要素的利用率，从而实现农业劳动的机械化、生产的规模化、管理的科学化、经营的效益化，这些都是现代农业生产的基本形式。

我们知道，传统农作物的生产与一般商品的生产是存在很大区别的，农作物产品，它既是产品，也是种子，它是作为生产要素投入到生产中去的，也就是说，农作物产品在生产之前就已经确定了它未来的基本属性，它在生产过程中一般是不会改变其属质的。农作物的生产主要表现为"种子"的生长过程，人类的劳动只是帮助它们生长而不是决定着它们的生长，这也就使得劳动要素的投入在农业生产中并不具备决定性要素的生产地位。

在传统农业与粮食作物的生产过程当中，一个劳动者并不能对生长中的"种子"像对设施农业中的花卉、蔬菜、瓜果等植物产品一样直接的进行加工，从而使得传统农业生产对作物的调控作用受到了限制。而作为土地与种子要素比劳动要素从某种意义上则更具有着决定作用。

实际生产过程中，人们在农作物生产中可以进行哪些投入以及会产生哪些效果呢？当我们在种植面积确定的土地上投入确定数量的种子以后，人们的劳动投入则也就集中在了这一确定的范围之内，农作物的生产也表现为植物的自身生长和生产要素投入之间的相互作用过程，其生长过程和投入过程又是存在区别的。农作物的生长过程是连续的，而劳动投入过程是不连续的。客观上，在传统农作物的生长阶段，农作物产出主要体现于种子、土地要素的产出效率，劳动的效率在于提高农作物对于土地及其他要素的利用率水平。同时，还表现在农作物的耕种与收割方面，其效率的提高在于降低整个过程的成本费用，在耕种阶段，生产效率的提高会使得一定面积农作物的种植时间 T 缩短，节省耕种期间的成本投入，收割期间也是如此，只是为了提高作物产品的市场价格竞争力和收益水平。

当生产者采取了更经济的生产方式，提高了生产效率和其他要素的利用率水平并降低了生产成本的时候，在产量没有变化的情况下，这样就可能形成农作物产品在价格不变情况下的利润收益增加，或者形成在市场竞争情况下降低价格的空间。但这种在有限面积上依靠生产效率提高并由成本降低带来的收入增长，其增长的幅度是有限的。一般情况下，这不能成为收入增长的有效方式，也不能产生像增加种植面积那样使收入增长的效果。

一种农作物和种植面积都已经确定了的农作物的生产，在农作物的生长周期内，并在常年的气候环境条件下，如果想要实现和往年一样多的农作物产量，它需要投入的生产要素数量和往年是相差不多的，这是一个等量转化的事物变化过程。其生产主要表现为农作物的自我繁殖、吸收光照和各种养分、水分的生长过程，劳动投入是作为农作物自身生长的外在服务要素，而不能对作物的生长起决定作用。

早期农业的生产，劳动生产率的提高，反映着一定程度上可耕种面积或开垦面积的扩大，效率提高带来的是粮食种植面积扩大的增产效果。但在现在土地的开垦不能扩大的情况下，劳动生产率的提高并不代表土地单位面积上的农作物产出率的增长或者农作物增长也得到了相应的提高，它主要反映着劳动的效率变化以及生产成本发生的变化，当生产采用机械作业或减少人力资本构成的时候都会产生这样的效果。这种效率的变化并不一定能够或必然改变农作物的产出率，从而使农作物的产出实现增长。而直接决定着农作物产出数量变化的主要是投入的土地要素与种子要素的数量和作物的产出率，我们并不能像其他商品一样可以依照市场需要以一定生产效率把农产品随时生产出来。劳动生产率作为效率指标，其产量随一定的对象条件而变化，较高的农业产出生产率是在一定的土地要素规模基础上实现的，没有一定的要素规模条件，也就无法形成较长过程的较高的生产效率，同时也就不能实现农产品较高的产出与收入的长期增长。

这也是传统农业与现代设施农业存在的生产方式的差别，同时反映着不同作物品种的生长特点。设施农业主要提高的是劳动价值生产效率，它通过增加设施建设及资本与技术的投入，以创造适合农作物产品生长的环境条件，实现在不同季节都可以向市场提供商品的目的。在有限的设施生产范围内，最大地提高资源利用效率，以提高设施产品的科技含量和产品质量为出发点，对每一个作物产品进行直接的技术管理和品质的培养，以增加单个品种的质量价值和品种效益。它体现的是一种高质量的与精品的生产方式，是一种在一定数量基础上通过产品的品质的提升来实现收益的增长方式，也是以提升产品质量与技术来实现价值增长的方式。

传统农业是构成我国农业生产的主要内容,在我国以小规模生产为特征的农业生产中,它在解决了家庭需要的粮食问题之后,同时也限制了生产效率的提升与生产的投入,并使生产成本维持在了一个不能降低的水平之上。这种固定捆绑式的农业生产方式,也使得人们在现有生产规模并通过提升单位种植的增产收益来实现更高的收入增长而变得不能成为实际。在这种基础上,也就不能形成现代农业生产的效率生产条件,农业劳动生产的效率条件是在农业人均资源占有规模上形成的。在现实情况下,农业经济的发展与农民收入的增长问题,客观上是农业产业生产要素的重新组合和生产方式的调整问题,它直接关系着我国农业发展的质量以及农业劳动收入的增长速度。在现代经济环境条件下,传统农业的生产方式必须依托现代经济的生产方式才能实现与现代经济的同步发展,这也是实现农业生产与收入增长的必经之路。

生产函数表明,从投入角度讲,任何经济增长都是由生产要素投入的数量、效率、质量三个变量的增长形成的。在传统农业单位面积收益不能实现明显增长的客观条件下,要使农业生产的收入水平能够保持增长,那么,实现农业种植在一定程度上规模化的生产与经营则是实现收入增长的必然选择。这也是使农业产业持续发展下去的一种数量增长方式(在现实情况下,传统农业效率增长已不能够满足收入增长的条件,一年中在小规模基础上实现两位数的效率增产收益,也不能达到某些产业一两个月的增长收益,况且,农业生产也不能保持每年两位数的效率增产收益,而农产品的质量相对变化也是不大的)。

从生产函数中,也会反映出,农业现代化的生产方式或者说农业转型升级的生产方式和现代商品生产的生产方式,从本质上讲是一致的。都是反映如何使用有限的生产要素资源实现生产效率的最大化、收入增长的可持续化、资源耗费成本最低化的目标。这种生产方式与目标,也是在人类人口不断增长和自然资源不断减少的现实环境下经济发展的必然选择。农业生产方式的调整与改变,尤其对于我国农业生产中存在的产业意识淡薄、生产效率不高,以及面临收入增长压力的状态下,则显得非常必要和迫切。

实现农业现代化或者说农业转型升级的过程,从客观上讲,是使农业生产与现代企业、管理、技术、市场接轨的过程,通过提高农业生产中落后的生产、技术、管理与经营方式,改变传统的小农经济自给自足、自我服务的封闭状态,调整农业资源配置、生产要素的组合方式,使农业生产实现在一定规模基础上进行生产与经营的目的,在不断增加技术投入以提高产品产出的同时,还要提升生产要素资源的利用水平,为全要素的生产效率提高创造条件,进而降低生产投入的单位成本，最终实现在一定要素资源投入下的效益产出最大化的目的。

传统农业生产与企业生产方式的接轨，意味着生产的组织化、效率化、精细化、标准化、科学化、市场化、效益化的企业模式的建立，它是一种以企业形式再现的集体生产组织，是在一定土地生产要素组合扩大基础上的企业生产组织，它是伴随着农业劳动者向其他产业的转移为条件的，因此，传统农业生产向企业形式过渡中，必须使从传统农业分离出来的劳动者能够从事价值效率更高的生产劳动，否则，这种农业增收目的就不会真正实现。

这种农业企业组织的建立，将会使原来的生产能力与生产水平得以提高，农业生产转换为企业的生产与组织形式，这种在一定土地规模上进行的农业生产，它会促使农业生产效率以及资源利用率的进一步的提高，从而降低生产成本。同时，由于生产者土地生产要素的相对增加，也使得农作物的产出数量得以相对提高，企业生产收入也因此得到增加。它们虽然还是从事的传统农业的生产，但这时产生的却是使社会资源利用与生产效率都得到提高了的社会效果，也会为农业产业未来的发展提供更有利的生产要素条件，从而提高农业、农村、农业生产者的生产条件、环境条件、收入水平。农业企业生产基础的加强，在使农产品的市场竞争力得到提高的同时，也会使企业降低应对国际市场产品竞争的生产成本的压力。对于一些出口农作物产品的企业，将会使它们产品的汇率竞争力得到提升。

农业作为人类生存的支柱产业，自然界赋予了各国不同的农业发展的要素条件，也使得农业产业在不同国家具有不同的经济价值功能。在我国现有的人均土地要素禀赋的条件下，传统农业产业并不具备和其他产业相比较的以及支撑收入不断增长的经济价值功能。主要原因在于，一国农业产出的长期增长，如果单位产量收益增长不明显的话，客观上只能是需要伴随着土地要素增长的诉求过程。农业生产向企业形式的转变是在以生产要素的重新组合与调整的基础上进行的，其主要调整的是从事农业劳动的人口比例。在目前农业产出效率相对稳定和要素总量一定的条件下，生产方式转变带来的产出总量的变化也是有限的（当然还可通过开发新增耕地增加要素总量来提高产出），这是客观生产要素对传统农业生产约束作用的体现，它表明人类在土地要素约束下发展传统农业存在的局限性，也因为如此，才产生了各国对农业生产采取的保险救助、经济补贴、政府免税等一系列补偿性的经济措施。

由以上分析说明，农业生产更多的代表的是自然的禀赋，人类在追求农业产出的时候，也需要控制人类自己的数量增长，它会使农业的产出相对增加，这可能要比追求农业产出的增长来的还要容易些。

（二）服务产业的调整方式

商品经济条件下，一国经济的运行，都是通过商品生产与市场交换的形式实现的。每个劳动者用自己的劳动产品在市场上通过交换获得了劳动收入，同时也满足了人们的消费需求。市场产品的交换是商品生产的基本形式和目的，也是人类劳动产品的实物形态与服务形态的完整价值向价格转化的最终表现，同时也是市场货币向价值转化的交换过程，体现了人类社会分工与合作的劳动交换形式。

随着市场经济的不断发展，服务业的投资和生产方式也在不断发生变化。作为表现着劳动或商品交换的服务业，在社会分工中扮演着关键角色，它以服务形式的劳动投入实现了劳动产品相互交换的最终目的。同时，商品市场也通过反映着人与人之间关系的服务劳动，把人类生命中比物质需要更加珍贵的东西，即饱含着正义、情感、诚信、慈善、谦逊等道德与精神的价值要素，通过服务劳动形式传递给每一位消费者。而服务劳动带给人的价值效用，是自然界各种生命形式存在之中，只有人类才能够达到和领略到的精神内涵和价值境界，也是作为人类自己引以为骄傲和幸福的天然禀赋。

我们人类应当珍惜自然界赋予我们的这种精神价值要素，它同人类的生命价值是一样的，都是人类生命价值的组成部分，它同样也是构成人力资本和生产要素的价值内容，它包含在现实的人与人服务的生产关系之中。精神价值要素作为服务生产中的服务价值要素，它直接反映着人与人之间的服务生产关系与价值增值效果，是构成商品生产与交换的价值要素。

精神价值要素作为服务价值劳动的基本要素，它以直接为人提供服务的形式弥补着物质商品不能满足的消费需求。这时候，劳动者能够用他（她）的无私、情感、诚信、慈善的精神价值，给人们带去人世间最宝贵的真情与祝福，使我们在这种珍贵的道德、精神与人性价值的温暖中，感受着人类智慧与文明创造的物质与精神生活的无比卓越的美好与幸福。

这种人世间的精神价值要素，也是构成经济价值的主要内容，它以精神产品的价值形式，反映并进入到一国的物质与精神产品构成的 GDP 之中，是一种比物质产品更珍贵的无形价值产品。同时，一个饱含着这种美德的价值产品，也将给提供产品或服务的劳动者带来实现其人生价值以及成功价值的机会和荣誉，并会为他（她）拥有的崇高美德和人性光辉的魅力而得到社会的广泛支持，从而使他（她）的事业长久不衰，一个国家也会因为拥有这种伟大的精神财富而感到自豪。

服务业在一国经济中所占的比重，在一国经济发展的不同时期会随着产业结构的变化而改变，也会随着经济发展的速度与质量的提升而扩大。尽管服务业的生产方式还会不断变化，但服务关系是不会改变的，人们直接或间接地相互交换着劳动或服务，人们彼此之间也都处于一种相对提供劳动的经济关系之中。劳动与服务，是每一个人在社会分工中应尽的义务，同时也是享受他人提供劳动服务的前提。

服务产业从人类社会第三次分工发展到今天的不同服务形式，尽管服务产品从形态上表现着各种各样的形式差别，但每一个服务产品的价值结构和包含着的生产与交换的价值关系，则始终是统一在一个稳定的劳动价值顺序结构中，即它们都包含着反映人与自然关系的物质性劳动和人与人之间关系的服务性劳动的价值关系结构，它们构成着商品价值的结构：

$$一个商品价值的构成 = t \times EMS$$
$$= 劳动时间 \times 速度效率 \times 物质性劳动的质量 \times 服务质量$$
$$= 商品的价值指数（商品效用价值水平）$$

由生产函数我们知道，服务劳动与其他要素的投入产出都统一在同一的生产函数的结构之中，它们产生的价值都可用生产函数来表达。

在生产中，由服务劳动投入的价值要素也会通过生产函数中的参数变量表现出来，借此我们就可评介服务劳动产生的价值量（可用指数形式表示）。客观上，社会分工中各种不同形式的劳动表现的区别或差异的本质，它们体现于投入要素数量与生产效率和质量的区别上，并表现为不同形态商品的质量、价格与时间周期。虽然服务业与其他产业部门相比具有一些显著的特征，有的表现出实物资本投入较少，难以找到一个合适的价值单位来度量服务业务的产出数量，或者无法准确定义服务价值与价格的标准。但无论如何，服务产品也都可用商品价格方程式来表达，即服务产品具有的价值和货币效率是决定着服务产品价格的基础，服务产品也是实现商品交换或流通的前提，它也是所有商品实现销售增长或扩大的前提。

在物质商品逐渐丰富的商品市场上，服务业为人们的消费提供着越来越多的价值服务，它们在信息、传递、交通、金融、医疗、培训等行业为人们提供着便利与增值的新的服务价值。这些都极大地扩大了人们的消费空间和消费需求，同时也为一国经济增长和社会收入的增加提供了客观条件，随着这种生产与服务效率在范围上逐渐地扩大，也会使经济发展与消费空间获得持续增长的机会。在任何时候，服务效率是拉动一国经济增长和扩大空间与时间消费的必要条件，也始终是降低生产成本的必要手段，它同商品的质量与价格一起构成着商品的消费条件。

在当今市场经济不断竞争的环境下，各个产业都处于变革与创新的过程之中，服务业在以其特有的价值功能，为其他产业发展提供动力和增值服务的同时，也以自己的服务价值特点在不断创造着增长的机会空间，不断塑造着新的服务领域，使人们的生活更加美好和幸福，而且这种趋势始终会持续下去。

四

一国经济数量与质量的增长方式

一个国家在经济发展过程中，为了实现经济的高质量的发展，它需要在调整生产方式的基础上，着力选择和培育优质的生产要素资源，从而实现提升经济发展质量的目的。

优质生产要素资源的选择和培育，在于是否具有优质生产要素资源的生产环境与条件，这也是影响一国经济发展与增长的客观条件，这些要素资源包括：人力资源要素、技术资源要素、物质资源要素、货币资本要素、伦理精神要素、政策资源要素、制度资源要素等内容，它们构成了一国物质与精神财富"生长"的土壤。

一国经济数量与质量的增长特征：

一国经济的数量增长，它一方面表现为一国经济数量规模的增长，反映着社会人口数量增长的合理性。同样，它还会表现为个人收入水平或需求数量上的不断增长。

一国经济的质量增长，它主要表现为以商品质量、交换质量、环境质量、生活质量等为内容的质量增长特征。

经济数量的增长，它又分为由新增投入产生的数量增长，以及由生产效率提高形成的数量增长的不同内涵。

一国由数量投入增长表现出的经济真实增长，它是在货币计量总量和实物产品计量之间保持同步增长基础上实现的，这时，它将最大限度地反映着投入与产出的统一性和真实性。由数量增长表现出的经济增长，还会从全社会实际收入的增长中体现出来，它也表现为劳动者及国民收入实现了实际购买力的增加的特征。

一国以商品、交换、环境等质量提高表现出的经济质量增长，它以商品、社会、生活等质量得到了本质性的提高为特征,同时也以商品消耗的资源成本的下降为标志。一般来讲,经济质量是表现为:要素质量、产品质量、数量质量、效率质量、交换质量、分配质量、收入质量、政策质量、关系质量等内容,它们最终也会从一国的货币的质量上体现出来,并表现为一国社会购买力质量的提高。

一国以效率提升形成的经济质量增长,它是由一国生产效率增长而产生的市场结果,它源于社会生产的集约化和效率化的生产方式,既反映着生产要素的集约效率,也反映着要素的生产效率,简单地讲,就是以要素配置和要素质量共同实现的效率增长的生产方式。

这种效率增长方式,意味着需要将没有价值产出的消耗控制在最低的水平上,以最低的生产成本实现最好的运营效益。它既包括一线生产企业的成本控制,也包括服务企业的成本控制,同样也包括社会支出的成本控制,当然也包括政府体系运行的成本控制,还有一国资源使用成本的价格控制,货币资本的成本控制等。

一国资源集约效率的提高,不只是一个劳动者、企业或某一个产业的行为,它是一个国家的社会整体行为。它通过生产要素质量的提高、要素投入的集中,以及要素组合比例的调整来提升效益的生产方式,这时,由此形成的则是一定生产要素投入的最大产出效率。

以此效率为基础形成的经济的增长,其目标是通过资源节约和效率增长来实现产出最大化的目的,从而实现使用有限的要素资源,完成一国经济持续发展的增长目的。同时,它也能够最大限度地实现价值与价格相统一的市场效果,使生产者以尽可能低的市场价格,向大众消费者提供尽可能优良的市场商品,最大程度降低人们消费的支付成本,使消费者通过物美价廉的商品消费来分享经济增长给他们带来的价值收益。

这种由效率提升形成的经济增长,对于保障市场物价的稳定或降低起着决定的作用,是实现一国劳动实际收入增长的必要生产方式。在由这种生产方式形成的一国 GDP 的价值总量中,意味着更多的资源实现了有效的转化,即其中包含着更多的真实有效的财富产出,这为实现经济发展的生产、交换、分配的公平价值目标提供了有利的客观条件。

另外,一国经济质量增长的特征,还主要体现在市场等价交换的质量方面,这也是经济质量的具体表现,它反映的是市场的公平和秩序环境。其反映的不仅是市场的效率原则,也是市场价值规律的秩序原则。交换质量的提升,将会最大限度地维护价值与价格的统一,并减少无价值内容的价格以及对他人劳动的无偿占有或利益的掠夺,市场上商品价值与价格之间是否相符和具有一致性,直接关系着社会分工与交换者的利益。

为了实现市场价值交换质量的提升,它要求参与生产的劳动者、企业以及公共部门,都应当遵守价值与价格相等价的生产、交换、分配的基本原则,在一国公共价值尺度的共同约束下,提倡并鼓励全社会生产的效率化、精细化、质量化、标准化的生产方式。同时,使各生产要素实现产出效率的最大程度的一致性,保持一国自然要素资源价格的相对稳定,避免人为地利用自然资源在商品市场上进行价格投机的牟利行为。

实现一国经济质量与数量增长所需的要素变量,都包含在了一国经济体内的劳动者、企业、政府部门所提供的全要素价值生产效率的结构之中,它们以不同的经济变量参数构成着一国生产函数中的变量,其最终效果,则会从一国的市场商品的特征中表现出来。

接下来,我们以商品质量为内容来分析它对经济质量增长的具体影响作用。首先,商品质量是经济质量的主要表现形式,它也是实现经济质量增长的具体内容。提高商品质量是人类从事生产活动为之追求的目标,是人类自己对自身尊重与敬畏的具体体现,也是提高收入水平与生活质量的基本形式和途径。从商品价值构成来讲,商品质量是构成商品价值规定性的客观内容,是生产要素转化或凝结的价值表现。同样,商品质量也是商品货币价格对应或包含的价值内容。在实际生产中,由于具体检测和规定的商品质量指标只能反映商品质量的部分技术参数,并不能完全代表经济学意义上的商品质量的全部价值内容。从某种角度上讲,商品质量也表现为商品价值的全部价值形式,由于:

$$一个商品的价值构成 = t \times EMS$$
$$= 生产时间 \times 速度效率 \times 产品质量 \times 服务质量$$
$$= 商品价值$$

它表明,商品质量和商品价值从要素构成上是一致的,商品质量的形成同商品价值一样,都是在生产与交换中实现和完成的,也是商品价值要素的投入与产出的表现过程,同时也是生产要素质量转换的最终形式,它是商品生产及过程和服务满足规定或潜在要求(或需要)的特征和特性的总和。质量指标是反映商品价值要素内容与属性的数据指标,由此可知,提升商品质量是实现商品价值增值的基本方式。

商品质量的提高是以商品价值内容的增加为具体表现形式,它通过改进生产技术、更新机器设备、提升要素投入质量、改善经营管理、提高生产效率来实现商品的质量的增长。一国市场上一定时期内商品表现出的质量变化,实际是为这一时期一国全部资源要素质量投入提升转换成的商品质量的具体表现，这时商品质量的变化也以商品价值的变化为表现特征，并表现为：商品质量、服务质量、效率质量、环境质量、交换质量、政策质量等不同价值内容的提升，它还表现为一些商品的使用寿命、功能性、可靠性、经济性、安全性、艺术性等方面的逐渐改善特征。这种由于商品质量增长来推动的经济质量增长，它在通过商品给消费者带来满意的消费福利和价值享受的同时，还会增加广大群众的消费乐趣和消费价值的满足感，并给生产者带来由于质量价值增长而形成的个人收益或利润的丰厚回报。这种商品质量对价格与收益的影响作用，由商品价格方程式是可直接反映出来的：

$$商品价值(tEMS) \times Q = 货币价值指数 \times 商品价格 \times Q$$

显而易见，当等式左边表现商品形态的质量（M）和服务质量（S）出现增长和表现数量的价值（tE）不变时，它使得左端商品的价值增加，这时右端在货币币值变量不变的情况下，会使得商品的价格也随着增长，从而形成货币收益的增加。例如，当人们在乘坐高铁出门旅行时，由于列车提供了速度更快、运行更稳、环境更好、服务更优的旅行服务，所以，它的价格比一般列车的价格也就要高（但这并不等于说目前一些高铁价格水平是合理的）。

而同一次高铁列车，又由于设计了商务座、一等座等不同标准的乘坐座位，使得人们可以享受到不同环境下的价值服务。乘坐商务座让人拥有更宽敞的空间和更舒适的休息环境，所以，商务座的价格也就比一等座的价格要高一些。商品价格方程式反映了商品价格与质量价值的变动方向是一致的。如果这种列车座位提供的价格与价值的变动幅度也是相符的，那么，这种价格与价值的交换就是公平的。

以上价格方程式与事实都表明，由商品质量的提高而带来货币收益的增加，它反映了质量是效益的前提，效益是由质量产生的结果，有质量才能有效益，没有质量就没有效益的逻辑关系，它反映的也是一种付出与回报始终相对应的因果关系。

同时也说明着，商品质量作为构成商品价值的主要内容，其质量要素的投入或成本与报酬或利润始终是成正比例的公平交换关系，这是符合自然规则的。从生产的角度来讲，一件质量较好的商品，它会包含着更多的劳动耗费或物质消耗，它也会给人带来更好的价值享受，还会成为人们梦寐所求的珍贵物品。

价格方程式说明着，商品的不同质量也就表现为不同的商品价值。在不同质量的商品之间存在着要素投入的数量倍数关系，一件质量优异商品具有的效用有时比几件同类商品的效用总和还要大,也就是说一件质量优异的商品价值是一般同类商品价值的倍数,它可以从商品之间的相对价值、寿命、功能、影响力、效用、价格等方面表现出来。

现在一些新产品与技术的应用,时刻在提升着人们生产与生活的质量内容。如同现在的公共交通、信息服务产品的服务能力提升后而改变了生产与生活方式一样(高速铁路、公路、飞机、互联网、通信),它们在极大地促进着社会生产效率增长的同时,也使人们的生活质量得到了极大的提升。

由前面的分析,我们可知,当一国商品质量在伴随着效率提升并实现增长的时候,它也会提升由国际市场环境变化对一国经济带来负面影响的应对能力。由货币指数结构可知,一国商品质量与数量的同步增长会产生使本国货币增值的效果(如我国的汽车、电子、通信产品,这些产品的性价比早期有了很大提高),它会使得一国的汇率水平得到提升,并通过国际贸易从外部市场获得更多的利益,从而为一国能够以较低成本使用国外资源创造有利条件。这对一个依赖国际市场资源程度较高的资源稀缺国家来说,则是实现一国财富收入和经济增长的必要条件。否则,当贸易国出口产品价格增长或汇率提升的情况下,进口国由经济增长中产生的收益将会通过贸易转移至出口国,而使本国并不能获得实际意义的经济增长效果(这与我国进口石油、煤炭、矿石产品中,由于出口国汇率或价格增长而产生的利润转移的情况是一致的)。因此,在一国经济发展过程中,实现一国货币的稳定或高质量的币值特征,是一国货币走向国际市场的基本前提,也就是说,一国货币的国际化,它是建立在一国商品质量的优良品质基础之上的。

在商品市场上,商品质量的改进和提高,是经济质量增长的最直观的表现形式,也是实现经济效益或收入增长的基本方式。商品质量的提高,是在社会分工与协作的质量增长和生产要素的质量增长中实现的,一国商品的质量价值内涵,融合着一个国家民族的智慧、品质、精神、道德的要素,也是一国劳动产品所承载的价值内涵。

优秀产品的形成不是一朝一夕的事情,它是劳动技能的长期积累与沉淀过程,是人类的知识、技术与经验的结晶。一个社会应当构建从事劳动创造的优良价值环境,应当鼓励劳动的高尚行为,尊重劳动者,使人们能够安下心来进行劳动创造活动。只有当劳动者可通过勤奋学习、努力劳动和自主创业都能实现他们的理想和奋斗目标的时候,以及通过劳动可以得到社会尊重、社会荣誉与利益回报的情况下,才会不断涌现出优秀的产品和发明创造,才会使劳动者、厂商向社会提供出更好的物美价廉的产品和服务。这时,生活在这一国度中的人们,也就能够尽情享受由各种物质与精神财富带来的幸福生活,才会使更多的人实现他们的生活梦想,这样的市场经济环境,不但体现着一国经济价值实现的高质量,也体现着一国社会人文价值的提升,这样的社会氛围,也就是人们向往的幸福生活乐园。

扩大范围讲,实现经济高质量增长,反映在市场上,它需要不同产业的供给与需求或者说产业之间都需要满足如下生产条件:

一国主要产业的平均货币效率指数 = 产品或服务产出/农业收入
= 产品或服务产出/制造业收入
= 产品或服务产出/服务业收入
= 产品或服务产出/税收收入
= 产品或服务产出/资本收益

这一条件,它体现的是要素生产力的等效分配原则,即每一产业、部门、劳动者都根据各自提供的产出水平来获取各自的收入,以上是一种理想化的要素投入、产出与分配的关系等式。

对于不同产业、部门、劳动者之间由于不同生产能力而产生的不同收入差距,则应通过增加人力资本、物质资本的投入与提高生产效率相结合的生产方式进行调整,并努力实现投入的均衡条件:

产业 A(投入量) = 产业 B(投入量) = 产业 C(投入量)…

从而确保不同产业与部门和劳动者的收益增长均来自以效率和投入增长为基础的前提条件,这不但是社会财富进行分配的物质基础,也是实现收入水平均衡增长的客观基础,同时,也是维持自然价值平衡的基本逻辑关系。

一国经济的增长,它还表现为一国国内的货币形态(名义 GDP)和产品形态(实际 GDP)的相对增长,并由此形成了一国市场的货币流量和产品流量,它们也是一国的两大相对独立的经济变量。伴随着这两大经济变量之间的相对变化,也形成了一国不同时期的货币价值或购买力水平,也就是由这一相对变量构成的反映一国币值水平的货币指数指数(货币币值指数或货币指数),而由此产生的货币量值变量、产品变量、币值变量,它们构成了一国的三大主要经济变量。

这些经济变量在市场上表现出的不同变化,全面反映了一国经济运行的总体状态。一国生产实现的 GDP 总量和货币指数是反映经济运行的主要经济参数,它们从不同的角度来反映着经济运行所发生的变化,并时刻向我们反馈着经济运行的具体状态。

由此可知，在经济发展过程中，如果一国不断通过调整和转变生产方式，即通过优化要素组合、提高要素与产品质量和生产效率方式来实现经济的增长。那么，在市场上，就会形成商品质量不断提升与实现物价稳定的市场目标。这种经济增长产生的效果，在给人们带来收入增长的同时，也在提升着社会的购买力水平。市场商品与服务质量的提高，它将直接促进人们的生活质量和生活水平的改善。这也是一个大众希望的经济增长结果。这时如用图形来表示这种经济运行状态的话，它将是如图13-1表示的状态：

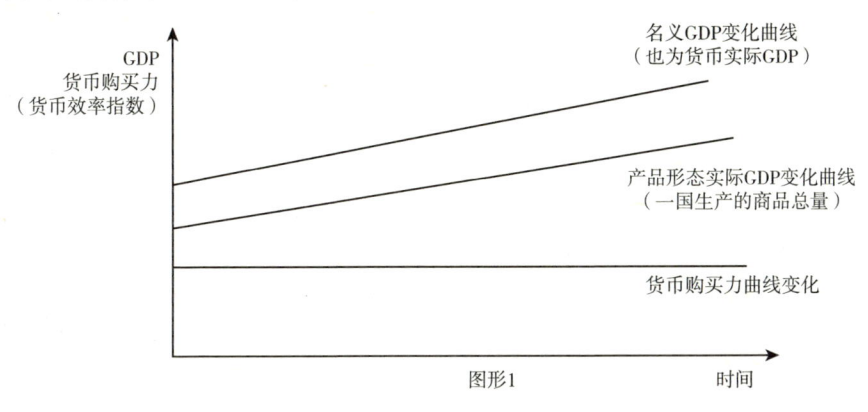

图 13-1 一国的经济运行状态

从图13-1中可以看出，一国的货币购买力曲线是呈一条水平的直线（与横轴平行），它反映着市场物价的稳定，这时GDP的产品形态变化曲线也是呈逐渐上升的直线，其斜率大小反映了经济总量和增长的速度，这时的名义GDP与实际货币GDP则表现为一条统一的和GDP产品形态直线平行的呈逐渐上升的直线，整个图形反映了一国在这一时期的物价平稳和资源投入与产出稳定增长的市场特征。它这时还表现为，社会就业水平和人们的收入水平都是增加的，社会的生产效率也是平衡稳定的。

实践表明，当一国经济在商品质量拉动和生产效率增长的推动下，它带给人们的收入增加的同时，也会受益于商品质量提高带给他们的更多的消费价值。同样，一国经济发生的质量与效率增长的变化，也会给本国贸易带来更多的利益，它对于汇率竞争力和贸易出口的拉动都会产生积极的影响。

客观上，在任何环境下，一国市场上商品数量的供给增长都会是有限的，而只有质量的增长才是无止境的。当经济的数量增长满足之后，质量的增长或产品的更新将是拉动经济增长的主要途径，因此说，一国以提升生产效率和商品质量为手段的发展方式，始终会是实现经济数量与质量增长的主要方式。

综合以上分析可知，实现以上发展目标，都是需要一定的资源禀赋条件的。对于一些相对稀缺的资源要素，由于受到资源的供给限制，也会使得相应的市场条件不能满足。在这一前提下，为了维护市场的效率与公平秩序，就需要利用政策措施和价值尺度来对稀缺性资源的配置进行调节，以实现经济数量与质量的同步增长。同时，我们也需要通过合理的调节措施，来保障个人生存权利需要的最大利益。比如一国的土地资源、水资源等，它们是每一个人生存需要的基本物质条件和权力。

在一个关系生存需求相对较大的市场上，应当使资源要素优先满足和保障人们生存的合理需要，而不是用来提供给一部分人经济利益的需要。只有当人们的生存需要得到满足以后，才可以追求它的经济价值功能。

因而，在资源相对稀缺的国家中，也就意味着人们不能利用有限的土地、水等资源作为牟利的工具，或者从中获取不合理收入，或以此作为投机的对象，这也是实现经济质量增长的必要保障。同时，一国还应设法保持这些稀缺资源在民生使用价格上的相对稳定性，最大限度地保障公民生存的权利和利益，因为维护这些生存权利和利益是发展经济的终极目的（如一些国家的经济保障房建设）。客观上，这种限制以资源投机为获利的生产方式，它在控制无效成本产生的同时，也在促使着一国经济数量与质量的提升。

五

经济质量增长对一国经济与贸易增长的推动作用

一国经济的质量增长，会直接给一国带来社会收入水平的增长，它使一国消费者享受高质量的服务，也会使生活水平得到提高。同时，还会提升一国贸易商品的汇率竞争力，从而推动贸易商品的出口，促使贸易收支向着更有利的方向转化，并有利于降低进口成本和提升一国在国际市场上要素资源或商品的配置能力，进而提高一国的社会福利与效用水平。

一个没有对外贸易的国家，其货币在市场上具有的购买力，这时可表示为：

货币 = 全要素价值生产率(产品形态)/(总工资率 + 总净利润率 + 总利息率
　　　　+ 总折旧率 + 总摊销率 + 总税率 + 中间产品和生产费用等成本流量)

　　　 = 产品价值形态/名义 GDP

　　　 = 货币指数

由此看出，在一个对外封闭的国家经济，一国的劳动收入水平、产品质量、经济规模与物价水平，主要取决于本国的资源禀赋条件和生产力水平，它不易受到外部市场的影响，一国商品的生产能力、生产效率、要素价格、资源要素质量、配置效率等因素决定着它们的社会收入、产品质量、产出规模与物价水平。当一国投入与产出和分配相互之间处于均衡状态的情况下，由货币指数结构可以看出，这时一国货币币值则会保持相对稳定的状态，而当市场出现消费的紧缩或者宽松的趋势情况下，则就会引起市场商品供给的相对过剩或不足的情况，使得市场商品的价格发生下降或上升的变化，它对货币价值或购买力会产生由于消费变化而带来增加或减少的影响。因此，在一个经济封闭国家，本国投入与产出和分配以及生产与消费的均衡变化，决定和影响着经济的运行状态，也影响着一国经济发展的进程。

一个开放型经济的国家，严格地讲，其货币在市场上具有的购买力，应表示为：

货币 =（全要素价值生产率 − 出口价值生产率 + 进口价值生产率）/（总工资率
　　　+ 总净利润率 + 总利息率 + 总折旧率 + 总摊销率 + 总税率
　　　+ 中间产品和生产费用等成本流量）

　　　= 产品价值形态/名义 GDP

　　　= 货币指数

其中，分子代表着一定时期内的一国市场上，由不同方向商品流动最终形成的市场商品存量，与其对应的分母是形成它们的全部货币成本或货币价格总量，它们既是一定时期内的流量指标，同时又是一定期间的存量指标。

在开放型经济国家，其市场上货币表现的价值，我们通过上面开放型经济的货币价值结构则可看出，它同时受到国内与国外市场的共同的影响和调节。这时，一国市场上的要素和商品的价值形态，是由本国和他国生产的要素与产品共同构成的，同样，一国实现的国内生产总值也是由本国的生产总成本和进口生产总成本共同构成的。为了提高一国的国民收入，同时不使本国的货币发生贬值或稳定货币购买力，这就需要提高本国的生产创造能力，并通过提升生产效率和配置效率来增加产出以实现经济发展目的。在新增投入的同时，努力提高产出效率水平，以实现全要素价值生产率的增长。

为了实现币值的稳定或提升，在国际贸易中，尽力保持商品贸易的平衡增长，即实现贸易一定时期的出口生产与进口生产最小差别的水平。由以上货币价值结构可知，当贸易处于顺差状态时，它使本国市场上的商品存量减少，货币数量存量相对增加，从而产生使货币贬值的效果，并可能形成在货币收入增长的同时而真实收入却不能增加的状况。当贸易处于逆差状态时，它使本国市场上的商品存量增加，货币数量存量相对减少，它产生的是使货币升值的效果，但随之而来的有可能会使社会就业水平产生下降。

  一国贸易平衡状态，会对一国物价产生一定的影响，同样，一国汇率水平也会对国内物价或生产成本产生影响。当两国汇率在反映了两国真实的币值水平基础上，这时的汇率对相互贸易的商品价格或生产成本不会产生影响。而如果一国汇率处于高估或强势汇率状态，这时，就会使进口要素或商品的价格低于国内生产价格水平，从而使得本国的生产要素投入成本或同类商品价格下降，使市场上的货币购买力增大，它间接提升了人们的收入水平。如果一国汇率处于低估或弱势汇率状态，这时，就会使进口要素或商品价格水平高于国内的生产价格水平，这样将促使本国市场上的生产要素投入成本或同类商品价格形成上升的趋势，并产生使货币贬值的效果，从而降低了人们的购买力。

  国际贸易对本国市场上货币购买力的影响，还包括进口要素和产品价格变化直接产生的影响作用，其价格的变化直接导致生产要素和产品原料成本的变化。当它们的进口价格升高时，将使得进口国生产中的利润下降或商品价格出现上升，并导致一国的货币贬值，反之，则会使一国的货币升值。

  根据以上分析，我们很容易明白，在开放的市场条件下，努力提升本国的资源禀赋条件、商品质量和创新生产能力，是实现一国经济发展与贸易增长的基础，也是合理利用国际市场要素资源的前提条件。尤其是在一国要素资源不能满足本国经济发展需要的条件下，一国应该充分利用本国有利的要素资源并通过科学生产方式来推动本国经济的稳定增长。而由对外贸易带来的经济增长，是建立在一国产品的质量增长与技术为推动的汇率竞争力之上的，它在创造着市场需求的同时，也以自己的效率、成本与汇率的竞争优势，逐渐扩大着国际贸易的市场优势，还会同时促进本国市场上的购买力的增长，从而拉动国内经济的不断增长。

六

如何实现国民收入倍增计划

  当一国在提出国民收入倍增计划时，需要在制定货币收入增长计划的时候，同时制定出如何使产出效率增长的计划和具体措施，从而实现产品产出与货币收入的同步增长目标,它体现的是货币收入的真实增长。货币收入的增长,具体表现为工资率的增长,它是以生产效率的增长为前提的,而不是由计划和政策推动的增长,实际产出(物质财富)的增长是实现货币收入增长的物质基础。否则,就不会实现人们所希望的真实收入的增加,由此带来的是伴随一国市场物价的同步增长。

我们知道,一国国民以货币形式表现出的收入增长,它都会表现为市场上货币总量的增加,也应表现为市场上商品的总量增加。这时,由货币结构:

货币 = 全要素价值生产率(产品质量与数量)/(工资率流量 + 净利润流量
       + 利息流量 + 折旧率流量 + 摊销率流量 + 税收流量
       + 中间产品和生产费用等成本流量)

很容易看出,货币作为价值尺度,它就是生产者的效率尺度,这时,我们可以清晰地找到如何实现实际收入倍增的理论上的依据与措施,因为收入倍增计划是指以货币表示的实际财富的倍增,也就是在币值不变基础上的货币收入倍增(或退一步说,也可以是在物价最小涨幅下的货币收入倍增)。

货币结构告诉我们,在保持币值不变的条件下,如果实现分母各组成要素的货币收入的倍增,即工资 + 净利润 + 利息 + 税收各项收入的倍增,也就是使作为产品的产出变量和作为分母的"(工资 + 净利润 + 利息 + 税收 + 折旧 + 摊销 + 中间产品)"等要素的货币投入变量同时增加,即保持分子与分母变量的同步增长。也就是说,只有在商品产出与货币同步增长的前提下,货币实际收入的倍增才会真正实现。因此说,收入倍增计划是在增加投入并实现了产出倍增的基础上才会成为现实的,它是以生产效率增长为前提的。由生产函数:

V = 生产时间 × 全要素价值生产率 = 货币效率指数 × PQ = 商品价值 × Q

可以看出,人类在发展进程中,劳动作息时间的弹性不是很大的,而人们生产或创造财富的能力实现了几十倍甚至上百倍的增长,这都是源于生产效率的极大提高的结果,它向我们说明了收入增长的途径。也就是说,一国的收入倍增计划的实现,也只有在效率同步增长的基础上才会完成。只有在这一前提下,市场物价才会在人们的收入增长中保持平稳态势(这样的目标,在现实中实现起来的难度是很大的,因为人们手中掌握的相应生产要素是不均衡的,这会使得在许多时候并不能满足产出与收入同步增长的条件。同时,在这一过程中,也需要对一些稀缺资源要素价格增长的合理控制,否则,由此而引起的货币贬值也会使货币的实际收入打折扣)。另外,收入倍增目标并不是一时之计,它是经济发展的长期目标,它也包含着由质量提升带来的增长,同时,它也会受到资源供给以及人口增长带来的约束。

在市场上，实现这一增长目标的前提和条件，也意味着各生产要素的投入与收入分配同时需满足货币价值尺度的约束条件。货币的结构早已说明着，货币既反映着一个人的收入，也反映着一个人的投入，也代表着一个人的产出。同时也表明，有一份投入，就有一份产出，有一份产出，才会有一份收入。收入的倍增意味着付出或投入的倍增，产出的倍增是每个人实现货币收入倍增的前提。

另外，在收入水平与收入倍增之间，中等收入与高收入水平之间，这种收入水平由低向高的过渡，无论是在人与人之间，厂商与厂商之间，国家与国家之间，都没有明显的界线，它们需要的是生产要素投入的质量与数量的逐渐增长过程，这也是实现社会收入由低向高转化的客观前提，也是跨越任何收入停滞或陷阱的唯一途径，这是自然现象，这也是自然规律，同样也是经济规律。

也就是说，每个人都应利用手中的要素价值，创造财富，只有当每个劳动者、企业都在努力通过价值创造为社会提供优质的和更多的产品服务时，才会给一国带来经济的质量与数量的同步增长，才会使人们的经济收入和生活水平得到进一步提高，这不但是实现社会收入逐渐增长或收入倍增的唯一途径和客观条件，同时也是实现一国富强和人民幸福这一宏伟目标的必经之路。

第十四章

关于构建一国经济发展全面质量评价指标与调控体系的方法和意义

一
一国的经济指标

一国经济指标是反映一定时期内一国经济运行质量、数量规模、物价水平等指标变化的各种经济数据，例如，一国生产的产品总量、国内生产总值（GDP）、国民收入总值（GNP）、物价指数（CPI）、货币指数等。经济指标是进行经济研究、分析、计划和统计以及各种经济工作所通用的工具，也是对一国经济运行状态、效果进行观测和指导及调控的参考依据。同时，经济指标也是一国进行生产投入、分配和交换以及从事国际贸易所依据的主要数据变量。

一国的经济指标可分为现期经济指标和预期经济指标：

（1）现期经济指标是反映一国前一时期至当下阶段经济运行的状态和市场效果的指标。

（2）预期经济指标是反映一国对未来经济运行具有一定调整规划和预期效果的指标。

一国的经济指标源于一国的生产过程，也会通过一国生产函数表现出来。无论过去我们是否清楚，生产函数都在描述着一定时期的社会生产的产品形态的价值变化，反映着厂商一定时期实现的货币表示的产值规模，以及厂商产品自身提供的购买力水平，并最终形成了一国一定时期反映商品产出的 GDP、实物产品总量、货币价值水平（一般用物价指数来反映）三大主要经济指标。

一国的经济指标，也是一定时期内反映经济运行的现期和预期变量，它们也会从一国生产函数的输入变量与输出量值中表现出来：在一定形态上存在守恒关系：

$$输入量（货币量值）=输出量（货币量值）$$

作为输入变量，则是反映生产要素投入的变量，也就是反映生产要素投入质量与数量及价格的变量，它们也是生产过程的输入变量。

作为输出变量，则是反映通过生产过程加工后的变量，也就是反映生产方式与生产力水平的生产效率、生产成本、质量与技术水平、产出总量等不同数值变量，这些变量，则是生产的输出变量。它们反映着一个企业生产运行的定性与定量的客观变化，也由此形成了一定时期内的一国经济指标。

如以货币量值表现的价值守恒关系：

$$GDP（生产要素，输入量）=GDP（商品价格，输出量）$$
$$=GDP（要素分配，收入量）$$
$$货币效率指数（输入量）=货币购买力指数（输出量）$$

在现实市场上，由以上货币量值与货币表现的以上两种经济指标，它们的变化不但随着生产要素投入量的变化而变化，有些时候，它们还会随着市场供求关系的变化而变化。

如以物质属性的生产要素表现的价值守恒关系：

$$生产要素（输入量）-生产要素损耗量=产品（输出量）$$

以上这些变量也会体现于一国生产函数的生产要素投入的效率结构和价格结构之中，如一国的劳动者收入、经营收入、投资收入、财政收入等变量，这些变量也以各种货币量值表现为：工资、利润、利息、税收等不同要素的价格形式。这些货币变量应是与一定的实物变量保持相对应的存在形式，它们代表的也是一国国民实现的各种收入的分配形式，反映着一国国民从事经济活动实现的最终结果，同时也是对于一国经济运行效果进行衡量或评价的基本数据变量。

随着经济发展的不断深入以及经济质量的不断提高，对于经济活动及对象的统计范围、口径、方法、计量单位、精确性也提出了更高的要求。在这种情况下，这就要求，每一个经济指标都能够如实反映其所述对象情况的变化，并具有反映事物的直接性、本质性、精确性和逻辑性特征，并能够反映经济运行的变化规律。只有在此基础上形成的经济指标，我们才能够根据这些经济指标作出正确的经济决策，才能够对经济活动进行有效的指导和调控，才能够提升经济运行质量并构建经济秩序，也才能够实现一国经济对内与对外的预期目标，并最终实现经济发展国富民强之目的。

在一国市场上，经济指标主要以货币（币值）货币量值和实物的计量作为数据表现形式（商品质量一般还没有作为经济指标来统计）。

以货币形式表现的经济指标，一般是反映一国或地区经济运行过程、运行状态和产出总量的统计指标，在目前情况下，它们有时还不能反映经济运行中所有价值形态所发生的变化，我们还需要对这些统计指标进行核实或做出修正。这些统计指标，它们作为反映着一定时期内一国经济运行效果的原始数据，从某一价值形态所反映出的情况可能却是真实的，如货币形态指标GDP，这一数量值代表着生产要素投入总量或产出总价值，这一指标数据，既是货币条件下反映一国经济运行的主要经济指标，也是对一国经济活动与最终效果进行评价的主要数据。

以实物计量形式表现的经济指标，则是表现产品形态产出的实物变量指标，它表现为一定时期生产的产品数量和质量特征，如社会总产品指标，它们代表着一国生产和社会需要的真实财富，是评价一国经济发展和人均收入与增长的实际指标，也是货币形态指标所反映或对应的实际变量。

另外，在市场上还有以物价指数来间接反映货币价值变化的经济指标、以劳动生产率反映生产效率的指标，以及反映市场产品质量的产品质量指标等生产检测指标。它们在为人们从事生产活动的质量、效率、效果提供着统计、观测和调控依据的同时，也在为衡量和评价一定时期的经济运行效果提供着客观依据。

在当今的经济发展条件下，每一国家都会存在着由供求关系引起的经济失衡现象，它们都会给经济发展带来不同程度的负面影响，并由此产生价格波动、能源危机、金融危机、贸易顺差或逆差、资源危机、贫富差距等一系列问题。为了避免由各种供求关系失衡给一国经济和社会生活可能带来的不利影响，每一国家都会时刻关注一国经济的运行情况，并不断地对经济运行过程中出现的各种问题进行调整，这种调整目标的实现，也只有在一定的价值尺度和衡量标准基础之上才能够得以完成，这是利用价值尺度对生产投入的衡量过程，同时也是提升经济运行质量和经济指标统计质量的过程。

二

现期经济指标的生成与数据统计条件

为了构建一国市场的公平竞争环境和保障实现经济发展的预期目标，我们需要掌握每一时期的经济运行状况，及时提供反映市场运行和变化的各项经济指标，以为本国的生产企业、经营单位、政府决策提供有价值的参考依据。为此，我们需要建立评价经济发展的经济指标体系和衡量标准，这种衡量标准就是一国已经制定或需要制定的各种产品质量标准、货币标准、价格形成规范标准、市场交换标准、国际贸易标准，以及相关经济法律和法规规定。有了这些标准与法律规定，当我们对经济活动进行衡量和统计时，就会使全部统计数据都产生于一个统一价值尺度的市场环境中，这些标准与法律规定也就构成了一国经济指标的数据生成与统计条件，而在此基础上产生的各种数据，才是能够准确反映一国经济运行的经济指标。

在对经济运行指标的常规观察和对经济采取的调控措施之中，一般主要表现为对一国物价指数变化的观测和调控方面。客观上，相对于经济中其他经济指标，物价指数变量既是涉及一国经济范围最广，同时也是人们最为关注的经济指标。因为物价指数的变化，直接影响着每个人手中货币的购买力的变化，它间接地改变着人们拥有的财富的数量。大多数情况下的市场物价变化，带给消费者的是财富的缩水和使生活质量的下降。

由前面分析我们知道，同一市场商品发生的价格变化，也就是商品价值与价格之间出现的分离变化，那么，怎样保证经济运行过程中货币量值变量和实物变量之间变化的等值性和同步性，从而实现一国市场物价稳定或币值提升呢？

我们由货币方程式的变量组成结构可知，其关键因素是取决于这一货币效率尺度的同步水平和执行效果，以及这一货币结构中基础要素变量表现着的相对稳定性。下面结合货币方程式作具体分析：

货币 = 全要素价值生产率/(总工资率 + 总净利润率 + 总利息率 + 总折旧率 + 总摊销率 + 总税率)

= 全要素价值生产率/(劳动总收入 + 资本总收益 + 摊销总额 + 税收总额)

= 价值/价格

由这一货币方程式可以发现，为了实现一国市场币值的稳定效果，应使一国货币效率实现一致性的生产效果，也就是应当使生产要素总投入与总产出比率之间保持相对稳定或相同比例的变化，也意味着每一生产要素提供的货币效率指数都应相等（其中，也体现着要素分配的收入与贡献的相等原则）。同时也表明，当总产出或产出效率没有发生变化的前提下，为了实现一国币值的稳定，这时生产过程的每一种生产要素的投入数量（或价格总量）也都需要保持相对稳定状态或相同数量水平，否则，就会使币值水平发生变化，从而引起市场物价的波动。

由此可知，一国市场上币值的稳定或市场物价的稳定或调控，是从对每一生产要素的投入、产出或分配收入的稳定或调控开始的，每一种要素在没有以产出增长为基础而做出的投入增加或价格增长，都会使要素本身的产出效率降低，并会间接影响到其他要素的收益，或使其他要素的收入相对减少，或者使产品价格出现升高。如同我们身边经常发生的情况一样：土地"原地不动"的价格增长，工资在没有效率提高基础上的增长，产品在没有质量增长基础上的价格升高，这些都直接推升了物价的走高。这些市场现象，也反映着一国市场上存在着的一些把借助稀缺资源要素来提升价格的贪婪、投机和垄断行为当作市场供求关系下的合理行为的错误认识，这也是对于市场经济理论存在的片面的错误理解现象。

以上这些市场行为，一方面违背了市场等价交换的基本原则，同时也破坏了一国货币标准下的公共秩序，这些由市场要素供求关系失衡和在生产阶段出现的价格上涨，是形成一国市场物价上涨的源头（一国市场物价上涨的因素，还可能包含着由于本国汇率贬值引起的输入价格的上涨，也可能包含着他国市场出口产品价格上涨产生的使进口成本涨）。在一定时期内，这些价格上涨因素会直接推升着一国物价指数的增长。因此，统一的生产与交换尺度和价格形成标准是一国经济统计指标产生的基本前提。

三

预期经济指标的调控方法

由以上分析可看出，货币作为衡量与调控一国经济运行和经济指标生成与数据统计的价值尺度，货币的这一职能，在生产函数结构中是以货币效率指数变量表现着的。事实上，货币作为价值尺度既是我们衡量或评价和调控一国经济指标的工具，也是一国实现预期经济指标的调控工具。我们利用这一工具，可以核算并调控现期内一国生产实现的名义 GDP 与实际 GDP 的总量，社会产品总量，以及市场购买力或物价指数的变化。同时，我们也可以根据货币价值和效率关系结构来调控一国预期的生产要素投入与产出规模，从而实现未来阶段宏观经济发展的各项预期目标。比如：名义 GDP 和实际货币 GDP 的一致目标，或名义 GDP 和社会产品总量的一致关系，货币价值的稳定或增长目标，以及一国的汇率和贸易目标。

实现一国各经济指标的有计划和有质量的稳定增长，不但关系着一国经济的发展质量，也关系着一国国民未来收入和生活的质量。同时是一国对于经济运行质量进行衡量或评价与调控的最终目的，也是共建人类理想社会和实现一国发展之梦的数字化目标，因此，构建一国经济发展全面质量评价指标与调控体系，对于一个国家的经济发展具有非常重要的决定意义。

说到这里，我们已经知道，用来衡量或评价与调控一国经济运行质量的尺度标准，就是用来衡量厂商生产投入和产出的货币效率指数，即货币价值尺度。货币价值尺度既是衡量一国市场经济运行的尺度，规定着一国市场的货币标准，也是不同国家之间开展经济活动、企业与金融合作、货币互换、贸易对接的尺度。

过去的经济教科书，并没有告诉我们货币尺度的具体构成和它的本质内涵，人们对于货币尺度的概念理解是笼统和不具体的，同样，对于货币指数和经常听说的零售价格指数、消费价格指数、收购价格指数、生产价格指数、收购价格指数、GDP平减指数、GDP折算指数等各种指数之间存在的关系也是不清晰和笼统的。而作为价格指数和平减指数的结构与本质内涵都是相同的，它们可以用一个具有代表性的价格指数来表示，它们都是反映商品价格变化的观测变量。

我们由物价指数方程式则发现，这些价格指数及平减指数和反映一国货币购买力的货币（效率）指数之间都存在固定的反比关系，同时表明，它们是由货币价值调整变量转换成的市场表征性变量。

由此可知，一个国家经济发展全面质量评价指标体系中的各种原始指标和经济变量，也都包含在了一国的生产函数之中，也就是说，一国预期经济指标的生成与调整都是通过对一国生产过程的调节来实现并完成的，也可以说，它们是通过对一国生产函数的生产投入与产出变量的调整实现的。每一生产函数所描述的投入与产出过程及变化规律，都在反映着商品经济的运行规律，它们也是我们在经济实践中应当掌握和遵循的客观规律。

附录

关于反映商品生产与交换的经济学原理与函数公式，以及经济变量一览表和一国国内生产总值与三大产业产值之间和经济变量构成关系表

一、在下面，由各函数公式与经济变量构成的一览表，它们描述着经济的运行过程，反映了生产与交换之间的关系和数量变化。有的是反映实体经济运行的函数关系与变量，有的是反映金融经济运行的函数关系与变量，金融变量是实体经济变量在金融市场上的延伸，并在一定程度上反映着实体经济的变化。它们共同反映着一国实体经济与金融经济的运行状态。

生产函数：	V＝生产时间×全要素价值生产率＝货币效率指数（币值指数）×商品价格×Q（名义GDP）＝商品价值（产品形态）×Q（产品形态GDP）
商品市场上的货币方程式：	货币＝全要素价值生产率／（总工资率＋总净利润率＋总利息率＋总折旧率＋总摊销率＋总税率＋中间产品和生产费用等成本流量）＝产品质量与数量／单位货币＝货币效率指数（币值指数）
金融市场上货币指数：	货币指数（金融）＝货币效率指数×（1＋nR）
商品价格方程式：	商品价值（商品）×Q＝货币效率指数（货币）×商品价格×Q
两国贸易汇率公式：	$P_{A总}/P_{B总}$＝货币效率指数B（币值B）／货币效率指数A（币值A）
两国金融汇率公式：	P（金融A）／P（金融B）＝货币效率指数B×（1＋nR_B）／货币效率指数A×（1＋nR_A）＝P_A/P_B×（1＋nR_B）／（1＋nR_A）
物价指数方程式：	货币效率指数（币值指数）×价格指数（CPI）＝1
两国贸易方程式：	Vtr＝货币效率指数A／货币效率指数B×价格A×Q＝P_B/P_A×价格A×Q＝价格B×Q
名义GDP函数表达式：	名义GDP（PQ）＝（1／一国平均货币效率指数）×商品价值×Q（产品形态）
一国国债价值指数公式：	国债价值＝货币效率指数×｛1＋（$R_{固}$－（R－$R_{固}$））×n｝

续表

股票价值指数公式：	某一股票价值：$V = $ 以货币表示的企业生产要素效率指数(上市企业货币指数)$\times(1+(L-R)\times n)$，L—股息率(股利收益率 $= D/P_0 \times \%$，式中：D—股息，P_0—股票买入价)。R—市场利率。n—分红或计息周期。

二、以下为一国国内生产总值（GDP）与三大产业 GDP 之间和经济变量构成关系表：

V 农 = 商品价值(农业)×Q(农业) = 货币效率指数(农业)×商品价格(农业)×Q(农业)
　+　　　　+　　　　　　+　　　　　　+　　　　　　　+　　　　　　+
V 工 = 商品价值(工业)×Q(工业) = 货币效率指数(工业)×商品价格(工业)×Q(工业)
　+　　　　+　　　　　　+　　　　　　+　　　　　　　+　　　　　　+
V 服 = 商品价值(服务)×Q(服务) = 货币效率指数(服务)×商品价格(服务)×Q(服务)
　‖　　　　‖　　　　　　‖　　　　　　‖　　　　　　　‖　　　　　　‖
V 总 = 商品价值(总量)×Q(总量) = 货币效率指数(平均)×{商品价格(平均)×Q 总}(GDP)

这一经济变量关系表，反映了一国生产的实物产品与服务的数量总量（Q）商品价值（tems）货币表示的产出总量（GDP）货币购买力水平、商品平均价格等不同变量之间的构成关系。这一关系表，反映的也是一国三大产业的生产函数和经济变量之间的构成关系。

主要参考文献

配第:《配第经济著作选集》,商务印书馆1997年版。

亚当·斯密:《国富论》,上海三联书店2009年版;亚当·斯密:《道德情操论》,上海三联书店2008年版。

大卫·李嘉图:《政治经济学及赋税原理》,商务印书馆1962年版。

马克思:《资本论》(第1~3卷);马克思:《政治经济学批判》,人民出版社1972年版。

德赛:《马克思的价值与价格问题讨论》,商务印书馆1982年版。

凯恩斯:《就业、利息和货币通论》,商务印书馆1999年版;《货币论》,商务印书馆1986年版。

马歇尔:《经济学原理》,人民日报出版社2009年版。

伍纯武、梁守锵:《布阿吉尔贝尔选集》,伍纯武等译,商务印书馆2003年版。

保罗·萨缪尔森:《经济学》,人民邮电出版社2008年版。

高鸿业:《西方经济学》,中国人民大学出版社2007年版。

曼昆:《经济学原理》(上、下册),北京大学出版社1999年版。

葛杨、李晓蓉:《西方经济学说史》,南京大学出版社2004年版。

高德步等:《世界经济史》,中国人民大学出版社2005年版。

王国清:《财政学》,西南财经大学出版社2000年版。

劳伦斯·S·科普兰:《汇率与国际金融》,机械工业出版社2011年版。

李坤望:《国际经济学》,高等教育出版社2010年版。

董瑾:《国际贸易学》,机械工业出版社2010年版。

黄达:《货币银行学》,中国人民大学出版社2000年版。

曹辉等:《金融学》,中国人民大学出版社2010年版。

李子奈、潘文卿:《计量经济学》,高等教育出版社2010年版。

伊兰伯格等:《现代劳动经济学》,中国人民大学出版社2011年版。

加里·约翰·普雷维茨等:《美国会计史》,中国人民大学出版社2006年版。

后　　记

　　本书作为论述经济学的基本概念、基本原理，以及经济运行和发展一般规律的基础理论，它为各个经济学科提供了系统性的理论依据。本书所述理论依据是建立在古典经济学和马克思价值理论基础之上的，由此而言，它与目前西方经济学理论的立论基础是不同的。

　　古典经济学是建立在早期商品生产与交换的实践基础之上的，客观地讲，它是构建现代经济理论与经济发展的理论基础，并且，马克思价值理论也是以英国威廉·配第和亚当·斯密为代表的古典经济学为理论基础的。由古典经济学价值理论表明，在生产中，在劳动价值与商品价值及交换价值之间存在着一定的因果关系，这种价值转换关系，也会遵循自然科学的运动规律。由此说，当我们剖析劳动价值与商品之间的生产关系时，我们需要以科学方法来反映劳动与其他要素的投入、转换和商品价值的形成过程，当对生产要素投入与商品价值计量时，它要求所使用的计量工具、计量过程都应与实际生产过程相一致，而不是建立在人为推测的基础上，否则，由此形成的经济理论就会与生产实践相脱离，这也是经济学作为科学理论能够成立的客观前提。但是，就目前的经济学理论而言，它们并不能完整和准确的解释并反映市场经济的客观变化规律，其中原因是多方面的。

　　亚当·斯密在《国富论》中提出，劳动是衡量一切商品交换价值的真是尺度，资本也同劳动和土地一样要参与分配，并认为"工资、利润、地租是一切收入和一切可交换价值的根本源泉"。后来的经济学家大卫·李嘉图则继续发展了劳动价值理论，并进一步表明了商品的价值量与投入它们的劳动量成正比的观点。后来，马克思也在此基础上，继承了亚当·斯密、李嘉图价值理论的科学成分，提出了劳动二重性、剩余价值和价值量决定等价值理论，从而使古典经济学的价值理论得到了巩固和发展，但遗憾的是，他没有来得及解决价值计量和价格转型的关键性问题。而在以后的古典经济学家，他们也没能将劳动价值理论进一步完善并形成能够准确反映市场经济规律的主流经济学理论。

　　但在此后，沿着其他方向发展的经济学理论，如以反映表面层次的非本质性的经济理论即均衡价格理论等来论述的,并形成当今主流的西方经济学理论,由于它们抛弃了古典经济学劳动价值理论的基础依据,否定了商品的客观价值对价格的决定作用,从而使得,无论这些理论借助数学工具和图形曲线对经济变化进行怎样的分析和论述,也无法合理解释并反映现实中的各种经济现象与变化规律,也就不能给当今世界经济发展和面临的各种经济问题提供合理有效的解决办法。对此,在经济理论界也都是清楚的。

为了经济学理论的重新构建以及揭示经济运行的客观规律,作者本着实事求是和唯物主义的精神与态度,以古典经济学和马克思价值理论为科学依据,并结合一定的数学分析方法和利用现实计量工具,在对商品价值投入进行计量的基础上,进而构建了以生产函数为依据的反映商品生产与交换的经济理论体系,它既是古典经济学价值理论的数理表现形式,也是古典经济学和马克思价值理论在当代市场条件下的具体阐释。

书中所述原理,在解释着历史上各个经济学疑难问题的同时,也会指导和解答现实中人们遇到的各种经济难题,并为一国的商品生产、对外贸易、金融产业、稳定物价、经济增长、经济政策制定、宏观经济调控提供了全方位的理论指导依据,同时也为人类迈向理想社会提供了经济发展的理论基础。

最后,我也借此机会向过去和现在为人类经济学理论发展做出贡献的历史伟人、经济学者表示深深的敬意,没有他们的理论引领,也就不会有本书所述的经济学原理,同时,我也对在我写作中提出过宝贵意见的老师及同仁,表示衷心的感谢!

姚桂军

2015 年 11 月